大きい活字の
故事・ことわざ辞典

新星出版社

はじめに

ことわざというものはどこの国にもあるようです。それぞれの民族の生活に根ざした、広い意味での文化の中から生まれ、作られたもので、きわめて多様な人の生き方が含まれていると思われます。あるいは生きるための知恵、権力や富にたいする皮肉やからかい、思わぬ発見、平凡の中の真実、庶民の哀しさやたくましさ。まことにことわざは人の世と共に姿を変えつつ生きていくものではないでしょうか。この貴重な言語文化遺産を受け継いでいきたい、できるだけ理解を深め、正しい用法を身につけていってほしい。

そのようなことを考えて、新たにこの辞典を作成しました。できるだけ、現在も生きている、ないし生きていてほしいことわざを中心に、見出し語で二〇〇〇弱、類義や対義等を入れるとほぼ四〇〇〇の項目を入れました。その意味を示すのはもちろんですが、実際に使うことを考慮に入れ、用例もかなり挙げるようにしました。ほかにその項目の原義や、類義的なことわざも示してあります。読者の方々がこの辞典を活用され、ことわざに親しみ、それを用いてより豊かな言語生活を営まれることを願っております。

国松　昭

この辞書の利用の手引き

見出し語について

本書には、新聞、雑誌、文学作品等でよく見受けられることわざ、約四〇〇〇項目が掲載されています。見出し語としては、故事・ことわざ一八二五項目、英語ことわざ四一四項目が精選収録されており、学生、社会人の教養として必要十分な項目数となっています。

見出し語の並び方は、清音・濁音にかかわらず五十音順としました。類似する意味をもち、表記のことなることわざが複数ある場合には、広く用いられているものを解説し、その他のものは「⬇」で、参照する項目を示しました。

解説について

解説文は、はじめにことわざ全体での意味をわかりやすく簡潔に示し、次に「⬆」に続く文で、原義、由来、故事来歴などを詳しく解説しました。

注意 読みかえ・書きかえ、読み誤り・書き誤り、使い方の注意点などをまとめました。

用例 スピーチや会話、手紙やレポートなどの文章に実際に活用できることを主眼として、実用的な用例を掲載しました。

類義 見出し語と同義、または類義のことわざを掲載しました。

対義 見出し語と対義、または反意のことわざを掲載しました。

英語 見出し語のもとになっている英語のことわざ、または見出し語と同義の英語のことわざを掲載しました。

●…本書巻頭には祝辞やビジネスの現場、手紙文などですぐ活用できる【社会生活実用索引】と、うろ覚えのことわざが使われている言葉・漢字から検索できる【キーワード索引】を掲載しました。

編集協力　オフィス海
校正協力　酒井　昌弘

社会生活実用索引

訓話、スピーチ、手紙、文章などで活用しやすいことわざを精選して、本文の見出し語から抜粋しました。祝辞やビジネスの現場をはじめ、実生活での様々な場面に合わせた実用的な分類がされています。

＊複数の状況に該当するものは、対応する全項目に掲載されています。
＊本文の全項目が掲載されているわけではありません。

【結婚式・祝辞】
合縁奇縁……58
東男に京女……70
姉女房は身代の薬……76
鴛鴦の契り……122
縁は異なもの味なもの……123
お前百までわしゃ九十九まで……134
偕老同穴……142
金の草鞋で尋ねる……153
月下氷人……197
恋に上下の隔てなし……199
恋は曲者……199
恋は思案の外……200
四百四病の外……240
遠くて近きは男女の仲……326
内助の功……336
似た者夫婦……350
蓮の台の半座を分かつ……370
惚れて通えば千里も一里……421

【ビジネス・訓話】
商い三年……61
商いは牛の涎……62
商人と屛風は曲がらねば立たぬ……63
新しい酒は新しい革袋に盛れ……71
生き馬の目を抜く……84
一文惜しみの百知らず……94
一将功成りて万骨枯る……96
一寸先は闇……96
一銭を笑う者は一銭に泣く……98
いつも柳の下に泥鰌はおらぬ……100
大風が吹けば桶屋が喜ぶ……125
親子は一世夫婦は二世主従は三世……136

索

飼い犬に手を噛まれる……140
骸骨を乞う……140
隗より始めよ……141
駕籠に乗る人担ぐ人……145
風が吹けば桶屋が儲かる……147
合従連衡……148
彼を知り己を知れば百戦殆うからず……158
勘定合って銭足らず……161
奇貨居くべし……165
危急存亡の秋……166
狂瀾を既倒に廻らす……175
鶏口となるも牛後と為る勿れ……193
狡兎死して走狗烹らる……203
五斗米のために腰を折る……211
三顧の礼……223
獅子身中の虫……232
士族の商法……235
死馬の骨を買う……240
賞は厚くし罰は薄くすべし……250
商売は道によって賢し……251
唇歯輔車……256
すまじきものは宮仕え……264
船頭多くして船山へ上る……272
創業は易く守成は難し……275
損して得取れ……277
鯛の尾より鰯の頭……282
立ち寄らば大樹の陰……289
忠臣は二君に事えず……302
使う者は使われる……306
東奔西走……324
捕らぬ狸の皮算用……332
虎は死して皮を留め人は死して名を残す……333
泣いて馬謖を斬る……336
内憂外患……337
二足の草鞋を履く……350
日計足らずして歳計余り有り……350
万卒は得易く一将は得難し……382
人を使うは苦を使う……395
百尺竿頭一歩を進む……398
先ず隗より始めよ……424
身ありて奉公……428
安かろう悪かろう……450
安物買いの銭失い……450
勇将の下に弱卒なし……457
羊頭を懸けて狗肉を売る……462
寄らば大樹の陰……465

【人間関係について語る】

●恋愛・夫婦

悪妻は百年の不作……64
悪女の深情け……64
磯の鮑の片思い……89
一押し二金三男……91
色は思案の外……105

英雄色を好む……118
縁は異なもの味なもの……123
屋烏の愛……126
女心と秋の空……138
女の髪の毛には大象も繋がる……139
金の草鞋で尋ねる……153
恋に上下の隔てなし……199
恋は曲者……199
恋は思案の外……200
去り跡へは行くとも死に跡へは行くな……221
四百四病の外……240
知らぬは亭主ばかりなり……254
据え膳食わぬは男の恥……261
蓼食う虫も好き好き……290
玉の輿に乗る……295
釣り合わぬは不縁の元……310
亭主関白……312
遠くて近きは男女の仲……326
内助の功……336
鳴かぬ蛍が身を焦がす……338
生木を裂く……344
似た者夫婦……350
女房と畳は新しい方がよい……352
女房と味噌は古いほどよい……352
女房の妬くほど亭主もてもせず……353
破鏡再び照らさず……364
蓮の台の半座を分かつ……370
鼻毛を読まれる……374
夫婦喧嘩は犬も食わぬ……404
夫婦は合わせ物離れ物……404
覆水盆に返らず……404
へっついより女房……414
惚れた腫れたは当座の内……420
惚れた病に薬なし……421
惚れて通えば千里も一里……421
目病み女に風邪引き男……441
元の鞘に収まる……443
夜目遠目笠の内……464
落花枝に返らず破境再び照らさず……467
落花流水の情……467
割れ鍋に綴じ蓋……482

●親子・家族

秋茄子は嫁に食わすな……62
石に布団は着せられず……86
一姫二太郎……93
いつまでもあると思うな親と金……100
生みの親より育ての親……115
瓜の蔓に茄子はならぬ……117
負うた子に教えられて浅瀬を渡る……124
負うた子より抱いた子……124
親思う心にまさる親心……135
親の因果が子に報う……136
親の心子知らず……137
親の光は七光……137

親はなくとも子は育つ …… 137
蛙の子は蛙 …… 142
可愛い子には旅をさせよ …… 159
樹静かならんと欲すれども風止まず …… 167
兄弟は他人の始まり …… 173
孝行のしたい時分に親はなし …… 201
小姑一人は鬼千匹に向かう …… 209
骨肉相食む …… 210
小糠三合持ったら婿に行くな …… 212
子の心親知らず …… 212
子は鎹 …… 212
子は三界の首枷 …… 212
子故の闇 …… 213
子を見ること親に如かず …… 215
子を持って知る親の恩 …… 215
姑の十七見た者なし …… 244
身体髪膚之を父母に受く …… 258
千の倉より子は宝 …… 272
血は水より濃し …… 301
手塩に掛ける …… 313
鳶が鷹を生む …… 331
這えば立て立てば歩めの親心 …… 363
鳩に三枝の礼あり烏に反哺の孝あり …… 374
牝鶏晨す …… 402
風樹の嘆 …… 403
父母の恩は山よりも高く海よりも深し …… 408
孫は子より可愛い …… 423
娘三人持てば身代潰す …… 436
雌鶏歌えば家滅ぶ …… 441
持つべきものは子 …… 443
焼け野の雉子夜の鶴 …… 449
悪い親も良い子を望む …… 481

●仲間・友情

阿吽の呼吸 …… 60
麻の中の蓬 …… 67
以心伝心 …… 88
一衣帯水 …… 91
一蓮托生 …… 94
犬と猿 …… 100
犬も朋輩鷹も朋輩 …… 101
魚心あれば水心 …… 108
烏合の衆 …… 109
牛は牛連れ馬は馬連れ …… 110
馬には乗ってみよ人には添うてみよ …… 114
益者三友損者三友 …… 118
同じ穴の狢 …… 130
同じ釜の飯を食う …… 130
肝胆相照らす …… 162
管鮑の交わり …… 164
昨日の友は今日の敵 …… 169
琴瑟相和す …… 178
金蘭の契り …… 180
君子の交わりは淡きこと水の如し …… 190
君子は和して同ぜず小人は同じて和せず …… 191

犬猿の仲……197
呉越同舟……206
雑魚の魚交じり……219
朱に交われば赤くなる……246
人生意気に感ず……257
水魚の交わり……260
切磋琢磨……269
袖振り合うも他生の縁……277
断金の交わり……297
竹馬の友……300
同気相求む……322
同床異夢……323
同病相憐む……324
朋有り遠方より来たる……332
莫逆の友……365
一つ穴の狢……389
人は善悪の友による……393
刎頸の交わり……410
忘年の交わり……417
類は友を呼ぶ……473
類を以て集まる……473
和して同ぜず……480

●出会い・別れ

愛別離苦……60
会うは別れの始め……60
合わせ物は離れ物……81
一樹の陰一河の流れも他生の縁……92
去る者は追わず来る者は拒まず……222
去る者は日日に疎し……222
白玉楼中の人となる……365

●争い・勝負

挨拶は時の氏神……58
相手のない喧嘩は出来ぬ……59
彼方立てれば此方が立たぬ……72
雨降って地固まる……79
言いたい事は明日言え……82
売り言葉に買い言葉……116
蝸牛角上の争い……143
勝って兜の緒を締めよ……149
勝てば官軍負ければ賊軍……150
喧嘩両成敗……198
子供の喧嘩に親が出る……211
雌雄を決す……246
勝負は時の運……251
相撲に勝って勝負に負ける……265
血で血を洗う……300
中原に鹿を逐う……302
仲裁は時の氏神……302
敵は本能寺にあり……312
敵もさるもの引っ掻くもの……313
時の氏神……327
汝の敵を愛せよ……346
腹が減っては戦ができぬ……378
負けるが勝ち……422

索

目には目を歯には歯を……439

【人生・生活について語る】

●養生・食事

秋茄子は嫁に食わすな……62
秋の日は釣瓶落とし……62
朝雨は女の腕まくり……65
暑さ寒さも彼岸まで……73
一に看病二に薬……92
旨い物は宵に食え……114
親が死んでも食休み……135
風邪は万病のもと……147
薬より養生……184
鯨飲馬食……192
好物に祟りなし……204
魚は殿様に焼かせよ餅は乞食に焼かせよ……218
酒は憂いを払う玉箒……219
酒は飲むとも飲まれるな……219
酒は百薬の長……219
鯖の生き腐り……220
空き腹にまずい物なし……263
鯛も一人はうまからず……283
匂い松茸味しめじ……347
早寝早起き病知らず……378
人酒を飲む酒酒を飲む酒人を飲む……388
ひもじい時にまずい物なし……398
良いうちから養生……461

●金銭・権力

悪銭身に付かず……64
明日の百より今日の五十……69
阿弥陀も銭で光る……78
有る時払いの催促なし……81
衣食足りて礼節を知る……88
一攫千金……95
親子の仲でも金銭は他人……135
稼ぐに追い付く貧乏なし……147
金が敵……152
金が物を言う……152
金で面を張る……152
金に糸目を付けぬ……153
金の切れ目が縁の切れ目……153
金は天下の回り物……153
金持ちと灰吹きは溜まるほど汚い……154
借りる時の地蔵顔済す時の閻魔顔……157
借りる八合済す一升……157
地獄の沙汰も金次第……232
辛抱する木に金が生る……260
銭金は親子でも他人……269
ない袖は振れぬ……336
憎まれっ子世に憚る……348
人間万事金の世の中……354
人盛んにして神祟らず……388

●学問・知恵

朝に道を聞かば夕べに死すとも可なり……68

一寸の光陰軽んずべからず……96
一知半解……98
田舎の学問より京の昼寝……100
韋編三度絶つ……103
教うるは学ぶの半ば……127
温故知新……138
学問に王道なし……144
勧学院の雀は蒙求を囀る……160
眼光紙背に徹す……160
芸術は長く人生は短し……193
蛍雪の功……194
三人寄れば文殊の知恵……227
少年老い易く学成り難し……250
多岐亡羊……285
断機の戒め……297
灯火親しむべし……321
読書百遍義自ずから見る……328
習うより慣れよ……345
習わぬ経は読めぬ……346
故きを温ねて新しきを知る……410
文は人なり……411
文は武に勝る……411
ペンは剣よりも強し……415
学びて思わざれば則ち罔し……425
学びて時に之を習う亦説ばしからずや……426
学ぶ門に書来る……426
学ぶに暇あらずと謂う者は暇あり
と雖も亦学ぶこと能わず……426
孟母三遷の教え……442
門前の小僧習わぬ経を読む……447
魯魚の誤り……476
論語読みの論語知らず……477

●方法・作戦

慌てる乞食は貰いが少ない……81
急がば回れ……89
一年の計は元旦にあり……93
一石二鳥……97
夷を以て夷を制す……106
枝を伐りて根を枯らす……119
蝦で鯛を釣る……121
隗より始めよ……141
合従連衡……148
金持ち喧嘩せず……154
果報は寝て待て……155
彼を知り己を知れば百戦殆うからず……158
皮を斬らせて肉を斬り肉を斬らせ
て骨を斬る……160
奇貨居くべし……165
窮鳥懐に入れば猟師も殺さず……173
苦肉の策……187
好機逸すべからず……200
虎穴に入らずんば虎子を得ず……207
碁で敗けたら将棋で勝て……210
先んずれば人を制す……218

策士策に溺れる……218
三十六計逃げるに如かず……225
急いては事を仕損じる……267
船頭多くして船山へ上る……272
毒を以て毒を制す……329
生兵法は大怪我のもと……345
肉を斬らせて骨を斬る……348
逃げるが勝ち……348
二兎を追う者は一兎をも得ず……351
背水の陣……362
謀は密なるを貴ぶ……364
先ず隗より始めよ……424
身を捨ててこそ浮かぶ瀬もあれ……434

●危難・病気

危ない橋を渡る……77
一髪千鈞を引く……99
溺れる者は藁をも摑む……133
佳人薄命……146
火中の栗を拾う……148
危急存亡の秋……166
唇亡びて歯寒し……186
苦しい時の神頼み……189
虎口を脱する……208
虎口を逃れて竜穴に入る……208
采薪の憂い……217
四苦八苦……231
自業自得……231
死中に活を求める……237
四面楚歌……241
焦眉の急……251
尻に火が付く……255
前門の虎後門の狼……273
轍鮒の急……314
塗炭の苦しみ……330
虎の尾を踏む……333
薄氷を履む……366
八方塞がり……373
美人薄命……385
風前の灯火……403
病膏肓に入る……453
病は気から……453
病は口より入り禍は口より出ず……453
累卵の危うき……473

●幸運・成功

開いた口へ牡丹餅……59
朝顔の花一時……66
余り物に福がある……78
一富士二鷹三茄子……93
一将功成りて万骨枯る……96
犬も歩けば棒に当たる……101
運根鈍……117
驕る平家は久しからず……127
漁夫の利……176
槿花一日の栄……178

錦上花を添える……179
怪我の功名……195
失敗は成功の基……237
千載一遇……270
棚から牡丹餅……291
時に遇えば鼠も虎になる……327
流れに棹さす……338
濡れ手で粟……356
残り物には福がある……360
左団扇で暮らす……386
盆と正月が一緒に来たよう……421
門前市を成す……446

●不運・失敗

頭隠して尻隠さず……70
後の祭り……75
虻蜂取らず……77
過ちては改むるに憚ること勿れ……80
尾羽打ち枯らす……133
河童の川流れ……149
画竜点睛を欠く……157
川立ちは川で果てる……159
木から落ちた猿……166
九仞の功を一簣に虧く……172
孔子の倒れ……182
形影相弔う……192
弘法にも筆の誤り……204
才子才に倒れる……216
猿も木から落ちる……222
失敗は成功の基……237
上手の手から水が漏る……249
前車の轍を踏む……271
釣り落とした魚は大きい……311
泣き面に蜂……339
逃がした魚は大きい……348
万事休す……381
覆水盆に返らず……404
踏んだり蹴ったり……410
墓穴を掘る……419
門前雀羅を張る……447
弱り目に祟り目……465

●悪事・罪

悪事千里を走る……64
頭の黒い鼠……71
後足で砂をかける……74
網呑舟の魚を漏らす……78
一網打尽……93
後ろ指を指される……111
嘘つきは泥棒の始まり……111
同じ穴の狢……130
恩を仇で返す……139
裃を着た盗人……155
草を打って蛇を驚かす……182
皿嘗めた猫が科を負う……221
蛇の道は蛇……243

索

小人閑居して不善を為す……249
叩けば埃が出る……287
璧を懐いて罪あり……295
罪を憎んで人を憎まず……309
天網恢恢疎にして漏らさず……321
毒を食らわば皿まで……328
年貢の納め時……359
匹夫罪なし璧を懐いて罪あり……386
一つ穴の狢……389
耳を掩うて鐘を盗む……433

●用心・準備

浅い川も深く渡れ……66
網なくて淵を覗くな……78
蟻の穴から堤も崩れる……80
石橋を叩いて渡る……86
殷鑑遠からず……107
杞憂……171
今日の一針明日の十針……174
暮れぬ先の提灯……190
君子危うきに近寄らず……190
転ばぬ先の杖……214
触らぬ神に祟りなし……222
千丈の堤も蟻の一穴より……271
備え有れば憂いなし……277
大事の前の小事……282
夏歌う者は冬泣く……342
濡れぬ先こそ露をも厭え……356
念には念を入れよ……359
人は盗人火は焼亡……394
人を見たら泥棒と思え……396
油断大敵……459
用心は臆病にせよ……461

【自分の気持ちを語る】

●初心・意気込み

蟻の思いも天に届く……80
いざ鎌倉……84
一寸の虫にも五分の魂……97
一擲乾坤を賭す……98
燕雀安んぞ鴻鵠の志を知らんや……122
窮すれば通ず……172
清水の舞台から飛び降りる……176
義を見て為ざるは勇なきなり……177
乾坤一擲……198
捲土重来……198
虚仮の一念……207
賽は投げられた……217
青雲の志……266
精神一到何事か成らざらん……266
千万人と雖も我往かん……273
千里の道も一歩より……274
斃れて後已む……284
図南の翼……330
為せば成る……342

任重くして道遠し……353
乗り掛かった舟……361
背水の陣……362
始めが大事……368
裸一貫……370
匹夫も志を奪うべからず……387
凌雲の志……470

●弁明・謝罪

仰いで天に愧じず……60
当たるも八卦当たらぬも八卦……72
穴があったら入りたい……76
痛くもない腹を探られる……90
一敗地に塗れる……99
命長ければ恥多し……102
後ろ髪を引かれる……110
嘘と坊主の頭はゆったことがない……112
嘘も方便……112
遅かりし由良之助……127
渇しても盗泉の水を飲まず……148
瓜田に履を納れず李下に冠を正さず……150
棺を蓋いて事定まる……165
青天白日……267
出物腫れ物所嫌わず……316
天知る神知る我知る子知る……318
堂が歪んで経が読めぬ……322
敗軍の将は兵を語らず……362
恥の上塗り……368
降りかかる火の粉は払わねばならぬ……409

●謙遜・尊敬

薊の花も一盛り……67
犬も歩けば棒に当たる……101
岡目八目……126
汗馬の労……164
驥尾に付す……170
愚公山を移す……181
愚者も一得……183
謦咳に接する……192
怪我の功名……195
犬馬の労……199
采薪の憂い……217
三尺下がって師の影を踏まず……224
七尺去って師の影を踏まず……236
手前味噌……316
鳶が鷹を生む……331
馬齢を重ねる……381
下手な鉄砲も数撃ちゃ当たる……412
下手の横好き……413
馬子にも衣装……423

【ほめる・励ます】

●努力・精神力をほめる

雨垂れ石を穿つ……78
言うは易く行うは難し……83
石に立つ矢……86

石の上にも三年……86
一念天に通ず……93
縁の下の力持ち……123
臥薪嘗胆……146
勤勉は成功の母……180
愚公山を移す……181
志有る者は事竟に成る……208
精神一到何事か成らざらん……266
塵も積もれば山となる……305
七転び八起き……343

●容姿・外観をほめる

いずれ菖蒲か杜若……88
色の白いは七難隠す……104
解語の花……141
立てば芍薬座れば牡丹歩く姿は百合の花……291
卵に目鼻……294
掃き溜めに鶴……364
美人は言わねど隠れなし……385
明眸皓歯……438

●性格・心根・度量をほめる

威あって猛からず……82
河海は細流を択ばず……143
義を見て為ざるは勇なきなり……177
正直の頭に神宿る……248
正直は一生の宝……248
酸いも甘いも噛み分ける……261
清濁併せ呑む……266
大海は芥を択ばず……278
竹を割ったよう……286
立つ鳥跡を濁さず……289
胆大心小……298
泥中の蓮……312
天真爛漫……319
桃李もの言わざれども下自ずから蹊を成す……325
呑舟の魚……335
深い川は静かに流れる……404
実るほど頭の下がる稲穂かな……432

●実力・才能をほめる

青は藍より出でて藍より青し……61
一を聞いて十を知る……95
一頭地を抜く……98
鬼に金棒……130
快刀乱麻を断つ……141
錐の嚢中に処るが如し……176
腐っても鯛……182
癖ある馬に乗りあり……184
紅は園生に植えても隠れなし……190
鶏群の一鶴……192
兄たり難く弟たり難し……194
死せる孔明生ける仲達を走らす……234
七歩の才……236
出藍の誉れ……246

栴檀は双葉より芳し 271
天衣無縫 318
頭角を現す 321
能ある鷹は爪を隠す 360
伯仲の間 366
破天荒 373
目から鼻へ抜ける 438
乱世の英雄 467
瑠璃も玻璃も照らせば光る 473
和光同塵 479

●知識・経験をほめる

一日の長 92
老いたる馬は道を忘れず 123
亀の甲より年の劫 156
老馬の智 475

●成功・活躍をほめる

終わり良ければ総て良し 138
故郷へ錦を飾る 207

大器晩成 280
大功を成す者は衆に謀らず 280
飛ぶ鳥を落とす勢い 331
破竹の勢い 371
八面六臂 372
有終の美 456

●失敗を慰める

明日は明日の風が吹く 68
雨降って地固まる 79
合わぬ蓋あれば合う蓋あり 81
孔子も時に遇わず 202
弘法にも筆の誤り 204
物は考えよう 445
楽あれば苦あり 466
楽は苦の種苦は楽の種 466

●勇気づける・励ます

案ずるより産むが易い 82
思い立ったが吉日 134

思う念力岩をも徹す 135
艱難汝を玉にす 163
好機逸すべからず 200
少年よ大志を抱け 250
人事を尽くして天命を待つ 257
善は急げ 272
天は自ら助くる者を助く 320
人間到る処青山有り 353
念力岩をも徹す 360
冬来りなば春遠からじ 408
ローマは一日にして成らず 476
若い時の苦労は買うてもせよ 478

キーワード索引

ことわざの中にある言葉・漢字から引ける索引です。何となく覚えている一語から引けるのはもちろん、テーマとなっているキーワードでことわざを探すことができます。

＊（　）内の読みが使われていることわざも掲載されています。
＊本文の全項目が掲載されているわけではありません。

あい【愛】
愛別離苦……60
屋烏の愛……126
男は度胸女は愛嬌……129
寵愛昂じて尼になす……303
汝の敵を愛せよ……346
氷炭相愛す……400

あき【秋】（しゅう）
秋茄子は嫁に食わすな……62
秋の鹿は笛に寄る……62
秋の日は釣瓶落とし……62
秋葉山から火事……63
一日千秋の思い……91
一葉落ちて天下の秋を知る……94
男心と秋の空……129
女心と秋の空……138
秋霜烈日……244
春秋に富む……247
春秋の筆法……247
物言えば唇寒し秋の風……444

あし【足】（そく）
足下から鳥が立つ……69
後足で砂をかける……74
一挙手一投足……95
首吊りの足を引く……188
蛇足……287
手の舞い足の踏む所を知らず……315
二足の草鞋を履く……350
二の足を踏む……352
百足の虫は死して僵れず……398

あした【明日】（あす）
明日の事を言えば鬼が笑う……68
明日は明日の風が吹く……68

明日ありと思う心の仇桜……69
明日の百より今日の五十……69
言いたい事は明日言え……82
今日の一針明日の十針……174
腹の立つ事は明日言え……379

あたま【頭】（こうべ・とう）

頭隠して尻隠さず……70
頭剃るより心を剃れ……70
頭でっかち尻つぼみ……70
頭の黒い鼠……71
頭の上の蠅を追え……71
一頭地を抜く……98
鰯の頭も信心から……105
嘘と坊主の頭はゆったことがない……112
己の頭の蠅を追え……132
正直の頭に神宿る……248
心頭を滅却すれば火も亦涼し……259
鯛の尾より鰯の頭……282
他人の疝気を頭痛に病む……292
徹頭徹尾……314
頭角を現す……321
泣く子と地頭には勝てぬ……339
人の疝気を頭痛に病む……391
百尺竿頭一歩を進む……398
実るほど頭の下がる稲穂かな……432
羊頭を懸けて狗肉を売る……462
竜頭蛇尾……469

あたる【当】（むかう）

当たるも八卦当たらぬも八卦……72
当て事は向こうから外れる……74
犬も歩けば棒に当たる……101
肯綮に当たる……200
下手な鉄砲も数撃ちゃ当たる……412
我を非として当う者は吾が師なり……482

あと【後】（うしろ・ご・こう・のち）

後足で砂をかける……74
後の雁が先になる……75
後の祭り……75
後は野となれ山となれ……75
鼬の最後っ屁……90
雨後の筍……109
後ろ髪を引かれる……110
後ろ指を指される……111
火事あとの釘拾い……145
鶏口となるも牛後と為る勿れ……193
下種の後思案……196
後悔先に立たず……200
後生畏るべし……202
紺屋の明後日……205
前車の覆るは後車の戒め……271
前門の虎後門の狼……273
先憂後楽……274
斃れて後已む……284
頼めば越後から米搗きにも来る……293

索

始めの囁きは後のどよみ……368
始めは処女の如く後は脱兎の如し……369

あぶら【油】（ゆ）

油を売る……77
鳶に油揚げを攫われる……331
火に油を注ぐ……396
水と油……430
油断大敵……459

あみ【網】（もう）

阿漕が浦に引く網……65
網呑舟の魚を漏らす……78
網なくて淵を覗くな……78
一網打尽……93
鰯網で鯨を捕る……105

あめ【雨】（あま・う）

朝雨は女の腕まくり……65
雨垂れ石を穿つ……78
雨の降る日は天気が悪い……79
雨の夜にも星……79
雨晴れて笠を忘れる……79
雨降って地固まる……79
雨後の筍……109
五風十雨……213
山雨来らんと欲して風楼に満つ……223
櫛風沐雨……238
晴耕雨読……266

ある【有る】

有る時払いの催促なし……81
積悪の家には必ず余殃有り……268
積善の家には必ず余慶有り……268
朋有り遠方より来たる……332
日計足らずして歳計余り有り……350
人間到る処青山有り……353
始め有るものは終わり有り……368
人と入れ物は有り合わせ……389

あるく【歩く】（あゆむ・ほ）

犬も歩けば棒に当たる……101
邯鄲の歩み……162
五十歩百歩……209
七歩の才……236
千里の道も一歩より……274
立てば芍薬座れば牡丹歩く姿は百合の花……291
這えば立て立てば歩めの親心……363
百尺竿頭一歩を進む……398
舟盗人を徒歩で追う……407

いう【言う】

ああ言えばこう言う……58
明日の事を言えば鬼が笑う……68
言いたい事は明日言え……82
言うは易く行うは難し……83
曰く言い難し……105
言わぬが花……105
言わぬ事は聞こえぬ……106

言わぬは言うに優る……106
思う事言わねば腹膨る……134
顧みて他を言う……142
陰では殿の事も言う……144
金が物を言う……152
烏を鷺と言う……157
鷺を烏と言いくるめる……218
地蔵は言わぬがわれ言うな……234
知る者は言わず言う者は知らず……255
天に口なし人を以て言わしむ……320
桃李もの言わざれども下自ずから蹊を成す……325
西と言ったら東と悟れ……349
日光を見ずして結構と言うな……350
鑿と言えば槌……361
恥を言わねば理が聞こえぬ……369
腹の立つ事は明日言え……379
針程の事を棒程に言う……380
美人は言わねど隠れなし……385
右と言えば左……429
見ざる聞かざる言わざる……429
目は口程に物を言う……440
物言えば唇寒し秋の風……444
物も言いようで角が立つ……446
来年の事を言えば鬼が笑う……466

いえ【家】（か・け・や）

家柄より芋茎……83
家貧しくして孝子顕る……83
売り家と唐様で書く三代目……116
女は三界に家なし……139
自家薬籠中の物……229
積悪の家には必ず余殃有り……268
積善の家には必ず余慶有り……268
喪家の狗……275
庇を貸して母屋を取られる……384
平家を滅ぼすは平家……411
雌鶏歌えば家滅ぶ……441

いく【行く】（ゆく）

好事門を出でず悪事千里を行く……202
小糠三合持ったら婿に行くな……212
去り跡へは行くとも死に跡へは行くな……221
天馬空を行く……321
遠きに行くに必ず近きよりす……326
虎は千里行って千里帰る……333
錦を着て昼行く……349
錦を着て夜行く……349
百里を行く者は九十里を半ばとす……399
行き掛けの駄賃……458

いし【石】（せき）

雨垂れ石を穿つ……78
石が流れて木の葉が沈む……85
石に灸……85
石に漱ぎ流れに枕す……85
石に立つ矢……86

石に布団は着せられず……86
石の上にも三年……86
石橋を叩いて渡る……86
石部金吉金兜……87
一石二鳥……97
雁が飛べば石亀も地団駄……160
転がる石には苔が生えぬ……214
他山の石……286
躓く石も縁……309
鉄心石腸……314
人木石に非ず……395
薬石効なし……449
焼け石に水……449
我が心石に非ず転ずべからず……478

いっしょう【一生】

聞くは一時の恥聞かぬは一生の恥……166
九死に一生を得る……171
正直は一生の宝……248
泣いて暮らすも一生笑って暮らすも一生……336
万死一生を顧みず……381

いぬ【犬】（けん）

一犬影に吠ゆれば百犬声に吠ゆ……96
犬が西向きゃ尾は東……100
犬と猿……100
犬に論語……100
犬の遠吠え……101
犬は三日飼えば三年恩を忘れぬ……101
犬も歩けば棒に当たる……101
犬も朋輩鷹も朋輩……101
尾を振る犬は叩かれず……138
飼い犬に手を噛まれる……140
犬猿の仲……197
犬馬の労……199
杖の下に回る犬は打てぬ……306
夫婦喧嘩は犬も食わぬ……404
吠える犬は噛みつかぬ……419
煩悩の犬は追えども去らず……421
孫飼わんより犬の子飼え……423

いのち【命】（めい）

命あっての物種……102
命長ければ恥多し……102
命の洗濯……102
佳人薄命……146
死生命あり……234
舌の剣は命を断つ……236
死命を制す……241
人事を尽くして天命を待つ……257
美人薄命……385
河豚は食いたし命は惜しし……405
露命を繋ぐ……476

いろ【色】（しき・しょく）

色気より食い気……104
色の白いは七難隠す……104
色は思案の外……105

英雄色を好む……118
思い内にあれば色外に現る……134
巧言令色鮮し仁……201
色即是空空即是色……230
十人十色……245
とかく浮き世は色と酒……327

うし【牛】（ぎゅう）

商いは牛の涎……62
牛に引かれて善光寺参り……109
牛の角を蜂が刺す……110
牛は牛連れ馬は馬連れ……110
牛を馬に乗り換える……111
蝸牛角上の争い……143
九牛の一毛……171
牛耳を執る……172
暗がりから牛……189
鶏口となるも牛後と為る勿れ……193
角を矯めて牛を殺す……309
鶏を割くに焉んぞ牛刀を用いん……353
早牛も淀遅牛も淀……377
闇から牛を引き出す……455

うま【馬】（ば・ま）

鞍上人なく鞍下馬なし……82
生き馬の目を抜く……84
意馬心猿……103
牛は牛連れ馬は馬連れ……110
牛を馬に乗り換える……111
馬には乗ってみよ人には添うてみよ……114
馬の耳に念仏……115
越鳥南枝に巣くい胡馬北風に嘶く……119
老いたる馬は道を忘れず……123
駈け馬に鞭……144
汗馬の労……164
騏驎も老いては駑馬に劣る……177
癖ある馬に乗りあり……184
鯨飲馬食……192
犬馬の労……199
塞翁が馬……216
鹿を指して馬と為す……230
死馬の骨を買う……240
将を射んと欲すれば先ず馬を射よ……252
尻馬に乗る……255
竹馬の友……300
天高く馬肥ゆ……319
天馬空を行く……321
南船北馬……346
人間万事塞翁が馬……354
馬脚を露す……364
馬耳東風……367
馬齢を重ねる……381
人食らい馬にも合い口……388
人には添うてみよ馬には乗ってみよ……390
人を射んとせば先ず馬を射よ……395
馬子にも衣装……423

索

痩せ馬に鞭を加う……450
夕立は馬の背を分ける……457
老馬の智……475

うみ【海】（かい）

井の中の蛙大海を知らず……102
海千山千……115
貝殻で海を量る……140
河海は細流を択ばず……143
滄海変じて桑田となる……274
大海は芥を択ばず……278
父母の恩は山よりも高く海よりも深し……408
待てば海路の日和あり……425

えだ【枝】（し・じ）

枝を伐りて根を枯らす……119
越鳥南枝に巣くい胡馬北風に嘶く……119
陰に居て枝を折る……144
重箱の隅を楊枝でほじくる……245
鳩に三枝の礼あり烏に反哺の孝あり……374
武士は食わねど高楊枝……406
楊枝で重箱の隅をほじくる……461
落花枝に返らず破鏡再び照らさず……467

お【尾】（び）

犬が西向きゃ尾は東……100
尾羽打ち枯らす……133
尾を振る犬は叩かれず……138
驥尾に付す……170
鯛の尾より鰯の頭……282
徹頭徹尾……314
虎の尾を踏む……333
化け物の正体見たり枯れ尾花……367
尾生の信……385
尾大掉わず……386
竜頭蛇尾……469
竜の鬚を撫で虎の尾を踏む……470

おおい【多い】（た）

命長ければ恥多し……102
歓楽極まりて哀情多し……165
好事魔多し……201
言葉多きは品少なし……211
才子多病……216
船頭多くして船山へ上る……272
多岐亡羊……285
多芸は無芸……285
多勢に無勢……286
多多ますます弁ず……288
労多くして功少なし……474

おおきい【大きい】（たい・だい）

井の中の蛙大海を知らず……102
独活の大木……113
大男総身に知恵が回りかね……124
大風が吹けば桶屋が喜ぶ……125
大船に乗ったよう……125
大風呂敷を広げる……125
女の髪の毛には大象も繋がる……139

京の着倒れ大阪の食い倒れ……174
京の夢大阪の夢……174
材大なれば用を為し難し……217
小異を捨てて大同につく……248
少年よ大志を抱け……250
小の虫を殺して大の虫を助ける……250
小を捨てて大につく……252
針小棒大……257
末大なれば必ず折る……262
大隠は市に隠る……278
大恩は報ぜず……278
大海は芥を択ばず……278
大厦の倒れんとするは一木の支うる所に非ず……278
大義親を滅す……279
大吉は凶に還る……279
大疑は大悟の基……279
大器晩成……280
大行は細謹を顧みず……280
大巧は拙なるが若し……280
大功を成す者は衆に謀らず……280
大黒柱を蟻がせせる……280
大根を正宗で切る……281
大山鳴動して鼠一匹……281
大事の前の小事……282
大事は小事より起こる……282
大同小異……282
大道廃れて仁義あり……282
大の虫を生かして小の虫を殺す……283
大は小を兼ねる……283
大木は風に折らる……283
大欲は無欲に似たり……283
立ち寄らば大樹の陰……289
胆大心小……298
釣り落とした魚は大きい……311
取らずの大関……332
生兵法は大怪我のもと……345
逃がした魚は大きい……348
始めが大事……368
尾大掉わず……386
人は落ち目が大事……393
見ると聞くとは大違い……434
無芸大食……435
往き大名の帰り乞食……458
油断大敵……459
寄らば大樹の陰……465
おとこ【男】（だん）
東男に京女……70
一押し二金三男……91
大男総身に知恵が回りかね……124
男心と秋の空……129
男は敷居を跨げば七人の敵あり……129
男は度胸女は愛嬌……129
男やもめに蛆がわき女やもめに花が咲く……129

小男の腕立て……206
据え膳食わぬは男の恥……261
男子の一言金鉄の如し……298
男女七歳にして席を同じうせず……298
遠くて近きは男女の仲……326
目病み女に風邪引き男……441
藁で束ねても男は男……481

おなじ【同じ】（どう）

落つれば同じ谷川の水……128
同じ穴の狢……130
同じ釜の飯を食う……130
偕老同穴……142
君子は和して同ぜず小人は同じて和せず……191
呉越同舟……206
小異を捨てて大同につく……248
大同小異……282
男女七歳にして席を同じうせず……298
同気相求む……322
同工異曲……322
同舟相救う……323
同床異夢……323
同病相憐む……324
付和雷同……410
和光同塵……479
和して同ぜず……480

おに【鬼】（き）

明日の事を言えば鬼が笑う……68
恐れ入谷の鬼子母神……128
鬼が出るか蛇が出るか……130
鬼に金棒……130
鬼の居ぬ間に洗濯……131
鬼の霍乱……131
鬼の首を取ったよう……131
鬼の目にも涙……131
鬼も十八番茶も出花……132
鬼も頼めば人食わず……132
餓鬼の目に水見えず……143
疑心暗鬼を生ず……168
鬼面人を嚇す……171
小姑一人は鬼千匹に向かう……209
知らぬ神より馴染みの鬼……254
神出鬼没……256
頼めば鬼も人食わず……293
断じて行えば鬼神も之を避く……298
寺の隣に鬼が棲む……316
来年の事を言えば鬼が笑う……466
渡る世間に鬼はない……481

おもう【思う】

明日ありと思う心の仇桜……69
蟻の思いも天に届く……80
怒りは敵と思え……84
磯の鮑の片思い……89
一日千秋の思い……91
いつまでもあると思うな親と金……100

思い内にあれば色外に現る……134
思い立ったが吉日……134
思い半ばに過ぎる……134
思う事言わねば腹膨る……134
思う念力岩をも徹す……135
思えば思わるる……135
親思う心にまさる親心……135
人を見たら泥棒と思え……396
糸瓜の皮とも思わず……414
学びて思わざれば則ち罔し……425
我が物と思えば軽し笠の雪……479
我思う故に我在り……482

おや【親】（しん）

いつまでもあると思うな親と金……100
生みの親より育ての親……115
親思う心にまさる親心……135
親が死んでも食休み……135
親子の仲でも金銭は他人……135
親子は一世夫婦は二世主従は三世……136
親の意見と茄子の花は千に一つも仇はない……136
親の因果が子に報う……136
親の心子知らず……137
親の光は七光……137
親はなくとも子は育つ……137
孝行のしたい時分に親はなし……201
子供の喧嘩に親が出る……211
子の心親知らず……212
子を見ること親に如かず……215
子を持って知る親の恩……215
地震雷火事親父……233
親は泣き寄り他人は食い寄り……259
銭金は親子でも他人……269
大義親を滅す……279
立っている者は親でも使え……289
遠い親戚より近くの他人……324
這えば立て立てば歩めの親心……363
悪い親も良い子を望む……481

おん【恩】

犬は三日飼えば三年恩を忘れぬ……101
恩を仇で返す……139
子を持って知る親の恩……215
大恩は報ぜず……278
父母の恩は山よりも高く海よりも深し……408

おんな【女】（じょ）

悪女の深情け……64
朝雨は女の腕まくり……65
東男に京女……70
男は度胸女は愛嬌……129
男やもめに蛆がわき女やもめに花が咲く……129
女心と秋の空……138
女三人寄れば姦しい……138
女の髪の毛には大象も繋がる……139
女は三界に家なし……139

索

女やもめに花が咲く……139
男女七歳にして席を同じうせず……298
遠くて近きは男女の仲……326
始めは処女の如く後は脱兎の如し……369
目病み女に風邪引き男……441

かお【顔】（がん）

朝顔の花一時……66
朝に紅顔ありて夕べに白骨と為る……68
借りる時の地蔵顔済す時の閻魔顔……157
知らぬ顔の半兵衛……253
済す時の閻魔顔……342
仏の顔も三度……420

かげ【影】（えい）

一犬影に吠ゆれば百犬声に吠ゆ……96
噂をすれば影が差す……117
形影相弔う……192
三尺下がって師の影を踏まず……224
七尺去って師の影を踏まず……236
杯中の蛇影……363

かげ【陰】（いん）

暑さ忘れて陰忘る……73
一樹の陰一河の流れも他生の縁……92
一寸の光陰軽んずべからず……96
陰徳あれば陽報あり……107
陰では殿の事も言う……144
陰に居て枝を折る……144
光陰矢の如し……200
立ち寄らば大樹の陰……289
日陰の豆も時が来れば爆ぜる……383
寄らば大樹の陰……465

かじ【火事】

秋葉山から火事……63
火事あとの釘拾い……145
火事あとの火の用心……146
金時の火事見舞い……179
地震雷火事親父……233
対岸の火事……278
竹屋の火事……286

かぜ【風】（ふう）

明日は明日の風が吹く……68
越鳥南枝に巣くい胡馬北風に嘶く……119
追風に帆を上げる……123
大風が吹けば桶屋が喜ぶ……125
風が吹けば桶屋が儲かる……147
樹静かならんと欲すれども風止まず……167
喬木は風に折らる……175
光風霽月……204
子供は風の子……211
五風十雨……213
山雨来らんと欲して風楼に満つ……223
疾風迅雷……237
櫛風沐雨……238
順風満帆……247
大木は風に折らる……283

月に叢雲花に風……307
出船によい風は入り船に悪い……316
馬耳東風……367
風雲急を告げる……403
風樹の嘆……403
風前の灯火……403
分相応に風が吹く……410
無常の風は時を選ばず……436
物言えば唇寒し秋の風……444
柳に風……450

かつ【勝つ】（まさる・しょう）

勝って兜の緒を締めよ……149
勝てば官軍負ければ賊軍……150
碁で敗けたら将棋で勝て……210
勝負は時の運……251
相撲に勝って勝負に負ける……265
泣く子と地頭には勝てぬ……339
逃げるが勝ち……348
人衆ければ天に勝ち天定まれば人に勝つ……387
負けるが勝ち……422
本木に勝る末木なし……443
理に勝って非に落ちる……469

かね【金】（きん）

一押し二金三男……91
一攫千金……95
一刻千金……96
いつまでもあると思うな親と金……100
金が敵……152
金が物を言う……152
金で面を張る……152
金に糸目を付けぬ……153
金の切れ目が縁の切れ目……153
金の草鞋で尋ねる……153
金は天下の回り物……153
金持ち喧嘩せず……154
金持ちと灰吹きは溜まるほど汚い……154
金科玉条……178
金言耳に逆らう……178
金時の火事見舞い……179
金蘭の契り……180
地獄の沙汰も金次第……232
衆口金を鑠かす……244
春宵一刻直千金……247
辛抱する木に金が生る……260
銭金は親子でも他人……269
千金の子は市に死せず……270
断金の交わり……297
男子の一言金鉄の如し……298
沈黙は金雄弁は銀……305
土一升金一升……308
時は金なり……328
人間万事金の世の中……354
雄弁は銀沈黙は金……457

かみ【髪】（はつ）

索

一髪千鈞を引く　99
後ろ髪を引かれる　110
女の髪の毛には大象も繋がる　139
間髪を容れず　163
苦爪楽髪　187
身体髪膚之を父母に受く　258
怒髪冠を衝く　331
白髪三千丈　366
楽爪苦髪　466

かみ【神】（しん）

挨拶は時の氏神　58
恐れ入谷の鬼子母神　128
叶わぬ時の神頼み　151
苦しい時の神頼み　189
触らぬ神に祟りなし　222
正直の頭に神宿る　248
知らぬ神より馴染みの鬼　254
神出鬼没　256
捨てる神あれば拾う神あり　263
断じて行えば鬼神も之を避く　298
仲裁は時の氏神　302
天知る神知る我知る子知る　318
十で神童十五で才子二十すぎれば只の人　327
時の氏神　327
人盛んにして神祟らず　388
兵は神速を貴ぶ　412

からす【烏】（う）

烏合の衆　109
鵜の真似する烏水に溺れる　114
屋烏の愛　126
烏の行水　156
烏を鷺と言う　157
権兵衛が種蒔きゃ烏がほじくる　215
鷺を烏と言いくるめる　218
誰か烏の雌雄を知らんや　297
どこの烏も黒さは変わらぬ　329
鳩に三枝の礼あり烏に反哺の孝あり　374
闇夜に烏雪に鷺　455

かわ【川・河】（か・が）

浅い川も深く渡れ　66
一樹の陰一河の流れも他生の縁　92
落つれば同じ谷川の水　128
河海は細流を択ばず　143
河清を俟つ　147
河童の川流れ　149
金槌の川流れ　151
川立ちは川で果てる　159
国破れて山河在り　187
白河夜船　253
提灯持ち川へはまる　304
百年河清を俟つ　399
瓢箪の川流れ　401
深い川は静かに流れる　404
古川に水絶えず　409

暴虎馮河の勇……416

かわ【皮】（つら）

皮を斬らせて肉を斬り肉を斬らせて骨を斬る……160
面の皮が厚い……310
面の皮の千枚張り……310
面の皮を剝ぐ……310
捕らぬ狸の皮算用……332
虎は死して皮を留め人は死して名を残す……333
人間の皮を被る……354
化けの皮が剝がれる……367
腹の皮が張れば目の皮が弛む……379
糸瓜の皮とも思わず……414

きく【聞く】（ぶん）

朝に道を聞かば夕べに死すとも可なり……68
一を聞いて十を知る……95
言わぬ事は聞こえぬ……106
聞いて極楽見て地獄……165
聞くは一時の恥聞かぬは一生の恥……166
恥を言わねば理が聞こえぬ……369
話し上手の聞き下手……374
話し上手は聞き上手……374
百聞は一見に如かず……399
見ざる聞かざる言わざる……429
見ると聞くとは大違い……434
両方聞いて下知をなせ……472

くう【食う】（たべる・はむ・じき・しょく）

秋茄子は嫁に食わすな……62
あの声で蜥蜴食らうか時鳥……76
衣食足りて礼節を知る……88
鶍の嘴の食い違い……88
色気より食い気……104
旨い物は宵に食え……114
同じ釜の飯を食う……130
鬼も頼めば人食わず……132
親が死んでも食休み……135
京の着倒れ大阪の食い倒れ……174
鯨飲馬食……192
乞食を三日すれば忘れられぬ……209
骨肉相食む……210
魚は殿様に焼かせよ餅は乞食に焼かせよ……218
座して食らえば山も空し……220
三人旅の一人乞食……226
塩辛食おうとて水を飲む……228
肉食った報い……232
弱肉強食……242
食指が動く……252
親は泣き寄り他人は食い寄り……259
粋が身を食う……260
据え膳食わぬは男の恥……261
蛸は身を食う……286
蓼食う虫も好き好き……290
頼めば鬼も人食わず……293

索

毒を食らわば皿まで……328
鰯れば兎も食い付く……344
煮ても焼いても食えぬ……351
鳩が豆鉄砲を食ったよう……373
人食らい馬にも合い口……388
一人口は食えぬが二人口は食える……395
夫婦喧嘩は犬も食わぬ……404
河豚は食いたし命は惜しし……405
武士は食わねど高楊枝……406
弁当持ち先に食わず……415
無芸大食……435
往き大名の帰り乞食……458

くち【口】（こう）

開いた口が塞がらない……59
開いた口へ牡丹餅……59
口と財布は締めるが得……185
口には関所がない……185
口に蜜あり腹に剣あり……185
口は閉じておけ目は開けておけ……185
口は禍の門……186
口も八丁手も八丁……186
鶏口となるも牛後と為る勿れ……193
虎口を脱する……208
虎口を逃れて竜穴に入る……208
死人に口なし……238
衆口金を鑠かす……244
人口に膾炙する……256
世間の口に戸は立てられぬ……268
手八丁口八丁……315
天に口なし人を以て言わしむ……320
長口上は欠伸の種……337
人食らい馬にも合い口……388
人の口に戸は立てられぬ……391
一人口は食えぬが二人口は食える……395
目は口程に物を言う……440
病は口より入り禍は口より出ず……453
良薬は口に苦し……472
禍は口から……479

くび【首】（くち）

匕首に鍔を打ったよう……58
鬼の首を取ったよう……131
首吊りの足を引く……188
首振り三年ころ八年……188
子は三界の首枷……212
財布の紐は首にかけるより心にかけよ……217
思案投げ首……228
人参飲んで首縊る……354
猫の首に鈴を付ける……357
真綿で首を締める……427

くるしい【苦しい】（にがい・く）

愛別離苦……60
苦あれば楽あり……180
苦爪楽髪……187
苦肉の策……187

苦は楽の種……188
苦しい時の神頼み……189
四苦八苦……231
塗炭の苦しみ……330
苦虫を嚙み潰したよう……348
人を使うは苦を使う……395
楽あれば苦あり……466
楽爪苦髪……466
楽は苦の種苦は楽の種……466
粒粒辛苦……470
良薬は口に苦し……472
若い時の苦労は買うてもせよ……478

くるま【車】（しゃ）

因果の小車……106
車の両輪……189
唇歯輔車……256
前車の覆るは後車の戒め……271
前車の轍を踏む……271
針とる者は車をとる……380
横車を押す……463

こ【子】

老いては子に従え……124
負うた子に教えられて浅瀬を渡る……124
負うた子より抱いた子……124
親の因果が子に報う……136
親の心子知らず……137
親はなくとも子は育つ……137
蛙の子は蛙……142
可愛い子には旅をさせよ……159
蜘蛛の子を散らすよう……188
虎穴に入らずんば虎子を得ず……207
子供の喧嘩に親が出る……211
子供は風の子……211
子の心親知らず……212
子は鎹……212
子は三界の首枷……212
子故の闇……213
子を見ること親に如かず……215
子を持って知る親の恩……215
獅子の子落とし……233
死ぬる子は眉目よし……239
死んだ子の年を数える……258
千金の子は市に死せず……270
千の倉より子は宝……272
泣く子と地頭には勝てぬ……339
泣く子は育つ……339
泣く子も黙る……339
憎まれっ子世に憚る……348
盗人を捕えてみれば我が子なり……356
寝た子を起こす……358
寝る子は育つ……359
貧乏人の子沢山……402
孫飼わんより犬の子飼え……423
孫は子より可愛い……423

索

三つ子の魂百まで……432
持つべきものは子……443
元も子もない……444
律義者の子沢山……468
悪い親も良い子を望む……481
こい【鯉】
江戸っ子は五月の鯉の吹き流し……120
及ばぬ鯉の滝登り……137
鯉の滝登り……199
五月の鯉の吹き流し……220
俎板の鯉……425
こおり【氷】（ひょう）
月下氷人……197
氷に鏤め水に描く……206
霜を履んで堅氷至る……241
夏の虫氷を笑う……342
薄氷を履む……366
氷炭相愛す……400
氷炭相容れず……400
こころ【心】（しん）
明日ありと思う心の仇桜……69
頭剃るより心を剃れ……70
以心伝心……88
意馬心猿……103
鰯の頭も信心から……105
魚心あれば水心……108
男心と秋の空……129
親思う心にまさる親心……135
親の心子知らず……137
女心と秋の空……138
疑心暗鬼を生ず……168
気は心……170
外面如菩薩内心如夜叉……197
心焉に在らざれば視れども見えず……208
心は二つ身は一つ……208
子の心親知らず……212
財布の紐は首にかけるより心にかけよ……217
山中の賊を破るは易く心中の賊を破るは難し……225
仕上げが肝心……228
初心忘るべからず……253
心頭を滅却すれば火も亦涼し……259
胆大心小……298
鉄心石腸……314
灯心で竹の根を掘る……323
這えば立て立てば歩めの親心……363
測り難きは人心……364
人の心は九分十分……391
人は見目よりただ心……394
目は心の鏡……440
我が心石に非ず転ずべからず……478
こころざし【志】（し）
燕雀安んぞ鴻鵠の志を知らんや……122
志有る者は事竟に成る……208

少年よ大志を抱け……250
青雲の志……266
匹夫も志を奪うべからず……387
凌雲の志……470

さかな【魚】(うお・ぎょ)

網呑舟の魚を漏らす……78
魚心あれば水心……108
魚の木に登るが如し……108
魚を得て筌を忘る……108
木に縁りて魚を求む……169
魚は殿様に焼かせよ餅は乞食に焼かせよ……218
雑魚の魚交じり……219
水魚の交わり……260
清水に魚棲まず……266
池魚の殃……300
釣り落とした魚は大きい……311
呑舟の魚……335
逃がした魚は大きい……348
水清ければ魚棲まず……429
魯魚の誤り……476

さき【先】(せん・まず)

後の雁が先になる……75
一寸先は闇……96
暮れぬ先の提灯……190
後悔先に立たず……200
転ばぬ先の杖……214
先んずれば人を制す……218
先入主となる……272
先鞭をつける……273
先憂後楽……274
濡れぬ先こそ露をも厭え……356
人を射んとせば先ず馬を射よ……395
弁当持ち先に食わず……415
先ず隗より始めよ……424

さけ【酒】(しゅ)

新しい酒は新しい革袋に盛れ……71
葷酒山門に入るを許さず……191
酒飲み本性違わず……219
酒は憂いを払う玉箒……219
酒は飲むとも飲まれるな……219
酒は百薬の長……219
酒池肉林……246
とかく浮き世は色と酒……327
人酒を飲む酒酒を飲む酒人を飲む……388

さる【猿】(えん)

犬と猿……100
意馬心猿……103
木から落ちた猿……166
犬猿の仲……197
猿の尻笑い……222
猿も木から落ちる……222

し【師】

窮鳥懐に入れば猟師も殺さず……173
薬人を殺さず医師人を殺す……183

三尺下がって師の影を踏まず……224
七尺去って師の影を踏まず……236
我を非として当う者は吾が師なり……482
しお【塩】
青菜に塩……61
塩辛食おうとて水を飲む……228
塩を売れば手が辛くなる……228
手塩に掛ける……313
蛞蝓に塩……345
じごく【地獄】
板子一枚下は地獄……90
聞いて極楽見て地獄……165
地獄で仏……231
地獄の釜の蓋が開く……231
地獄の沙汰も金次第……232
見ての極楽住んでの地獄……432
した【舌】
舌の剣は命を断つ……236
舌の根の乾かぬ内……236
舌は禍の根……236
舌を巻く……236
二枚舌を使う……352
歯亡びて舌存す……376
しぬ【死ぬ】（し）
朝に道を聞かば夕べに死すとも可なり……68
親が死んでも食休み……135
九死に一生を得る……171
狡兎死して走狗烹らる……203
去り跡へは行くとも死に跡へは行くな……221
死屍に鞭打つ……233
死児の齢を数える……233
死生命あり……234
死せる孔明生ける仲達を走らす……234
死中に活を求める……237
死に花を咲かせる……238
死人に口なし……238
死ぬ者貧乏……238
死ぬる子は眉目よし……239
士は己を知る者の為に死す……239
死馬の骨を買う……240
死命を制す……241
死んだ子の年を数える……258
死んで花実が咲くものか……259
酔生夢死……261
千金の子は市に死せず……270
虎は死して皮を留め人は死して名を残す……333
ナポリを見てから死ね……344
万死一生を顧みず……381
人の将に死なんとするその言や善し……393
百足の虫は死して僵れず……398
じょうず【上手】
上手の手から水が漏る……249
好きこそ物の上手なれ……262
話し上手の聞き下手……374

話し上手は聞き上手……374
早い者に上手なし……377
下手があるので上手が知れる……412

しり【尻】

頭隠して尻隠さず……70
頭でっかち尻つぼみ……70
猿の尻笑い……222
尻馬に乗る……255
尻に火が付く……255
屁を放って尻すぼめる……415

しる【知る】（ち）

衣食足りて礼節を知る……88
一文惜しみの百知らず……94
一葉落ちて天下の秋を知る……94
一を聞いて十を知る……95
一知半解……98
井の中の蛙大海を知らず……102
易者身の上知らず……119
燕雀安んぞ鴻鵠の志を知らんや……122
大男総身に知恵が回りかね……124
親の心子知らず……137
温故知新……138
歌人は居ながらにして名所を知る……146
彼を知り己を知れば百戦殆うからず……158
子の心親知らず……212
子を持って知る親の恩……215
三人寄れば文殊の知恵……227
士は己を知る者の為に死す……239
知らざるを知らずと為せ是知るなり……253
知らぬ顔の半兵衛……253
知らぬが仏……254
知らぬ神より馴染みの鬼……254
知らぬは亭主ばかりなり……254
知る者は言わず言う者は知らず……255
世間知らずの高枕……268
足るを知る者は富む……296
誰か烏の雌雄を知らんや……297
知者は惑わず勇者は恐れず……300
手の舞い足の踏む所を知らず……315
天知る神知る我知る子知る……318
流れを汲みて源を知る……339
早寝早起き病知らず……378
故きを温ねて新しきを知る……410
下手があるので上手が知れる……412
流言は知者に止まる……469
両方聞いて下知をなせ……472
論語読みの論語知らず……477
我が身の臭さ我知らず……479
我が身を抓って人の痛さを知れ……479

しろ【白】（はく）

朝に紅顔ありて夕べに白骨と為る……68
色の白いは七難隠す……104
紺屋の白袴……206
白河夜船……253

白羽の矢が立つ……254
青天白日……267
亭主関白……312
白玉楼中の人となる……365
白髪三千丈……366
白眉……366
白璧の微瑕……367
白駒の隙を過ぐるが如し……372
目白押し……439
雪に白鷺……459

すき【好き】（このむ・こう）
英雄色を好む……118
好機逸すべからず……200
好事魔多し……201
好事門を出でず悪事千里を行く……202
好物に祟りなし……204
好きこそ物の上手なれ……262
蓼食う虫も好き好き……290
亭主の好きな赤烏帽子……312
下手の横好き……413

すずめ【雀】（じゃく）
燕雀安んぞ鴻鵠の志を知らんや……122
勧学院の雀は蒙求を囀る……160
雀の千声鶴の一声……263
雀百まで踊り忘れず……263
目を掩うて雀を捕らう……441
門前雀羅を張る……447

せ【背】（はい）
鴨が葱を背負って来る……156
眼光紙背に徹す……160
背に腹は代えられぬ……270
団栗の背競べ……335
背水の陣……362
夕立は馬の背を分ける……457

ぜん【善】（よい）
悪に強ければ善にも強い……65
牛に引かれて善光寺参り……109
小人閑居して不善を為す……249
寸善尺魔……265
積善の家には必ず余慶有り……268
善は急げ……272
人の将に死せんとするその言や善し……393
人は善悪の友による……393
善く泳ぐ者は溺る……462

そだつ【育つ】
氏より育ち……110
生みの親より育ての親……115
親はなくとも子は育つ……137
泣く子は育つ……339
寝る子は育つ……359

そで【袖】
三十振り袖四十島田……224
袖から手を出すのも嫌い……276
袖振り合うも他生の縁……277

ない袖は振れぬ……336
破れても小袖……452
た【田】（でん）
小田原評定……128
我田引水……150
瓜田に履を納れず李下に冠を正さず……150
三十振り袖四十島田……224
児孫の為に美田を買わず……235
詩を作るより田を作れ……255
滄海変じて桑田となる……274
人は人中田は田中……394
我が田に水を引く……478
たか【鷹】
一富士二鷹三茄子……93
犬も朋輩鷹も朋輩……101
鵜の目鷹の目……114
鷹は飢えても穂を摘まず……284
鳶が鷹を生む……331
鳶も居住まいから鷹に見える……331
能ある鷹は爪を隠す……360
欲の熊鷹股裂くる……462
たけ【竹】（ちく）
木七竹八塀十郎……167
木に竹を接ぐ……169
竹屋の火事……286
竹を割ったよう……286
竹馬の友……300
灯心で竹の根を掘る……323
破竹の勢い……371
たたみ【畳】（じょう）
起きて半畳寝て一畳……126
千畳敷に寝ても一畳……271
畳の上の水練……288
女房と畳は新しい方がよい……352
半畳を入れる……381
たつ【立つ】（りつ）
商人と屏風は曲がらねば立たぬ……63
足下から鳥が立つ……69
彼方立てれば此方が立たぬ……72
石に立つ矢……86
思い立ったが吉日……134
川立ちは川で果てる……159
後悔先に立たず……200
小男の腕立て……206
白羽の矢が立つ……254
世間の口に戸は立てられぬ……268
立ち寄らば大樹の陰……289
立っている者は親でも使え……289
立つ鳥跡を濁さず……289
立て板に水……290
立てば芍薬座れば牡丹歩く姿は百合の花……291
似合わぬ僧の腕立て……347
這えば立て立てば歩めの親心……363

索

腹の立つ事は明日言え……379
人と屏風は直ぐには立たず……389
人の口に戸は立てられぬ……391
火のない所に煙は立たぬ……397
弁慶の立ち往生……415
物も言いようで角が立つ……446
夕立は馬の背を分ける……457
立錐の地なし……468
両雄並び立たず……472
禍も三年たてば用に立つ……480

たにん【他人】

親子の仲でも金銭は他人……135
兄弟は他人の始まり……173
親は泣き寄り他人は食い寄り……259
銭金は親子でも他人……269
他人の疝気を頭痛に病む……292
他人の空似……292
他人の念仏で極楽参り……292
他人の飯には骨がある……292
遠い親戚より近くの他人……325

たね【種】

命あっての物種……102
苦は楽の種……188
権兵衛が種蒔きゃ烏がほじくる……215
呑ん坊の柿の種……255
長口上は欠伸の種……337
蒔かぬ種は生えぬ……422
楽は苦の種苦は楽の種……466

たび【旅】（りょ）

門松は冥土の旅の一里塚……150
可愛い子には旅をさせよ……159
三人旅の一人乞食……226
旅の恥は掻き捨て……293
旅は憂いもの辛いもの……293
旅は道連れ世は情け……294
天地は万物の逆旅……319

たま【玉・珠・璧】（ぎょく）

開けて悔しき玉手箱……65
瓦も磨けば玉となる……160
艱難汝を玉にす……163
金科玉条……178
酒は憂いを払う玉箒……219
掌中の珠……249
玉に瑕……294
玉の輿に乗る……295
玉の巵当なきが如し……295
玉磨かざれば光なし……295
璧を懐いて罪あり……295
鉄砲玉の使い……315
白玉楼中の人となる……365
白璧の微瑕……367
匹夫罪なし璧を懐いて罪あり……386
目の寄る所へは玉も寄る……440
槍玉に上げる……456

つき【月】（がつ・げつ）
江戸っ子は五月の鯉の吹き流し……120
月下氷人……197
光風霽月……204
歳月人を待たず……216
五月の鯉の吹き流し……220
月と鼈……306
月に叢雲花に風……307
月日に関守なし……307
月満つれば則ち虧く……307
月夜に釜を抜かれる……307
月夜に提灯……308
盆と正月が一緒に来たよう……421
目の正月……440
つめ【爪】
瓜に爪あり爪に爪なし……117
苦爪楽髪……187
爪で拾って箕で零す……309
爪に火を点す……310
爪の垢を煎じて飲む……310
能ある鷹は爪を隠す……360
楽爪苦髪……466
つら【面】（めん）
蛙の面に水……143
金で面を張る……152
鬼面人を嚇す……171
外面如菩薩内心如夜叉……197
四面楚歌……241
楯の両面を見よ……291
面の皮が厚い……310
面の皮の千枚張り……310
面の皮を剝ぐ……310
天罰覿面……320
泥を打てば面へはねる……335
泣き面に蜂……339
八面六臂……372
半面の識……382
面壁九年……441
つる【鶴】（かく）
鶏群の一鶴……192
雀の千声鶴の一声……263
鶴の脛切るべからず……311
鶴の一声……311
鶴は千年亀は万年……311
掃き溜めに鶴……364
焼け野の雉子夜の鶴……449
夜の鶴……465
てき【敵】（かたき）
怒りは敵と思え……84
江戸の敵を長崎で討つ……120
男は敷居を跨げば七人の敵あり……129
金が敵……152
昨日の友は今日の敵……169
敷居を跨げば七人の敵あり……230

衆寡敵せず……244
敵は本能寺にあり……312
敵もさるもの引っ掻くもの……313
汝の敵を愛せよ……346
油断大敵……459

てつ【鉄】
暗闇の鉄砲……189
寸鉄人を殺す……265
男子の一言金鉄の如し……298
鉄心石腸……314
鉄は熱いうちに打て……314
鉄砲玉の使い……315
鳩が豆鉄砲を食ったよう……373
下手な鉄砲も数撃ちゃ当たる……412
闇に鉄砲……455
闇夜に鉄砲……455

でる【出る】（だす・いずる・しゅつ）
青は藍より出でて藍より青し……61
入るを量りて出ずるを為す……104
嘘から出た実……111
鬼が出るか蛇が出るか……130
鬼も十八番茶も出花……132
好事門を出でず悪事千里を行く……202
子供の喧嘩に親が出る……211
出藍の誉れ……246
証文の出し遅れ……251
神出鬼没……256
袖から手を出すのも嫌い……276
其の右に出ずる者なし……277
叩けば埃が出る……287
角を出す……308
出船によい風は入り船に悪い……316
出物腫れ物所嫌わず……316
出る杭は打たれる……317
出る船の纜を引く……317
名のない星は宵から出る……343
爾に出ずる者は爾に反る……346
喉から手が出る……360
瓢箪から駒が出る……400
星を戴いて出で星を戴いて帰る……419
身から出た錆……428
藪をつついて蛇を出す……452
病は口より入り禍は口より出ず……453
闇から牛を引き出す……455

とも【友】（ゆう）
益者三友損者三友……118
昨日の友は今日の敵……169
竹馬の友……300
莫逆の友……365
人は善悪の友による……393
類は友を呼ぶ……473

とら【虎】（こ）
苛政は虎よりも猛し……146
騎虎の勢い……167

虎穴に入らずんば虎子を得ず……207
虎口を脱する……208
虎口を逃れて竜穴に入る……208
三人虎を成す……226
前門の虎後門の狼……273
時に遇えば鼠も虎になる……327
虎に翼……332
虎の威を藉る狐……332
虎の尾を踏む……333
虎は死して皮を留め人は死して名を残す……333
虎は千里行って千里帰る……333
虎を描いて狗に類す……333
虎を野に放つ……334
張り子の虎……380
暴虎馮河の勇……416
竜の鬚を撫で虎の尾を踏む……470

とり【鳥】（ちょう）

足下から鳥が立つ……69
一石二鳥……97
越鳥南枝に巣くい胡馬北風に嘶く……119
閑古鳥が鳴く……161
窮鳥懐に入れば猟師も殺さず……173
蝙蝠も鳥の内……205
立つ鳥跡を濁さず……289
飛ぶ鳥を落とす勢い……331
鳥なき里の蝙蝠……334
花は根に鳥は古巣に帰る……375

な【名】（めい）

歌人は居ながらにして名所を知る……146
怪我の功名……195
得を取るより名を取れ……329
虎は死して皮を留め人は死して名を残す……333
名のない星は宵から出る……343
名は体を表す……344
名を取るより得を取れ……346
何でも来いに名人なし……347
人は一代名は末代……393
名人は人を謗らず……437
名物に旨い物なし……438
往き大名の帰り乞食……458

ながれる【流れる】（りゅう）

石が流れて木の葉が沈む……85
石に漱ぎ流れに枕す……85
一樹の陰一河の流れも他生の縁……92
江戸っ子は五月の鯉の吹き流し……120
河海は細流を択ばず……143
河童の川流れ……149
金槌の川流れ……151
細工は流流仕上げを御覧じろ……216
五月の鯉の吹き流し……220
流れに棹さす……338
流れる水は腐らず……338
流れを汲みて源を知る……339
瓢箪の川流れ……401

索

深い川は静かに流れる……404
落花流水の情……467
流言は知者に止まる……469

なさけ【情け】（じょう）
悪女の深情け……64
歓楽極まりて哀情多し……165
旅は道連れ世は情け……294
情けが仇……341
情けに刃向かう刃なし……341
情けは人の為ならず……341
人の情けは世にある時……392
落花流水の情……467

ならう【習う】（しゅう）
有為転変は世の習い……107
習慣は第二の天性なり……244
習い性と成る……345
習うより慣れよ……345
習わぬ経は読めぬ……346
学びて時に之を習う亦説ばしからずや……426
門前の小僧習わぬ経を読む……447
六十の手習い……476

なわ【縄】
禍福は糾える縄の如し……154
泥棒を見て縄を綯う……334
盗人を見て縄を綯う……356
一筋縄ではいかぬ……388
蛇に嚙まれて朽ち縄に怖じる……414

にしき【錦】（きん）
内裸でも外錦……113
錦上花を添える……179
故郷へ錦を飾る……207
錦を着て昼行く……349
錦を着て夜行く……349
闇夜の錦……456
夜の錦……465

ね【根】（こん）
運根鈍……117
枝を伐りて根を枯らす……119
舌の根の乾かぬ内……236
舌は禍の根……236
大根を正宗で切る……281
灯心で竹の根を掘る……323
花は根に鳥は古巣に帰る……375
葉をかいて根を断つ……381

ねこ【猫】
窮鼠猫を嚙む……173
皿嘗めた猫が科を負う……221
鳴く猫は鼠を捕らぬ……340
猫に鰹節……357
猫に小判……357
猫に木天蓼……357
猫の首に鈴を付ける……357
猫の手も借りたい……358
猫の目のよう……358

猫糞……358
猫も杓子も……358
ねずみ【鼠】（そ）
頭の黒い鼠……71
窮鼠猫を噛む……173
大山鳴動して鼠一匹……281
時に遇えば鼠も虎になる……327
鳴く猫は鼠を捕らぬ……340
ねる【寝る】
朝寝坊の宵っ張り……67
田舎の学問より京の昼寝……100
起きて半畳寝て一畳……126
果報は寝て待て……155
千畳敷に寝ても一畳……271
叩かれた夜は寝やすい……287
狸寝入り……292
唐人の寝言……323
盗人の昼寝……356
寝た子を起こす……358
寝耳に水……359
寝る子は育つ……359
早寝早起き病知らず……378
宵っ張りの朝寝坊……461
のむ【飲む】（いん）
渇しても盗泉の水を飲まず……148
鯨飲馬食……192
酒飲み本性違わず……219
酒は飲むとも飲まれるな……219
塩辛食おうとて水を飲む……228
爪の垢を煎じて飲む……310
煮え湯を飲まされる……347
人参飲んで首縊る……354
人酒を飲む酒酒を飲む酒人を飲む……388
は・ば【歯】（し）
奥歯に物が挟まる……127
唇亡びて歯寒し……186
ごまめの歯ぎしり……213
歯牙にもかけない……229
唇歯輔車……256
切歯扼腕……269
歯に衣着せぬ……376
歯亡びて舌存す……376
明眸皓歯……438
目には目を歯には歯を……439
ばか【馬鹿】
桜伐る馬鹿梅伐らぬ馬鹿……218
自慢高慢馬鹿の内……240
正直者が馬鹿を見る……248
馬鹿と鋏は使いよう……363
馬鹿に付ける薬はない……363
馬鹿の一つ覚え……363
はじ【恥】
命長ければ恥多し……102
会稽の恥……140

聞くは一時の恥聞かぬは一生の恥……166
据え膳食わぬは男の恥……261
旅の恥は掻き捨て……293
恥の上塗り……368
恥を言わねば理が聞こえぬ……369

はじめ【始め】

会うは別れの始め……60
嘘つきは泥棒の始まり……111
隗より始めよ……141
兄弟は他人の始まり……173
人生字を識るは憂患の始め……258
始め有るものは終わり有り……368
始めが大事……368
始めの囁きは後のどよみ……368
始めは処女の如く後は脱兎の如し……369
先ず隗より始めよ……424

はしる【走る】（そう）

悪事千里を走る……64
死せる孔明生ける仲達を走らす……234
脛に疵持てば笹原走る……264
東奔西走……324
我が事と下り坂に走らぬ者なし……478

はな【鼻】

得手に鼻突く……119
木で鼻を括る……168
卵に目鼻……294
時の用には鼻を削げ……327
鼻毛を読まれる……374
花の下より鼻の下……375
目から鼻へ抜ける……438
目糞鼻糞を笑う……438
目と鼻の間……439

はな【花】（か）

朝顔の花一時……66
薊の花も一盛り……67
仇花に実は生らぬ……70
炒り豆に花が咲く……104
言わぬが花……105
老い木に花咲く……123
男やもめに蛆がわき女やもめに花が咲く……129
鬼も十八番茶も出花……132
親の意見と茄子の花は千に一つも仇はない……136
女やもめに花が咲く……139
解語の花……141
枯れ木に花咲く……158
槿花一日の栄……178
錦上花を添える……179
死に花を咲かせる……238
死んで花実が咲くものか……259
高嶺の花……284
立てば芍薬座れば牡丹歩く姿は百合の花……291
蝶よ花よ……305

月に叢雲花に風……307
遠きは花の香……326
隣の花は赤い……330
化け物の正体見たり枯れ尾花……367
花に嵐……374
花の下より鼻の下……375
花は折りたし梢は高し……375
花は桜木人は武士……375
花は根に鳥は古巣に帰る……375
花も実もある……376
花より団子……376
花を持たせる……376
坊主の花簪……417
待つうちが花……424
柳は緑花は紅……451
幽霊の正体見たり枯れ尾花……458
落花枝に返らず破境再び照らさず……467
落花流水の情……467
落花狼藉……467
両手に花……471

はら【腹】(ふく)

痛くもない腹を探られる……90
思う事言わねば腹膨る……134
口に蜜あり腹に剣あり……185
空き腹にまずい物なし……263
背に腹は代えられぬ……270
茶腹も一時……301
話半分腹八分……374
腹が減っては戦ができぬ……378
腹に一物……378
腹の皮が張れば目の皮が弛む……379
腹の立つ事は明日言え……379
腹も身の内……379
捧腹絶倒……418
連木で腹を切る……474

はり【針】(しん)

今日の一針明日の十針……174
針小棒大……257
頂門の一針……304
針とる者は車をとる……380
針の穴から天を覗く……380
針の筵……380
針程の事を棒程に言う……380
棒ほど願って針ほど叶う……418
真綿に針を包む……427
綿に針を包む……480

ひ【日】(か・じつ・にち)

秋の日は釣瓶落とし……62
雨の降る日は天気が悪い……79
一日千秋の思い……91
一日の長……92
犬は三日飼えば三年恩を忘れぬ……101
思い立ったが吉日……134
槿花一日の栄……178

紺屋の明後日……205
乞食を三日すれば忘れられぬ……209
去る者は日日に疎し……222
山中暦日なし……226
秋霜烈日……244
十年一日……245
青天白日……267
千日の萱を一日……272
月日に関守なし……307
十日の菊六日の菖蒲……326
日計足らずして歳計余り有り……350
日陰の豆も時が来れば爆ぜる……383
日暮れて途遠し……384
人の噂も七十五日……390
一人娘と春の日はくれそうでくれぬ……395
百日の説法屁一つ……398
豚に真珠……407
待てば海路の日和あり……425
三日天下……431
三日坊主……431
三日見ぬ間の桜……431
六日の菖蒲十日の菊……434
夜道に日は暮れぬ……464
ローマは一日にして成らず……476

ひ【火】(か)

遠水近火を救わず……122
火中の栗を拾う……148
尻に火が付く……255
心頭を滅却すれば火も亦涼し……259
水火も辞せず……260
薪を抱きて火を救う……285
近火で手を焙る……299
爪に火を点す……310
灯火親しむべし……321
飛んで火に入る夏の虫……335
飛蛾の火に入るが如し……383
人は盗人火は焼亡……394
火に油を注ぐ……396
火のない所に煙は立たぬ……397
火を見るよりも明らか……401
風前の灯火……403
降りかかる火の粉は払わねばならぬ……409
焼け木杭には火が付き易い……450
燎原の火……470

びんぼう【貧乏】

稼ぐに追い付く貧乏なし……147
器用貧乏……174
死ぬ者貧乏……238
隣の貧乏雁の味……330
八細工七貧乏……371
貧乏人の子沢山……402
貧乏暇なし……403

ふく【福】

余り物に福がある……78

禍福は糾える縄の如し……154
残り物には福がある……360
禍を転じて福と為す……480
笑う門には福来る……481

ふた【蓋】

合わぬ蓋あれば合う蓋あり……81
棺を蓋いて事定まる……165
臭い物に蓋をする……181
地獄の釜の蓋が開く……231
身も蓋もない……433
割れ鍋に綴じ蓋……482

ふね・ふな【舟・船】(しゅう・せん)

網呑舟の魚を漏らす……78
大船に乗ったよう……125
呉越同舟……206
白河夜船……253
船頭多くして船山へ上る……272
出船によい風は入り船に悪い……316
出る船の纜を引く……317
同舟相救う……323
呑舟の魚……335
南船北馬……346
乗り掛かった舟……361
舟盗人を徒歩で追う……407
舟に刻みて剣を求む……408
船は帆でもつ帆は船でもつ……408
渡りに船……480

へた【下手】

話し上手の聞き下手……374
下手があるので上手が知れる……412
下手な鉄砲も数撃ちゃ当たる……412
下手の考え休むに似たり……413
下手の道具調べ……413
下手の長談義……413
下手の横好き……413

へび【蛇】(じゃ・だ)

鬼が出るか蛇が出るか……130
草を打って蛇を驚かす……182
蛇の道は蛇……243
蛇は寸にして人を呑む……243
蛇足……287
長蛇を逸す……304
杯中の蛇影……363
蛇に嚙まれて朽ち縄に怖じる……414
蛇に睨まれた蛙……414
藪蛇……452
藪をつついて蛇を出す……452
竜頭蛇尾……469

ほう【法】

機に因りて法を説け……169
弘法にも筆の誤り……204
弘法は筆を選ばず……205
士族の商法……235
釈迦に説法……242

春秋の筆法……247
生兵法は大怪我のもと……345
人の牛蒡で法事する……391
人を見て法を説け……396
百日の説法屁一つ……398
見るは法楽……434

ぼう【棒】

犬も歩けば棒に当たる……101
嘘つきは泥棒の始まり……111
鬼に金棒……130
喧嘩過ぎての棒乳切り……198
針小棒大……257
泥棒に追い銭……334
泥棒を見て縄を綯う……334
箸にも棒にも掛からぬ……368
針程の事を棒程に言う……380
人を見たら泥棒と思え……396
棒ほど願って針ほど叶う……418

藪から棒……452

ほとけ【仏】（ぶつ）

朝題目に宵念仏……67
馬の耳に念仏……115
地獄で仏……231
知らぬが仏……254
他人の念仏で極楽参り……292
土仏の水遊び……308
仏作って魂入れず……419
仏の顔も三度……420
我が仏尊し……478

ほね【骨】（こつ）

朝に紅顔ありて夕べに白骨と為る……68
一将功成りて万骨枯る……96
恨み骨髄に徹す……116
骸骨を乞う……140
皮を斬らせて肉を斬り肉を斬らせて骨を斬る……160

換骨奪胎……161
骨肉相食む……210
死馬の骨を買う……240
他人の飯には骨がある……292
肉を斬らせて骨を斬る……348
豚を盗んで骨を施す……407
骨折り損のくたびれ儲け……420

まえ【前】（ぜん）

朝飯前の茶漬け……68
嵐の前の静けさ……80
お前百までわしゃ九十九まで……134
前車の覆るは後車の戒め……271
前車の轍を踏む……271
前門の虎後門の狼……273
大事の前の小事……282
痴人の前に夢を説く……300
手前味噌……316
風前の灯火……403

門前市を成す……446
門前雀羅を張る……447
門前の小僧習わぬ経を読む……447

まける【負ける】(おう・ぶ)

負うた子に教えられて浅瀬を渡る……124
負うた子より抱いた子……124
勝てば官軍負ければ賊軍……150
鴨が葱を背負って来る……156
皿嘗めた猫が科を負う……221
勝負は時の運……251
相撲に勝って勝負に負ける……265
非学者論に負けず……383
負けるが勝ち……422

まじわり【交わり】

管鮑の交わり……164
君子の交わりは淡きこと水の如し……190
雑魚の魚交じり……219
朱に交われば赤くなる……246
水魚の交わり……260
断金の交わり……297
刎頸の交わり……410
忘年の交わり……417

まつ【待つ】

株を守りて兎を待つ……154
果報は寝て待て……155
歳月人を待たず……216
人事を尽くして天命を待つ……257
鳴くまで待とう時鳥……340
待たるるとも待つ身になるな……424
待つうちが花……424
待てば海路の日和あり……425

まなぶ【学ぶ】(がく)

田舎の学問より京の昼寝……100
教うるは学ぶの半ば……127
学問に王道なし……144
勧学院の雀は蒙求を囀る……160
芝居は無筆の早学問……239
少年老い易く学成り難し……250
非学者論に負けず……383
学びて思わざれば則ち罔し……425
学びて時に之を習う亦説ばしからずや……426
学ぶ門に書来る……426
学ぶに暇あらずと謂う者は暇ありと雖も亦学ぶこと能わず……426

まわる【回る】

急がば回れ……89
大男総身に知恵が回りかね……124
金は天下の回り物……153
三遍回って煙草にしょ……228
杖の下に回る犬は打てぬ……306
焼きが回る……448

み【身】(しん)

悪銭身に付かず……64
姉女房は身代の薬……76

易者身の上知らず……119
大男総身に知恵が回りかね……124
昨日は人の身今日は我が身……170
芸が身を助けるほどの不仕合せ……192
芸は身を助ける……195
健全なる精神は健全なる身体に宿る……198
心は二つ身は一つ……208
三寸の舌に五尺の身を亡ぼす……225
獅子身中の虫……232
身体髪膚之を父母に受く……258
粋が身を食う……260
蛸は身を食う……286
鳴かぬ蛍が身を焦がす……338
腹も身の内……379
人に七癖我が身に八癖……389
人を怨むより身を怨め……395
武士は相身互い……406
待たるるとも待つ身になるな……424
身ありて奉公……428
身から出た錆……428
身は身で通る裸坊主……433
身も蓋もない……433
身を捨ててこそ浮かぶ瀬もあれ……434
娘三人持てば身代潰す……436
蠟燭は身を減らして人を照らす……475
我が身の臭さ我知らず……479
我が身を抓って人の痛さを知れ……479

みず【水】（すい）

一衣帯水……91
魚心あれば水心……108
鵜の真似する烏水に溺れる……114
遠水近火を救わず……122
落つれば同じ谷川の水……128
蛙の面に水……143
餓鬼の目に水見えず……143
籠で水を汲む……145
渇しても盗泉の水を飲まず……148
我田引水……150
烏の行水……156
清水の舞台から飛び降りる……176
君子の交わりは淡きこと水の如し……190
氷に鏤め水に描く……206
塩辛食おうとて水を飲む……228
上手の手から水が漏る……249
薪水の労……257
水火も辞せず……260
水魚の交わり……260
清水に魚棲まず……266
畳の上の水練……288
立て板に水……290
血は水より濃し……301
土仏の水遊び……308
年寄りの冷や水……330
流れる水は腐らず……338

寝耳に水……359
背水の陣……362
畑水練……370
低き所に水溜まる……383
覆水盆に返らず……404
古川に水絶えず……409
水清ければ魚棲まず……429
水と油……430
水は方円の器に従う……430
水を差す……430
明鏡止水……437
焼け石に水……449
湯の辞儀は水になる……459
湯を沸かして水に入る……460
落花流水の情……467
我が田に水を引く……478

みち【道】（どう）

朝に道を聞かば夕べに死すとも可なり……68
鼬の道切り……91
老いたる馬は道を忘れず……123
学問に王道なし……144
芸は道によって賢し……194
これに懲りよ道才坊……214
蛇の道は蛇……243
商売は道によって賢し……251
すべての道はローマに通ず……264
千里の道も一歩より……274
大道廃れて仁義あり……282
旅は道連れ世は情け……294
天道是か非か……319
任重くして道遠し……353
下手の道具調べ……413
道に遺を拾わず……431
無理が通れば道理引っ込む……437
夜道に日は暮れぬ……464

みみ【耳】（じ）

馬の耳に念仏……115
壁に耳あり障子に目あり……155
牛耳を執る……172
金言耳に逆らう……178
杓子は耳掻きにならず……242
忠言耳に逆らう……302
寝耳に水……359
馬耳東風……367
右の耳から左の耳……429
耳に胼胝ができる……433
耳を掩うて鐘を盗む……433

むし【虫】

一寸の虫にも五分の魂……97
獅子身中の虫……232
小の虫を殺して大の虫を助ける……250
大の虫を生かして小の虫を殺す……283
蓼食う虫も好き好き……290
飛んで火に入る夏の虫……335

索

夏の虫氷を笑う……342
苦虫を嚙み潰したよう……348
百足の虫は死して僵れず……398

め【目】（もく）

朝題目に宵念仏……67
生き馬の目を抜く……84
居候の三杯目……89
鵜の目鷹の目……114
売家と唐様で書く三代目……116
岡目八目……126
鬼の目にも涙……131
餓鬼の目に水見えず……143
金に糸目を付けぬ……153
金の切れ目が縁の切れ目……153
壁に耳あり障子に目あり……155
口は閉じておけ目は開けておけ……185
三度目の正直……226
死ぬる子は眉目よし……239
十目の見る所十手の指さす所……245
卵に目鼻……294
長い目で見る……337
二階から目薬……347
猫の目のよう……358
腹の皮が張れば目の皮が弛む……379
人は落ち目が大事……393
人は見目よりただ心……394
惚れた欲目……421
見るは目の毒……434
目から鱗が落ちる……438
目から鼻へ抜ける……438
目糞鼻糞を笑う……438
目白押し……439
目と鼻の間……439
目に入れても痛くない……439
目には目を歯には歯を……439
目の上の瘤……440
目の正月……440
目の寄る所へは玉も寄る……440
目は口程に物を言う……440
目は心の鏡……440
目病み女に風邪引き男……441
目を掩うて雀を捕らう……441
欲には目見えず……462
夜目遠目笠の内……464
弱り目に祟り目……465

もち【餅】（べい）

開いた口へ牡丹餅……59
意見と餅は搗くほど練れる……84
絵に描いた餅……121
画餅に帰す……155
魚は殿様に焼かせよ餅は乞食に焼かせよ……218
棚から牡丹餅……291
餅は餅屋……442
焼き餅焼くとて手を焼くな……448

もん【門】（かど）

門松は冥土の旅の一里塚……150
口は禍の門……186
葷酒山門に入るを許さず……191
好事門を出でず悪事千里を行く……202
狭き門より入れ……270
前門の虎後門の狼……273
頂門の一針……304
登竜門……324
学ぶ門に書来る……426
門前市を成す……446
門前雀羅を張る……447
門前の小僧習わぬ経を読む……447
笑う門には福来る……481

や【矢】

戦見て矢を矧ぐ……84
石に立つ矢……86
光陰矢の如し……200
白羽の矢が立つ……254
矢も楯もたまらず……456
弓折れ矢尽きる……460

やく【焼く】

魚は殿様に焼かせよ餅は乞食に焼かせよ……218
その手は桑名の焼き蛤……277
煮ても焼いても食えぬ……351
焼きが回る……448
焼き餅焼くとて手を焼くな……448
焼け跡の釘拾い……449
焼け石に水……449
焼け野の雉子夜の鶴……449
焼け木杭には火が付き易い……450
夕焼けに鎌を研げ……457

やなぎ【柳】

いつも柳の下に泥鰌はおらぬ……100
柳に風……450
柳に雪折れなし……451
柳の下にいつも泥鰌はおらぬ……451
柳は緑花は紅……451

やま【山】（さん）

秋葉山から火事……63
後は野となれ山となれ……75
海千山千……115
枯れ木も山の賑わい……158
来て見ればさほどでもなし富士の山……169
愚公山を移す……181
国破れて山河在り……187
葷酒山門に入るを許さず……191
座して食らえば山も空し……220
山雨来らんと欲して風楼に満つ……223
山椒は小粒でもぴりりと辛い……225
山中の賊を破るは易く心中の賊を破るは難し……225
山中暦日なし……226
鹿を逐う者は山を見ず……230

索

末は野となれ山となれ……262
船頭多くして船山へ上る……272
大山鳴動して鼠一匹……281
宝の山に入りながら空しく帰る……285
他山の石……286
塵も積もれば山となる……305
人間到る処青山有り……353
巫山の夢……405
富士の山を蟻がせせる……406
父母の恩は山よりも高く海よりも深し……408
山高きが故に貴からず……454
山に躓かずして垤に躓く……454
山に蛤を求む……454
山の芋鰻になる……454
律義者の子沢山……468

やまい【病】（やむ・びょう）

一に看病二に薬……92
風邪は万病のもと……147
才子多病……216
四百四病の外……240
他人の疝気を頭痛に病む……292
同病相憐む……324
早寝早起き病知らず……378
人の疝気を頭痛に病む……391
惚れた病に薬なし……421
目病み女に風邪引き男……441
病膏肓に入る……453
病は気から……453
病は口より入り禍は口より出ず……453
用心は臆病にせよ……461

ゆき【雪】（せつ）

蛍雪の功……194
柳に雪折れなし……451
闇夜に烏雪に鷺……455
雪と墨……458
雪に白鷺……459
雪の上に霜……459
雪は豊年の瑞……459
我が物と思えば軽し笠の雪……479

ゆめ【夢】（む）

一炊の夢……96
邯鄲の夢……162
京の夢大阪の夢……174
酔生夢死……261
聖人に夢なし……266
痴人の前に夢を説く……300
同床異夢……323
巫山の夢……405
夢は五臓の煩い……460
夢は逆夢……460

よむ【読む】（どく）

鯖を読む……221
晴耕雨読……266
堂が歪んで経が読めぬ……322

読書百遍義自ずから見る……328
習わぬ経は読めぬ……346
鼻毛を読まれる……374
人の頼まぬ経を読む……391
睫を読まれる……425
門前の小僧習わぬ経を読む……447
論語読みの論語知らず……477

らく【楽】

歓楽極まりて哀情多し……165
苦あれば楽あり……180
苦爪楽髪……187
苦は楽の種……188
先憂後楽……274
見るは法楽……434
楽あれば苦あり……466
楽爪苦髪……466
楽は苦の種苦は楽の種……466

りゅう【竜】（りょう）

画竜点睛を欠く……157
虎口を逃れて竜穴に入る……208
登竜門……325
竜頭蛇尾……469
竜の鬚を撫で虎の尾を踏む……470

れい【礼】

衣食足りて礼節を知る……88
三顧の礼……223
親しき中にも礼儀あり……235
葬礼帰りの医者話……276
鳩に三枝の礼あり烏に反哺の孝あり……374
礼も過ぎれば無礼になる……474

わざわい【禍】（か）

禍福は糾える縄の如し……154
口は禍の門……186
舌は禍の根……236
病は口より入り禍は口より出ず……453
禍は口から……479
禍も三年たてば用に立つ……480
禍を転じて福と為す……480

わるい【悪い】（あく）

悪妻は百年の不作……64
悪事千里を走る……64
悪女の深情け……64
悪銭身に付かず……64
悪に強ければ善にも強い……65
悪貨は良貨を駆逐する……73
雨の降る日は天気が悪い……79
好事門を出でず悪事千里を行く……202
積悪の家には必ず余殃有り……268
出船によい風は入り船に悪い……316
早かろう悪かろう……378
人は善悪の友による……393
安かろう悪かろう……450
悪い親も良い子を望む……481

故事・ことわざ

あ

ああ言《い》えばこう言《い》う

いちいち理屈を並べて言い返し、相手の意見に素直に従おうとしないこと。

用例 中学生ともなると、ああ言えばこう言うで、理屈ばかりこねて素直に言うことを聞いてくれない。

類義 西と言えば東と言う／右と言えば左

合縁奇縁《あいえんきえん》

人と人との関係で、気心が合うのも合わないのも、みな不思議な巡り合わせによるものだということ。特に男女・夫婦・友人の仲についていう。⇧「縁」は巡り合わせ、「合縁」は気心の合う縁。本来は「愛縁機縁」という仏教語で、愛することも、愛する機会も因縁によるという説もある。

用例 彼とは三十年来のつき合いで、喧嘩《けんか》もしたが、仲たがいすることもなくやってこれた。これも合縁奇縁というものだね。

類義 相縁奇縁／縁は異なもの味なもの

匕首《あいくち》に鍔《つば》を打《う》ったよう

物事の釣り合わないことのたとえ。⇧「匕首」は鍔のない短刀で、それに似合わない鍔をつける意から。

注意 「匕首」は「合口」とも書く。

類義 小刀に鍔

挨拶《あいさつ》は時《とき》の氏神《うじがみ》

喧嘩《けんか》や争いごとが生じたときに仲裁をしてくれる人は、氏神様のようにありがたく好都合なものだから、その仲裁には素直に従う方がよいということ。⇧「挨拶」は仲裁の意。

類義 仲裁は時の氏神／時の氏神

開《あ》いた口《くち》が塞《ふさ》がらない

相手の態度や言葉にあきれて、ものも言えない様子。⇧茫然自失として口がぽかんと開いたままになってしまう状態からいう。

用例 彼のあまりのあつかましい態度に、私たちは開いた口が塞がらなかった。

開《あ》いた口《くち》へ牡丹餅《ぼたもち》

何の努力もなしに思いがけない幸運が舞い込むこと。⇧「牡丹餅」は小豆や黄な粉をまぶした餅、おはぎ。開いた口へ、向こうから勝手にうまい牡丹餅が入ってくる意。

用例 駅前で連れに誘われて引いた福引きで海外旅行が当たったんだって。開いた口へ牡丹餅よね。

類義 開いた口へ餅／棚から牡丹餅

相手《あいて》変《か》われど主《ぬし》変《か》わらず

相手は次々と変わるのに、こちらはいつも変わらず、同じことを繰り返していること。

用例 相手変われど主変わらずで、彼はまた新しい上司に取り入っているね。

相手《あいて》のない喧嘩《けんか》は出来《でき》ぬ

相手がいなければ喧嘩にならないのだから、どんなに喧嘩を売られても相手になるなという戒め。

類義 一人喧嘩はならぬ

あ

愛別離苦《あいべつりく》

肉親など愛する者と離別したり、死に別れたりする苦しみのこと。⬆仏教では、生老病死を「四苦」といい、これに愛別離苦、怨憎会苦《おんぞうえく》、求不得苦《ぐふとくく》、五陰盛苦《ごおんじょうく》を加えて「四苦八苦」という。『法華経《ほけきょう》』より。

会《あ》うは別《わか》れの始《はじ》め

会えばいつの日か必ず別れの時がくる。出会うことはすなわち別れの始まりであるという人生の無常をいう言葉。

用例 ともに白髪の生えるまでと思っていた妻を急に亡くし、会うは別れの始めという言葉の意味を痛切に感じています。

類義 合わせ物は離れ物／会者定離《えしゃじょうり》

阿吽《あうん》の呼吸《こきゅう》

二人で一緒に一つのことをするときの、互いの微妙な気持ちや調子。またそれがぴったりと合うこと。⬆「阿」は吐く息、「吽」は吸う息を表す。

注意 「阿吽」は「阿呍」とも書く。

用例 彼らは阿吽の呼吸でタイミングを合わせてすばらしいマジックを披露した。

仰《あお》いで天《てん》に愧《は》じず

自分の心や行動に、少しもやましいところや恥じるところがないということ。⬆仰ぎ見て、天に対して愧(恥)ずべきことは何もないという意から。『孟子《もうし》』より。

類義 俯仰《ふぎょう》天地に愧じず

あ

青菜《あおな》に塩《しお》

急に元気をなくして、しょげることのたとえ。⇧青い菜っ葉に塩をふると、脱水作用のせいで、しおれてしまうことから。

用例 息子は自慢のプラモデルを自分で壊してしまい、さながら青菜に塩のありさまだ。

類義 蛞蝓《なめくじ》に塩

青《あお》は藍《あい》より出《い》でて藍《あい》より青《あお》し

教えを受けた弟子が師よりもすぐれることのたとえ。⇧植物の藍から採る染料の青色は、原料の藍よりも青いことから。『荀子《じゅんし》』より。

類義 出藍《しゅつらん》の誉れ

英語 The scholar may be better than the master.（弟子が師よりまさることもある）

空《あ》き樽《だる》は音《おと》が高《たか》い

中身のない軽薄な人にかぎって、よく知りもしないことを、しゃべりまくるというたとえ。⇧中身がしっかり詰まっている樽をたたいても大きな音はしないが、空っぽの樽をたたくと反響して甲高い音を響かせることから。

用例 空き樽は音が高いというが、にわか仕込みのビジネス理論を延々と聞かされてはたまらないよ。

類義 浅瀬に仇浪《あだなみ》／痩《や》せた犬は吠える

商《あきな》い三年《さんねん》

商売を始めて利益を上げるには、三年はかかるということ。商売は辛抱して続けてみて、はじめて成否がわかるという教訓。

商《あきな》いは牛《うし》の涎《よだれ》

商売を成功させるには、一時に大儲けしようとせず、気長に辛抱強く続けるのがコツだという教え。⇧牛の涎は細く長く垂れ続け、とぎれることがないことから。

秋茄子《あきなす》は嫁《よめ》に食《く》わすな

秋の茄子はたいへんおいしいので、にくい嫁には食べさせるなという意で、姑《しゅうとめ》の嫁いびりをいう言葉。逆に、秋茄子はアクが強く食べると体を冷やすから、あるいはタネが少ないので子どもができなくなるという縁起をかついで、嫁に食べさせるなという意で、姑の嫁への思いやりとする説もある。

類義 秋鯖《あきさば》嫁に食わすな

秋《あき》の鹿《しか》は笛《ふえ》に寄《よ》る

男が色香に迷って、恋に身を滅ぼすたとえ。また、弱みにつけこまれて利用されやすいこと。⇧鹿の発情期の秋に、雌鹿の鳴き声に擬した笛の音で雄鹿を誘い、近寄ってきたところを捕らえてしまう狩りから。

用例 秋の鹿は笛に寄るとはいうが、あいつが惚れた弱みで社の機密を愛人に漏らすなんてことは、信じられんな。

類義 妻恋う鹿は笛に寄る

秋《あき》の日《ひ》は釣瓶《つるべ》落《お》とし

秋の日は短く、日の暮れるのが早いことをたとえた言葉。⇧「釣瓶」は、綱の先に結びつけて、井戸の水を汲む桶。手を放すとそれが井戸の底にたちまち落ちることから。
対義 春の日は暮れそうで暮れぬ

秋葉山《あきばさん》から火事《かじ》

教え導く立場の者が、自分から過失を犯してしまうこと。⇧秋葉山は静岡県西部、天竜川東岸にある山で、秋葉神社の祭神が、火災防鎮の神として名高い。
用例 学校の先生が万引きで捕まったって。まさしく秋葉山から火事だな。
類義 火消しの家にも火事

商人《あきんど》と屏風《びょうぶ》は曲《ま》がらねば立《た》たぬ

商人は自分の感情を抑え、客の意向に添わなければならない。また、正直なだけでは商売は繁盛しないということ。⇧屏風はまっすぐ伸ばすと倒れてしまい、折り曲げなければ使えないことから。
類義 商人と屏風は直《す》ぐには立たぬ

商人《あきんど》の元値《もとね》

商人のいう元値には、利益のためのうそがあるので信用できないことをいう。⇧商人は、この値段では元がとれないといってかけひきをするところから。
類義 商人《しょうにん》の泣き言

商人《あきんど》は損《そん》していつか倉《くら》が建《た》つ

商人はいつも「儲《もう》からない」「損をしている」と口癖のように言いながら、いつのまにか身代を築いてしまうことのたとえ。儲けていることを皮肉る言葉。

悪妻《あくさい》は百年《ひゃくねん》の不作《ふさく》

悪妻をもった男は、自分一人だけでなく、孫子の代にまで悪い影響をおよぼすので、妻選びは慎重にせよということ。

用例 まったくうちの女房ときたら、家事はしない、金遣いは荒い。おまけにしかると子どもに当たるんだ。悪妻は百年の不作とはよく言ったもんだよ。

類義 悪妻は一生の不作／悪妻は六十年の不作

悪事千里《あくじせんり》を走《はし》る

悪い行いはいくら隠してもすぐに世間に知れ渡るという意。⇧千里は約四千キロメートル。

用例 悪事千里を走るっていうけど、おまえが部下の女性にセクハラしたって話、いつの間にか社内中に広まってるぞ。

英語 Ill news travels fast.（悪いニュースは速く伝わる）

悪女《あくじょ》の深情《ふかなさ》け

器量の悪い女ほど男への情が深く、嫉妬心《しっとしん》が強いということ。転じて、ありがた迷惑な行為のたとえにもいう。⇧「悪女」は、性格の悪い女ではなく、器量の悪い女のこと。

悪銭《あくせん》身《み》に付《つ》かず

不正な手段で得た金は、苦労して得たものではないためにむだ遣いしやすく、結局はすぐになくなってしまうものだということ。

用例 パチンコで大勝ちしたのに、悪銭身に付かずってやつで、あっという間に使い果たしてしまった。

悪《あく》に強《つよ》ければ善《ぜん》にも強《つよ》い

大悪を犯すほどの人間は、いったん改心すると非常な善人になることをいう。

用例 若い頃は暴走族の頭で、悪さばかりしていた彼が警官になるとは、まさに悪に強ければ善にも強いだね。

対義 善に強ければ悪にも強い

開《あ》けて悔《くや》しき玉手箱《たまてばこ》

期待していたのに、予想に反した結果になりがっかりすること。⇧浦島太郎が、竜宮でもらった玉手箱を開けると、白い煙が出てきて、たちまち老人になったという昔話から。

用例 お菓子だと思って喜んでいたのに、開けて悔しき玉手箱、洗剤だったのよ。

阿漕《あこぎ》が浦《うら》に引《ひ》く網《あみ》

こそこそと人に隠れてやることもあまり度重なれば、ついには、人に知られてしまうことをいう。⇧阿漕が浦は三重県津市の海岸。伊勢神宮の御膳調達のための禁漁地だったが、阿漕という漁師が老母の病に効くという魚目当てに夜ごとに密漁し、ついに発覚して捕らえられたという伝説がある。

朝雨《あさあめ》は女《おんな》の腕《うで》まくり

朝雨はすぐにあがるから、心配するにおよばないということ。⇧朝に降る小雨はすぐに晴れてしまうことが多く、女が腕をまくって怒ってもこわくないのと同じことだという意。

あ

浅《あさ》い川《かわ》も深《ふか》く渡《わた》れ

簡単そうに見えることでも決して油断せず慎重にせよという戒め。⇧浅い川だからといって油断せず、深い川と同じように用心して渡れということ。

類義 用心は深くして川は浅く渡れ／石橋を叩いて渡る

朝顔《あさがお》の花《はな》一時《ひととき》　⬇　槿花《きんか》一日《いちじつ》の栄《えい》

朝《あさ》駆《が》けの駄賃《だちん》

物事がいとも簡単にできることのたとえ。また、午前中は仕事の能率が上がるものだということ。⇧「行き掛けの駄賃」をもじった言葉。朝のうちは馬も元気なので、少々荷が重くても平気で運ぶという意から。

用例 この書類を届けるだけか。大丈夫、そんなの朝駆けの駄賃みたいなものさ。

類義 朝腹の茶漬け／朝飯前の茶漬け

浅瀬《あさせ》に仇浪《あだなみ》

思慮の浅い人ほど小さなことで大騒ぎするという意。⇧「仇浪」は「徒波」とも書き、徒《いたずら》に立ち騒ぐ波の意。川は深い流れの所では波が立たず静かだが、浅い瀬では波が立ちやすいことから。『古今集』より。

用例 隣の奥さん、木の枝が自分の家の庭に伸びたからってどなり込んできたの。浅瀬に仇浪、もう少し広い心があればねえ。

類義 空《あ》き樽《だる》は音が高い／痩《や》せた犬は吠える

対義 深い川は静かに流れる

あ

朝題目《あさだいもく》に宵念仏《よいねんぶつ》

定見や信念をもたないことのたとえ。⇧朝には日蓮《にちれん》宗の題目の「南無妙法蓮華経」を唱え、夕方には浄土宗・浄土真宗の念仏の「南無阿弥陀仏」を唱えるということから。

類義 朝題目に夕念仏

朝寝坊《あさねぼう》の宵《よい》っ張《ぱ》り

朝遅くまで寝ていて、なかなか起きない人は、夜ふかしをする者に多いことをいう。

用例 うちの女房は典型的な朝寝坊の宵っ張りだよ。何たって昼まで寝てるんだから。

麻《あさ》の中《なか》の蓬《よもぎ》

善良な人とつき合えばその人に感化され、特に教育しなくても自然によい人になるということ。⇧曲がって生える蓬でも、まっすぐに生長する麻の中では自然に曲がらないで育つようになることから。『荀子《じゅんし》』より。

類義 麻に連《つ》るる蓬／朱に交われば赤くなる／善悪は友による／水は方円の器に従う／藪《やぶ》の中の荊《うばら》

薊《あざみ》の花《はな》も一盛《ひとさか》り

顔立ちがよくない女性でも、年頃になればそれなりに魅力が出てくるという意。⇧人にあまり好まれない薊の花にも、ひとときの美しい花盛りの時期があることから。

用例 薊の花も一盛りってやつかな、うちの娘が最近きれいになったように思うんだよ。

類義 鬼も十八番茶も出花／蕎麦《そば》の花も一盛り

朝飯前《あさめしまえ》の茶漬《ちゃづ》け

簡単にできる仕事、楽な任務。⇧朝食前の一仕事の意。茶漬けはすぐに食べられることから、簡単だという意でつけ加えられた語。

用例 納期が迫っているが、これ位の仕事は朝飯前の茶漬けだから慌てることはない。

類義 朝駆けの駄賃《だちん》／お茶の子さいさい

朝《あした》に紅顔《こうがん》ありて夕《ゆう》べに白骨《はっこつ》と為《な》る

この世は無常であり、人の命はいつどうなるか予測できない、はかないものだというたとえ。⇧「紅顔」は、若々しく血色のよい顔。朝には健康であった若者が、夕方には死んで白骨となるということから。『和漢朗詠集《わかんろうえいしゅう》』より。

類義 昨日の淵は今日の瀬

朝《あした》に道《みち》を聞《き》かば夕《ゆう》べに死《し》すとも可《か》なり

朝、人間としての正しい道理を聞いてその真意を理解できたならば、たとえその日の夕方に死んでも悔いはないということ。道徳の重要性を説いた孔子《こうし》の言葉。『論語《ろんご》』より。

明日《あした》の事《こと》を言《い》えば鬼《おに》が笑《わら》う

↓来年《らいねん》の事《こと》を言《い》えば鬼《おに》が笑《わら》う

明日《あした》は明日《あした》の風《かぜ》が吹《ふ》く

明日になれば状況が変わることがあるから、先のことを心配してもしかたがない、なりゆきにまかせようという意。今、苦しくてもいつか運が向いてくると励ますときにも用いる。

足下《あしもと》から鳥《とり》が立《た》つ

身近なところで、突然思いもよらないことが起こるたとえ。また、急に思い立ったように物事を始めることにもいう。⇧足下から急に鳥が飛び立ってびっくりさせられることから。

用例 彼女は急用を思い出したと言って、足下から鳥が立つように帰って行った。

注意「足下」は「足元」とも書く。

類義 足下から鳥

明日《あす》ありと思《おも》う心《こころ》の仇桜《あだざくら》

人生は明日どうなるかわからないという、世のはかなさを説いた言葉。⇧「仇桜」は散りやすい桜の花のこと。桜が明日も美しく咲いていているだろうと安心していると、夜中に嵐がきて散ってしまうかもしれないという意から。原文は下の句に「夜半《よわ》に嵐の吹かぬものかは」と続く。『親鸞上人絵詞伝《しんらんしょうにんえことばでん》』より。

明日《あす》の百《ひゃく》より今日《きょう》の五十《ごじゅう》

当てにならない未来にたくさんもらうより、わずかでも、今確実に手に入る方がよいということ。⇧明日百両もらう約束より、今日確実に五十両もらう方がよいという意味。

用例 金がそろい次第返すと言われても信用できないな。明日の百より今日の五十、今あるだけでいいから返してくれ。

類義 明日の親鳥より今日の卵／後百より今五十／聞いた百文より見た一文／先の雁《がん》より手前の雀／死しての千年より生きての一日

東男《あずまおとこ》に京女《きょうおんな》

男女の似合いの取り合わせをいった言葉。⬆男は粋《いき》で威勢のいい江戸っ子がよく、女は美しくしとやかな京女がよいということ。出身地による似合いの男女の組み合わせを表す言葉は各地にある。

類義 伊勢《いせ》男に筑紫《つくし》女／越後《えちご》女に上州男／越前《えちぜん》男に加賀女／京女に奈良男

仇花《あだばな》に実《み》は生《な》らぬ

見かけはいくらよくても、実質的な内容が伴わなければ、成功しないということ。⬆「仇花」は咲いても実を結ばない雄花。きれいには咲くが、実がならなければ意味がないところから。

頭隠《あたまかく》して尻隠《しりかく》さず

悪事や欠点などの一部を隠しただけで、全部を隠したつもりでいること。⬆キジが、草むらに首を突っこんで隠れたつもりでいるが、尾は隠れず丸見えになっている様子から。

類義 柿を盗んで核《さね》を隠さず／雉《きじ》の草隠れ

頭剃《あたまそ》るより心《こころ》を剃《そ》れ

頭を剃って姿だけ僧になるより、まず心を清らかにすべきであること。外見を調えるより先に心を養えという意。

類義 衣《ころも》を染めるより心を染めよ

頭《あたま》でっかち尻《しり》つぼみ

はじめは勢いがよいが、次第に勢いが衰え、終わりにはだらしなくなること。
用例 いつも年の初めには、たいそうな目標を掲げて努力することを誓うが、決まって頭でっかち尻つぼみに終わってしまう。
類義 竜頭蛇尾《りゅうとうだび》
対義 始めは処女の如《ごと》く後は脱兎《だっと》の如し

頭《あたま》の上《うえ》の蝿《はえ》を追《お》え

人のことをとやかく言ったり、世話をやいたりするよりも、まずは自分の始末をしっかりすることが大切だというたとえ。
用例 人の家庭を心配する前に、まずは自分の頭の上の蝿を追うことだな。最近かみさんと口もきいていないそうじゃないか。
類義 己の頭の蝿を追え／人の蝿を追うより己の蝿を追え／我が蜂払え

頭《あたま》の黒《くろ》い鼠《ねずみ》

家の中で物がなくなったときに、人間を鼠になぞらえ、その家のだれかが盗んだとほのめかしていう言葉。
用例 台所のお酒がまた減ってるよ。どうやらこの家には頭の黒い鼠がいるようね。

新《あたら》しい酒《さけ》は新《あたら》しい革袋《かわぶくろ》に盛《も》れ

新しい考えや思想は、新しい形式・方法で表現するべきだということ。⇧葡萄酒《ぶどうしゅ》を入れる革袋は古いと裂けて酒も袋もだめになるから、新しい酒は新しい革袋に入れて、両方保つのがよいという意。「新しい酒」はキリストの教え、「新しい革袋」は洗礼により一新された心を表す。『新約聖書《しんやくせいしょ》』より。

中《あた》らずと雖《いえど》も遠《とお》からず

ぴたりと的中しているとはいえないが、ほぼ的を射ている。だいたいは推測通りだということ。⇧原文は「心誠に之《これ》を求むれば、中らずと雖も遠からず」で、心から真剣に望めば、完璧ではなくてもそれに近いところまでは求められるという意。『大学』より。

注意「中らず」は「当たらず」とも書く。

用例 課長が昇進するという噂《うわさ》は、中らずと雖も遠からずらしいよ。

当《あ》たるも八卦《はっけ》当《あ》たらぬも八卦《はっけ》

しょせん占いは当たることもあれば、当たらないこともある。吉凶をいちいち気にするものではないということ。⇧「八卦」は、易で陰陽を表す道具の組み合わせでできる八種の形。占い全般についていう言葉。

類義 合うも不思議合わぬも不思議／当たるも不思議当たらぬも不思議

彼方《あちら》立《た》てれば此方《こちら》が立《た》たぬ

双方どちらにもよいということはないこと。また、二人の主人には仕えられないことにもいう。物事を両立するのは難しいというたとえ。⇧このあとに「双方（両方）立てれば身が立たぬ」と続けていうこともある。

用例 各部の意見が違うから、彼方立てれば此方が立たぬで取りまとめがたいへんだ。

類義 頭押さえりゃ尻ゃ上がる／彼方《あなた》を祝えば此方《こなた》の怨み／出船によい風は入り船に悪い

悪貨《あっか》は良貨《りょうか》を駆逐《くちく》する

悪いものが栄え、よいものが追い払われるたとえ。⇧一六世紀のイギリスの財政家グレシャムが提唱した経済法則「グレシャムの法則」で、名目上は同じ価値の貨幣でも、質のよい貨幣（＝良貨）はたくわえられたり国外に流出したりして、質の悪い貨幣（＝悪貨）だけが世の中に流通するという説。

英語 Bad money drives out good. の訳語。

暑《あつ》さ寒《さむ》さも彼岸《ひがん》まで

残暑も秋の彼岸頃にはめっきり涼しくなり、厳しい余寒も春の彼岸頃には和らいでくるということ。⇧「彼岸」は、春分の日あるいは秋分の日を中日《ちゅうにち》とした前後三日間を含む七日間であり、季節の変わり目でもある。

用例 暑さ寒さも彼岸までで、あと十日もすれば、少しは過ごしやすくなるさ。

類義 暑さの果ても彼岸まで／寒さの果ても彼岸まで

暑《あつ》さ忘《わす》れて陰忘《かげわす》る

苦しいときが過ぎると、その折に助けてくれた人の恩を忘れてしまうこと。⇧厳しい暑さが去ると、涼しかった物陰のありがたさを忘れてしまうの意から。

用例 彼女ったら入院中はずいぶん面倒見てあげたのに、退院後は連絡一つないのよ。暑さ忘れて陰忘るってことかしら。

類義 雨晴れて笠を忘れる／喉元過ぎれば熱さを忘れる／病治りて医師《くすし》忘る

羹《あつもの》に懲《こ》りて膾《なます》を吹《ふ》く

一度の失敗にこりて、必要以上に用心するたとえ。⇧「羹」は野菜や魚肉などを煮た熱い吸い物。「膾」は生肉や野菜を酢《す》で味付けした冷たい料理。熱い汁でやけどした者が、膾まで吹いて冷ますの意から。『楚辞《そじ》』より。

用例 羹に懲りて膾を吹くと言うが、自分が山で遭難したことがあるからって、息子の遠足に非常食や寝袋までもたせるなよ。

類義 蛇に嚙《か》まれて朽《く》ち縄《なわ》に怖《お》じる

当《あ》て事《ごと》は向《む》こうから外《はず》れる

勝手に自分の都合だけで当てにしていたことは、先方の都合でだめになってしまう場合が多いということ。

用例 いつもは酒の一、二本必ずもってくるから当てにしてたのに。今日は手ぶらかい。当て事は向こうから外れるっていうからな。しょうがない、買ってくるか。

類義 当て事と越中褌《ふんどし》は向こうから外れる

後足《あとあし》で砂《すな》をかける

世話になった人の恩を忘れるばかりか、別れ際にさらに迷惑をかけたり、裏切る行為をしたりするたとえ。⇧犬や馬などが駆け出すとき、後足で砂を蹴《け》散《ち》らす様子から。または、犬や猫などが糞尿《ふんにょう》をしたあとに後足で砂をかける動作をすることからいう。

用例 せっかく雇ってやったのに、相談もなくやめたばかりか、店の金まで持ち出すとは。後足で砂をかけるとはこのことだ。

あ

類義 恩を仇《あだ》で返す／飼い犬に手を噛《か》まれる／陰に居て枝を折る
対義 立つ鳥跡を濁さず

後《あと》の雁《かり》が先《さき》になる

仕事や学問などで、後輩が先輩を追い越すたとえ。遅れをとっていた者が先の者を追い越すこと。また、若い人が先に死んだ場合などにも用いる。⇧雁は一列に並んで飛んで行くが、ときにはあとの雁が追い越すことから。
用例 今年の新人の働きには目をみはるものがある。後の雁が先になったと言われないように私もがんばろう。
注意「雁」は「がん」とも読む。
類義 後の舟却《かえ》って先になる／先の雁が後になる

後《あと》の祭《まつ》り

時機を逸してしまい、手遅れになること。またそれを後悔しても遅いことをいう。⇧祭りがすんだあとの山車《だし》や祭礼用具は、何の役にも立たないことから。また、人の死後に手厚く祭ってもしかたがないという説もある。
類義 証文の出し遅れ／十日の菊六日の菖蒲《あやめ》

後《あと》は野《の》となれ山《やま》となれ

やるだけのことはやったのだから、あとはどうなろうとかまわないこと。また、自分の行為が原因で結果がどうなっても知らないということ。捨て鉢な気持ちで言う言葉。
類義 自暴自棄／末は野となれ山となれ
対義 立つ鳥後を濁さず

穴《あな》があったら入《はい》りたい

どこかに隠れてしまいたいほど恥ずかしいこと。『賈誼新書《かぎしんしょ》』より。

用例 彼ったら、私のほうから口説いたことをばらしてしまうものだから、穴があったら入りたかったわ。

姉女房《あねにょうぼう》は身代《しんだい》の薬《くすり》

年上の妻はやりくりがうまく、夫にも尽くすので、財産も増え、家庭も円満にいくということ。⇧「身代」は財産や暮らし向きの意。

類義 姉女房倉が建つ

あの声《こえ》で蜥蜴《とかげ》食《く》らうか時鳥《ほととぎす》

人や物事は見かけによらず、外見とは違う場合が多いことのたとえ。⇧美しい声で鳴く時鳥が、蜥蜴を食うとは信じがたいの意。江戸時代の俳人榎本其角《えのもときかく》の句より。

用例 あの声で蜥蜴食らうか時鳥か。可愛い顔して実は結婚詐欺《さぎ》師だなんて、恐ろしい女だねえ。

類義 人は見かけによらぬもの／外面如菩薩《げめんにょぼさつ》内心如夜叉《ないしんにょやしゃ》

対義 鬼面仏心

痘痕《あばた》も靨《えくぼ》

いったん人を好きになると、相手のどんな欠点でも長所に見えるということ。⇧自分の愛する人であれば、天然痘の痕であるあばたでも、可愛いえくぼに見えるの意から。

用例 十年前は痘痕も靨で、可愛く見えた妻の八重歯が、今では牙のように思える。

類義 恋は盲目／愛してその醜《しゅう》を忘る

危《あぶ》ない橋《はし》を渡《わた》る

あえて危険な方法・手段で物事を行うたとえ。一般に、法律や規則に触れるか触れないかのすれすれで仕事などをする場合にいう。

用例 いくら儲かるといっても、危ない橋を渡るようなことをするくらいならやめてよ。

対義 石橋を叩いて渡る

虻蜂取《あぶはちと》らず

一度に二つの物を両方とも得ようとして、結局はどちらも取り逃がしてしまうこと。欲ばってかえって失敗することのたとえ。⇧クモが虻と蜂をいっぺんに捕らえようとして、どちらも逃がしてしまう意から。

用例 あれこれと習い事を増やすのもいいけれど、いい加減にしておかないと、結局は虻蜂取らずということになってしまうよ。

類義 二兎《にと》を追う者は一兎《いっと》をも得ず

対義 一挙両得／一石二鳥

脂《あぶら》に描《えが》き氷《こおり》に鏤《ちりば》む ⬇ 氷《こおり》に鏤《ちりば》め水《みず》に描《えが》く

油《あぶら》を売《う》る

仕事中長々とむだ話をしたり、時間をつぶしたりして怠けること。⇧江戸時代、髪油売りが、婦女を相手に世間話をしながら商売をしたところから。

用例 こんなに遅くまでいったいどこで油を売ってたんだい。

雨垂《あまだ》れ石《いし》を穿《うが》つ

どんな小さな力でも根気よく努力し続ければ、最後には成功するということ。❶軒先から落ちる雨垂れのような小さな滴《しずく》でも、同じ所に長い間落ち続けるとかたい石にも穴をあけることができるの意から。枚乗《ばいじょう》の文より。

用例 青の洞門《どうもん》は、僧禅海がたった一人で三十年間掘り続け、まさに雨垂れ石を穿つような努力の果てに完成させたものです。

類義 牛の歩みも千里／点滴《てんてき》石を穿つ

余《あま》り物《もの》に福《ふく》がある ➡ **残《のこ》り物《もの》には福《ふく》がある**

阿弥陀《あみだ》も銭《ぜに》で光《ひか》る

金の威力は絶大であるということ。❶仏の御利益もお布施の多寡《たか》による。仏の力も金にはおよばないことから。

類義 阿弥陀の光も銭次第／地獄の沙汰も金次第／仏の光よりも金の光

網呑舟《あみどんしゅう》の魚《うお》を漏《も》らす

法律でも大罪人を捕り逃がすことがあること。大悪人が法の網をくぐって悪事を働いても罰することができないことのたとえ。❶網の目が粗いために、舟を呑み込むような大魚も逃がしてしまう意から。『史記』より。

類義 大魚は網を破る／天に目なし

対義 天罰覿面《てんばつてきめん》／天網恢恢《かいかい》疎にして漏らさず

網《あみ》なくて淵《ふち》を覗《のぞ》くな

何事も万全の準備なくしては成功しないとい

うこと。また、努力もしないで人の成功を羨むものではないということ。⬆網がなくては淵の魚は捕れないことから。『抱朴子《ほうぼくし》』より。

類義 網を持たずに海を覗《のぞ》くな

雨《あめ》の降《ふ》る日《ひ》は天気《てんき》が悪《わる》い

当然のこと。言うまでもなく、当たり前で決まりきったことだというたとえ。

類義 兄は弟より年は上だ／犬が西向きゃ尾は東／雉子《きじ》のめんどりは女鳥

雨《あめ》の夜《よ》にも星《ほし》

ありえないような不思議なことでも、まれにはあること。⬆雨の夜でもまれに星が見えることがあるという意から。

類義 網の目に風たまる

雨《あめ》晴《は》れて笠《かさ》を忘《わす》れる

苦しいときが過ぎると、そのとき助けてくれた人への恩義を忘れてしまうということ。

類義 暑さ忘れて陰忘る／喉元《のどもと》過ぎれば熱さを忘れる／病治りて医師《くすし》忘る

雨降《あめふ》って地固《じかた》まる

人間関係などで、もめごとなどが起こったあとにかえってよい結果を招いたり、前より安定した状態になったりすること。⬆雨で緩んでいた地面が、乾いてかたくなることから。

用例 あの夫婦は、離婚騒動があってお互いよく話し合った結果、雨降って地固まるで、前より仲よくなったみたいだ。

類義 雨の後は上天気／諍《いさか》い果てての契《ちぎ》り

過《あやま》ちては改《あらた》むるに憚《はばか》ること勿《なか》れ

間違いを犯したと気がついたら、世間体を気にしたり、ためらったりせず、すぐに改めるべきであるという教え。『論語《ろんご》』より。

類義 過ちて改めざるこれを過ちという／過ちを飾る勿れ

嵐《あらし》の前《まえ》の静《しず》けさ

何か大事件の起こりそうな予感のする、その前の不気味な静けさのたとえ。⬆台風がくる前に一時暴風雨がおさまり静まりかえることから。

用例 いつも怒鳴ってばかりいる監督が今日は妙に静かだな。不気味な予感がする。嵐の前の静けさでなければいいが。

蟻《あり》の穴《あな》から堤《つつみ》も崩《くず》れる

ほんのわずかな油断や手違いが大事を招くことのたとえ。⬆堅固な堤防も蟻があけた穴から崩れるという意から。『韓非子《かんぴし》』より。

用例 オープン初日の準備は万全だと思うが、蟻の穴から堤も崩れるというから、最後まで気を引き締めて取り組んでくれ。

類義 蟻の一穴《いっけつ》天下の破れ／千丈《せんじょう》の堤《つつみ》も蟻《あり》の一穴より／千里の堤も蟻の穴から

蟻《あり》の思《おも》いも天《てん》に届《とど》く

小さくて力のない弱者でも一念を貫いて努力すれば、望みを達成できるということ。⬆蟻のように小さい虫でも、一心に念じればその願いが天に届くということから。

あ

有《あ》る時払《ときばら》いの催促《さいそく》なし

返済の期限を決めず、催促も一切しないで、余裕のできたときに払えばよいという、この上なく寛大な借金の返済条件をいう。

用例 有る時払いの催促なしの条件で、親から資金を借りて開業した。

類義 出世払い

合《あ》わせ物《もの》は離《はな》れ物《もの》

出会った者や縁で結ばれた者には、いつか別れるときがくるというたとえ。男女や夫婦の仲のことに用いる。⇧別々の物を合わせて作った物は、いつか必ず離れるという意から。

類義 会うは別れの始め／会者定離《えしゃじょうり》／夫婦は合わせ物離れ物

慌《あわ》てる乞食《こじき》は貰《もら》いが少《すく》ない

急ぎ慌てると、かえって失敗のもとになるから、落ち着いてことに当たった方がよいということ。⇧物乞いするにも、急いで多くもらおうとすれば、反感を買ってかえってもらえる物が少なくなることから。

類義 慌てる蟹《かに》は穴へ入れぬ

合《あ》わぬ蓋《ふた》あれば合《あ》う蓋《ふた》あり

一方には合わなくても他方には合うというように、人間にも物にもふさわしい相手があるということ。男女の間に用いることが多い。

用例 彼女とは相性が悪かったと思ってあきらめな。合わぬ蓋あれば合う蓋あり。今にきっと似合いの相手が見つかるさ。

鞍上人《あんじょうひと》なく鞍下馬《あんかうま》なし

乗り手と馬とが一体となって巧みに乗りこなすさま。乗馬だけではなく、巧みな操作ぶりをたたえるときにも用いる。

案《あん》ずるより産《う》むが易《やす》い

はじめはあれこれ心配していたことが、実際にやってみると案外簡単にできるものだということ。⇧「案ずる」は心配すること。出産は心配するより簡単に済むということから。

類義 思うより産むが易い

暗中模索《あんちゅうもさく》

手掛かりのないまま、あれこれ試してみること。⇧暗闇の中で手探りで物を探すという意から。

注意「暗中摸索」とも書く。

用例 今まで営業畑一筋できたからね。急に制作にまわされても何から手をつけていいやら。しばらくは暗中模索の状態だよ。

威《い》あって猛《たけ》からず

威厳はあるが、人間的に温かく威張らない。人格者に必要な態度を表す言葉。⇧孔子《こうし》の人柄を弟子が評した言葉。『論語《ろんご》』より。

言《い》いたい事《こと》は明日《あす》言《い》え

言いたいことをすぐに言うと、感情的になって相手を傷つけたり、失言して悔やんだりするから、時間をおいてじっくり考えてから言った方がよいということ。

い

用例 言いたい事は明日言え。頭を冷やしてから、それでも文句があれば言いにこい。

類義 腹の立つことは明日言え

言《い》うは易《やす》く行《おこな》うは難《かた》し

口で言うだけなら簡単だが、言ったことをその通りに実行するのは難しいということ。『塩《えん》鉄論《てつろん》』より。

用例 明日までに企画書を提出しろなんて、言うは易く行うは難し、命令する方はいいが、される方はたまったものではない。

類義 言うは行うより易し／口では大阪の城も建つ

対義 不言実行

英語 Easier said than done.

(言うは行うよりもやさしい)

家柄《いえがら》より芋茎《いもがら》

落ちぶれたのに家柄を誇ることをあざけった言葉。❶「芋茎」は里芋の茎を干したもの。食用になるので家柄より価値があるという意。

注意 「芋茎」は「芋幹」とも書く。

類義 家柄より食い柄／家の高いより床の高いがよい／芋茎は食えるが家柄は食えぬ

家貧《いえまず》しくして孝子《こうし》顕《あらわ》る

人は苦境の中にあってこそ、その真価が表れて認められるということ。❶恵まれた家では子どもの孝行が目立たないが、貧しい家だと、子どもも働かなければならないので、自然とその孝行ぶりが世に知られ、孝行な子だと認められることから。『宝鑑《ほうかん》』より。

い

怒《いか》りは敵《てき》と思《おも》え
腹を立てて感情的になると、冷静な判断ができなくなり、他人の怒りや恨みを招く。怒りは敵だと思って慎まねばならないという戒め。徳川家康《とくがわいえやす》の遺訓《いくん》より。

生《い》き馬《うま》の目《め》を抜《ぬ》く
他人を出し抜いて、利益を得ること。ずる賢い上にすばしこく油断も隙もないこと。⬆生きた馬の目玉を抜き取るほど素早いことから。
類義 生き牛の目を抜く／生き馬の目を抉《くじ》る

戦《いくさ》見《み》て矢《や》を矧《は》ぐ
事が起こってから慌てて対策を講じることのたとえ。⬆「矧ぐ」は矢を作ること。それまで何の準備もせず、戦いが始まるのを見てから矢を作るの意。
類義 泥棒を見て縄を綯《な》う

意見《いけん》と餅《もち》は搗《つ》くほど練《ね》れる
人の意見に従えば従うほど、練れて円満な人柄になり、利するところが多くなるということ。⬆餅もよく搗くほど、ねばりのあるよい餅になることから。餅を搗くと人の意見につく（従う）をかけた語呂合わせ。

諍《いさか》い果《は》てての乳切《ちぎ》り木《き》
➡**喧嘩《けんか》過《す》ぎての棒乳切《ぼうちぎ》り**

いざ鎌倉《かまくら》
さあたいへんだ、一大事だという意。⬆中

い

世、鎌倉幕府に大事件が起こると、諸国の武士が鎌倉へ馳《は》せ参じたことから。謡曲『鉢《はち》の木』の中の言葉より。

用例 いざ鎌倉という事態に備えて、いつでも備えは万全にしておくように頼むよ。

石《いし》が流《なが》れて木《こ》の葉《は》が沈《しず》む

物事が道理とは逆になっているたとえ。⬆沈むはずの重い石が流れ、浮かぶはずの木の葉が沈むことから。陸賈《りくか》『新語《しんご》』より。

類義 石が浮かんで木の葉が沈む

石《いし》に灸《きゅう》

何の効果も表さないことのたとえ。⬆石に灸をすえても、まったく効き目がないことから。

用例 娘に説教しても石に灸で聞きもしない。

類義 石に針／蛙の面《つら》に水／土に灸／豆腐に鎹《かすがい》／糠《ぬか》に釘／暖簾《のれん》に腕押し

石《いし》に漱《くちすす》ぎ流《なが》れに枕《まくら》す

負け惜しみが強く、自分の間違いが明白でも屁理屈《へりくつ》をつけて言い逃れをするたとえ。⬆中国の晋《しん》の孫楚《そんそ》が「石に枕し流れに漱ぐ」と言うべきを「石に漱ぎ流れに枕す」と言ってしまった。その誤りを指摘されると「石に漱ぐのは歯を磨くためであり、水の流れを枕にするのは俗事を聞いた耳を洗うためだ」と強弁したという故事から。夏目漱石の号や、「流石」を「さすが」と読ませる当て字は、この故事に由来する。『晋書《しんじょ》』より。

類義 漱石枕流《ちんりゅう》／流れに枕し石に漱ぐ

石《いし》に立《た》つ矢《や》

何事も一念をこめてやれば、できないことはないというたとえ。⬆中国前漢の武将、李広《りこう》が草原の石を虎と見間違えて一心に矢を射たところ、立つはずのない石に矢が突き刺さった。しかし再び射ても、もう刺さることはなかったという故事から。『史記』より。

類義 一念天に通ず／精神一到何事か成らざらん／念力岩をも徹す

石《いし》に布団《ふとん》は着《き》せられず

親が死んでからでは孝行はできないから、生きているうちに孝行せよという教訓。⬆「石」は、墓石のことで、墓石に布団を掛けて親孝行しようとしてもしかたがないことから。

用例 上京してから何年も実家に帰ってないらしいな。石に布団は着せられずというから、たまには帰って親孝行しておけよ。

類義 孝行のしたい時分に親はなし

石《いし》の上《うえ》にも三年《さんねん》

どんなにつらく困難なことも、根気強く辛抱して続ければ、いつか必ず成し遂げられるということ。何事にも忍耐が必要であるという教え。⬆冷たい石でも、三年間座り続ければ温かくなるの意から。

類義 茨《いばら》の中にも三年の辛抱／三年居《い》れば温まる／火の中にも三年

石橋《いしばし》を叩《たた》いて渡《わた》る

用心の上にも用心を重ねて、慎重に行動するたとえ。慎重すぎて決断の遅い人を皮肉って使う場合もある。⬆頑丈にできている石橋さえも、叩いてその安全を確かめた上で、ようやく渡るということから。

用例 石橋を叩いて渡るのもいいが、いざというときには思い切ってやることも必要だ。

類義 石橋金槌《かなづち》／石橋を叩いても渡らない／浅い川も深く渡れ／念には念を入れよ

対義 危ない橋を渡る

石部金吉金兜《いしべきんきちかなかぶと》

極端に堅物で融通のきかない人のたとえ。⬆かたい物の代表である石と金を人名のように並べて言った言葉。石部金吉が鉄の兜をかぶったのだから、より一層堅物であるという意。

用例 父は石部金吉金兜で、教職から退いた今になっても、昔の教え子からの贈り物は絶対受け取らない。

類義 石部金吉／木仏金仏石仏

医者《いしゃ》の不養生《ふようじょう》

人には立派なことを言いながら、自分の行いが伴わないことのたとえ。また、その道の専門家が自分のことには無頓着であること。⬆医者は、患者には養生するように言うが、自分の健康には案外無頓着なことから。『風流《ふうりゅう》志道軒伝《しどうけんでん》』より。

用例 母は栄養士なのに、医者の不養生で自分の食事にはまったく無頓着です。

類義 医者の若死に出家の地獄／紺屋《こうや》の白袴《しろばかま》／儒者の不身持ち／大工の掘っ立て／坊主の不信心

衣《い》食《しょく》足《た》りて礼節《れいせつ》を知《し》る

人は生活にゆとりができて、はじめて道徳心をもち、礼儀正しさや節度ある行動をわきまえるようになるということ。⇧「礼節」は礼儀を尽くすこと。『管子《かんし》』より。

類義 衣食足りて栄辱《えいじょく》を知る／倉廩《そうりん》満ちて礼節を知る／礼儀は富足《ふそく》に生ず

対義 貧すれば鈍する

以心伝心《いしんでんしん》

言葉で言わなくても、自然とお互いの気持ちが通じ合うこと。⇧もとは禅宗において、言葉では表せない真理を心から心へ伝える意の「心を以て心に伝う」から。『伝灯録《でんとうろく》』より。

用例 何十年も連れ添ってきた夫の考えることなら、以心伝心でたいていわかります。

類義 拈華微笑《ねんげみしょう》

鶍《いすか》の嘴《はし》の食《く》い違《ちが》い

物事が食い違い、思うようにはならないことのたとえ。⇧「鶍」はすずめより少し大きい鳥。「嘴」はくちばし。鶍のくちばしが、上下食い違っていて合わないことから。

用例 業者側と消費者側の言い分は鶍の嘴の食い違いで、交渉は物別れに終わった。

類義 鶍の嘴

いずれ菖蒲《あやめ》か杜若《かきつばた》

どちらも同じほどにすぐれていて、選択に迷って困ることのたとえ。⇧菖蒲も杜若も初夏によく似た美しい花を咲かせて区別が難しい。

源頼政《みなもとのよりまさ》が宮中で鵺《ぬえ》（伝説上の怪物）を退治した褒美《ほうび》に菖蒲前《あやめのまえ》という美女を賜ることになった。十二人の美女の中から探し出すように言われ「五月雨に沢べのまこも水たえていづれあやめと引きぞわづらふ」と選ぶのに迷う心を詠んだ歌からいう。『太平記《たいへいき》』より。

類義 いずれ菖蒲／兄《けい》たり難《がた》く弟《てい》たり難《がた》し／伯仲の間

居候《いそうろう》の三杯目《さんばいめ》

他人の家で世話になっている者は、万事において遠慮するということ。⇧居候は、他人の家で厄介になり食べさせてもらっている手前、食事のときも遠慮して三杯目のおかわりともなるとそっと出すという意の川柳、「居候三杯目にはそっと出し」から。

急《いそ》がば回《まわ》れ

危険な近道より、多少遠回りでも安全な道を行く方が、結局は早く着くということ。また、急ぐときこそ慌てず、着実にやるのがよいということ。

類義 急《せ》いては事を仕損じる／近道は遠道／遠道は近道／走ればつまずく

英語 Make haste slowly.（ゆっくり急げ）

磯《いそ》の鮑《あわび》の片思《かたおも》い

自分が一方的に好きなだけで、相手は何とも思っていないことのたとえ。⇧鮑は巻き貝だが、二枚貝の片側の一枚しかないように見えることを「片思い」にかけて言ったもの。

類義 鮑の片思い

痛《いた》くもない腹《はら》を探《さぐ》られる

身に覚えがないのに、人からあれこれ疑われること。⇧腹痛でもないのに、どこが痛いのかと腹を触って調べられる意から。

用例 浮気なんてとんでもない。残業だって言ってるだろう。仕事で遅くなるたびに痛くもない腹を探られちゃたまらないよ。

類義 食わぬ腹探られる

板子《いたご》一枚下《いちまいした》は地獄《じごく》

船乗りは極めて危険な仕事であることのたとえ。⇧「板子」は、和船の底に敷く板。板子のすぐ下は、落ちればそのまま死につながる深い海であることから。

類義 一寸下は地獄

鼬《いたち》の最後《さいご》っ屁《ぺ》

窮地に追い込まれたときに使う、苦しまぎれの非常手段のたとえ。⇧追いつめられて進退きわまった鼬は、悪臭を放って敵がひるむすきに逃げることからいう。

鼬《いたち》のなき間《ま》の貂誇《てんほこ》り

自分より強い者やすぐれた者がいないときに、大いに威張ること。また、そのような人をあざける言葉。⇧強敵である鼬がいないときに貂が威張るということから。

用例 店長がいないときの主任の態度はひどいな。まさに鼬のなき間の貂誇りだよ。

類義 鼬のなき間の鼠／犬のいない所では狐が王様／鳥なき里の蝙蝠《こうもり》

い

鼬《いたち》の道切《みちき》り

人と人との往来・交際や音信が絶えること。⇧鼬は同じ道を二度通らない、鼬が人前を横切ると交際が絶えるなどといった俗信から。

一衣帯水《いちいたいすい》

一筋の帯のような狭い川や海峡のこと。また、それを隔てて隣接している同士で非常に近い関係にあることのたとえ。⇧「衣帯」は帯のこと。一本の帯のような流れの意から。

注意 語の構成は「一 - 衣帯 - 水」となる。

用例 一衣帯水の間柄にある両国が、友好親善を図ることこそアジアの平和の第一歩だ。

一押《いちお》し二金《にかね》三男《さんおとこ》

女性を口説くには、第一に押しが強いこと、第二に金があることが大切で、男前であることはあまり役に立たないという意。

一事《いちじ》が万事《ばんじ》

一つのことから、ほかの全体が推測できるということ。悪い例で使われることが多い。

類義 一事を以て万端を知る／一を以て万を知る

一日千秋《いちじつせんしゅう》の思《おも》い

非常に待ち遠しいことのたとえ。⇧「千秋」は千年の意。一日が千年にも思われること。

注意「一日」は「いちにち」とも読む。

用例 この日を一日千秋の思いで待ちわびた。

類義 一日三秋／一刻千秋

い

一日《いちじつ》の長《ちょう》

経験や知識・技能がほかの人よりほんの少しすぐれていること。『論語《ろんご》』より。⇧わずかに一日、年が上である意から。

用例 半導体の技術開発においては、やはりアメリカに一日の長がある。

一樹《いちじゅ》の陰《かげ》一河《いちが》の流《なが》れも他生《たしょう》の縁《えん》

見知らぬ者同士が一つの木陰で雨宿りしたり、同じ河の水をともに飲んだりするのも、前世からの深い因縁であるから、大切にしなくてはならないということ。⇧「他生の縁」は、前世から定められている因縁の意。

注意「他生」は「多生」とも書く。

類義 袖振り合うも他生の縁

一難《いちなん》去《さ》ってまた一難《いちなん》

次々と災難が襲ってくること。⇧災難を切り抜けてもすぐ次の災難に遭うことから。

用例 交通事故のけががやっと治ったと思ったら、賠償問題がこじれてしまった。一難去ってまた一難だよ。

類義 虎口を逃れて竜穴《りゅうけつ》に入る／前門の虎後門の狼《おおかみ》

一《いち》に看病《かんびょう》二《に》に薬《くすり》

病気を治すには、何よりも身近な人の行き届いた看病が効果的であり、医者からの薬は二の次だということ。

類義 一に養生二に介抱／薬より看病／薬より養生

一念天《いちねんてん》に通《つう》ず

何事も成し遂げようという強い信念があれば、必ず成就できるというたとえ。

類義 石に立つ矢／精神一到何事か成らざらん／念力岩をも徹す

一年《いちねん》の計《けい》は元旦《がんたん》にあり

何事も最初が肝心だから、一年の計画は、元日に立てるのがよいという意。

類義 一日の計は朝にあり一年の計は元旦にあり／一年の計は春にあり

一姫《いちひめ》二太郎《にたろう》

子どもを産むなら、最初は女子、次は男子がよいということ。男子を望んだ人に女子が産まれたときの慰めに言う。また、子の数は女児一人男児二人を理想とする意にも用いる。

対義 後先息子に中娘

一富士《いちふじ》二鷹《にたか》三茄子《さんなすび》

初夢に見ると縁起がよいとされるものを順に並べた言葉。⇧一説には、「一富士二鷹三茄子四扇五煙草六座頭」と、駿河の国（静岡県）の名物を並べた言葉だともいう。

一網打尽《いちもうだじん》

悪人や犯罪者たちを一度に全部捕らえること。⇧一度の投網で、そこにいる魚を残らず取り尽くすという意から。『宋史《そうし》』より。

用例 今日こそ現金賭博《とばく》の現場を押さえて、違法賭博の一味を一網打尽にするぞ。

一文《いちもん》惜《お》しみの百《ひゃく》知《し》らず

目先のわずかな金を惜しんで、あとで大きな損をすることに気づかない愚かさをいう。⬆たった一文をけちったために、あとになって百文の損をするということから。

用例 せっかく旅館を新築したのに、一文惜しみの百知らずというか、百円ショップで食器をそろえたりしてはいけないよ。

類義 一文惜しみの百失い／指を惜しみて掌《てのひら》を失う

対義 損して得取れ

一葉《いちよう》落《お》ちて天下《てんか》の秋《あき》を知《し》る

わずかな現象を見て、やがてくる大事をいち早く察知するたとえ。⬆ほかの木より早く落葉するアオギリの葉が一枚落ちるのを見て秋の気配を知るの意から。『淮南子《えなんじ》』より。

類義 一葉秋を知る／霜を履《ふ》んで堅氷《けんぴょう》至る

一陽来復《いちようらいふく》

冬が去って春がくること。転じて、悪いことが続いたあとに、ようやく物事がよい方向に転じることをいう。⬆陰暦十月に陰気が極まるが、陰暦十一月の冬至になると陽の気が再び巡ってくることから。『易経《えききょう》』より。

一蓮托生《いちれんたくしょう》

結果の善し悪しにかかわらず、互いに行動や運命をともにすること。⬆死後、極楽浄土でともに、同じ蓮《はす》の花の上に生まれ変わるという仏教の教えから出た言葉。

用例 副社長が失脚したため、副社長派だった専務も一蓮托生で左遷された。

類義 蓮の台《うてな》の半座を分かつ

一《いち》を聞《き》いて十《じゅう》を知《し》る

物事の一端を聞いただけで、そのすべてを理解できるほど、極めて才知がすぐれていることのたとえ。『論語《ろんご》』より。

類義 一を聞いて十を悟る／一を以て万を知る／目から鼻へ抜ける

対義 一を知りて二を知らず／十を聞いて一を知る

一攫千金《いっかくせんきん》

一度に大儲けをすること。さほど苦労もせずに大きな利益をあげるときにもいう。⇧「一攫」は一つかみ。「千金」は大金の意。

用例 一攫千金を夢見て、いつも有り金すべてを宝くじにつぎ込むやつもいる。

類義 濡《ぬ》れ手《て》で粟《あわ》

一気呵成《いっきかせい》

一息に文章などを書き上げること。また、物事を勢いにまかせて成し遂げること。⇧「呵」は、筆に息を吹きかけるの意。

用例 長年構想を練ってきた小説を、昨日一日で一気呵成に書き上げた。

一挙手一投足《いっきょしゅいっとうそく》

細かい一つ一つの動作のこと。また、ほんのわずかの努力や労力のことにも用いる。

類義 一挙一動

一犬影《いっけんかげ》に吠《ほ》ゆれば百犬声《ひゃっけんこえ》に吠《ほ》ゆ

だれか一人が憶測でいい加減なことを言うと、人々がよく確かめもせずに、それを真実として言いふらすことのたとえ。⇧一匹の犬が吠えはじめると、ほかの犬もつられてみな吠え出すことから。『潜夫論《せんぷろん》』より。

類義 一鶏鳴けば万鶏歌う／一犬形に吠ゆれば百犬声に吠ゆ

一刻千金《いっこくせんきん》 ⬇ 春宵一刻直千金《しゅんしょういっこくあたいせんきん》

一将功成《いっしょうこうな》りて万骨枯《ばんこつか》る

上に立つ者の功績は、多くの部下の苦労と犠牲があればこそだという意。部下の貢献を忘れてはならないという戒め。⇧一将軍の輝かしい功名の陰で、多くの兵士の屍《しかばね》が戦場で枯れ果てているという意。曹松《そうしょう》『己亥歳《きがいのとし》』より。

一炊《いっすい》の夢《ゆめ》 ⬇ 邯鄲《かんたん》の夢《ゆめ》

一寸先《いっすんさき》は闇《やみ》

将来のことは、わずか先のことでも、何が起こるか予測できないということ。⇧「一寸」は、約三センチメートル。ほんのわずか先が真っ暗で何も見えないということから。

用例 あの大企業の株、取引先の不祥事が原因で大暴落したそうよ。一寸先は闇ね。

類義 一寸先の地獄

一寸《いっすん》の光陰軽《こういんかろ》んずべからず

ほんの少しの時間でも、むだに過ごしてはならないという教え。⬆「光陰」は月日・時間。原文は「少年老い易く学成り難し、一寸の光陰軽んず可からず、未《いま》だ覚めず池塘《ちとう》春草の夢、階前の梧葉《ごよう》已《すで》に秋声」。若者はすぐ年をとり、学問の成就は難しいので、わずかな時間もむだにしてはならない。若草が芽吹く春のころの夢が覚めきらないうち、もう庭先の葉に秋風の立つのを聞くほど時の経つのは早いものだという意。朱熹《しゅき》の詩「偶成《ぐうせい》」より。

一寸《いっすん》の虫《むし》にも五分《ごぶ》の魂《たましい》

小さく弱い者にも、それ相応の意地や考えがあるのだから、あなどってはいけないという戒め。⬆「一寸」は約三センチメートル、「五分」はその半分。一寸ほどの虫でも、五分の大きさの魂をもっているということから。

類義 小糠《こぬか》にも根性／蛞蝓《なめくじ》にも角がある／痩《や》せ腕《うで》にも骨

英語 Even a worm will turn.
（ミミズでも向き直ってくる）

一石二鳥《いっせきにちょう》

一つの行為で、同時に二つの利益や成果を得ること。⬆一つの石を投げて、二羽の鳥を打ち落とすということから。

用例 自転車通勤にすれば、ダイエットにはなるし、交通費も浮いて一石二鳥だ。

類義 一挙両得

対義 虻蜂《あぶはち》取らず／二兎《にと》を追う者は一兎《いっと》をも得ず

英語 To kill two birds with one stone.
（石一つで二羽の鳥を殺す）

い

一銭《いっせん》を笑《わら》う者《もの》は一銭《いっせん》に泣《な》く

わずかなお金だからといって粗末にすると、やがてそのわずかなお金のために困ることになるという意。たとえ少額でも金銭を大切にしなければならないという戒め。

一旦緩急《いったんかんきゅう》あれば

ひとたび大事が生じたらの意。国家の大事件を控えたときに用いることが多い。⇧「緩急」は差し迫った状態のこと。『史記』より。

一知半解《いっちはんかい》

知識が十分に身についていないこと。なまかじりであること。⇧「一知」は一つの知識のこと、「半解」はその半分も理解していないことから。『滄浪詩話《そうろうしわ》』より。

一朝一夕《いっちょういっせき》

わずかな日時のたとえ。⇧ひと朝、ひと晩のような短い時間の意から。『易経《えききょう》』より。

用例 美しい庭は、一朝一夕に作れるものではなく、毎日の手入れが必要だ。

一擲乾坤《いってきけんこん》を賭《と》す ⇩ **乾坤一擲《けんこんいってき》**

一頭地《いっとうち》を抜《ぬ》く

人より一段すぐれていること。⇧「一頭地」は「一頭」と同意。ほかより頭一つ分抜きん出るの意から。『宋史《そうし》』より。

用例 彼女の成績は県内でも一頭地を抜いていて、担任として鼻が高いよ。

い

一刀両断《いっとうりょうだん》

思い切りがよく、物事をすぱっと解決すること。すばやく決断して処理するさま。⬆一太刀でまっ二つに切ってしまうという意から。『朱子語類《しゅしごるい》』より。

用例 難事件を一刀両断に解決した彼の推理に一同脱帽した。

類義 快刀乱麻を断つ

一敗地《いっぱいち》に塗《まみ》れる

再起できないほど徹底的に打ち負かされること。⬆一度の戦いで再起不能なほどに大敗し、死者の内臓が踏みにじられて、泥まみれになるということから。『史記』より。

注意「一敗、地に塗れる」と区切る。

一髪千鈞《いっぱつせんきん》を引《ひ》く

危険きわまりないことをするたとえ。⬆一鈞は三十斤（約一・八キログラム）。一本の髪の毛で千鈞もの重さの物を引っ張る意から。韓愈《かんゆ》の文より。

類義 蜘蛛《くも》の巣で石を吊る

一斑《いっぱん》を見《み》て全豹《ぜんぴょう》を卜《ぼく》す

物事の一部分だけを見て、全体を推し量ることのたとえ。⬆豹《ひょう》の皮の斑《まだら》模様を一つ見ただけで、豹の毛皮全体の美しさを推察することから。『晋書《しんじょ》』より。

類義 蛇首《だしゅ》を見て長短を知る

鷸蚌《いっぽう》の争《あらそ》い ⬇漁夫《ぎょふ》の利《り》

い

いつまでもあると思《おも》うな親《おや》と金《かね》

親に頼らずに独立心を養い、倹約を心がけなければならないという教訓。⇧親はいつまでも生きて子どもの面倒をみてくれるわけではないし、お金はいくらあっても使えばいずれはなくなるということから。

いつも柳《やなぎ》の下《した》に泥鰌《どじょう》はおらぬ

➡柳《やなぎ》の下《した》にいつも泥鰌《どじょう》はおらぬ

田舎《いなか》の学問《がくもん》より京《きょう》の昼寝《ひるね》

狭い田舎で学問をしても、本に書いてあることしか学べないが、都会では、怠けていても自然と見聞が広まって有意義だということ。

類義 田舎の利口は只《ただ》の人／田舎の利口より京の馬鹿

犬《いぬ》が西向《にしむ》きゃ尾《お》は東《ひがし》

極めて当たり前のことやわかりきったことを、わざわざ取り立てていう言葉。

類義 兄は弟より年は上だ／雨の降る日は天気が悪い／雉子《きじ》のめんどりは女鳥

犬《いぬ》と猿《さる》

仲の悪い者同士のたとえ。⇧犬と猿は仲がよくないとされていることから。

類義 犬と猫／犬に猿／犬猿の仲

対義 魚と水

犬《いぬ》に論語《ろんご》

道理のわからない者には、尊い教えも無意味だというたとえ。
類義 犬に念仏猫に経／牛に経文／牛に対して琴を弾ず／馬の耳に念仏

犬《いぬ》の遠吠《とおぼ》え

臆病者や弱い者が、陰で虚勢を張って強がったり、悪口を言ったりするたとえ。⬆弱い犬は相手から離れて遠くから吠えることから。
類義 犬の長吠え

犬《いぬ》は三日《みっか》飼《か》えば三年《さんねん》恩《おん》を忘《わす》れぬ

犬のような動物でさえ、三日飼えば三年間その恩を忘れないのだから、まして人間なら恩知らずであってはいけないということ。
類義 犬はその主《ぬし》を知る／犬も三日飼えばその主を知る／恩を忘れる者は犬にも劣る
対義 猫は三年の恩を三日で忘れる

犬《いぬ》も歩《ある》けば棒《ぼう》に当《あ》たる

でしゃばると、とんだ災難に遭うという意。何か行動を起こせば、思いがけない幸運に出会うことにもいう。⬆犬もじっとしていればいいものを、出歩いたために人に棒で叩かれる目に遭うことから。
類義 歩く足には棒当たる

犬《いぬ》も朋輩鷹《ほうばいたか》も朋輩《ほうばい》

身分に違いがあっても、同じ主人に仕える者同士は仲間であることに変わりはないということ。⬆狩りで使われる犬と鷹は、役目は違うが同じ主人に仕えることから。
類義 鷹も朋輩犬も朋輩

い

命《いのち》あっての物種《ものだね》

何事も命があればこそできるのだ。命がすべてのもとだから、生命の危険を冒すようなまねはするなということ。⇧「物種」は物事の根源の意。

用例 いくら稼ぎがよくても、命あっての物種だから危険な仕事はやめておくよ。

類義 命が宝／命にかえる宝なし／死んで花実が咲くものか

命長《いのちなが》ければ恥多《はじおお》し

長生きをすれば、それだけ恥をかくことが多くなるということ。⇧兼好法師《けんこうほうし》が『徒然草《つれづれぐさ》』に引用していることでも知られている。『荘子《そうじ》』より。

類義 長生きは恥多し

対義 命長ければ蓬莱《ほうらい》を見る

命《いのち》の洗濯《せんたく》

日ごろの苦労や緊張から離れて、気晴らしや骨休めなどをすること。

類義 命の土用干し

井《い》の中《なか》の蛙大海《かわずたいかい》を知《し》らず

狭い知識や考え方にとらわれ、ほかにもっと広い世界があるのを知らないこと。⇧井戸の中にすむ蛙は、外には大きな海があることを知らないの意から。『荘子《そうじ》』より。

用例 井の中の蛙大海を知らずということがないように、一流店で修業を積んでから家業を継ぎたいと思っています。

類義 井の鮒《ふな》／井の中の蛙／井蛙《せいあ》／井蛙《せいあ》の見／井底《せいてい》の蛙《かわず》

意馬心猿《いばしんえん》

人の欲情や煩悩《ぼんのう》は抑えにくいということ。心が騒いでどうにも静められないことをいう。⇧暴れる馬や騒ぐ猿を静める難しさにたとえた言葉。『参同契《さんどうけい》』より。

医《い》は仁術《じんじゅつ》

医術は患者の病気を治すことで仁徳を施すものので、損得を言うべきではないということ。

用例 金儲けしか考えない医者が多い中、ここの先生は、医は仁術を実践して地域の住民から慕われている。

類義 医は仁の術

韋編三度絶《いへんみたびた》つ

書物をくり返し熟読すること。「韋編三絶《いへんさんぜつ》」とも。⇧「韋」は、なめし革。「韋編」とは、なめした革の紐《ひも》で、文字の書かれた竹の札を綴《つづ》った中国古代の書物。孔子《こうし》が『易経《えききょう》』をくり返し読んだために、その綴《と》じ紐が三度も切れたという故事から。『史記』より。

芋《いも》の煮《に》えたも御存《ごぞん》じない

世間知らずで常識のない人のこと。またそういう人をあざけっていう言葉。⇧芋が煮えたのか煮えないのかも判断できないということから。

用例 洗濯もできないなんて、芋の煮えたも御存じないようでは嫁にはいけないよ。

イヤイヤ三杯《さんばい》

酒を勧められて、もう結構と辞退しながら、そのくせ盃を何杯も重ねること。また、遠慮するそぶりで実際には厚かましいことをいう。

炒《い》り豆《まめ》に花《はな》が咲《さ》く

ありそうもないことが実現することのたとえ。また、一度衰えたものが再び栄えること。⇧炒った豆が花を咲かすはずはないことから。

類義 炒り豆に花／炒り豆が生え石橋が腐る／枯れ木に花咲く

入《い》るを量《はか》りて出《い》ずるを為《な》す

収入額を正確に計算して、それに見合った支出をするということ。『礼記《らいき》』より。

用例 入るを量りて出ずるを為すを実践してくれた妻のおかげで、市内に家をもつことができました。

類義 入るを量りて出ずるを制す

色気《いろけ》より食《く》い気《け》

色欲よりも食欲の方が優先すること。また見た目や外見より実利を優先させること。

類義 恋をするより徳をしろ／花より団子

色《いろ》の白《しろ》いは七難《しちなん》隠《かく》す

色白の女性は、顔だちに多少欠点があっても、白い肌の美しさから、きれいに見えるということ。⇧「七難」は、多くの欠点のこと。

類義 色の白いは十難隠す／髪の長いは七難隠す／米の飯と女は白いほどよい

い

色《いろ》は思案《しあん》の外《ほか》

男女間の色恋は、理性や常識では割り切れないということ。⇧「色」は恋愛や色事のこと。

類義 色は心の外／恋は思案の外／恋は闇

曰《いわ》く言《い》い難《がた》し

言葉では言い表しにくく、非常に説明しにくいこと。『孟子《もうし》』より。

用例 この作品には、曰く言い難い趣がある。

鰯網《いわしあみ》で鯨《くじら》を捕《と》る

思いがけない収穫や幸運をつかむこと。⇧鰯用の網に鯨がかかったの意から。

類義 鰯網で鯨の大功／鰯網へ鯛がかかる／兎の罠《わな》に狐がかかる

鰯《いわし》の頭《あたま》も信心《しんじん》から

どんなにつまらないものでも、それを信仰する人にはありがたく思われること。また、頑固にそう信じ込んでいる人を揶揄《やゆ》するときにも用いる。⇧節分の夜、鰯の頭をヒイラギの枝に刺して門口におくと、悪鬼を追い払うことができるという風習から。

類義 白紙も信心から／竹箒《たけぼうき》も五百羅漢

言《い》わぬが花《はな》

言葉に表さない方が味わいや趣があるということ。また、はっきりと言わない方が、差し障りがなくてよいという戒め。

用例 手品のタネというものは、たとえわかったとしても言わぬが花だ。

言《い》わぬ事《こと》は聞《き》こえぬ

口に出して言わなければ、人にわかってもらえないという意。あとで知らなかったと言われないように、大切なことは事前に説明しておくべきだということ。

言《い》わぬは言《い》うに優《まさ》る

口に出さずに黙っている方が、はるかに思いが深いこと。また、沈黙している方が安全で効果的であるということ。

類義 沈黙は金雄弁は銀／鳴く虫よりも鳴かぬ蛍《こ》が身を焦がす

夷《い》を以《もっ》て夷《い》を制《せい》す

自国の武力を用いず、他国同士を戦わせて、自国の利益を図ろうとする外交政策。⇧「夷」は異民族、外国の意。『後漢書《ごかんじょ》』より。

類義 夷を以て夷を伐つ／夷を以て夷を攻む

因果応報《いんがおうほう》

よい行いをすればよい報いがあり、悪い行いをすれば悪い報いがあるということ。⇧もとは仏教語で、「因果」は原因と結果、「応報」はあることに応じた報いの意。今日では、悪い意味に用いられる場合が多い。

用例 怠け者の彼が受験に失敗したのは、因果応報というものだ。

類義 悪因悪果／善因善果

因果《いんが》の小車《おぐるま》

悪行の報いは、小さな車輪が速く回るよう

に、すぐに巡ってくることのたとえ。
類義 因果は車の輪の如《ごと》し／因果は巡る小車

殷鑑遠《いんかんとお》からず

戒めとすべき手本はすぐ近くにあるという教訓。⬆「鑑」は鏡で、戒めとすべき手本のこと。殷の国が戒めとするべき例は、遠い昔に求めなくても、すぐ前代の夏《か》の国の滅亡にあるということから。『詩経《しきょう》』より。
類義 商鑑遠からず／前鑑遠からず

陰徳《いんとく》あれば陽報《ようほう》あり

人に知られず陰でよい行いをした者には、必ずよい報いがあるということ。⬆「陰徳」は陰でする徳行、「陽報」は判然と現れるよい報いの意。『淮南子《えなんじ》』より。
類義 陰徳は果報の来る門口《かどぐち》／隠れたる信あらば顕れたる験《しるし》

有為転変《ういてんぺん》は世《よ》の習《なら》い

常に激しく移り変わるのがこの世の現実だということ。世の中の無常をいう。⬆「有為」は仏教語で、巡り合わせにより生じたり滅びたりする、現世の事物すべてのこと。
用例 有為転変は世の習いで、昔あれほど栄えた養蚕業も、今では廃れてしまった。
類義 変わりやすきは世の習い

上《うえ》には上《うえ》がある

世の中は広く、これが最上と思われることでも、さらに上があるものだ。物事の程度にはかぎりがないということ。

魚心《うおごころ》あれば水心《みずごころ》

自分が好意をもって接すると、相手も好意をもつものだという意。また、相手が好意を示すなら、こちらもそれに応じるということ。⇧本来は「魚、心あれば、水、心あり」で、魚が水を慕えば、水もそれに応じるという意。

類義 網心あれば魚心／水心あれば魚心

魚《うお》の木《き》に登《のぼ》るが如《ごと》し

不可能なことをしようとするたとえ。また、勝手が違って手も足も出ないこと。⇧本来、水の中にいる魚が木に登ろうとすることから。

魚《うお》を得《え》て筌《せん》を忘《わす》る

目的を達すると、役立ったものや恩恵を受けたものをかえりみなくなること。⇧「筌」は魚を捕る竹製の籠。魚を捕ってしまえば筌のことは忘れてしまうの意から。『荘子《そうじ》』より。

類義 暑さ忘れて陰忘る／喉元過ぎれば熱さを忘れる／病治りて医師《くすし》忘る

うかうか三十《さんじゅう》きょろきょろ四十《しじゅう》

歳月は過ぎやすく、たちまちのうちに年をとってしまうこと。⇧三十代をうかうか過ごし、四十代で慌ててきょろきょろすることから。

対義 三十にして立つ／三十の尻括《くく》り

鶯《うぐいす》鳴《な》かせたこともある

老女が、若い頃は異性にもてはやされたと自慢していう言葉。⇧梅を若い美女、その木にとまる鶯を女性に言い寄る若い男にたとえた言葉。「梅干し婆《ばば》はしなびておれど」に続けていう俗謡から。

有卦《うけ》に入《い》る

幸運が続き、調子に乗ること。⇧「有卦」は、陰陽道《おんようどう》で、吉事が七年間続くとされる年回りのこと。この年回りに入った意から。

用例 素敵な奥さんを射止めたばかりか、昇進までして、彼は今有卦に入っているね。

烏合《うごう》の衆《しゅう》

規律も統制もなく、ただ寄り集まっただけの人々のたとえ。⇧「烏合」は烏《からす》の集合の意。烏の群れのようにまとまりがないという意から。『後漢書《ごかんじょ》』より。

雨後《うご》の筍《たけのこ》

同じような事が次々と続いて起こることのたとえ。⇧雨が降ったあとには、筍が続々と勢いよく生え出すことから。

用例 サッカーブームにのって、子ども向けのサッカー教室が日本全国に雨後の筍のように誕生した。

牛《うし》に引《ひ》かれて善光寺《ぜんこうじ》参《まい》り

偶然のきっかけや他人からの誘いで、思いがけない所に行ったり、よい方面に導かれたりすること。⇧昔、信仰心などない老女が、さらしておいた布を角にひっかけて走り出した牛を追ううち善光寺に入ってしまい、それが縁で信仰するようになったという説話から。

牛《うし》の角《つの》を蜂《はち》が刺《さ》す

まったく何とも感じないことのたとえ。⇧牛の角を蜂が刺したところで、痛くもかゆくもないことから。

類義 石地蔵に蜂／鹿の角を蜂が刺す

牛《うし》は牛《うし》連《づ》れ馬《うま》は馬《うま》連《づ》れ

同類は自然と集まりやすいというたとえ。また、それぞれ似合いの相手と一緒に事を行えばうまくいくということ。⇧「牛連れ」「馬連れ」は、それぞれ牛は牛に連れ添い、馬は馬に連れ添うの意。

類義 同じ羽毛の鳥は一緒に群がる／同気《どうき》相求《あいもと》む／目の寄る所へは玉も寄る／類は友を呼ぶ

氏《うじ》より育《そだ》ち

人格の形成にとって大切なのは、血筋や家柄ではなく、その人の育った環境や教育であるということ。⇧「氏」は家柄・血筋の意。

用例 結婚相手を選ぶなら、氏より育ちで選ぶことが大切ですよ。

類義 生まれつきより育ちが第一

対義 氏素性は争われぬ

後《うし》ろ髪《がみ》を引《ひ》かれる

未練が残り、思いをきっぱりと断ち切ることができないことのたとえ。また、気がかりがあって先に進めないことにもいう。

用例 息子と別れるのが辛くて、後ろ髪を引かれる思いで家を出た。

後《うし》ろ指《ゆび》を指《さ》される

自分の知らない所で悪口を言われたり、そしられること。⇧「後ろ指」は本人には見えないように背後から指を指すこと。

用例 人に後ろ指を指されても、彼女は息子の無実を信じ続けた。

牛《うし》を馬《うま》に乗《の》り換《か》える

不利な方をやめて、都合のいい、すぐれている方にかえることのたとえ。⇧歩みののろい牛から、足の速い馬に乗り換えることから。

用例 引き抜きの話がきた途端、彼は牛を馬に乗り換えるように、あっさりと転職してしまった。

類義 牛売って馬を買う／牛を馬にする

対義 馬を牛に乗り換える

嘘《うそ》から出《で》た実《まこと》

うそのつもりで言ったことが、結果として、偶然にも本当のことになってしまうこと。

類義 虚は実を引く／冗談から駒が出る／瓢簞《ひょうたん》から駒が出る

嘘《うそ》つきは泥棒《どろぼう》の始《はじ》まり

うそをついてはならないという戒め。⇧うそを平気でつくような者は、いずれは盗みも平気でするようになるということ。

用例 お菓子を食べたのはあなたね。嘘つきは泥棒の始まりよ。正直に言いなさい。

類義 嘘つきは盗人の苗代／嘘は盗みのもと

対義 嘘をつかねば仏になれぬ／嘘も方便

嘘《うそ》と坊主《ぼうず》の頭《あたま》はゆったことがない

うそを言ったことなど一度もないということ。⇧「言う」に、「結う」をかけた洒落。

類義 嘘と虎の尻尾は引っ張ったことがない／嘘と坊主の髪はいわれぬ／嘘と牡丹餅《ぼたもち》つけたことがない

嘘《うそ》も方便《ほうべん》

うそをつくのはよくないが、物事を円滑に運ぶため、時と場合によっては必要なこともあるということ。⇧「方便」は、便宜的な手段の意。仏も衆生《しゅじょう》を救うためにうそを用いたところから。

類義 嘘つき世渡り上手／嘘は世の宝／嘘も追従も世渡り／嘘をつかねば仏になれぬ

対義 嘘つきは泥棒の始まり／嘘を言えば地獄におちる／嘘をつくと腹に竹が生える

梲《うだつ》が上《あ》がらない

上位の者に頭を押さえられて立身出世できないこと。また、運が悪くてなかなか逆境から抜け出せないこと。⇧「梲」は、梁の上に立てて棟木《むなぎ》を支える短い柱。棟木に押さえられていることから、頭が上がらない、出世できないことのたとえ。また梁の上に梲を上げられない、つまり家を建てられないの意にもいう。

用例 兄は真面目なのだが、要領が悪いせいかどうも梲が上がらない。

歌《うた》は世《よ》につれ世《よ》は歌《うた》につれ

流行歌は世の中の動きをそのまま反映して変

化するが、世の中もまた、その時代の歌から影響を受けて変わっていくということ。

内裸《うちはだか》でも外錦《そとにしき》
家では生活が苦しくて粗末な恰好をしていても、外では身なりを調え、世間体をよくすることが上手な世渡り法だという意。⇧「錦」は金糸・銀糸で織った華麗な絹織物。

内股膏薬《うちまたごうやく》
自分のしっかりした方針や考えをもたず、その時々の都合や利害で、あちらへついたり、こちらへついたりと、態度が決まらない人のたとえ。⇧膏薬を股の内側に貼ると、右の股についたり左の股についたりすることから。
類義 二股《ふたまた》膏薬

独活《うど》の大木《たいぼく》
体が大きいだけで、役に立たない人のこと。⇧独活の茎は大きく育つが、弱くて用材としては役に立たないことから。
類義 大男総身《そうみ》に知恵が回りかね／大男の見かけ倒し／大きな大根辛くなし
対義 山椒は小粒でもぴりりと辛い／小さくとも針は呑まれぬ

鰻登《うなぎのぼ》り
気温・物価・地位・物事などの程度が、急速に上がっていくこと。⇧鰻が身をくねらせながら、水中を垂直に登ることから。
用例 新発売のゲームの大ヒットで、低迷していた株価が鰻登りだ。

う

鵜《う》の真似《まね》する烏《からす》水《みず》に溺《おぼ》れる

自分の能力をわきまえずに、むやみに人のまねをして失敗することのたとえ。⇧水にもぐって魚をとらえる鵜のまねをすれば、烏は溺れてしまうという意。

類義 鸚鵡《おうむ》の人真似／人真似すれば過ちする／人真似すれば大水食らう

鵜《う》の目《め》鷹《たか》の目《め》

注意深く、熱心に物を探し求めるときの、鋭い目つきのたとえ。⇧鵜や鷹は獲物をねらうときに鋭い目つきになることから。

用例 芸能記者は、いつでも特ダネを鵜の目鷹の目で追っている。

類義 鵜の餌《え》鷹の餌

旨《うま》い物《もの》は宵《よい》に食《く》え

よいことは迷わず、なるべく早く実行した方がよいということ。⇧おいしい物も一晩おくと味が落ちてしまうので、その夜のうちに食べた方がよいという意から。

類義 旨い物は宵のうち／思い立ったが吉日／善は急げ

馬《うま》には乗《の》ってみよ人《ひと》には添《そ》うてみよ

物事の判断は、自分で経験して確かめなければわからないということ。⇧馬は乗ってみてはじめてその善し悪しがわかるものであり、人もまたつき合ってみて、はじめてその人柄の善し悪しがわかるものであるという意から。

類義 馬と武士は見かけによらぬ

馬《うま》の耳《みみ》に念仏《ねんぶつ》

いくら忠告や意見をしても、何の効き目もなくむだなことのたとえ。⇧馬に仏の教えを聞かせても、何も感じないことから。

類義 犬に念仏猫に経／犬に論語《ろんご》／牛に経文／牛に対して琴を弾《だん》ず／馬耳東風《ばじとうふう》

海千山千《うみせんやません》

長年世間で苦労を経験して、悪賢くしたたかになった人のこと。⇧海と山に千年ずつ住んだヘビは竜になるという俗説から。

用例 彼は海千山千の実業家だから、とてもお前が太刀打ちできる相手ではない。

類義 海に千年河に千年／海に千年山に千年／山に千年海に千年

生《う》みの親《おや》より育《そだ》ての親《おや》

産んでくれただけの実の親より、養い育ててくれた親に愛情や恩を感じるということ。

類義 生みの恩より育ての恩／後《のち》の親が親

対義 子で子にならぬ時鳥《ほととぎす》

梅《うめ》に鶯《うぐいす》

見事に調和した、取り合わせのよい二つのもの。似合いの組み合わせ。⇧美しく咲く梅の枝で鶯がきれいな声でさえずる光景から。

用例 芸能人カップルの結婚式、さすがにどちらも美しく、梅に鶯という感じだった。

類義 梅に鶯柳に燕《つばめ》／桐に鳳凰《ほうおう》／竹に虎／竹に雀／波に千鳥／牡丹に唐獅子／牡丹に蝶／松に鶴／紅葉《もみじ》に鹿／柳に燕

烏有《うゆう》に帰《き》す

火事で全焼し、家屋など財産をすべてなくすこと。⇧「烏有」は「烏《いずく》んぞ有《あ》らんや」と読み、「何かあるか、いやない」の意。『史記』より。
類義 烏有に属《ぞく》す／灰燼《かいじん》に帰す

恨《うら》み骨髄《こつずい》に徹《てっ》す

相手を心の底から深く恨むこと。⇧恨む気持ちが、骨の髄までしみこむほど強いという意味。『史記』より。
類義 恨み骨髄に入《い》る／恨み骨髄に徹《とお》る

恨《うら》みに報《むく》ゆるに徳《とく》を以《もっ》てす

恨みのある者に対しても報復を考えずに、広い心で恩恵を施すこと。『老子《ろうし》』より。
類義 仇を恩で報ず／恩を以て怨《うら》みに報ず
対義 恩を仇で返す

売《う》り家《いえ》と唐様《からよう》で書《か》く三代目《さんだいめ》

金持ちの家も三代目となると、商売に身を入れず遊び暮らして財産をなくし、家を売りに出すようになるということ。⇧昔、貸家は「かしや」と仮名で、売り家は漢字で書く習慣があったが、その「売り家」という文字が、三代目が道楽で覚えた唐様（中国風）のしゃれた書体だったという川柳から。

売《う》り言葉《ことば》に買《か》い言葉《ことば》

相手の悪口雑言に対して、いきがかり上、負けずに悪口雑言をもって言い返すこと。
対義 茶碗を投げれば綿で抱えよ

瓜《うり》に爪《つめ》あり爪《つめ》に爪《つめ》なし

「瓜」という字には、つめ「厶」があるが、「爪」の字にはこれがない。似た漢字の字画の区別を教える言葉。

類義 戌《いぬ》に棒あり戊《ぼ》に棒なし／片仮名のトの字に棒の引きようで上になったり下になったり／爪に爪なく瓜に爪あり

瓜《うり》の蔓《つる》に茄子《なすび》はならぬ

瓜のつるには瓜、茄子の木には茄子しかならないように、親が凡人なら非凡な飛び抜けた子どもは生まれないということ。血筋は争えないの意。また、原因なくして結果はないという意味にも用いる。

類義 蛙の子は蛙／鳶《とび》の子鷹《たか》にならず／茄子の蔓に胡瓜《きゅうり》はならぬ

対義 筍《たけのこ》の親勝り／鳶が鷹を生む

噂《うわさ》をすれば影《かげ》が差《さ》す

人の噂《うわさ》をしていると、偶然にその当人が現れることをいったもの。⇧「影が差す」は、その人の姿が現れるの意。

類義 噂を言えば主《ぬし》が来る／噂をすれば影／謗《そし》れば影差す／人の事を言えば影が差す

運根鈍《うんこんどん》

物事に成功する秘訣として、三つの要素を語呂合わせ的に挙げた言葉。運は幸運に恵まれること、根は根気強さ、鈍は細かいことにこだわらない、神経の太いことをいう。

類義 運鈍根

雲泥《うんでい》の差《さ》

著しく大きな差。天と地ほどの大きな違い。⬆空の雲と地上の泥ほどの違いの意。白居易《はっきょい》の詩「傷友《ともをいたむ》」より。

用例 県代表同士の一戦だが、実力には雲泥の差があり、わが校の勝ちは望めない。

類義 雲泥万里／提灯《ちょうちん》に釣り鐘／月と鼈《すっぽん》

運《うん》は天《てん》にあり

運は天が命ずるので、いかにあがいても人間にはどうしようもないという意。また、やるだけのことを一生懸命やったあとは、天の定めにまかせるほかはないということ。

類義 運は天にあり牡丹餅《ぼたもち》は棚にあり／運否天賦《うんぷてんぷ》／富貴は天にあり／命《めい》は天にあり

運否天賦《うんぷてんぷ》

運・不運は天の定めによるものであるということ。運まかせ。⬆「運否」は運不運、「天賦」は天から与えられるものの意。

類義 運は天にあり／富貴は天にあり／命《めい》は天にあり

英雄色《えいゆういろ》を好《この》む

英雄と呼ばれるほどの人物は、精力的で征服欲も強いため、女色を好むということ。

益者三友損者三友《えきしゃさんゆうそんしゃさんゆう》

交際してためになる友人と損をする友人の区別をいう。前者として正直な友、誠実な友、博学な友。後者は不正直な友、不誠実な友、口先のうまい友。『論語《ろんご》』より。

易者身《えきしゃみ》の上知《うえし》らず

他人のことにはあれこれ言うが、自分の身の上については、正しい判断ができないこと。⇧他人の運勢を占う易者も、自分のこととなると何もわからないの意。

類義 医者の不養生／陰陽師《おんみょうじ》身の上知らず／髪結いの乱れ髪／紺屋《こうや》の白袴《しろばかま》／儒者の不身持ち／坊主の不信心

枝《えだ》を伐《き》りて根《ね》を枯《か》らす

手近なことから順次処理していって、その上で根本を始末すること。戦いで、まず敵の末端をたたき、自然に相手が衰えていくのを待つやり方。⇧木を取り除くには、切りやすい枝を先に切り、次第に根を枯らす方がよいことから。

対義 根を掘りて葉を枯らす

越鳥南枝《えっちょうなんし》に巣《す》くい胡馬北風《こばほくふう》に嘶《いなな》く

故郷が懐かしく、忘れがたいこと。⇧中国南方の越の国から北へ渡った鳥は樹木の南側に巣を作り、北方の胡の国から来た馬は北風に故郷を思い出して嘶くという意。『文選《もんぜん》』より。

類義 胡馬北風に依り越鳥南枝に巣くう

得手《えて》に鼻突《はなつ》く

自分の得意の分野でかえって失敗してしまうこと。⇧「得手」は自分が得意とするところ。

類義 泳ぎ上手は川で死ぬ／川立ちは川で果てる／木登りは木で果てる

得手《えて》に帆《ほ》を上《あ》げる

絶好の機会を逃がさず、自分の得意とすることを調子よく行っていくこと。⇧船が追い風を帆に受けて加速するさまから。「得手」は、自分が得意とすること。

類義 得手に帆柱／得手に帆を掛ける／追風《おいて》に帆を上げる／順風満帆《まんぱん》

江戸《えど》っ子《こ》は五月《さつき》の鯉《こい》の吹《ふ》き流《なが》し

江戸っ子は、言葉は荒いが気性はさっぱりしていてこだわりがないという意。「口先ばかりで腸《はらわた》はなし」と続けて、口ばかり達者で胆力がないという意味でも用いる。⇧「吹き流し」はここでは鯉のぼりのこと。吹き抜けで中は空洞であるところから。

類義 江戸っ子は五月の鯉で口ばかり／五月の鯉の吹き流し

江戸《えど》っ子《こ》は宵越《よいご》しの銭《ぜに》は使《つか》わぬ

江戸っ子は金離れがよく、稼いだ金はその日のうちに使ってしまい、翌日に持ち越したりしないということ。

類義 江戸っ子は宵越しの銭は持たぬ

対義 江戸者の生まれ損ない金をため

江戸《えど》の敵《かたき》を長崎《ながさき》で討《う》つ

少しも関係のない分野でかつての恨みをはらしたり、別の人を相手にうさを晴らすこと。

用例 昨日麻雀でだいぶ負けたので、その分を今日の競馬で取り返そうなんて、江戸の敵を長崎で討つだね。

え

類義 碁で勝つ者は将棋で負ける

絵《え》に描《か》いた餅《もち》

計画や見かけは立派だが、実際の役には立たないこと。⇧どんなに巧みに描いても、絵に描いた餅は食べられないことから。

用例 壮大な都市計画も用地買収が進まず、ついに絵に描いた餅で終わってしまった。

類義 画餅《がべい》に帰す／机上の空論

柄《え》のない所《ところ》に柄《え》をすげる

無理な屁理屈《へりくつ》をこじつけること。無茶な口実をつけること。⇧「すげる」は、はめこむこと。必要のないところに無理に柄をつけようとすることから。

類義 烏《からす》を鷺《さぎ》と言う／鷺を烏と言いくるめる／鹿を指して馬となす

蝦《えび》で鯛《たい》を釣《つ》る

わずかな元手や労力で大きな利益を得ること。

注意 「蝦」は「海老」とも書く。

用例 隣に柿をおすそ分けしたら、お返しにとメロンをいただいて、何だか蝦で鯛を釣るようなことになってしまった。

類義 蝦鯛《えびたい》／雑魚で鯛釣る／鼻糞で鯛を釣る／麦飯《むぎめし》で鯉を釣る

選《えら》んで粕《かす》を摑《つか》む

えり好みをしすぎて、かえってつまらないものを選んでしまうこと。⇧「粕」は、酒を造るとき、汁を取ったあとに残ったもの。

類義 選《よ》れば選り屑《くず》

え

鴛鴦《えんおう》の契《ちぎ》り

夫婦仲のむつまじいこと。⇧「鴛鴦」はおしどり。「鴛」が雄、「鴦」が雌。いつも雌雄一緒にいて離れない習性がある。

類義 鴛鴦の偶《ぐう》／琴瑟《きんしつ》相和す／比翼連理《ひよくれんり》

燕雀安《えんじゃくいずく》んぞ鴻鵠《こうこく》の志《こころざし》を知《し》らんや

小人物には、大人物の考えや心のうちを推し量ることはできないということ。⇧「燕雀」は、ツバメとスズメ。「鴻」はオオトリ、「鵠」は白鳥。ともに大型の水鳥。燕《つばめ》や雀《すずめ》のような小鳥は、鴻《おおとり》や鵠《くぐい》のような大鳥の心は理解できまいというたとえ。『史記』より。

類義 燕雀何ぞ大鵬《たいほう》の志を知らんや／猫は虎の心を知らず

遠水近火《えんすいきんか》を救《すく》わず

⬇ 遠《とお》い親戚《しんせき》より近《ちか》くの他人《たにん》

縁《えん》なき衆生《しゅじょう》は度《ど》し難《がた》し

人の忠告にまったく耳を貸さない者は、助けようもないということ。⇧「縁」は機会。「衆生」は「あらゆる人々」のこと。「度」は「済度」で、救うことの意。教えを聞く機会のない者は、いかに慈悲深い仏でも救うことはできないという意から。

縁《えん》の下《した》の筍《たけのこ》

なかなか出世できない人のたとえ。⇧縁の下の筍は床に頭がつかえてしまうことから。

類義 縁の下の赤小豆《あずき》

縁《えん》の下《した》の力持《ちからも》ち

人目につかぬところで重要な役割を果たしている人。他人のために骨を折るが、力や才能を世間に認められないこと。または報いもなく、いたずらに努力させられることをいう。

類義 空き家で声嗄《か》らす／楽屋で声を嗄らす／陰の舞の下の舞／縁の下の掃除番／縁の下の奉公／簀《す》の子《こ》の下の舞／闇の一人舞

縁《えん》は異《い》なもの味《あじ》なもの

男女の縁は、どこでどう結ばれるか予測がつかないものであり、何とも不思議で面白いものだということ。⇧「縁」は人と人とを結びつける巡り合わせをいう。

類義 合縁奇縁／何事も縁

老《お》い木《き》に花咲《はなさ》く

いったん弱ったものが再び盛んになり、再生すること。

類義 埋もれ木に花咲く／枯れ木に花咲く

老《お》いたる馬《うま》は道《みち》を忘《わす》れず

様々な経験を積んだ老人は、物事の判断や方針を誤らないというたとえ。また、代々主家に仕え続けたものが、旧主から受けた恩を忘れないこと。⇧山中で道に迷ったら、老馬を放してあとに従えば、道に出ることができるというところから。『韓非子《かんぴし》』より。

類義 馬に道まかす／老馬の智／老馬道を知る

追風《おいて》に帆《ほ》を上《あ》げる ➡ 得手《えて》に帆《ほ》を上《あ》げる

老《お》いては子《こ》に従《したが》え

年をとったら意地を張らずに、何事も子どもの言うことに従う方がよいということ。⇧本来は、女性の道を説いた言葉だが、現在では広義に解釈されている。『大智度論《だいちどろん》』より。

応接《おうせつ》に暇《いとま》がない

来客の応対や、対応しなければならない物事に追われ、休む間もないほど忙しい様子。⇧本来は、美しい風景が次々と展開するので、目移りして一つずつゆっくり味わうひまがないことをいった。『世説新語《せせつしんご》』より。

負《お》うた子《こ》に教《おし》えられて浅瀬《あさせ》を渡《わた》る

老練な年長者も、ときには未熟な年少者に教えられることもあるというたとえ。⇧背中におぶった子どもに、浅いところを教えてもらって川を渡るということから。

類義 負うた子に浅瀬／ひよこが親鳥に助言する／三つ子に習って浅瀬を渡る

負《お》うた子《こ》より抱《だ》いた子《こ》

離れているものより、身近にあるものを優先させることをいう。⇧背中におぶった子より、目の前に抱いた子の方に、どうしても気持ちが向くものであることから。

大男総身《おおおとこそうみ》に知恵《ちえ》が回《まわ》りかね

図体ばかりは大きいが、愚鈍で役に立たない男を、あざけっていう言葉。

類義 独活《うど》の大木／大男の見かけ倒し／大きな

大根辛くなし

対義 小男の総身の知恵も知れたもの／山椒は小粒でもぴりりと辛い／小さくとも針は呑まれぬ

大風《おおかぜ》が吹《ふ》けば桶屋《おけや》が喜《よろこ》ぶ

➡ **風《かぜ》が吹《ふ》けば桶屋《おけや》が儲《もう》かる**

大船《おおぶね》に乗《の》ったよう

頼みになるものにまかせきりで、すっかり安心している様子をいう。

類義 親船に乗ったよう

対義 卵の殻で海を渡る

大風《おおぶ》呂敷《ろしき》を広《ひろ》げる

大ぼらをふくこと。現実にはとてもできないような大げさなことを言うこと。

用例 新しい営業部長、売り上げを前年の倍にするなんて言っているが、ずいぶん大風呂敷を広げたものだ。

陸《おか》に上《あ》がった河童《かっぱ》

環境や場所が変わったため、得意とする能力をまったく発揮できなくなること。また、事態に対応できず、窮して意気地がなくなっていること。⇧水の中では自由に泳ぎ回る河童も、陸に上がれば何もできないことから。

用例 バスケットボールのビッグスターが野球界入りしたが、陸に上がった河童同然、まったく精彩がなかった。

類義 木から落ちた猿／水を離れた魚

対義 水を得た魚のよう

お

岡目八目《おかめはちもく》
物事の是非や得失は、当事者よりも利害関係のない第三者の方が事の善し悪しがよく見えて、正確な判断ができるという意。⇧「岡目」は、他人のしていることをそばで見ること。碁をはたから見ている者は、対局者よりも八手先まで読めるということから。
注意「岡目」は「傍目」とも書く。
類義 他人の正目《まさめ》
英語 Lookers-on see most of the game.
（見物人は試合のほとんどを見る）

起《お》**きて半畳**《はんじょう》**寝**《ね》**て一畳**《いちじょう》
必要以上の富を求めることを戒める言葉。⇧どんなに立派な家に住んでも、人一人が占める広さは、起きているときに半畳、寝るときに一畳もあれば足りるだろうという意。
類義 起きて三尺寝て六尺／千石万石も米五合／千畳敷に寝ても畳一枚

屋烏《おくう》**の愛**《あい》
愛する者に関するすべてのことに愛情を感じること。非常に深い愛情。⇧愛する人の家の屋根にいる烏《からす》にまでおよぶ愛という意。
類義 愛屋烏に及ぶ
対義 坊主憎けりゃ袈裟《けさ》まで憎い

屋上屋《おくじょうおく》**を架**《か》**す**
重複して結局むだになることを行う意。⇧屋根の上に、さらに屋根をつけるということ。
類義 屋下に屋を架す／屋上屋を重ねる

奥歯《おくば》に物《もの》が挟《はさ》まる

隠し事があるような、思っていることを率直に言わない様子。

用例 断るなら断るではっきりしてくれ。いつまでも奥歯に物が挟まった言い方をされると次の段取りにかかれないよ。

類義 奥歯に衣《きぬ》を着せる

対義 歯に衣着せぬ

驕《おご》る平家《へいけ》は久《ひさ》しからず

栄華の絶頂を極めても、慢心する者はやがて必ず滅びるという戒め。⇧「驕る」は、思い上がってわがままにふるまうこと。権勢を誇った平家一門も、あえなく滅亡したことから。

類義 驕る平家に二代なし／驕る平家は内より崩る／盛者必衰《じょうしゃひっすい》／満つれば欠ける

教《おし》うるは学《まな》ぶの半《なか》ば

生半可な知識や教養では、人に教えることはできない。教えようとすれば自分の知識の不確かなところがわかり、結局は自分の勉強になることをいう。『書経《しょきょう》』より。

類義 教学相長《あいちょう》ず

遅《おそ》かりし由良之助《ゆらのすけ》

待ちかねた人が遅れてやってきた場合、また、時機に間に合わなかった時の無念さをしゃれて言う言葉。⇧歌舞伎の「仮名手本忠臣蔵」で駆けつけた大星由良之助に、すでに腹に刀を突き刺してしまった塩谷判官が無念のあまりに言う台詞《せりふ》から。

お

恐《おそ》れ入谷《いりや》の鬼子母神《きしもじん》

「恐れ入りました」をしゃれて言った言葉。⇧「恐れ入りやした」の「入りや」を鬼子母神が祭られている東京都台東区の入谷《いりや》にかけた言葉。鬼子母神は出産・育児の神。

注意「鬼子母神」は「きしぼじん」ともいう。

小田原評定《おだわらひょうじょう》

大勢の人が集まって相談しても、長引くばかりでいっこうに結論の出ないこと。また、そのような会議。⇧「評定」は相談の意。戦国時代、小田原城の北条氏が豊臣秀吉に包囲されたとき、抗戦か和睦かで意見がまとまらず、ついに滅ぼされてしまった故事から。

類義 小田原評議

落《お》ち武者《むしゃ》は薄《すすき》の穂《ほ》にも怖《お》ず

弱みをもつ者は、何でもないことにまで恐れを感じるというたとえ。⇧戦いに負けて逃げ回っている武者はおじ気づいているので、薄の穂が揺れても敵かと恐れるという意。

類義 落人《おちうど》は草木にも心を置く／疑心暗鬼を生ず／木にも萱《かや》にも心を置く／風声鶴唳《かくれい》

落《お》つれば同《おな》じ谷川《たにがわ》の水《みず》

始まりや経過は違っても、行きつくところは同じであること。また、人は身分や貧富の差があっても、最後に死んで灰になるのは同じというたとえ。⇧雨、霰《あられ》、雪、氷と、はじめの形は様々でも谷川へ落ちれば、同じ水になってしまうという意。

類義 同じ高嶺《たかね》の月を見る

男心《おとこごころ》と秋《あき》の空《そら》

男の移り気、女への愛情の変わりやすさを天候の変わりやすい秋の空にたとえた言葉。

類義 夫の心と川の瀬は一夜に変わる／男心と秋の空は一夜に七度変わる

対義 女心と秋の空／女の心は猫の眼

男《おとこ》は敷居《しきい》を跨《また》げば七人《しちにん》の敵《てき》あり

社会で働く男には競争相手が多く、様々な困難が伴うという心得を説いたもの。

類義 男子家を出ずれば七人の敵あり

男《おとこ》は度胸《どきょう》女《おんな》は愛嬌《あいきょう》

男女のありかたを語呂合わせで簡潔に言ったもの。男は物事に動じない強い心と決断力が求められ、女はだれからも好かれる可愛らしさが必要だということ。

類義 男は度胸女は愛嬌坊主はお経

男《おとこ》やもめに蛆《うじ》がわき女《おんな》やもめに花《はな》が咲《さ》く

妻を失った男は世話をしてくれる者がなくなって不潔になり、逆に夫を失った女は、夫の世話がいらず身ぎれいになって周りの男の関心を集め、華やかになることをいう。⇧「やもめ」は、夫を亡くした女のことだが、妻を亡くした男も指すようになり、区別のためにそれぞれ「女やもめ」「男やもめ」という。

類義 男世帯に蛆《ざこ》がわき女世帯に花が咲く／男やもめに雑魚たかる／後家花咲かす

同《おな》じ穴《あな》の狢《むじな》

一見すると別物のようだが、実は同類であること。利害関係を一つにする間柄のことで、多くは悪い仲間をさして用いる。⇧「狢」は狸・穴熊のこと。

注意「狢」は「貉」とも書く。

類義 同じ穴の狐／同じ穴の狸《たぬき》／一つ穴の狐／一つ穴の狢

同《おな》じ釜《かま》の飯《めし》を食《く》う

寝食をともにしたり、同じ職場で働いたりした親しい間柄のこと。

用例 同窓会があり、野球部で同じ釜の飯を食った仲間たちと久しぶりに再会した。

類義 一つ釜の飯を食う

鬼《おに》が出《で》るか蛇《じゃ》が出《で》るか

この先どんな恐ろしいことや困難が待っているのか、見当がつかないこと。⇧開けてみなければ中から鬼が出てくるか蛇《へび》が出てくるかわからないぞ、と言って見物人の好奇心をそそる、からくり人形師の口上から。

類義 鬼が出るか仏が出るか

鬼《おに》に金棒《かなぼう》

強い者が好条件を得ていっそう強くなること。成功のための最高の条件が整うこと。⇧強い鬼が金棒を武器にすれば、さらに強さを増すということから。

用例 もともと投手陣は豊富な球団だから、強打の外国人選手を補強すれば鬼に金棒、

お

優勝は間違いないだろう。
類義 鬼に鉄杖《てつじょう》／虎に翼／弁慶に薙刀《なぎなた》
対義 餓鬼《がき》に苧殻《おがら》

鬼《おに》の居《い》ぬ間《ま》に洗濯《せんたく》

気がねする相手やこわい者のいない間に羽根をのばして、気晴らしすること。
類義 鬼の来ぬ間に洗濯／鬼の留守に洗濯／鬼の留守に豆拾い
英語 When the cat is away, the mice will play.
（猫の留守に鼠《ねずみ》が遊ぶ）

鬼《おに》の霍乱《かくらん》

普段は丈夫で健康そのものの人が、思いがけなく病気にかかることをいう。⇧「霍乱」は、日射病や食当たりのこと。鬼が暑気当たりすることなど思いも寄らぬことから。
用例 あのタフな課長が風邪で仕事を休むなんて、まさしく鬼の霍乱だね。

鬼《おに》の首《くび》を取《と》ったよう

大手柄を立てたように錯覚して、得意になっている様子。⇧周囲はあまり認めていない場合の批判的な用い方が多い。
用例 二回戦突破と、本人は鬼の首を取ったようなはしゃぎようだが、くじ運がよくて弱い相手に当たっただけのことだ。

鬼《おに》の目《め》にも涙《なみだ》

鬼のように冷酷な人でも、哀れみの心を起こして、涙を流すことがあるというたとえ。
類義 鰐《わに》の目に涙

お

鬼《おに》も十八番茶《じゅうはちばんちゃ》も出花《でばな》

器量の悪い娘も、年頃になればどこか娘らしくなるということ。⬆粗末なお茶でも、いれ立てはおいしいことから。「山茶も出端《でばな》」という言い方もあり、山野に自生する山茶に、吉原などの下級遊女を意味する「散茶女郎」をかけた言葉といわれる。

類義 薊《あざみ》の花も一盛り／鬼も十七茨《いばら》も花／鬼も十七番茶も煮花《にばな》／鬼も十八蛇《じゃ》も二十／南瓜《かぼちゃ》女も一盛り

鬼《おに》も頼《たの》めば人食《ひとく》わず

相手のしたいことでもこちらから頼むと、もったいぶってしてくれないものだというたとえ。⬆人を食う鬼だが、こちらの方から食べてくれと頼むと食べてはくれないという意。

類義 犬も頼めば糞《くそ》食わず

己《おのれ》の頭《あたま》の蠅《はえ》を追《お》え

他人のことによけいなお節介をやくより、まず自分のことをしっかりせよという教訓。

類義 頭の上の蠅を追え／人の蠅追うより己の蠅を追え／我が頭の蠅を追え／我が蜂払え

己《おのれ》の欲《ほっ》せざる所《ところ》は人《ひと》に施《ほどこ》すことなかれ

自分が他人からされたくないような行為は、相手もまた同様にいやだろうから、慎まなければならないという戒め。『論語《ろんご》』より。

類義 我が身を抓《つね》って人の痛さを知れ

英語 Do as you would be done to.（自分にしてもらいたいように人にせよ）

尾羽打《おはう》ち枯《か》らす

落ちぶれて、見る影もなくみすぼらしい姿になること。零落《れいらく》すること。⇧尾羽がぼろぼろになってしまった鷹にたとえた言葉。

用例 叔父は今ではすっかり尾羽打ち枯らしているの日暮らしだけど、昔はテレビにも出ていた、なかなかの芸人だったのよ。

お髭《ひげ》の塵《ちり》を払《はら》う ⬇ 髭《ひげ》の塵《ちり》を払《はら》う

帯《おび》に短《みじか》し襷《たすき》に長《なが》し

中途半端で、役に立たないこと。⇧帯にするには短すぎ、襷にするには長すぎるという意。

用例 デザインのよい鞄《かばん》はサイズが小さく、ちょうどよい大きさの鞄は重すぎて、どれも帯に短し襷に長しだった。

類義 次郎にも太郎にも足りぬ／褌《ふんどし》には短し手《て》拭《ぬぐ》いには長し

溺《おぼ》れる者《もの》は藁《わら》をも掴《つか》む

窮地にある者は、頼りがいのない物にさえすがりつき、助かろうとするというたとえ。

用例 入学試験に片っ端から落ち、溺れる者は藁をも掴む心境で、この学校の二次募集に慌てて申し込んだ。

類義 切ない時は茨《いばら》をも掴む／藁にも縋《すが》る

英語 A drowning man will catch at a straw. の訳語。

お

お前百《まえひゃく》までわしゃ九十九《くじゅうく》まで

夫婦仲むつまじく、長生きすることを願った言葉。「ともに白髪《しらが》の生えるまで」と続く。

思《おも》い内《うち》にあれば色外《いろそと》に現《あらわ》る

心の中で考えていることは、自然に表情や動作に出てしまうということ。『大学《だいがく》』より。

類義 思う事は顔に出る／心内にあれば色外に現《あらわ》る

思《おも》い立《た》ったが吉日《きちじつ》

事を始めようと思い立ったら、すぐ実行するのがよい。吉日を選んだりしていると、時期を失ってしまうというたとえ。⬆「吉日」は、何かをするのに縁起がよい日のこと。

注意「吉日」は、「きちにち」とも読む。

類義 旨《うま》い物は宵《よい》に食え／思い立つ日に人神《にんじん》なし／好機逸すべからず／善は急げ

思《おも》い半《なか》ばに過《す》ぎる

よく考えると思い当たるふしが多く、おおよそ見当がつくこと。⬆一部を見聞きしただけで、半分以上は想像がつくという意。『易経《えききょう》』より。

用例 この本を読むと、日本の現状について思い半ばに過ぎるものがある。

思《おも》う事言《ことい》わねば腹膨《はらふく》る

思っている事を、遠慮して口に出して言わないでいると、腹の中に物がつかえているようで気持ちが悪いということ。

お

用例 あまりにも上司が無茶を言うので、思う事言わねば腹膨るとばかりに、つい言い返してしまった。

類義 物言わねば腹膨る

思《おも》う念力《ねんりき》岩《いわ》をも徹《とお》す ➡ 念力《ねんりき》岩《いわ》をも徹《とお》す

思《おも》えば思《おも》わるる

こちらが相手を好きになれば、相手もこちらに好意を寄せるものだという意。

英語 Love is love's reward.（愛は愛の報い）

親思《おやおも》う心《こころ》にまさる親心《おやごころ》

親をいたわる子の気持ちよりも、親が子を思う慈愛の心の方が、より深いということ。幕末の志士、吉田松陰の辞世の歌「親思ふこころにまさる親ごころけふの音づれ何ときくらん」から。

親《おや》が死《し》んでも食休《じきやす》み

食べたあと、休みもとらずにすぐ働くのは健康のためによくない。また、どんなに忙しくても休息は必要だということ。⇧「食休み」は食後の休憩のこと。

親子《おやこ》の仲《なか》でも金銭《きんせん》は他人《たにん》

たとえ血肉を分けた親と子の間でも、金銭のことだけは他人と同様であるという意。また、金銭については、たとえ親子でもきちんとけじめをつけなくてはいけないという戒め。

類義 金に親子はない／金銭は親子も他人／金銭《ぜにかね》は他人／銭金は親子でも他人

親子《おやこ》は一世《いっせ》夫婦《ふうふ》は二世《にせ》主従《しゅじゅう》は三世《さんせ》

親子の関係はこの世だけのもので、夫婦の関係は前世と現世、または現世と来世の二世にわたる。主従の関係はさらに深く、前世・現世・来世の三世にまたがるということ。⬆親子の縁は自然に生じるものだが、夫婦の縁は他人同士が結びついて生じるから親子より強い。また、主従の縁は夫婦よりもさらに強い結びつきがないと生じないという意から。

親《おや》の意見《いけん》と茄子《なすび》の花《はな》は千《せん》に一《ひと》つも仇《あだ》はない

親が子のためを思って言うことには、一つとしてむだがない。親の意見は素直に聞くべきであるということ。⬆「仇」は実を結ばない徒花《あだばな》。茄子は、花が咲けば必ず実がなるというところから。

注意「仇」は「徒」とも書く。

用例 親の説教などうるさがって聞こうともしなかったが、今になって親の意見と茄子の花は千に一つも仇はないと身にしみて感じられる。

類義 親の意見と茄子の花は千に一つも無駄はない

親《おや》の因果《いんが》が子《こ》に報《むく》う

親の犯した悪行のために、何の罪もない子孫が不幸になるということ。悪事をしないようにとの戒め。⬆「因果」は、前世の報いが、現在に現れるという仏教の考え。

類義 親の善悪は子に報う／親の罰は子に当た

る
対義親の光は七光

親《おや》の心《こころ》子《こ》知《し》らず

子を思う親の深い愛情もわからずに、子は勝手気ままにしているということ。
類義親の思うほど子は思わぬ
対義子の心親知らず

親《おや》の光《ひかり》は七光《ななひかり》

親が高い地位についていたり有名であったりするおかげで、その子が実力も才能もないのに、様々な恩恵を受けて得をすること。また、子が親の社会的地位や威光をかさにきて偉ぶることにも用いる。
類義親の七光／親の光は七とこ照らす

対義親の因果が子に報う

親《おや》はなくとも子《こ》は育《そだ》つ

実の親は死んでも、子どもは自分の力や他人の善意などでどうにかして成長してゆくものだ。世の中は冷たいばかりでもないから、そんなに心配したものでもないということ。
類義親はなけれど子は育つ／藪《やぶ》の外でも若竹育つ

及《およ》ばぬ鯉《こい》の滝登《たきのぼ》り

いくら望んでも、とても目的を達する見込みのないこと。とうてい無理なこと。⇧「鯉」に「恋」をかけ、多くかなう望みのない恋について用いる。
類義高嶺の花

終《お》わり良《よ》ければ総《すべ》て良《よ》し

途中で多少の失敗があっても、結果さえうまくいけば、それでよかったことになる。物事はしめくくりが大切ということ。

用例 旅の途中では、色々トラブルもあったけれど、こうして無事に帰ってこれたわけだし、終わり良ければ総て良しだね。

英語 All is well that ends well. の訳語。

尾《お》を振《ふ》る犬《いぬ》は叩《たた》かれず

従順な人や愛想よくふるまう人は、危害を受けることはないということ。

類義 怒れる拳《こぶし》笑顔に当たらず／尾を振る犬は打つ手なし／袖《そで》の下に回る子は打たれぬ／杖《つえ》の下に回る犬は打てぬ

対義 吠える犬は打たれる

温故知新《おんこちしん》 ➡ 故《ふる》きを温《たず》ねて新《あたら》しきを知《し》る

女心《おんなごころ》と秋《あき》の空《そら》

秋の空模様が変わりやすいように、女の愛情も移ろいやすいものだということ。

類義 女の心は猫の目

対義 男心と秋の空

女三人寄《おんなさんにんよ》れば姦《かしま》しい

女はよくしゃべるので、三人も集まるとひどくにぎやかでやかましいということ。⇧「女」の字を三つ合わせると、かしましいという意の「姦」になるところから。

類義 女三人寄れば富士の山でも言いくずす

お

女《おんな》の髪《かみ》の毛《け》には大象《たいぞう》も繋《つな》がる

魅力的な女性には、どんなに心の堅固な男でもひきつけられてしまうというたとえ。⇧女の髪で繋がれて、大きな象でさえ動けなくなったという仏典から出た言葉。

女《おんな》は三界《さんがい》に家《いえ》なし

女は、若いときは親に、嫁に行っては夫に、老いては子に従うもので、この広い世界のどこにも安住できる場所をもたないという意。⇧「三界」ば仏教で、欲界・色界・無色界をいい、人間にとって全世界のこと。

女《おんな》やもめに花《はな》が咲《さ》く

➡男《おとこ》やもめに蛆《うじ》がわき女《おんな》やもめに花《はな》が咲《さ》く

乳母日傘《おんばひがさ》

小さいときから大事に育てられること。⇧「乳母」は、母親に代わって乳を飲ませたり、子どもの世話をする乳母《うば》のこと。乳母がつき、外出時には日が当たらないように日傘をさしかけたりして、大切に育てることから。

注意「おんばひからかさ」とも読む。

類義 蝶よ花よ

恩《おん》を仇《あだ》で返《かえ》す

人から受けた恩をありがたく思うどころか、かえってひどい仕打ちをして返すという意。

類義 後足で砂をかける／恩を仇／飼い犬に手を噛《か》まれる／陰に居て枝を折る

対義 仇を恩で報ず／恩を以て怨《うら》みに報ず

飼《か》い犬《いぬ》に手《て》を噛《か》まれる

普段面倒を見て可愛がっている者に裏切られ、害を加えられること。

類義 後足で砂をかける／恩を仇で返す／陰に居て枝を折る

対義 犬は三日飼えば三年恩を忘れぬ／飼《か》い養う犬も主《しゅう》を知る

英語 A man may cause his own dog to bite him.
（飼い犬に手を噛《か》まれるのは自分のせい）

貝殻《かいがら》で海《うみ》を量《はか》る

狭い見識や浅い知識で、大きな問題を論じる愚かさをいう。⇧小さな貝殻で大海の水をすくい、その量をはかる意。『漢書《かんじょ》』より。

類義 貝殻で海を干す／管を以て天を窺《うかが》う／葦《よし》の髄から天井覗《のぞ》く

会稽《かいけい》の恥《はじ》

戦いに負けた屈辱をいう。また、以前に他人から受けた、忘れられない恥のこと。⇧中国の春秋時代、越王勾践《こうせん》は呉《ご》王夫差《ふさ》と戦って敗れ、会稽山で屈辱的な和睦をした。勾践はそれを忘れず、辛苦の末に呉に復讐したという故事から。また恨みを晴らすことを「会稽の恥を雪《そそ》ぐ」という。『史記』より。

類義 臥薪嘗胆《がしんしょうたん》

骸骨《がいこつ》を乞《こ》う

辞職を願い出ること。⇧昔、臣下は体も命も主君に捧げて仕えるとされたので、年をとった高官が辞職を申し出るとき、せめて無用の骸骨同然になった自分の体だけ返してほしいと願い出たことから。『史記』より。

解語《かいご》の花《はな》

美人のたとえ。⇧「解語」は言葉を解すること。中国の唐の玄宗《げんそう》皇帝が楊貴妃《ようきひ》の美しさをたたえた言葉。『開元天宝遺事《かいげんてんぽういじ》』より。

類義 物言う花

快刀乱麻《かいとうらんま》を断《た》つ

複雑な事件やこじれた問題などを、てきぱきと手際よく解決すること。⇧「快刀」はよく切れる刀。「乱麻」はもつれた麻の糸。もつれた麻の糸を研ぎ澄ました切れる刀で、断ち斬ってしまう意から。

用例 迷宮入りかと思われた難事件を、快刀乱麻を断つように瞬《またた》く間に解決した。

隗《かい》より始《はじ》めよ

大きな事業を行うにも、まず手近なことから始めよということ。また、何をするにしても、言い出した当人から始めよということ。⇧中国の戦国時代、燕《えん》の昭王が天下の賢者を招く方法を郭隗《かくかい》に相談した。隗は自分を優遇すれば、世間の賢人たちが、あの程度の人物が厚遇されるのなら自分はもっと良い条件だろうと考えて続々と集まると答えた。昭王が隗を重用したところ、その通り多くの賢者が燕に集まってきたという故事から。元来は一流の人物を求めるのに、まず二流の者を登用することをいった。『戦国策《せんごくさく》』より。

類義 死馬の骨を買う／先ず隗より始めよ

偕老同穴《かいろうどうけつ》

夫婦の愛情が深いこと。夫婦がともに年をとり、仲むつまじく幸福に暮らすこと。⇧「偕」は、ともにの意。「穴」は、墓穴をさす。ともに年をとり、死んだ後も同じ墓穴に葬られるということ。『詩経《しきょう》』より。

用例 お二人は、本日偕老同穴の契りを交わされました。

類義 お前百までわしゃ九十九まで

顧《かえり》みて他《た》を言《い》う

返答に詰まり、辺りを見回したり、関係のないことを言ってその場をごまかすこと。⇧中国の斉《せい》の宣王《せんおう》が、孟子と話すうち返答に窮して、左右の人を振り返って話題をそらしてしまったという故事から。『孟子《もうし》』より。

類義 左右を顧みて他を言う

蛙《かえる》の子《こ》は蛙《かえる》

子どもは親に似るもので、凡人の子はやはり凡人であるということ。また、子は親と同じ道を歩むものが多いの意でもいう。⇧おたまじゃくしは、親の蛙とまるで違う形をしているが、結局は親と同じ姿になるという意味合いが込められている。

用例 彼は落語家の父が嫌いで、始終反発していたらしいが、蛙の子は蛙で結局は自分も落語家として成功した。

類義 親に似た蛙の子／瓜の蔓《つる》に茄子《なすび》はならぬ／鳶《とび》の子鷹《たか》にならず

対義 筍《たけのこ》の親勝り／鳶が鷹を生む

蛙《かえる》の面《つら》に水《みず》

何をされても平然として、いっこうに感じない様子。ひどくずうずうしい、恥知らずなことをいう。⇧蛙は水中にすむので、顔に水をかけられてもどうということもないから。

類義 石に灸《きゅう》／牛の角を蜂が刺す／蛙の面に小便／土に灸

河海《かかい》は細流《さいりゅう》を択《えら》ばず

度量の大きな人物は、どんな相手でもえり好みをしないで受け入れるということ。⇧「河」は黄河。黄河のような大河や海は、どんな小さな流れも区別せず、受け入れるところから。『史記』より。

類義 大海は芥《あくた》を選ばず／泰山《たいざん》は土壌を譲らず

餓鬼《がき》の目《め》に水見《みずみ》えず

あまりに欲求や願いが強すぎると、求めているものが身近にあっても、とかく見落としてしまうというたとえ。⇧「餓鬼」は飢えと渇きに苦しむ亡者。水を欲しがるあまり、近くにあってもかえって気がつかないという意。

蝸牛角上《かぎゅうかくじょう》の争《あらそ》い

些細なつまらない問題で争うこと。狭い世界でのこせこせした小さな争い。⇧「蝸牛」は、かたつむり。かたつむりの左右の角に国をもつ触氏《しょくし》と蛮氏《ばんし》とが領地を争い、数万人の戦死者を出したという寓話から。『荘子《そうじ》』より。

類義 蝸角《かかく》の争い／コップの中の嵐／蛮触《ばんしょく》の争い

隠《かく》すより現《あらわ》る

秘密を隠そうとすればするほど、様子が不自然になったりしてあやしまれ、かえって人に知れわたってしまうということ。

類義 隠すこと千里／隠すことは現る／隠す事は知れ易し／隠せばいよいよ現る

学問《がくもん》に王道《おうどう》なし

学問は日々の積み重ねでようやく修得できるもので、手っ取り早く身につける方法などはないということ。⇧エジプト王トレミーが幾何学の簡単な学習法を求めたとき、ユークリッドがこう答えたという。

類義 学問に近道なし

英語 There is no royal road to learning. の訳語。

楽屋《がくや》で声《こえ》を嗄《か》らす

努力したのに他人に認められないこと。⇧楽屋でけいこし過ぎて本番でうまくいかなくなってしまうことから。

類義 骨折り損のくたびれ儲け

駈《か》け馬《うま》に鞭《むち》

勢いのついている者に力を添えて、よりいっそう強くすること。⇧走っている馬に鞭打ってさらに速く走らせることから。

類義 火事場へ硝煙《しょうえん》／走り馬にも鞭／火に油を注ぐ／吠える犬に嗾《けしか》ける

陰《かげ》では殿《との》の事《こと》も言《い》う

だれでも陰口を言われない者はいないという

意。陰口など気にするなということ。⇧殿様でさえ陰では悪口を言われるという意から。

類義 陰では御所内裏《ごしょだいり》のことも言う

陰《かげ》に居《い》て枝《えだ》を折《お》る

恩人に、ひどい仕打ちをすること。⇧暑さをしのいで木陰にいた者が、その木の枝を折るという意。

類義 後足で砂をかける／恩を仇で返す／飼い犬に手を噛《か》まれる

対義 木陰に臥す者は枝を手折《たお》らず

籠《かご》で水《みず》を汲《く》む

何の効果もなく徒労に終わること。いくらやってもむだな骨折り。

類義 笊《ざる》で水を汲む／味噌《みそ》濾《こ》しで水を掬《すく》う

駕籠《かご》に乗《の》る人《ひと》担《かつ》ぐ人《ひと》

社会には色々な職業があり、貧富や境遇も様々であること。また、その様々な人たちがもちつもたれつして世間は成り立っているということ。⇧金を出して駕籠に乗る人がいる一方、その駕籠を担いで暮らしている人もいるの意。あとに「そのまた草鞋《わらじ》を作る人」と続けることもある。

類義 車に乗る人乗せる人

火事《かじ》あとの釘拾《くぎひろ》い

大損やむだ遣いをしたあとで、何の足しにもならないわずかな節約をすること。⇧火事で燃えた家の焼けあとで釘を拾うという意。

類義 焼けあとの釘拾い

火事《かじ》あとの火《ひ》の用心《ようじん》

時機に遅れて役に立たないこと。また、そうならないように準備をせよという戒め。

類義 葬式帰りの医者話

対義 暮れぬ先の提灯《ちょうちん》／転ばぬ先の杖

臥薪嘗胆《がしんしょうたん》

復讐《ふくしゅう》するために、長い間たいへんな苦労を重ねること。転じて、目的を達成するために厳しい環境のもとに身をおき、困難に耐えて苦労すること。⇧「臥薪」は、薪《たきぎ》の上に寝る、「嘗胆」は、苦い肝《きも》をなめるという意味。中国の春秋時代、越《えつ》に敗れた呉王《ごおう》の子夫差《ふさ》は、かたい薪の上に寝て、父の仇を討つことを忘れないように努め、越王勾践《えつおうこうせん》を降伏させた。敗れた勾践は苦い胆をなめては敗戦の恥辱を思い起こし、ついに呉を破った。『史記』より。

類義 会稽《かいけい》の恥

歌人《かじん》は居《い》ながらにして名所《めいしょ》を知《し》る

歌人は古歌や歌枕の知識を通して、実際には行ったことがなくても、景勝の地をよく知っているものであるということ。

佳人薄命《かじんはくめい》 ⬇ 美人薄命《びじんはくめい》

苛政《かせい》は虎《とら》よりも猛《たけ》し

民衆を苦しめる悪政や、重税を課すようなむごい政府は、人を食う虎よりも恐ろしいという意。⇧孔子《こうし》が泰山の麓《ふもと》で、墓の前で出会った婦人に泣いているわけを尋ねると、舅《しゅうと》も夫も子も虎に食い殺されたという。そんな恐ろしい土地からなぜ出て行かないのか、と重ねて問うと、この地には厳しい政治がないからと答えたという故事から。『礼記《らいき》』より。

河清《かせい》を俟《ま》つ ➡ 百年河清《ひゃくねんかせい》を俟《ま》つ

風《かぜ》が吹《ふ》けば桶屋《おけや》が儲《もう》かる

ある原因が、意外なところに影響をおよぼし、思いがけない結果を招くこと。また、当てにならないことを期待することにも用いる。

⬆大風が吹くと砂ぼこりが人の目に入り、目の不自由な人が増える。その多くは三味線をひいて生活するようになり、三味線に使う猫の皮の需要が増えて多くの猫が捕らえられる。猫の数が少なくなると鼠が増えて桶をかじってだめにしてしまうので、桶屋が繁盛して喜ぶということから。

類義 大風が吹けば桶屋が喜ぶ

稼《かせ》ぐに追《お》い付《つ》く貧乏《びんぼう》なし

いつも精出して一生懸命に働けば、貧乏で苦しむようなことはないということ。
類義 稼げば身が立つ／鍬《くわ》を担《かた》げた乞食は来ない／精出せば凍る間もなし水車
対義 稼ぐに追い抜く貧乏神

風邪《かぜ》は万病《まんびょう》のもと

風邪がもとで、重い病気になることが多い。たかが風邪くらいと軽く考えず、注意せよということ。
類義 風邪は百病の長／風邪は百病のもと

火中《かちゅう》の栗《くり》を拾《ひろ》う

他人のために、自ら進んで危険を冒すこと。また、難しい問題にあえて身を投じること。⇧ずるい猿におだてられた猫が、炉の中の焼き栗を拾おうとして大火傷をするという、ラ・フォンテーヌの寓話から。

英語 Take the chestnuts out of the fire with the cat's paw.

(猫の足で火の中から栗を出せ)

隔靴掻痒《かっかそうよう》

物事がなかなか思うように運ばず、非常にはがゆいこと。⇧靴の上から足の痒い所を掻くという意味から。

類義 靴を隔てて痒《かゆ》きを掻《か》く

英語 To have an itch that you cannot scratch.

(掻けない所が痒い)

渇《かっ》しても盗泉《とうせん》の水《みず》を飲《の》まず

いかに困窮しようとも、不正には一切かかわらないことをいう。⇧「盗泉」は中国にある泉の名。孔子《こうし》がこの地を訪れたとき、喉《のど》が渇いていたが、名前を嫌ってその泉の水を飲まなかったという故事から。『文選《もんぜん》』より。

類義 悪木《あくぼく》盗泉／鷹《たか》は飢えても穂を摘まず／虎《とら》は飢えても死したる肉を食わず

対義 背に腹は代えられぬ

合従連衡《がっしょうれんこう》

強大な相手に対抗するための、外交上の連合政策。現在では、政治家などが行う各会派の色々な連合のしかたの意に使われる。⬆「従」は縦の意で、「合従」は南北の同盟。「衡」は横の意で、「連衡」は東西に連合すること。中国の戦国時代、蘇《そ》秦《しん》は西方の強大な秦に対抗するために、趙《ちょう》・魏《ぎ》・韓《かん》・燕《えん》・斉《せい》・楚《そ》の六国が南北に同盟を結ぶ「合従」策をとった。その後、張《ちょう》儀《ぎ》は六国がそれぞれ別々に秦に服従する「連衡」策を唱えた。『史記』より。

用例 与党が分裂して、野党と合従連衡を繰り返した末に、二つの大きな勢力ができあがり、二大政党時代に入った。

勝《か》って兜《かぶと》の緒《お》を締《し》めよ

勝利を収めたり、成功したりしたとしても油断せずに心を引き締めよという戒め。⬆「緒」は兜を頭にぴったり結びつけるための紐《ひも》。戦《いくさ》に勝って、ほっと一息ついて兜を脱いだとき、不意に敵が現れないともかぎらないから。

用例 チャンピオンは、勝って兜の緒を締めよ、と早くも初防衛へむけて練習を開始した。

類義 敵に勝ちて愈々《いよいよ》戒む

河童《かっぱ》の川流《かわなが》れ

名人、達人といわれるほどの人物でも、ときには失敗するということ。⬆自由自在に泳ぐ河童が、溺れて川に流されるという意から。

類義 泳ぎ上手は川で死ぬ／孔子《くじ》の倒れ／弘法にも筆の誤り／猿も木から落ちる／上手の手から水が漏る／千慮の一失

英語 Even the best horse stumbles.
(名馬もこける)

勝《か》てば官軍《かんぐん》負《ま》ければ賊軍《ぞくぐん》

とにかく戦いでは、勝利を得たものが正しいことになる。正邪や道理のあるなしは、勝敗によって定まるという意。⬆「官軍」は、朝廷の軍隊。「賊軍」は、朝廷に敵対する軍隊のこと。明治維新の際に生まれた言葉。

類義 小股《こまた》取っても勝つが本《ほん》／力は正義／強い者勝ち／無理が通れば道理引っ込む

我田引水《がでんいんすい》

自分の利益になるように物事を運んだり、自分の都合のよいように取り計らうことをいう。手前勝手。⬆他人の田のことなどかえりみず、自分の田だけに水を引き入れるの意。

類義 我が田に水を引く

瓜田《かでん》に履《くつ》を納《い》れず李下《りか》に冠《かんむり》を正《ただ》さず

人から疑われるようなまぎらわしい行為は避けよという戒め。⬆瓜《うり》畑で靴を履き直そうとかがむと、遠くからは瓜を盗もうとしているように見え、李《すもも》の木の下で冠を被り直そうと手を伸ばせば、李の実を盗もうとしているように見えるところから。『古楽府《こがふ》』より。

類義 瓜田李下

門松《かどまつ》は冥土《めいど》の旅《たび》の一里塚《いちりづか》

正月を祝う門松はめでたいものだが、人は正月がくるたびに一つ年をとり、それだけ死へ近づくことになるということ。⬆「冥土」は、あの世のこと。「一里塚」は、昔、街道ぞいに一里（約四キロメートル）ごとにもうけた道しるべのこと。室町時代の禅僧、一休の作とされる狂歌から。あとに「めでたくもありめでたくもなし」と続けることもある。
注意「冥土」は「冥途」とも書く。

鼎《かなえ》の軽重《けいちょう》を問《と》う

支配者の力量を軽んじて、自分がこれに代わろうとすること。また、権威者の実力や価値に疑いをさしはさむこと。⇧「鼎」は、物を煮るための三本足の釜で、王位や権力の象徴とされた。鼎の重さを問うことは、いずれ自らが天下を取り、そのときにこの鼎を運び出すことを意味するので、王をあなどる非礼の極みとされたことから。『春秋左氏伝《しゅんじゅうさしでん》』より。
注意多く「鼎の軽重が問われる」の形で使う。

金槌《かなづち》の川流《かわなが》れ

人の下積みになって、頭が上がらないこと。出世の見込みがないこと。⇧金槌は、重い頭の方を下にして水中に沈むところから。
類義金槌の川流れで浮かぶ瀬がない／杭《くい》にかかった川流れの塵《ちり》

叶《かな》わぬ時《とき》の神頼《かみだの》み ➡ 苦《くる》しい時《とき》の神頼《かみだの》み

蟹《かに》の横這《よこば》い

はたからはいかにも不自由そうに見えるが、当人には最も自然で楽であること。また、物事が思い通りに運ばず、横にそれていく場合にも用いる。⇧蟹が横向きに歩くことから。
類義猿の木登り蟹の横這い

か

蟹《かに》は甲羅《こうら》に似《に》せて穴《あな》を掘《ほ》る

人の行動や考え方は、それぞれ自分の能力に応じたものだということ。また、分相応の願いをもつものだということ。⬆蟹は自分の甲羅の大きさに合った穴を掘ることから。

注意「甲羅」は「甲」ともいう。

類義 一升枡《ます》に二升は入らぬ／根性に似せて家を作る

金《かね》が敵《かたき》

世の中のわざわいは金銭がもとで起ることが多いということ。また、かたきを探し歩いてもなかなか見つからないように、金運に巡り合うのは難しいということ。

類義 金が恨みの世の中／金が敵の世の中／銀《かね》は命の親命の敵

金《かね》が物《もの》を言《い》う

世の中のことは金さえあれば万事解決する。金の威力は絶大であるということ。

類義 金さえあれば飛ぶ鳥も落ちる／金の光は阿弥陀《あみだ》ほど／地獄の沙汰も金次第／人間万事金の世の中

金《かね》で面《つら》を張《は》る

金の力で相手を屈伏させたり、自分の思い通りにしたりすること。

用例 マンション建設反対でまとまっていた隣近所も、金で面を張られ、多額の立ち退き料を受け取り次々と転居していった。

類義 小判で面張る／札《さつ》で面張る

金《かね》に糸目《いとめ》を付《つ》けぬ

金を惜しげもなく、いくらでも使うこと。⬆値段がどんなに高くてもかまわないこと。「糸目」は、凧のつり合いをとるために表面につける糸。糸目の切れた凧のように、飛ぶにまかせて金をどんどん使うの意。

類義 金に飽かす

金《かね》の切《き》れ目《め》が縁《えん》の切《き》れ目《め》

金のあるうちはちやほやしてくれた相手も、金がなくなると寄りつかなくなること。

類義 愛想づかしは金から起きる

金《かね》の草鞋《わらじ》で尋《たず》ねる

しんぼう強く、あちこちを探し回ること。多くは打ち消しの語を伴って、得難いことや発見できないことについていう。⬆いくら歩いてもすりへらない鉄の草鞋を履いてたずね歩くという意。

注意 「金」は「鉄」とも書く。金を使って探し回るという意ではない。

類義 金の足駄で捜す／金の草鞋で捜す

金《かね》は天下《てんか》の回《まわ》り物《もの》

お金は人から人へと回っているものだから、今は貧しくても自分のところにも回ってくるかもしれない。貧乏だからといって悲観するなということ。

類義 金は世界の回り物／金は天下の回り持ち／金銀は回り持ち／宝は国の渡り物

対義 金は片行き

金持《かねも》ち喧嘩《けんか》せず

喧嘩して損することはあるが、儲かることはないので、金持ちはゆったりと構えて争いには加わらない。また、有利な立場にいる者は小さいことにこだわらず、よけいなことに手を出さないということ。

類義 金持ち身が大事／金持ち舟に乗らず

金持《かねも》ちと灰吹《はいふ》きは溜《た》まるほど汚《きたな》い

金持ちは、財産が増えれば増えるほど、欲が出て金に汚くなったり、けちになったりするたとえ。⇧「灰吹き」はたばこの灰や吸い殻を入れる筒。

類義 金と痰壺《たんつぼ》は溜まるほど汚い／金と塵は積もるほど汚い／吝《しわ》ん坊と灰吹きは溜まるほど汚い／掃き溜めと金持ちは溜まるほど汚い

禍福《かふく》は糾《あざな》える縄《なわ》の如《ごと》し

禍《わざわい》が福に転じ、福が禍のもとになるように、この世の幸不幸は表裏の関係にあり、どう変わるかわからないものであるということ。⇧「禍福」は禍と幸福、「糾う」は縄をより合わせるの意。『史記』より。

類義 吉凶は糾える縄の如し／沈む瀬あれば浮かぶ瀬あり／人間万事塞翁《さいおう》が馬

株《かぶ》を守《まも》りて兎《うさぎ》を待《ま》つ

古い習慣にこだわって融通が利かないこと。進歩のないこと。また、手に入れた幸運に味をしめ、同じことでまた幸運を得ようとするたとえ。⬆中国の宋の時代、切り株にぶつかって死んだ兎を得た男が、以後働かず、切り株のそばで兎の来るのを待ち続けたという故事による。『韓非子《かんぴし》』より。

注意「株」は「くいぜ」「しゅ」とも読む。

類義 茸《きのこ》採った山は忘れられない／剣を落として舟を刻む／株《くいぜ》を守る／守株《しゅしゅ》／柳の下にいつも泥鰌《どじょう》はおらぬ

画餅《がべい》に帰《き》す ⬇絵《え》に描《か》いた餅《もち》

壁《かべ》に耳《みみ》あり障子《しょうじ》に目《め》あり

密談や隠し事は漏れやすいというたとえ。また、人に聞かれることを用心していう言葉。

類義 石に耳あり／壁に耳あり徳利に口あり

英語 Walls have ears.（壁に耳あり）

果報《かほう》は寝《ね》て待《ま》て

運は人の力ではどうにもならない。気長に、運が向いてくるのを待つべきだという意。⬆「果報」は幸運、しあわせの意味。

用例 不景気でいくら探しても仕事がないので、果報は寝て待てと、しばらくなりゆきにまかせることにした。

類義 運は寝て待て／福は寝て待て／待てば海路の日和《ひより》あり／待てば甘露の日和あり

対義 寝ていて牡丹餅《ぼたもち》は食えぬ

裃《かみしも》を着《き》た盗人《ぬすびと》

役職を利用して、私腹を肥やす者のこと。汚職官吏。

類義 衣冠の盗

亀《かめ》の甲《こう》より年《とし》の劫《こう》

年長者の経験や知恵の尊さをいう。⇧「劫」は、仏教語で非常に長い年月の意。「亀の甲」は、単なる語呂合わせと思われるが、古代中国には亀の甲羅を火にあぶってする占いがあったことから、年長者の判断は占いよりも優るという意にとる説もある。

注意 現在では「年の功」とも書かれる。

類義 蟹《かに》の甲より年の劫／烏賊《いか》の甲より年の功／松かさより年かさ

鴨《かも》が葱《ねぎ》を背負《しょ》って来《く》る

利用されるものがさらにこちらの利益になるものをもってくる意。おあつらえ向きという こと。⇧鍋《なべ》にして食べてくださいと言わんばかりであることから。

類義 鴨葱／葱が鴨を背負ってくる

痒《かゆ》い所《ところ》に手《て》が届《とど》く

すみずみにまで世話が行き届くこと。細かい点まで手抜かりがないこと。多くはもてなしやサービスについていう。⇧自分の手が届かない背中の痒い所まで掻《か》いてくれるという意。

用例 今度のホームヘルパーは、何から何までよく気がつき、痒い所に手が届くような世話をしてくれる。

類義 至れり尽くせり

烏《からす》の行水《ぎょうずい》

体をよく洗いもしないで、すぐに風呂から出ること。⇧「行水」は、たらいなどに水や湯を入れて体を洗うこと。烏の水浴びがごく簡単にすまされることにたとえた。

烏《からす》を鷺《さぎ》と言《い》う

明らかな間違いを強引に正当化すること。

類義 柄のない所に柄をすげる／烏を鷺／鷺を烏と言いくるめる／鹿を指して馬と為《な》す

画竜点睛《がりょうてんせい》を欠《か》く

全体的にはよくできているが、最後の最も肝心なところが欠けていること。⇧「画竜点睛」は、最後に大事な仕上げをすること。中国の梁《りょう》の時代の画師張僧繇《ちょうそうよう》が、描いた竜の絵に最後に瞳をかき入れたところ、天に昇ったという故事から。『歴代名画記』より。

注意「睛」は瞳で、「晴」と書くのは誤り。

借《か》りる時《とき》の地蔵顔《じぞうがお》済《な》す時《とき》の閻魔顔《えんまがお》

金に困って借りようとするときは、ありがたがって笑顔を浮かべるが、返すときはただ取られるような気がして、つい不機嫌な顔をしてしまうものだということ。⇧「済《な》す」は、返済すること。

類義 借りる時の恵比寿顔返す時の閻魔顔／用ある時の地蔵顔用なき時の閻魔顔

借《か》りる八合済《はちごうな》す一升《いっしょう》

他人に物を借りたら、必ずお礼の品か利息を添えて返すのが良識、心得であることをいう。⇧米を八合借りたら、一升にして返すという意。

類義 借りて七合済す八合

枯《か》れ木《き》に花《はな》咲《さ》く

衰えたものが再び勢いを取り戻すこと。また、望んでも実現できないことや、起こるはずのないことが起こること。さらに、お世辞で人をおだて、たぶらかすことにも使う。

類義 炒《い》り豆に花が咲く／老い木に花咲く

枯《か》れ木《き》も山《やま》の賑《にぎ》わい

たいして役にたたない物でも、ないよりはましということ。⬆何もない山より、たとえ枯れ木でも、あれば趣が違うという意。

注意 自分や身内を謙遜《けんそん》して言う表現。他人に用いては失礼に当たる。

類義 枯れ木も森の賑わかし／枯れ木も山の飾り

彼《かれ》も人《ひと》なり我《われ》も人《ひと》なり

ほかの人にできることなら、たとえ難しく思えても自分にできないはずがないと、自分を奮起させる言葉。韓愈《かんゆ》『原毀《げんき》』より。

類義 彼も丈夫なり我も丈夫なり

彼《かれ》を知《し》り己《おのれ》を知《し》れば百戦殆《ひゃくせんあや》うからず

情勢をよくわきまえた上で事に当たるなら、失敗することはないという教え。⬆敵と味方の実力・状態を正確につかんだ上でなら、何度戦っても敗れることはないということ。「殆うからず」は危うくないの意。『孫子《そんし》』より。

夏炉冬扇《かろとうせん》

時期がはずれて、役に立たないものをいう。

⇧夏の囲炉裏や冬の扇は無用のものであることから。『論衡《ろんこう》』より。
類義 寒に帷子《かたびら》土用に布子《ぬのこ》／十日の菊六日の菖蒲《あやめ》／冬扇夏炉

可愛《かわい》い子《こ》には旅《たび》をさせよ

子どもの成長を願うなら、甘やかさないで世間に出して苦労をさせる方がよいということ。⇧昔の旅は交通が不便なので、つらく、また危険も伴うものだったことから。
類義 いとしき子には杖《つえ》で教えよ／可愛い子は棒で育てよ／獅子の子落とし
対義 甘い子に甘草《かんぞう》

可愛《かわい》さ余《あま》って憎《にく》さが百倍《ひゃくばい》

可愛がっていた相手に対して、いったん憎しみを抱くようになると、それまでの愛する心が強いほど、その憎しみも激しいものになるということ。
類義 好いたほど厭《あ》いた
英語 The greatest hate proceeds from the greatest love.
（最大の憎悪は最大の愛から生ずる）

川立《かわだ》ちは川《かわ》で果《は》てる

慣れていることや得意な分野では、油断してかえって失敗を犯すことが多い。慢心してはならないという教訓。⇧川辺で生まれ育った人間は水泳が達者だが、それが命取りとなって川で溺《おぼ》れ死ぬことが多いという意。
類義 得手に鼻突く／泳ぎ上手は川で死ぬ／木登りは木で果てる／よく泳ぐ者は溺る

瓦《かわら》も磨《みが》けば玉《たま》となる

素質が劣っている人間でも、努力次第で立派な人物になれるというたとえ。⇧「玉」は宝石。土でできている瓦でも磨けば光を放つようになるという意。

対義 瓦は磨いても玉にはならぬ

皮《かわ》を斬《き》らせて肉《にく》を斬《き》り肉《にく》を斬《き》らせて骨《ほね》を斬《き》る

⬇**肉《にく》を斬《き》らせて骨《ほね》を斬《き》る**

勧学院《かんがくいん》の雀《すずめ》は蒙求《もうぎゅう》を囀《さえず》る

普段見聞きしていることは、自然に身につくものだというたとえ。⇧「勧学院」は平安時代、藤原氏の子弟が学んだ学校。『蒙求』は、教訓的な逸話などを集めた中国の唐代の書。勧学院に巣を作る雀は、学生が朝夕朗読する『蒙求』の文章を聞き覚えてさえずるという意。

類義 門前の小僧習わぬ経を読む

雁《がん》が飛《と》べば石亀《いしがめ》も地団駄《じだんだ》

自分の立場や分際を忘れて、むやみと人のまねをしようとすることの愚かさを諭す教訓。

類義 蛙が跳べば石亀も地団駄／鯉が躍れば泥《ど》鰌《じょう》も躍る／鶴が飛べば糞《くそ》蠅《ばえ》も羽たたき

眼光紙背《がんこうしはい》に徹《てっ》す

書物を読み、字句の解釈だけでなく、深い意味や筆者の精神まで感じとること。読解力の鋭いこと。⇧眼の光が書物の紙の裏まで見通すという意から。

換骨奪胎《かんこつだったい》

他人の詩や文章などの着想・表現方法などを借りて独自の作品を作り上げること。⇧骨を取りかえ、子宮を奪い取り、自分のものにする意から。『冷斎夜話《れいさいやわ》』より。

注意 誤用されて、他人の作品を焼き直してあたかも自分の創作のように見せかけるという批判的な意に用いる場合もある。

閑古鳥《かんこどり》が鳴《な》く

人気がなく、非常にさびれたさま。また、商売などがはやらない様子。⇧「閑古鳥」は、郭公《かっこう》の別名。郭公の鳴き声は寂しく聞こえることから。

用例 優勝にはほど遠いチーム同士の一戦で、観客席では閑古鳥が鳴いている。

類義 門前雀羅《じゃくら》を張る／門外雀羅を設《もう》くべし

対義 門前市の如《ごと》し／門前市を成す

勘定《かんじょう》合《あ》って銭《ぜに》足《た》らず

理論と実際とが一致しないこと。⇧計算上は収支が合っているのに、手元の現金は足らないということから。

韓信《かんしん》の股《また》くぐり

大望をもつ者は、目的のためには目先の小さな苦労や恥をこらえなければならないというたとえ。⇧中国の漢の名将韓信が、若い時分ごろつきから喧嘩を売られたが、無用の争いを避け、股をくぐれという相手の侮辱に恥を忍んで従った故事から。『史記』より。

か

間然《かんぜん》する所《ところ》なし

完璧で非難すべき欠点がないこと。非のうちどころがないこと。❶「間」は批評を入れるべき余地。「間然する」は、欠点を指摘して非難する、悪口を言うの意。『論語《ろんご》』より。

類義 完全無欠／完璧／非の打ち所がない

肝胆相照《かんたんあいて》らす

お互いに心の底まで打ち明け、深く理解し合って心のこもった交際をすること。❶「肝胆」は肝臓と胆嚢《たんのう》。転じて、心の奥底、真心の意。『故事成語考《こじせいごこう》』より。

邯鄲《かんたん》の歩《あゆ》み

他人のまねばかりするうちに、本来の自分を忘れ、結局中途半端な人間になってしまうこと。❶中国の趙《ちょう》の都邯鄲へ出てきた田舎者が、都会風のしゃれた歩き方を覚えようとしたが、会得できずに自分の国の歩き方も忘れてしまい、ついには這《は》って故郷へ帰ったという故事から。『荘子《そうじ》』より。

邯鄲《かんたん》の夢《ゆめ》

人の一生の栄枯盛衰の、まことにはかないこと。❶中国の趙《ちょう》の都邯鄲で、盧生《ろせい》という青年が、栄華を意のままにできるという枕を仙人から借りて寝たところ、立身出世をして富貴を極める夢を見た。しかし目覚めてみると、寝る前に炊きかけだった粟《あわ》がまだ煮えきらないほどのごく短い夢だったという故事から。『枕中記《ちんちゅうき》』より。

類義 一炊《いっすい》の夢／邯鄲の枕／邯鄲夢の枕／黄粱《こうりょう》一炊の夢／南柯《なんか》の夢／盧生の夢

眼中人《がんちゅうひと》なし

おごり高ぶって、周りに対し、人を人とも思わぬふるまいをすることをいう。

類義 傍若無人《ぼうじゃくぶじん》

艱難《かんなん》汝《なんじ》を玉《たま》にす

人は苦労や困難を経験し、それを乗り越えることによって成長し、磨かれていくものだというたとえ。⇧「艱難」は困難や苦労。

類義 艱難に勝る教訓はない／若い時の苦労は買ってでもせよ

英語 Adversity makes a man wise.（逆境が人を賢くする）

堪忍袋《かんにんぶくろ》の緒《お》が切《き》れる

我慢を重ねていた怒りを、ついにこらえられなくなり、爆発させること。⇧「堪忍袋」は怒りを抑える心の広さを袋にたとえた言葉。

用例 隣りのお嫁さん、お姑《しゅうとめ》さんによく我慢していると思ったけれど、堪忍袋の緒が切れて、出ていったらしいよ。

類義 堪忍袋が破れる／堪忍蔵の戸が開く／こらえ袋の緒を切る

間髪《かんはつ》を容《い》れず

ほとんど間をおかずに。ただちに。⇧髪の毛一本の隙間もないという意。『説苑《ぜいえん》』より。

注意「かんぱつをいれず」と読むのは誤り。「かん、はつをいれず」と区切って読む。

汗馬《かんば》の労《ろう》

人のために苦労し、走り回って世話すること。ねぎらいの言葉としても用いられる。⇧戦場での尽力を、駆け回らせた馬から滴る汗で表現した言葉。漢が中国を統一した際、高《こう》祖《そ》が部下の蕭何《しょうか》の功を厚くねぎらったことに対し、ほかの功臣たちが、戦場で苦労したことがない蕭何をなぜ厚遇するのかと、不満を述べた言葉から。『史記』より。

看板《かんばん》に偽《いつわ》りなし

宣伝文句の通り、売っている品物が立派であるということ。評判通りに中身が伴っていること。また、平生の発言と実際の行為が一致していること。

類義 看板隠れなし／言行一致

対義 看板に偽りあり／牛首《ぎゅうしゅ》を懸《か》けて馬肉を売る／玉を銜《てら》いて石を売る／羊頭を懸けて狗肉《くにく》を売る

管鮑《かんぽう》の交《まじ》わり

互いに深く理解し、利害をこえた親密な交際をいう。⇧中国の春秋時代、斉《せい》の管仲《かんちゅう》と鮑《ほう》叔《しゅく》は仲がよく、一緒に商売をしたときに貧しかった管仲が分け前を多く取っても、鮑叔は少しの不平も言わずに彼を援助した。のちに管仲は宰相にまでなったが、「我を知る者は鮑叔なり」と、終生変わることなく親交を続けたという故事から。『史記』より。

類義 金蘭の契《ちぎ》り／水魚の交わり／刎頸《ふんけい》の交わり

歓楽極《かんらくきわ》まりて哀情多《あいじょうおお》し
喜びや楽しみが頂点に達してしまうと、そのあとから無限の悲しみがわいてくるということ。漢武帝《かんのぶてい》『秋風辞《しゅうふうのじ》』より。

棺《かん》を蓋《おお》いて事定《ことさだ》まる
人間の真の評価は、生前には利害関係や感情が入り込むので、なかなか難しく、死後にようやく定まることをいう。⇧「棺を蓋う」は、死んだ人を棺に入れた後、その蓋をする意。『晋書《しんじょ》』より。
類義 人事は棺を蓋うて定まる

聞《き》いて極楽見《ごくらくみ》て地獄《じごく》
聞いた話ではたいへんよく思えたものが、実際に自分で確かめてみるとひどく悪いこと。
類義 聞くと見るとは大違い／聞いて千金見て一毛《いちもう》／見ての極楽住んでの地獄

奇《き》貨《か》居《お》くべし
珍品はあとで価値が出るから、買っておいて、利益を得る機会を待つべきであるということ。また、得がたい機会は逃さず、うまく利用せよという意。⇧「奇貨」は珍しい品物。「居くべし」は蓄えておくべきだの意。中国の戦国時代、のちの秦王《しんおう》となる子楚《しそ》は、趙《ちょう》の人質となり不遇をかこっていた。それを知った商人の呂不韋《りょふい》が、将来子楚を利用しようと思い、「奇貨居くべし」として、これを助けたことから。『史記』より。
類義 好機逸すべからず

き

気《き》が利《き》いて間《ま》が抜《ぬ》ける

細部にまで注意が行き届いているが、かえって肝心なところを見落としていること。

類義 気が利き過ぎて間が抜ける

木《き》から落《お》ちた猿《さる》

よりどころをなくして、途方にくれること。また、自分の持ち場を離れて無力なこと。得意な分野で失敗すること。『説苑《ぜいえん》』より。

類義 水を離れた魚／魚の陸に上がれるが如《ごと》く鳥の巣を離れたるが如し／陸《おか》に上がった河童《かっぱ》

危《き》急存亡《きゅうそんぼう》の秋《とき》

生きるか死ぬかの、極めて重大な瀬戸際。危険が目前に迫っていること。⇧中国の三国時代の名将、諸葛孔明《しょかつこうめい》が主君の劉禅《りゅうぜん》に上奏した『前出師表《ぜんすいしのひょう》』にある言葉。国が存続できるか否かの重大な瀬戸際の意。「秋」は、収穫の時で重大な時期の意味。

用例 年金や健康保険など、国の財政が破綻寸前と聞いて、今こそ国家の危急存亡の秋という気持ちを強くする。

聞《き》くは一時《いっとき》の恥《はじ》聞《き》かぬは一生《いっしょう》の恥《はじ》

わからないことは人にすぐ尋ねた方がよいという教え。⇧知らないことを尋ねるのは、その場では自分の無知をさらけ出すようで恥ずかしいものだが、聞かないですませてしまうと生涯知らないままになってしまうということから。

類義 聞くはその時の恥聞かざれば一生の恥／知らずば人に問え／問うは当座の恥問わぬは末代の恥

騎虎《きこ》の勢《いきお》い

物事にはずみがついて、止めようがないほど激しい勢いをいう。行きがかり上あとに引けず、そのままなりゆきにまかせる意味にも使われる。⇧虎に乗って走る勢いの激しさ、また降りれば虎に食われてしまうので降りられないという意から。『隋書《ずいしょ》』より。

類義 乗り掛かった舟

樹静《きしず》かならんと欲《ほっ》すれども風止《かぜや》まず

親孝行をしようと思ったときには、もうすでに親が生きていないことを嘆く言葉。⇧風に吹かれる木が静かになりたいと思っても、風のせいでままならないことになぞらえたもの。『韓詩外伝《かんしがいでん》』の「樹静かならんと欲すれども風止まず、子養わんと欲すれども親待たず」から。

類義 石に布団《ふとん》は着せられぬ／孝行のしたい時分に親はなし／風樹の嘆

木《き》七《しち》竹《たけ》八《はち》塀《へい》十郎《じゅうろう》

木を切るには七月が、竹を切るには八月がよく、土塀を塗るのは十月がよいということ。物には適した時期があるという昔の人の生活の知恵。⇧月はいずれも陰暦。「木七、竹八」が人名に聞こえるので、「塀十郎」と語調を合わせたもの。

類義 木六竹八塀十郎／竹八月に木六月

き

雉《きじ》も鳴《な》かずば撃《う》たれまい

よけいなことを言って、わざわいを招くこと。無用な言葉や行いは慎むようにという戒め。⬆隠れていた雉も鳴かなければ気づかれず、撃たれることもなかったろうにという意。

類義 口は禍《わざわい》の門／口は禍の元／舌は禍の根

疑心暗鬼《ぎしんあんき》を生《しょう》ず

疑いの心をもっていると、ありもせぬことを想像して不安になり、何もかも恐ろしく見えてくるということ。⬆疑惑のあまり、ありもしない鬼の姿を暗闇の中に見てしまうという意味から。『列子鬳斎口義《れっしけんさいこうぎ》』より。

注意「疑心暗鬼」だけでも使われる。

類義 落ち武者は薄《すすき》の穂にも怖《お》ず／木にも萱《かや》にも心を置く／杯中《はいちゅう》の蛇影《だえい》

狐《きつね》の嫁入《よめい》り

日が照っているのに小雨が降る天気、天気雨・日照り雨のことをいう。また、狐火が並ぶ様子を、狐の嫁入り行列の提灯《ちょうちん》に見立てていうこともある。⬆「狐火」は、夜、山野で燐《りん》化水素《かすいそ》などが燃える自然現象。狐が口から吐くのだという迷信がある。

木《き》で鼻《はな》を括《くく》る

人に応対する態度が、ひどく無愛想で、そっけない様子。⬆「括る」は、こする意味の「こくる」が、誤って用いられた語。

類義 木で鼻／けんもほろろ／取り付く島もない／拍子木《ひょうしぎ》で鼻をかむ

来《き》て見《み》ればさほどでもなし富士《ふじ》の山《やま》

話に聞くことはとかく誇張が多く、実際に見るとがっかりする場合がよくあるということ。⇧遠くから望むと美しい富士山も、登ってみればどうということもないことから。

木《き》に竹《たけ》を接《つ》ぐ

不調和なものを無理に結びつけること。つり合いが悪いこと。⇧木に性質の異なる竹を接ぎ木するという意味から。

類義 木に竹／竹に接ぎ木

木《き》に縁《よ》りて魚《うお》を求《もと》む

手段・方法が間違っていて、求めるものを得られないこと。また、見当外れの望みをもつこと。⇧木に登って魚を探すという意。武力だけで天下を治めることの難しさを、孟子《もうし》が斉《せい》の宣王《せんおう》に諭した言葉。『孟子』より。

類義 氷を叩いて火を求む／水中に火を求む／天をさして魚を射る／山に蛤《はまぐり》を求む

機《き》に因《よ》りて法《ほう》を説《と》け ⬇ 人《ひと》を見《み》て法《ほう》を説《と》け

昨日《きのう》の友《とも》は今日《きょう》の敵《てき》

親しかった者が、敵となること。仲間が敵味方にわかれること。人の考えや態度は変わりやすく、当てにはならぬことにもいう。

用例 高校のチームメイトが、昨日の友は今日の敵、別々のチームにプロ入りした。

類義 昨日の敵は今日の味方／昨日の情けは今日の仇《あだ》

昨日《きのう》の淵《ふち》は今日《きょう》の瀬《せ》

世の中の変遷や人の浮き沈みが激しく、変転きわまりないというたとえ。🅾「淵」は川底が深いために流れがゆったりと流れる箇所。「瀬」は反対に、浅く流れが急な所。昨日まで深い淵であった場所が、水の流れの加減でたちまち浅瀬になってしまうことから。『古《こ》今集《きんしゅう》』より。

類義 朝《あした》に紅顔ありて夕べに白骨と為《な》る／飛鳥《あすか》川《がわ》の淵瀬／昨日の大尽《だいじん》今日の乞食／昨日の花は今日の塵／昨日の娘今日の婆《ばば》

昨日《きのう》は人《ひと》の身《み》今日《きょう》は我《わ》が身《み》

災難を他人ごとと思って安心していると、いつ自分の身に降りかかってこないともかぎらない。運命は予測できないから、他人の災難を自分への戒めにせよとの教訓。

類義 昨日は人の上今日は我が上／今日は人の上明日は我が上／今日は人の身明日は我が身

気《き》は心《こころ》

わずかなものでも、相手に自分の誠意を伝えたいということ。また、それが伝わること。🅾金品などを贈るときなどに添える言葉。

類義 塵を結んでも志

驥尾《きび》に付《ふ》す

才能のない者でも、すぐれた人に従って行動すれば、その人のおかげで自分の力以上のことができるということ。また、後輩が、すぐれた先輩の引き立てで出世すること。人と行動をともにするとき、自分を謙遜《けんそん》していう言葉。⇧「驥」は一日に千里走るという駿馬《しゅんめ》。その尾にくっついた蝿は、遠く千里まで行くことができるということから。『史記』より。

鬼面人《きめんひと》を嚇《おど》す
見せかけの威勢で、人を脅す。こけおどしをかけること。⇧鬼の面をかぶって人をおどかすという意味から。

杞憂《きゆう》
無用の心配、取り越し苦労をいう。⇧中国の杞《き》の国の人が、天が落ちてくることを恐れ憂《うれ》えたという故事から。『列子《れっし》』より。
用例 台風が近づいているので洪水になりはせぬかと心配だったが、どうやら杞憂に終わりそうだ。
類義 杞人《きじん》の憂《うれ》い／杞人《きひと》天を憂う

九牛《きゅうぎゅう》の一毛《いちもう》
多くの中のほんの一部。取るに足らないこと。ものの数にも入らないこと。⇧九頭もの牛の中の一本の毛という意味から。『漢書《かんじょ》』より。
類義 四海の一滴／滄海《そうかい》の一粟《いちぞく》／大海の一滴

九死《きゅうし》に一生《いっしょう》を得《え》る
まず助からないと思われた危険な状態から逃れて、奇跡的に助かること。
類義 九死の中《うち》に一生を得る／十死一生／万死に一生を得る

牛耳《ぎゅうじ》を執《と》る

集団の中心として主導権を握り、支配すること。⇧中国の春秋時代、諸侯が同盟を結ぶときには、中心的人物が盟主としていけにえの牛の耳を裂き、互いにその血をすすって誓い合った故事から。『春秋左氏伝《しゅんじゅうさしでん》』より。

類義 牛耳を握る／牛耳る

九仞《きゅうじん》の功《こう》を一簣《いっき》に虧《か》く

長年の苦労や努力が、最後の小さな失敗のためむだに終わってしまうこと。⇧「仞」は中国の周代の長さの単位。「九仞」で非常に高いことを表す。「簣」はもっこ。大きな山を築くのに、最後のもっこ一杯の土が足らずに完成できないという意味から。『書経《しょきょう》』より。

用例 パソコンで書類を完成させたのに、保存するのを忘れて九仞の功を一簣に虧く結果に終わってしまった。

類義 一簣の功／磯際《いそぎわ》で船を破《やぶ》る／百日の説法屁一つ

窮《きゅう》すれば通《つう》ず

絶体絶命の窮地に追いこまれると、かえって名案が浮かび、苦境を打開することができるというたとえ。『易経《えききょう》』より。

類義 窮して通ず／必要は発明の母

対義 窮すれば濫《らん》す

窮《きゅう》すれば濫《らん》す

行き詰まってどうにもならない状況になると、人は善悪の見境がなくなり悪いことをするものだということ。『論語《ろんご》』より。
類義 逃ぐる者道を択《えら》ばず／貧すれば鈍する
対義 窮すれば通ず

窮鼠《きゅうそ》猫《ねこ》を噛《か》む

弱い者でも、追いつめられて必死になると、強い相手に逆襲することもあるというたとえ。⬆猫に追いつめられて、鼠が逆に猫にかみつくことから。『塩鉄論《えんてつろん》』より。
類義 鼠窮して猫を噛み人貧しゅうして盗《ぬす》みす

窮鳥懐《きゅうちょうふところ》に入《い》れば猟師《りょうし》も殺《ころ》さず

窮地にある者が救いを求めてくれば、助けてやるのが人情だということ。⬆追いつめられた鳥が懐に飛び込んでくれば、鳥を撃つのが仕事の猟師さえも、それを殺すことができないという意味から。『顔氏家訓《がんしかくん》』より。
類義 飛ぶ鳥懐に入る時は狩人も助く

兄弟《きょうだい》は他人《たにん》の始《はじ》まり

血を分けた兄弟も、成長するにつれて疎遠になり、心が離れてやがては他人同士のようになっていくということ。
類義 兄弟は他人の別れ
対義 血は水より濃し

京《きょう》に田舎《いなか》あり

繁華な都会にも、田舎めいた所や風俗が残っていること。転じて、よい土地にも、部分的に悪い場所があることをいう。
類義 都にも田舎
対義 田舎に京あり／山に里あり

京《きょう》の着倒《きだお》れ大阪《おおさか》の食《く》い倒《だお》れ

京都の人は着物道楽で、大阪の人は飲食に贅沢をする傾向があるという、土地の気風を比較した言葉。

類義 阿波《あわ》の着倒れ伊予《いよ》の食い倒れ／尾張《おわり》の着倒れ美濃《みの》の系図倒れ／関東の着倒れ奥州の食い倒れ／桐生《きりゅう》の着倒れ足利《あしかが》の食い倒れ／下総の食い倒れ常陸《ひたち》の着倒れ

今日《きょう》の一針《ひとはり》明日《あす》の十針《とはり》

時を得た素早い処置は、後々の手間を省くということ。⇧今日一針縫う手間を惜しむと、明日はほころびが広がって十針も縫わなければいけないようになるという意。

用例 その場で正直に謝っておけば、彼女も許してくれたはずだが、今日の一針明日の十針で、今となってはどんな言い訳も通用しないだろう。

英語 A stitch in time saves nine.（時を得た一針は、九針の手間を省く）

京《きょう》の夢《ゆめ》大阪《おおさか》の夢《ゆめ》

夢の中ならさまざまな願いや望みもかなえられること。また、夢のとりとめのなさをいう。⇧夢なら京都にいても大阪の夢を見ることができるし、京都のことが大阪のことになっていたりとさまざまであり、特に定見はない。夢の話をする前に唱える言葉。

器用貧乏《きようびんぼう》

何でも上手にこなせる器用な人は、他人からは重宝がられるが、一つのことを徹底できないために大成しないということ。

類義 器用貧乏村宝／細工貧乏人宝／多芸は無芸／何でも来いに名人なし

喬木《きょうぼく》は風《かぜ》に折《お》らる

地位が高くなったり名声を得たりすると、次第に周りからの批判やねたみが強まることのたとえ。⇧「喬木」は、高く伸びる木。高い木は風当たりが強くなるので、風害を受けて折れることが多いことから。

類義 高木は風に嫉《ねた》まる／大木は風に折らる／出る杭《くい》は打たれる

狂瀾《きょうらん》を既倒《きとう》に廻《めぐ》らす

すでに傾きかけている形勢を何とか元の状態に回復しようとするたとえ。とうてい不可能なこと。⇧「狂瀾」は荒れ狂う大波。「既倒」はすでに倒れてしまっていること。すでに倒れくずれた大波を元の方へ押し返すという意。韓愈《かんゆ》『進学解《しんがくのかい》』より。

注意「廻らす」は「反《かえ》す」ともいう。

用例 傾きかけているわが国の財政を建て直すには、狂瀾を既倒に廻らすような大改革が必要であろう。

類義 回瀾を既倒に反《かえ》す

居《きょ》は気《き》を移《うつ》す

人はすむ場所や地位、境遇によって知らぬまに感化され、善くも悪くも変わっていくことをいう。環境に留意することの大切さを言った言葉。『孟子《もうし》』より。

漁夫《ぎょふ》の利《り》

人が争っているすきに、第三者が骨折らずに、その利益を横取りすること。⇧「漁夫」は漁師。鷸《しぎ》と蚌《からすがい》とが盛んに争っているうちに、両方とも漁師に捕らえられてしまったという故事から。『戦国策《せんごくさく》』より。

注意「漁夫」は原文では「漁父《ぎょほ》」。

用例 長男と長女が言い争っているすきに、漁夫の利を得た末っ子がケーキを一人で全部食べてしまった。

類義 鷸蚌《いっぽう》の争い／犬兎《けんと》の争い／田父の功

対義 二兎《にと》を追う者は一兎《いっと》をも得ず

清水《きよみず》の舞台《ぶたい》から飛《と》び降《お》りる

思いきって、一生に一度というような大きな決断をするたとえ。⇧京都の清水寺の舞台は高い崖の上にあり、そこから飛び降りるほどの思い切りという意から。

類義 清水の舞台から後ろ飛び

義理《ぎり》と褌《ふんどし》欠《か》かされぬ

義理は、人との交際の上で最低限守らねばならないものであることをいう。

類義 欠かれぬものは義理と褌／義理と褌は裸になってもせずに居られぬ

対義 義理と褌欠かねばならぬ／義理張るより頬張《ほおば》れ

錐《きり》の嚢中《のうちゅう》に処《お》るが如《ごと》し

抜きんでた才能の持ち主、すぐれた人物は埋もれたままにはならず、自然と世の中に認められるようになるということ。⇧「嚢中」は袋の中。錐の鋭い先端は袋の外に突き出るところから。『史記』より。

類義 錐嚢《ふくろ》を通す／嚢中の錐

騏驎《きりん》も老《お》いては駑馬《どば》に劣《おと》る

すぐれた人でも、年をとると能力が落ち、働きも鈍って、凡人にも劣るようになるという意。⇧「騏驎」は一日に千里を走るすぐれた馬のことで、中国の想像上の動物、麒麟とは別物。「駑馬」は足の遅い駄馬。駿馬も、年をとると駄馬にも負けるようになるという意。『戦国策《せんごくさく》』より。

類義 老いては騏驎も駑馬に劣る／昔千里も今一里／昔の剣《つるぎ》今の菜刀《ながたな》

対義 腐っても鯛／昔取った杵柄《きねづか》

軌《き》を一《いつ》にする

行き方、考え方が同じである。同じ立場をとる。やり方を等しくする。⇧「軌」は、車のわだち、車輪の跡。車輪の間隔を一定にするという意味から。韓愈《かんゆ》『秋懐詩《しゅうかいし》』より。

用例 各部署が足並みをそろえ、軌を一にして努力した結果、目標を達成できた。

類義 揆《き》を一にする／揆を同じゅうする

対義 軌を異にする

義《ぎ》を見《み》て為《せ》ざるは勇《ゆう》なきなり

正しいこととわかっていながら、それを実行しないのは、真の勇気がないからであるという戒め。『論語《ろんご》』より。

対義 触らぬ神に祟《たた》りなし

き

木《き》を見《み》て森《もり》を見《み》ず

部分にとらわれて全体を見失うこと。細部にこだわって物事の全体像が見えないこと。

英語 You cannot see the woods for the trees. の訳語。

槿花《きんか》一日《いちじつ》の栄《えい》

この世の栄華の、はかなくむなしいことをいう。⬆「槿花」はムクゲの花。朝咲いて夕方にはしぼんでしまう。白居易《はっきょい》の詩「放言五首《ほうげんごしゅ》」より。

類義 朝顔の花一時《ひととき》／槿花一朝の夢

金科玉条《きんかぎょくじょう》

絶対に守らなければならない大切な決まりや法律。また、自分の考えや行動のよりどころとなっている原則。⬆「科」「条」は法律。宝玉のように貴重な掟《おきて》の意。揚雄《ようゆう》の文より。

用例 経済成長のみを金科玉条にする時代は過ぎたといってよいでしょう。

金言耳《きんげんみみ》に逆《さか》らう

尊い戒めや価値のある教訓は、人の弱点や痛いところを突くために、素直に聞き入れにくいということ。⬆「金言」は金のように価値の高い言葉の意。

類義 諫言《かんげん》耳に逆らう／忠言耳に逆らう／良薬は口に苦し

琴瑟相和《きんしつあいわ》す

夫婦仲がとてもよいこと。⬆「琴」は五弦もしくは七弦、「瑟」は二十五弦の大琴。両者が合奏すると音色がよく合うことから。『詩《し》経《きょう》』より。

注意 兄弟・友人の仲がよいことにも用いる。

類義 鴛鴦《えんおう》の契り／比翼連理《ひよくれんり》／和すること琴瑟の如《ごと》し

対義 琴瑟調《ととの》わず

錦上花《きんじょうはな》を添《そ》える

美しいものの上に、さらに美しいものを添えること。また、めでたいことやよいことが重なること。⬆美しい錦の上に、美しい花を飾るということから。王安石《おうあんせき》『即事《そくじ》』より。

禁断《きんだん》の木《こ》の実《み》

禁じられているが、とても魅惑的な快楽のたとえ。⬆アダムとイブが蛇にそそのかされて神に禁じられていた知恵の木の実を食べ、神の怒りをかってエデンの園を追放されたという物語から。『旧約聖書』より。the forbidden fruitの訳。

金時《きんとき》の火《か》事《じ》見《み》舞《ま》い

顔が真っ赤になることのたとえ。多く、酒に酔ったときの顔についていう。⬆「金時」は、源　頼光《みなもとのよりみつ》の家来で四天王の一人、坂田金時《さかたのきんとき》。幼名を金太郎といい、元気で血色がよい子どもの象徴として五月人形では真っ赤な顔に作られている。赤い金時が火事見舞いに行き、火に照らされていっそう顔が赤くなることからいう。

類義 金時の醤油《しょうゆ》だき／猿の火事見舞い

勤勉《きんべん》は成功《せいこう》の母《はは》

人生で成功するには、一生懸命仕事や勉強をすることが第一であるという教訓。

用例 勤勉は成功の母というが、長年の地道な勉強の成果が実り、ようやく司法試験に合格した。

英語 Diligence is the mother of success. の訳語。

金蘭《きんらん》の契《ちぎ》り

深い理解と信頼に基づく、極めて仲のよい友だちの交わり。⇧金を断つほどにかたく、蘭の芳香ほどにかぐわしい交際という意。『易経《えききょう》』より。

類義 管鮑《かんぽう》の交わり／金蘭の交わり／断金の交わり／刎頸《ふんけい》の交わり

苦《く》あれば楽《らく》あり

⬇楽《らく》あれば苦《く》あり

空谷《くうこく》の跫音《きょうおん》

独りわびしく暮らしている所に、懐かしい人が訪ねて来たり、うれしい便りが届いたりすること。⇧「空谷」は人気《ひとけ》のない谷。「跫音」は足音。『荘子《そうじ》』より。

空中楼閣《くうちゅうろうかく》

実現できぬ空想の産物。根拠のない架空の事柄、現実性のない論議。⇧「楼閣」は高い建物。空中に楼閣を築こうとしてもできないことから。元来は、蜃気楼《しんきろう》のことを言った。『夢渓筆談《むけいひつだん》』より。

類義 砂上の楼閣

愚公山《ぐこうやま》を移《うつ》す

どんな難事業も、怠ることなく努力を続ければ、いつか必ず成就するというたとえ。🅤昔、中国で九十歳にもなる愚公という老人が、家の前にある山をよそへ移そうと決意し、「私が死んでも子孫が受け継げば必ず成し遂げられる」と始めたところ、天帝がその意気に感じ、山を移してやったという故事から。『列子《れっし》』より。

類義 雨垂れ石を穿《うが》つ／金輪際《こんりんざい》の玉も拾えば尽きる

臭《くさ》い物《もの》に蠅《はえ》がたかる

悪い者のところには悪い仲間が集まるというたとえ。🅤悪臭を発する物に蠅が好んでたかることから。

類義 油樽《あぶらだる》に犬がつく／腐った物に虫が湧く／臭肉蠅を来《きた》す

臭《くさ》い物《もの》に蓋《ふた》をする

不正や醜聞、都合の悪いことを、外部に漏れないように表面だけを取り繕って、間に合わせに隠すこと。🅤臭いにおいの原因をなくそうともせずに、ただ外に漏れないように蓋をするという意。

用例 幹部連中の臭い物に蓋をするという態度には、もう我慢できない。おれが記者会見でやつらのかかわった不正行為を洗いざらいぶちまけてやる。

類義 臭い物に蓋

対義 膿《う》んだ物は潰《つぶ》せ

腐《くさ》っても鯛《たい》

すぐれた者や立派だった者は、たとえ落ちぶれたとしてもそれなりの価値を失わないということ。⇧魚の王様として珍重される鯛は少々傷みがきても値打ちを失わないという意。

用例 腐っても鯛というが、プロ野球のOB戦を見て、往年の名選手たちのすばらしいプレーに驚かされた。

類義 千切れても錦／沈丁花は枯れても香《かんば》し／破れても小袖

対義 麒麟《きりん》も老いては駑馬《どば》に劣る／昔千里も今は一里

草《くさ》を打《う》って蛇《へび》を驚《おどろ》かす

何気なくやったことが、考えてもいなかった結果を招くこと。また、一人を懲らしめることによって、関係するほかの人を戒めること。⇧昔、中国に収賄《しゅうわい》を常習とする王魯《おうろ》という役人がいた。部下が王魯に「賄賂《わいろ》を取っている役人がいる」と暗に反省を求めたところ、王魯は「すでに蛇は驚いて逃げてしまった」と答え、以後、賄賂をとることをやめたという故事から。『開元天宝遺事《かいげんてんぽういじ》』より。

類義 草を打って蛇を出す／藪《やぶ》をつついて蛇を出す

孔子《くじ》の倒《たお》れ

どんなにすぐれた人でも、ときには過失や失敗をするということ。⇧「孔子」は孔子《こうし》を呉音で読んだもの。孔子のような聖人君子でも、つまずいて倒れることがあるという意。

類義 河童《かっぱ》の川流れ／弘法にも筆の誤り／猿も木から落ちる／釈迦《しゃか》にも経の読み違い／上手の手から水が漏る／千慮《せんりょ》の一失

愚者《ぐしゃ》も一得《いっとく》

愚かな者でも、ときには一つぐらいよい考えを出すことがあるということ。『史記』より。

用例 仕事では何かとミスの多い彼だが、愚者も一得というのだろうか、社員旅行の幹事をさせたら絶好の穴場を見つけてきた。

類義 智者も千慮に一失有り愚者も千慮に一得有り

対義 千慮《せんりょ》の一失

薬九層倍《くすりくそうばい》

薬は、原価に比べると小売値が非常に高いことをいう。転じて、一般に暴利をむさぼることに用いる。⇧「九層倍」は「九倍」を強調した言い方で、薬の「く」と「九」の語呂を合わせたもの。原価の九倍にも売るという意味。

類義 呉服五層倍／百姓百層倍

薬人《くすりひと》を殺《ころ》さず医師人《くすしひと》を殺《ころ》す

物は使う人次第で毒にも薬にもなるというたとえ。悪い結末にいたるのは、物のせいではなく運用する人に責任があるということ。⇧薬の服用がもとで人が死んだとしても、それは、その薬の使い方を間違った医師が殺したのであるという意から。

注意 「医師」は「薬師」とも書く。

類義 医師《くすし》は人を殺せど薬人を殺さず

薬《くすり》も過《す》ぎれば毒《どく》となる

どんなによいものでも、度を過ごせば害になる。何事もほどほどが大切だということ。⇧どんな薬でも、適量をこえて服用すると、かえって体に毒だという意味から。

用例 食物繊維が体にいいからって、毎日こんにゃくとごぼうじゃ痩《や》せちゃうよ。薬も過ぎれば毒となるって言うじゃないか。

類義 過ぎたるは猶《なお》及ばざるが如《ごと》し

薬《くすり》より養生《ようじょう》

病気になってから薬を飲むより、節度ある生活を心がけ病気にかからぬようにする、平素の養生が大切という教訓。

類義 一に看病二に薬／一に養生二に介抱／薬より看病

癖《くせ》ある馬《うま》に乗《の》りあり

一癖ある人でも扱い方次第で個性を生かすことができるということ。むしろ特徴に欠けるものより、うまく使えば役に立つということ。⇧悪い癖のある馬も乗り方、扱い方次第でおとなしくなるものだということから。

類義 癖なき馬は行かず／蹴《け》る馬も乗り手次第／名馬に癖あり

管《くだ》を以《もっ》て天《てん》を窺《うかが》う

浅はかな知識しかないのに大きな問題を論じたり、判断したりすること。見識の狭さをいう。⇧細い管の穴からのぞくのでは、大空はほんの一部しか見えないことから。『荘子《そうじ》』

より。

注意「管」は「かん」ともいう。

類義 貝殻で海を量る／管の穴から天を覗《のぞ》く／針の穴から天を覗く／葦《よし》の髄《ずい》から天井を覗く

口《くち》と財布《さいふ》は締《し》めるが得《とく》
おしゃべりとむだ遣いを戒めていう言葉。
類義 口と財布は閉《と》ずるに利あり

口《くち》には関所《せきしょ》がない
人がしゃべることを規制はできない。何を言うのも自由だということ。⇧「関所」は昔、国境に設けられた検問所。
類義 口に地代は出ない／口に税はかからぬ／口に年貢は要らぬ

口《くち》に蜜《みつ》あり腹《はら》に剣《けん》あり
口先ではうまいことを言ってはいるが、内心は陰険なこと。⇧蜜のような甘い言葉を口にしながら、腹の中には人を切り殺す剣を隠しているの意。中国の唐の玄宗《げんそう》に宰相として仕えた李林甫《りりんぽ》を評した言葉から。『唐書《とうじょ》』より。
類義 笑みの中《うち》の刀／口に甘きは腹に害あり／口に接吻胸に匕首《あいくち》／笑中に刀《とう》あり
対義 口に針

口《くち》は閉《と》じておけ目《め》は開《あ》けておけ
よけいなことはしゃべらず、よく物事を観察せよということ。
英語 Keep your mouth shut and your eyes open. の訳語。

口《くち》は禍《わざわい》の門《かど》

うっかり言ったことがもとで失敗を招くことがあるので、言葉は慎まなければならないという戒め。

注意「門」は「もん」とも読む。

用例 ほんの冗談で言ったことが、彼女の気に障ったらしい。口は禍の門、よけいなことを言わなければよかった。

類義 雉《きじ》も鳴かずば撃たれまい／口は禍の元／三寸の舌に五尺の身を滅ぼす／舌は禍の根／病は口より入り禍は口より出ず

唇《くちびる》亡《ほろ》びて歯《は》寒《さむ》し

互いに助け合う関係にあるもののうち、一方が滅びれば、他の一方も危うくなるということ。⇧唇がなくなると歯がむきだしになって寒くなることにたとえ、一国が滅びるとその隣国も危なくなることをいったもの。『春秋《しゅんじゅう》左氏伝《さしでん》』より。

類義 唇竭《つ》きて歯寒し／唇歯輔車《しんしほしゃ》

口《くち》も八丁《はっちょう》手《て》も八丁《はっちょう》

弁舌も立ち、その上行動力も人並み以上にすぐれていること。話術・行動ともに抜け目なく達者にこなすこと。⇧「八丁」は達者、巧みの意。櫓《ろ》の数が八つの八挺《はっちょう》小舟という舟が、小回りが効くので重宝がられたところから。

注意「八丁」は「八挺」とも書く。

類義 口も口手も手／手八丁口八丁

対義 口自慢の仕事下手／口叩《たた》きの手足らず／手でせぬ口

苦爪楽髪《くづめらくがみ》
苦労が多いときには爪がよくのび、楽をしているときには髪がよくのびるということ。
対義 苦髪楽爪／苦髭楽爪

靴《くつ》**を隔**《へだ》**てて痒**《かゆ》**きを掻**《か》**く** ⬇ **隔靴掻痒**《かっかそうよう》

苦肉《くにく》**の策**《さく》
窮地を脱するための捨て身の策略。自分自身を犠牲にする覚悟で行う苦しまぎれの策。⬆「苦肉」は自分の身を苦しめるという意。
用例 一人しかいないキャッチャーが試合中にけがをしてしまい、苦肉の策で外野手がマスクをかぶった。
類義 苦肉の計／苦肉の謀《はかりごと》

国乱《くにみだ》**れて忠臣見**《ちゅうしんあらわ》**る**
だれが忠臣かは、泰平の世では試されることもないからわからない。国が乱れ、危機に直面したときこそ、だれが誠実に国を思って仕える臣下であるのかが明らかになるということ。『史記』より。
類義 世乱れて忠臣を識《し》る

国破《くにやぶ》**れて山河**《さんが》**在**《あ》**り**
世の中のはかなさ、戦乱の空しさを、永遠に変わらない自然の美しさと対比した言葉。⬆戦乱のために国土が荒廃し、人の世は変わりはててしまっても、自然の山や川はもとのままに美しい姿で存在しているという感慨をうたった杜甫《とほ》の詩「春望《しゅんぼう》」より。

苦《く》は楽《らく》の種《たね》

今の苦労や努力は、将来の幸せにつながるという教訓。

用例 大学でもなお試験勉強をするのはつらかったが、それも苦は楽の種、どうにか公務員に採用された。

類義 苦は楽しみの元

対義 楽は苦の種

首吊《くびつ》りの足《あし》を引《ひ》く

冷酷で血も涙もない行為のたとえ。⇧首を吊ろうとする人を見つけたら、止めようとするのが普通だが、かえって足を引っ張って早く死なせようとするという意。

類義 首縊《くく》りの足を引く

首振《くびふ》り三年《さんねん》ころ八年《はちねん》

簡単そうに見えることも、その道を極めるにはたいへんな修練が必要だということ。⇧尺八を演奏をするさい、音程を上下させるのに首を振る動作が伴う。それを習得するのに三年、ころころという微妙な音を出すまでには八年の修練が必要であるという意。

蜘蛛《くも》の子《こ》を散《ち》らすよう

大勢の者がいっせいに、散り散りになって逃げる様子のたとえ。⇧蜘蛛の子の入った袋を破ると、たくさんの蜘蛛の子が四方八方にいっせいに散る様子から。

用例 学生たちのデモ隊も、機動隊が出動するとなすすべもなく、蜘蛛の子を散らすように逃げて行った。

類義 風に蜘蛛の子を散らす如《ごと》し

暗《くら》がりから牛《うし》

物の区別がつきにくいこと。また、動作が鈍く、ぐずぐずしていること。⇧暗い所に黒い牛がいても見分けがつかない、また暗がりから牛を引き出そうとするとぐずぐずするところから。

類義 暗がりから手／暗がりの牛／暗闇から牛を引き出す／闇の夜の牛

暗闇《くらやみ》の鉄砲《てっぽう》 ⬇ 闇夜《やみよ》に鉄砲《てっぽう》

苦《くる》しい時《とき》の神頼《かみだの》み

普段はつき合いをおろそかにしている人に、自分が困ったときだけ助けを求める身勝手さをいう。⇧普段は信仰心のうすい人が、苦しい目にあうと、そのときだけ神様に祈って助けてもらおうとするということ。

類義 恐ろしい時の神祈り／悲しい時の念仏／叶《かな》わぬ時の神頼み／術《じゅつ》なき時（困った時）の神頼み／切ない時の神頼み／人窮すれば天を呼ぶ

車《くるま》の両輪《りょうりん》

両方が揃ってはじめて成り立ち、一方が欠けると役に立たない、密接な二つのものをいう。

類義 唇歯輔車《しんしほしゃ》／鳥の両翼

来《く》る者《もの》は拒《こば》まず

⬇ 去《さ》る者《もの》は追《お》わず来《きた》る者《もの》は拒《こば》まず

紅《くれない》は園生《そのう》に植《う》えても隠《かく》れなし
すぐれている人は、どんなところにいてもひときわ目立ち、必ず頭角を現すことをいう。⇧「紅」は紅花《べにばな》。紅花はどんな花園に植えても、美しい色が人目をひくところから。
類義 錐《きり》の嚢中《のうちゅう》に処《お》るが如《ごと》し／嚢中の錐

暮《く》れぬ先《さき》の提灯《ちょうちん》
手回しが良すぎて、かえって間が抜けることのたとえ。⇧夕暮れ前の明るいうちから提灯を灯しても、むだになるだけだということ。
用例 雨が降りそうだと傘をもたされたが、すっかり晴れて暮れぬ先の提灯になった。
類義 小舟の宵拵《よいごしら》え
対義 火事あとの火の用心／泥棒を見て縄を綯《な》う

君子《くんし》危《あや》うきに近寄《ちかよ》らず
危険なことは遠ざけ、無用な災難に遭わないよう用心するのが賢明であるという教訓。⇧「君子」は教養が高い、人格者のことを指す。このような人は思慮深く、言動を慎むので危険にははじめから近づかないという意。
用例 課長の酒はからみ酒だからな。君子危うきに近寄らず、今夜は離れた席に座ろう。
類義 賢人は危きを見ず／聖人は危きに寄らず
対義 虎穴《こけつ》に入らずんば虎子《こじ》を得ず

君子《くんし》の交《まじ》わりは淡《あわ》きこと水《みず》の如《ごと》し
教養のある人の交際は、水のように淡々としているが、その友情は永久に変わらないという意。『荘子《そうじ》』より。
類義 醴水《れいすい》の交わり

君子《くんし》は独《ひと》りを慎《つつし》む

教養ある人は、たとえ人が見ていなくても自分の行動を慎むということ。『大学《だいがく》』より。
類義 君子は屋漏《おくろう》に恥じず

君子《くんし》は豹変《ひょうへん》す

徳の高い立派な人物は、自分の過ちに気づいたならはっきりと改め、善に移るということ。⇧「豹変」は豹の毛が抜け変わり、斑紋が一変して鮮明になること。『易経《えききょう》』より。
注意 現在では原意とは逆に、悪いほうに態度が急変する場合に使われることが多い。
対義 小人は面《おもて》を革《あらた》む

君子《くんし》は和《わ》して同《どう》ぜず 小人《しょうじん》は同《どう》じて和《わ》せず

すぐれた人物は、他人との協調を大事にしても自主性は失わず、人に引きずられて考えを曲げたりしない。つまらない人間は、すぐに他人の意見に同調するが、利害が反するとたちまち仲が悪くなるということ。『論語《ろんご》』より。

葷酒山門《くんしゅさんもん》に入《い》るを許《ゆる》さず

ネギ・ニンニク・ニラなどの臭い野菜と酒は、浄念を乱し、修行の妨げとなるから、寺門の中に持ち込んではならないことをいう。⇧「葷」は臭いにおいのネギやニラ、ニンニクなどの野菜。禅寺などで寺門のそばの戒壇石に、「不許葷酒入山門」と刻まれている。

鯨飲馬食《げいいんばしょく》

大酒を飲み、大食すること。猛烈な勢いで飲食することの形容。⇧鯨のように大口で酒を飲み、馬が食べるように大食いする意。

類義 牛飲馬食

形影相弔う《けいえいあいとむら》

訪れる人もつき合う相手もなく、孤独で寂しい様子。よるべない身の上のたとえ。⇧「相弔う」は慰め合うこと。自分と自分の影法師が慰め合い、ほかには同情を寄せるものもないことを表す。李密《りみつ》『陳情表《ちんじょうのひょう》』より。

用例 一人で暮らす近所の老人は、形影相弔うという様子でいかにも寂しそうだ。

類義 形影自《みずか》ら相憐《あいあわ》れむ

謦咳《けいがい》**に接**《せっ》**する**

立派な人や尊敬する人物にじかに面会し、直接に話を聞くこと。⇧「謦」も「咳」もせきばらいのこと。間近で直接せきばらいを聞く意から。

注意「謦咳」を「せいがい」と読まないこと。

芸《げい》**が身**《み》**を助**《たす》**けるほどの不仕合**《ふしあわ》**せ**

羽振りのいいころに道楽で覚えた芸を生計の助けとするという意で、落ちぶれた不幸な状態をいう。

類義 芸は身を助ける

鶏群《けいぐん》**の一鶴**《いっかく》

大勢の平凡な人々の中に、一人だけすぐれた人がいて、際立って見えること。⇧鶏の群れの中に一羽だけ美しい鶴が混じっていれば、とても目立って見えるということから。『晋《しん》書《じょ》』より。

類義 掃き溜めに鶴／万緑叢中《そうちゅう》紅一点／野鶴《やかく》の鶏群に在《あ》るが如《ごと》し

鶏口《けいこう》となるも牛後《ぎゅうご》と為《な》る勿《なか》れ

大きな組織の下で人に使われるより、たとえ小さな組織でもその長となった方がよいということ。従属より独立を勧める言葉。⇧「鶏口」は鶏の口の意から、小さな組織の長を、また「牛後」は牛の尻の意から、強大な者につき従って使われる者を指す。中国の戦国時代、遊説家蘇秦《そしん》が韓の王に、たとえ小国でも、強国の秦に屈服せず戦うように説いたときの言葉。『史記』より。

用例 鶏口となるも牛後と為る勿れという父の意見もあり、友達と会社を興した。

類義 大鳥の尾より小鳥の頭《かしら》／鶏口牛後／鯛《たい》の尾より鰯《いわし》の頭

対義 寄らば大樹の陰

芸術《げいじゅつ》は長《なが》く人生《じんせい》は短《みじか》し

人間の命は短いが、すぐれた芸術作品は作者の死後も永久に残るので、よい作品を残すために努力せよという教訓。⇧元来は「医学を修得するには長い時間がかかり、それに比べて人生はあまりにも短い。怠らずに勉強せよ」という意味。古代ギリシャの医師、ヒポクラテスの言葉より。

英語 Art is long, life is short. の訳語。

蛍雪《けいせつ》の功《こう》

苦心して学問に励むこと。また、その成果をいう。⬆中国の晋の車胤《しゃいん》は夏の夜、蛍《ほたる》の放つ光を集めて読書をし、孫康《そんこう》は冬の夜、雪明かりで読書をした。灯火を買う余裕もないほどの貧しさの中で勉学に励んだという故事から。『晋書《しんじょ》』より。

用例 新聞配達をしながら蛍雪の功を積むというような学生は最近少なくなった。

類義 蛍の光窓の雪／雪を積み蛍を集める

兄《けい》たり難《がた》く弟《てい》たり難《がた》し

兄弟が二人ともにすぐれており、優劣が決められないこと。⬆「兄」がすぐれた方、「弟」が劣った方を意味している。中国の漢時代、陳《ちん》元方《げんほう》と陳季方《ちんきほう》という兄弟がいた。それぞれの息子、陳長文《ちんちょうぶん》と陳孝先《ちんこうせん》はどちらの父親がすぐれているかを論じ合ったものの結論が出なかった。そこで祖父の太丘《たいきゅう》に尋ねたところ、「元方は兄たり難く、季方は弟たり難し」と答えたという故事から。『世説新語《せせつしんご》』より。

類義 いずれ菖蒲《あやめ》か杜若《かきつばた》／伯仲《はくちゅう》の間《かん》

芸《げい》は道《みち》によって賢《かしこ》し

専門家はそれぞれ専門のことに精通しているものだということ。専門の知識はその分野によって異なっていること。⬆一芸に秀でた者は、人よりその道に詳しいという意。

類義 海の事は舟子に問え／蛇《じゃ》の道は蛇《へび》／商売は道によって賢し／芸は道によって精《くわ》し／田作る道は農に問え／餅《もち》は餅屋

芸《げい》は身《み》を助《たす》ける

趣味や道楽で習い覚えた技芸が、思いがけなく仕事として役立ち、いざというときに暮らしを立てる助けになること。

類義 芸は身につく

対義 芸は身の仇《あだ》／芸は身を助けぬ籠《かご》のうずら／芸は身を破る／粋《すい》が身を食う

桂馬《けいま》の高上《たかあ》がり

実力が伴わないのに不相応な出世などをすると、思わぬ失敗を招くということ。⇧将棋の駒の桂馬は、変則的に前の駒を飛び越えて進めるが、動きがかぎられているので、あっさり取られることも多い。

類義 桂馬の高飛び歩の餌食《えじき》

鶏鳴狗盗《けいめいくとう》

品性が卑しく、つまらぬことしかできない者のたとえ。また、くだらない技芸でも役に立つことがあること。⇧「狗」は犬。中国の斉《せい》の孟嘗君《もうしょうくん》が犬のまねのうまい人間に白狐の皮衣を盗ませたり、従者に鶏の鳴き声をまねさせたりしたという故事から。『史記』より。

怪我《けが》の功名《こうみょう》

間違ってやってしまったことや何気なくしたことが、思いがけずよい結果になること。⇧「怪我」は失敗、過ちの意。「功名」は手柄。

用例 実験の手順を失敗したが、怪我の功名で思いがけない化学反応が観察できた。

類義 過ちの功名／怪我勝ち

逆鱗《げきりん》に触《ふ》れる

目上の人や地位の高い人をひどく怒らせてしまうこと。⬆「逆鱗」は、竜ののどの下にある、一枚だけ逆さに生えた鱗。これに触れると竜が怒ってその人をつき殺すという。もとは天子を竜にたとえ、天子の怒りを買うことを言った。『韓非子《かんぴし》』より。

用例 無断欠勤を重ねて店長の逆鱗に触れ、とうとうバイトを首になってしまった。

下戸《げこ》の建《た》てた蔵《くら》はない

酒を飲まない者が、その分金をためて蔵を建てたという話は聞いたことがない。酒飲みが下戸を嘲るときや、酒を飲むことを自己弁護していう言葉。⬆「下戸」は酒の飲めない者。酒飲みは「上戸」という。

類義 酒蔵はあれども餅蔵なし

下種《げす》の後思案《あとじあん》

凡人は必要なときには、よい考えが浮かばず、あとになってようやく考えつくということ。役に立たないことのたとえ。

類義 下種の後知恵／はまった後で井戸の蓋をする／下手の思案は後に付く

対義 先見の明

下駄《げた》を預《あず》ける

事柄の処理を、相手に一切まかせること。⬆下駄を預けてしまうと、どこへも行けなくなる。相手への信頼を表した言葉。

用例 忘年会の段取りは、君に下駄を預けるから、予算だけは足が出ないようにやりくりしてくれたまえ。

月下氷人《げっかひょうじん》

結婚の仲人。媒酌人。⬆「月下老」と「氷上人」を一つにした語で、ともに仲人の意。中国の唐の葦固《いこ》は月夜に男女の縁を結ぶという老人に会い、その予言通りの女性と結婚した。また、晋の狐策《こさく》は、氷上に立ち、氷の下にいる人と話をする夢を見、それを占ってもらうと、あなたが人の結婚の仲人をする前兆だと言われ、その通りになったという故事から。『続幽怪録《ぞくゆうかいろく》』『晋書《しんじょ》』より。

外面如菩薩内心如夜叉《げめんにょぼさつないしんにょやしゃ》

外見は優しく美しいが、内心は残忍で恐ろしいという意。⬆「夜叉」は、恐ろしい姿の鬼神。本来は、女性が仏道修行の妨げとなることを言ったもの。『華厳経《けごんきょう》』より。

類義 外面似《じ》菩薩内心如夜叉／人面獣心

対義 鬼面仏心

毛《け》を吹《ふ》いて疵《きず》を求《もと》む

他人の些細な欠点をあら探しすること。また、人の欠点を暴こうとして、かえって自分の弱点をさらけ出す結果になることにもいう。⬆毛を吹き分けて、隠れている疵をわざわざ探そうとするという意から。『韓非子《かんぴし》』より。

類義 垢《あか》を洗って痕《あと》を求む／痒《かゆ》くないところを掻《か》く

犬猿《けんえん》の仲《なか》 ⬇ **犬《いぬ》と猿《さる》**

け

け

喧嘩過《けんかす》ぎての棒乳切《ぼうちぎ》り

時機に間に合わず、役に立たないこと。手遅れ。⇧「棒乳切り」は「棒千切り」とも書き、両端が太く中央が少し細いこん棒。喧嘩が終わってから武器になるこん棒を持ち出しても何にもならないことから。

類義 後の祭り／諍《いさか》い果てての乳切り木／十日の菊六日の菖蒲《あやめ》

喧嘩両成敗《けんかりょうせいばい》

喧嘩をした者はどんな理由があるにしても、どちらにも罪があるとして同じように罰すること。⇧「成敗」は処罰の意。

乾坤一擲《けんこんいってき》

自分の運命をかけた大勝負に出ること。⇧「乾坤」は天地、全世界。「一擲」は、さいころを一回投げること。一度だけのさいころ勝負に天地をかけるという意味。

類義 一か八《ばち》か／一擲《いってき》乾坤を賭《と》す／のるかそるか

健全《けんぜん》なる精神《せいしん》は健全《けんぜん》なる身体《しんたい》に宿《やど》る

体が健康でなければ健やかな精神を保てない。古代ローマの詩人、ユウェナリスの詩「風刺《ふうし》詩《し》」より。

英語 A sound mind dwells in a sound body. の訳語。

捲土重来《けんどちょうらい》

一度争いに負けた者が、また勢いを盛り返してくること。また、一度失敗した者が、非常な意気ごみでやり直そうとすること。⇧「捲土」は、土煙を巻き上げるの意で、すさまじい勢いを表す。「重来」は、再びやってくること。杜牧《とぼく》の詩「題烏江亭《うこうていにだいす》」より。

注意「けんどじゅうらい」とも読む。

犬馬《けんば》の労《ろう》

主人や人のために、力を尽くすこと。⇧自分の尽力を、犬や馬程度の労苦であるとへりくだっていう言葉。

類義 汗馬の労／犬馬の労をとる

恋《こい》に上下《じょうげ》の隔《へだ》てなし

恋愛に、地位や身分の上下、貧富の差などないということ。

類義 色に貴賤の隔てなし／高いも低いも色の道

鯉《こい》の滝登《たきのぼ》り

めざましい立身出世をすること。⇧中国の黄河上流に竜門という急流があり、これを登った鯉は竜になるという伝説から。

類義 登竜門／竜門の滝登り

恋《こい》は曲者《くせもの》

恋愛は人間の理性を失わせるので、普段はよく心得た人も、とんでもない行為におよぶことがあるというたとえ。⇧「曲者」は悪者、油断のできない者の意。

類義 恋の奴《やっこ》／恋の山には孔子《くじ》の倒れ／恋の闇／恋は心の外／恋は思案の外／恋は闇

恋《こい》は思案《しあん》の外《ほか》

恋愛は人の理性を失わせるから、交際する相手、そのきっかけなど、他人が常識では測れないものだといえうこと。

類義 色は心の外／色は思案の外／色（恋）は分別の外／恋は曲者／恋は闇

光陰矢《こういんや》の如《ごと》し

月日が非常に早く過ぎ去ること。また、過ぎ去った歳月は二度と戻らないこと。⇧「光陰」は、時間・歳月の意。

類義 光陰に関守《せきもり》なし／光陰流水の如し／歳月人を待たず

英語 Time flies like an arrow.（時は矢のように飛ぶ）

後悔先《こうかいさき》に立《た》たず

物事が終わってから悔やんでみても取り返しがつかないこと。

類義 後悔と槍持ちは先に立たず／葬礼帰りの医者話

好機逸《こうきいっ》すべからず

よい機会は逃してはならないという教え。

類義 思い立ったが吉日／思い立つ日に人神《にんじん》なし／善は急げ

肯綮《こうけい》に当《あ》たる

急所をずばりと言い当てること。議論などで肝心な点をとらえた意見を述べること。⇧「肯綮」は、骨と肉とのつなぎ目。ここに包丁を当てると、肉と骨とをうまく切り離せることから、急所を意味する。『元史《げんし》』より。
注意「当たる」は本来は「中る」と書く。

巧言令色《こうげんれいしょく》鮮《すくな》し仁《じん》

口がうまくて、むやみに愛想のよい人間は、誠実さが欠けている場合が多いことをいう。
⬆巧みな言葉とにこやかな表情を操る者は、真心に乏しいという意。『論語《ろんご》』より。
類義 巧言は徳を乱る／花多ければ実少なし
対義 剛毅木訥《ごうきぼくとつ》は仁に近し

孝行《こうこう》のしたい時分《じぶん》に親《おや》はなし

子どもをもつと、親の苦労がわかり、自分の親に対して孝行をしたいと強く思うようになるが、その頃には親は死んでしまっているので果たせないことが多い。親が元気なうちに、孝行をしておきたいものだという教え。
用例 生前、父とろくに顔も合わさなかったのが今になって悔やまれる。孝行のしたい時分に親はなしとはよく言ったものだ。
類義 石に布団《ふとん》は着せられぬ／樹静かならんと欲すれども風止まず／風樹の嘆《たん》

好事魔多《こうじまおお》し

うまくいきそうなときには、何かと邪魔が入りやすいという意。⬆「好事」は、喜ばしいこと、「魔」は邪悪なこと。『琵琶記《びわき》』より。
用例 やっと彼女とデートの約束をとりつけたのに、好事魔多し、当日に大雪が降り、外出どころではなくなってしまった。
類義 月に叢雲《むらくも》花に風

孔子《こうし》も時《とき》に遇《あ》わず

有能な人でも、機会に恵まれなければ埋もれてしまうこと。不遇をかこつ人を慰める言葉でもある。⇧孔子でさえ、時勢に合わなければ、不遇に終わるという意。『荀子《じゅんし》』より。

用例 先生は今でこそ日本画壇の巨匠と言われるが、孔子も時に遇わずで、若い時分は作品がまったく売れなかったそうだ。

類義 孔子も道行われず／聖人も時に遇わず

好事門《こうじもん》を出《い》でず悪事千里《あくじせんり》を行《ゆ》く

よい評判はなかなか広まらないものだが、悪い噂《うわさ》は、たちまち世間に知れわたるということ。『北夢瑣言《ほくぼうさげん》』より。

類義 好事門を出でず悪事千里を走る

後生畏《こうせいおそ》るべし

年少の者は努力と成長次第で、将来すぐれた人物になる可能性があるから、決してあなどってはならないということ。⇧「後生」はあとから生まれた人、後輩の意。『論語《ろんご》』より。

浩然《こうぜん》の気《き》

束縛されない、大らかで屈託のない気持ち。のびやかで解放的な気分。『孟子《もうし》』より。

用例 日頃はデスクワークが多いので、週末に川釣りに出かけ、浩然の気を養うのが、何よりの楽しみです。

巧遅《こうち》は拙速《せっそく》に如《し》かず

出来がよくて遅いより、多少出来が悪くても速く仕上がる方がよいということ。『文章軌《ぶんしょうき》範《はん》』より。

用例 巧遅は拙速に如かずといっても、こう不良品ばかり出したのでは商売にならない。

荒唐無稽《こうとうむけい》

まったく根拠がないでたらめな言説や考え。⬆「荒唐」は言うことにとりとめがないこと、「無稽」は、根拠のない考えのこと。

用例 将来この国が、経済を通じて属国化されるという仮説も、あながち荒唐無稽とはいえない状況になってきた。

類義 荒唐不稽

狡兎《こうと》死《し》して走狗《そうく》烹《に》らる

重宝がられたものも、不要になればお払い箱にされること。⬆「狡兎」はすばしこい兎、「走狗」は猟犬。逃げ足の速い兎が捕り尽くされれば、用済みの猟犬は煮て食われてしまうという意。『史記』より。

類義 飛鳥《ひちょう》尽きて良弓蔵《おさ》めらる

郷《ごう》に入《い》っては郷《ごう》に従《したが》え

風俗や習慣は地方によって異なるから、知らない土地では、そこの風俗や習慣に従って生活せよということ。⬆「郷」は、古代中国の行政区画。地方、いなかの意。『童子教《どうじきょう》』より。

類義 里に入りては里に従う／その国に入る者はその俗に従う

英語 Do in Rome as the Romans do.
（ローマにいるときはローマ人のするようにせよ）

孝《こう》は百行《ひゃっこう》の本《もと》

孝行は、あらゆる善行や徳行のもとであることをいう。⬆「百行」はすべての善行の意。『後漢書《ごかんじょ》』より。

類義 孝は百行の首《はじめ》／孝は万善《まんぜん》の本

光風霽月《こうふうせいげつ》

清らかで、さっぱりした心をたとえた言葉。⬆「光風」は明るくすがすがしい風。「霽月」は雨上がりの夜空にかかる清らかな月。『宋史《そうし》』より。

好物《こうぶつ》に祟《たた》りなし

好きな物なら、たとえ食べ過ぎても体をこわすことはないということ。

用例 いくら好物に祟りなしっていっても、ラーメン三杯は食べ過ぎだと思うよ。

類義 好きな物に祟りなし

対義 節制は最良の薬である

弘法《こうぼう》にも筆《ふで》の誤《あやま》り

すぐれた人物でも、たまには失敗することがあるというたとえ。⬆弘法大師（空海《くうかい》）は、書道の名人だが、それでもときには書き損なうことがあるという意から。

用例 安全運転には定評のある彼だが、弘法にも筆の誤り、赤信号を見落として罰金を取られてしまった。

類義 泳ぎ上手は河川で死ぬ／河童《かっぱ》の川流れ／孔子《くじ》の倒れ／猿も木から落ちる／上手の手から水が漏る／千慮《せんりょ》の一失

英語 Even Homer sometimes nods.
（ホメロスでさえときには居眠りする）

弘法《こうぼう》は筆《ふで》を選《えら》ばず

達人は道具の善し悪しにかかわらず、すぐれた仕事をするということ。道具にこだわる愚を諭す言葉。⬆弘法大師（空海《くうかい》）は、嵯峨《さが》天皇、橘逸勢《たちばなのはやなり》とともに三筆《さんぴつ》といわれる名筆家で、筆の善し悪しなど関係ないほどにすぐれた腕の持ち主であるという意から。

類義 能書《のうしょ》筆を選ばず／名筆《めいひつ》は筆を選ばず

対義 下手の道具調べ／下手の道具立て

蝙蝠《こうもり》も鳥《とり》の内《うち》

共通点があれば、取るに足りないものも仲間として数えること。また、つまらない人間が、すぐれた者に交じって得意がることをいう。⬆蝙蝠は哺乳類だが、翼があって飛ぶのだから、鳥の仲間ということもできるという意から。

類義 蝙蝠も人数／田作りも魚《うお》の中《うち》／蝶々蜻蛉《とんぼ》も鳥の内／目高も魚《とと》の内

紺屋《こうや》の明後日《あさって》

約束の期日が信用できないこと。⬆「紺屋」は染め物屋。染め物の仕事は天気に左右されるので、約束の期日が守れないことが多い。「明後日仕上がります」という約束も、当てにならないことからいう。

注意 「紺屋」は「こんや」とも読む。

類義 医者の只今《ただいま》／鍛冶屋の明晩／紺屋の明後日七十五日／問屋の唯今《ただいま》

紺屋《こうや》の白袴《しろばかま》

専門家が他人のために忙しいあまり、自分のことにはその技術を使うひまがないことをいう。⇧「紺屋」は染め物屋。染め物を職業としているのに、当人は染めていない白い袴をはいているという意。

注意「紺屋」は「こんや」、「白袴」は「しらばかま」とも読む。

用例散髪屋の親父、紺屋の白袴で、自分の髪は伸ばし放題にしているよ。

類義医者の不養生／鍛冶屋の竹火箸《たけひばし》／髪結いの乱れ髪／大工の掘っ立て

呉越同舟《ごえつどうしゅう》

仲の悪い者や敵対する者同士が一つの場所に一緒にいること。また、敵同士が、共通する利害のために協力し合うこと。⇧中国の春秋時代、争い合う呉と越の国の人が太湖で同じ舟に乗り合わせて嵐にあったとき、助け合って危機を脱したという話から。『孫子《そんし》』より。

類義楚越《そえつ》同舟／同舟相救う

小男《こおとこ》の腕立《うでた》て

手向かってもむだなことのたとえ。⇧どう見ても力のなさそうな小男が、腕力に訴えようとするさまから。

類義蟷螂《とうろう》の斧《おの》

氷《こおり》に鏤《ちりば》め水《みず》に描《えが》く

成果を得られず、徒労に終わる努力のこと。⇧氷に彫刻してもすぐ溶けてしまうし、水に絵を描いても流れて消えてしまう意から。
類義 脂《あぶら》に描き氷に鏤《ちりば》む／水に絵を描く

呉下《ごか》の阿蒙《あもう》

いっこうに進歩が見られない人。⬆「呉下」は呉の地方の意。「阿」は相手の名に添えて親しみを表す語。中国の三国時代、呉の魯粛《ろしゅく》が、学問を修めた呂蒙《りょもう》に再会し、かつて呉にいたころの阿蒙（蒙さん）とは別人のようだと感心したという故事による。『三国志《さんごくし》』より。

故郷《こきょう》へ錦《にしき》を飾《かざ》る

ひと旗上げようと故郷を離れた者が、努力の末に立身出世を遂げて帰ること。⬆「錦」は、金糸や銀糸を使った高価な絹織物。成功して晴れがましく凱旋することのたとえ。
類義 故郷へ錦を着て帰る／故郷へ花を飾る／錦を着て郷に帰る

虎穴《こけつ》に入《い》らずんば虎子《こじ》を得《え》ず

危険を冒して思い切ったことをしなければ、大きな成果は得られないというたとえ。⬆虎の子を手に入れようとすれば、恐ろしい虎のすむほら穴に入るほかはないという意味から。『後漢書《ごかんじょ》』より。
類義 枝先《えださき》に行かねば熟柿《じゅくし》は食えぬ
対義 君子危うきに近寄らず

虚仮《こけ》の一念《いちねん》

愚かな者でも一生懸命やれば、立派なことができるということ。⬆「虚仮」は考えの浅い者。「一念」は、ひたむきに思う気持ち。

虎口《ここう》を脱《だっ》する

危険きわまりない場所や状態から、どうにか逃れること。⇧「虎口」は、虎の口。危険な状態や場所のたとえ。『荘子《そうじ》』より。

類義 虎口を逃れる

虎口《ここう》を逃《のが》れて竜穴《りゅうけつ》に入《い》る

災難が次から次へと降りかかること。⇧虎のいる場所から逃れたと思ったら、今度は竜のすむ穴に入ってしまったという意。

類義 一難去ってまた一難／前門の虎後門の狼

心《こころ》焉《ここ》に在《あ》らざれば視《み》れども見《み》えず

上の空であっては、目を向けていても何も見ていないのと同じことだ。集中力が大切だということ。『大学《だいがく》』より。

注意 このあとに「聴けども聞こえず、食らえどもその味を知らず」と続く。

志《こころざし》有《あ》る者《もの》は事竟《ことつい》に成《な》る

必ずやり遂げようとする意志があれば、どんな困難や挫折も乗り越えて、いつかは成功するということ。『後漢書《ごかんじょ》』より。

類義 石に立つ矢／一念天に通ず／精神一到何事か成らざらん／念力岩をも徹す

心《こころ》は二《ふた》つ身《み》は一《ひと》つ

やりたいことが二つ重なり、同時にはできないことを嘆く言葉。

用例 同じ日の芝居と相撲の切符が手に入ったが、心は二つ身は一つ、どうしよう。

類義 二兎《にと》を追う者は一兎《いっと》をも得ず

乞食《こじき》を三日《みっか》すれば忘《わす》れられぬ

一度身についた悪い習慣からはなかなか抜け出せないこと。悪い習慣は捨てにくいということ。⇧乞食を三日も続けると、働かずに暮らせる気楽さに、やめられなくなるという意。

類義 一年乞食すれば三年忘れられぬ

五十歩百歩《ごじっぽひゃっぽ》

似たりよったり。わずかな違いだけで大して差のないこと。どっちもどっち。⇧中国の戦国時代、梁《りょう》の恵王《けいおう》が孟子に、隣国と比べて善政を敷いているのに、自国がそれほど繁栄しないのはなぜかと尋ねた。孟子は「戦場で五十歩逃げた兵士が、百歩逃げた兵士を臆病者だとあざけっても、恐くて逃げたということでは変わりがない。これと同じで、恵王の政治は、隣国とほとんど変わらない」と答えたという故事から。『孟子《もうし》』より。

用例 こう利息が低くては、定期預金よりは投資信託にしようとも思ったが、今の株式市場では成果は五十歩百歩だろう。

類義 大同小異／団栗《どんぐり》の背競べ／鍋《なべ》が釜を黒いと言う／目糞鼻糞《めくそはなくそ》を笑う

小姑《こじゅうと》一人《ひとり》は鬼千匹《おにせんびき》に向《む》かう

嫁にとって夫の姉妹は極めて扱いにくい、悩まされる相手だというたとえ。⇧「向かう」は相当する、匹敵するの意。

類義 小姑は鬼千匹／小姑は狐千匹／小姑一人は猫千匹に向かう

凝《こ》っては思案《しあん》に能《あた》わず

深く考えすぎると冷静な判断ができず、かえってよい知恵が出なくなることをいう。

用例 デジカメを買うので、どの機種がいいかと色々調べたが、凝っては思案に能わずで、ますますわからなくなった。

類義 過ぎたるは猶及《なおおよ》ばざるが如《ごと》し

対義 凝れば妙あり

骨肉相食《こつにくあいは》む

親子・兄弟など、肉親同士が激しく争うこと。一つの組織での権力争いにもいう。

類義 兄弟牆《けいていかき》に鬩《せめ》ぐ／骨肉相争う

コップの中《なか》の嵐《あらし》

かぎられた範囲内の騒ぎで、大局には影響のないこと。うちわもめ。

類義 蝸牛《かぎゅう》角上の争い／蛮触《ばんしょく》の争い

英語 Storm in a teacup. の訳語。

碁《ご》で敗《ま》けたら将棋《しょうぎ》で勝《か》て

一つのことで負けても、別のことで取り返せということ。

類義 海の疲れは山で治す／江戸の敵を長崎で討つ

琴柱《ことじ》に膠《にかわ》す

規則にこだわって、臨機応変な処置が取れないこと。融通のきかないこと。⬆「琴柱」は琴の弦を支え、動かして音を調節するもの。琴柱をにかわで固定してしまうと、音を変えることができないことから。『史記』より。

類義 柱《ちゅう》を膠して瑟《しつ》を鼓す

言葉《ことば》多《おお》きは品少《しなすく》なし

口数が多い人は、軽々しくて品格に欠けてみえるといって、おしゃべりを戒めた言葉。⇧「品」は品位、品格。

用例 今度の校長先生は、よくしゃべるので親しみやすい反面、言葉多きは品少なしという通り、威厳には少し欠ける。

類義 雄弁は銀沈黙は金

五斗米《ごとべい》のために腰《こし》を折《お》る

わずかな給料を得るために、人にへつらう態度をとること。⇧中国の晋《しん》の陶淵明《とうえんめい》が、五斗（約九〇リットル）の扶持米のために、視察に来る年の若い上役の機嫌をうかがうのはいやだと言って、即日辞職して郷里に帰ったという故事から。『晋書《しんじょ》』より。

類義 髭《ひげ》の塵《ちり》を払う

子供《こども》の喧嘩《けんか》に親《おや》が出《で》る

子ども同士の喧嘩は子どもにまかせておけばよいのに、わが子可愛さに親が出しゃばり、ついには親同士の喧嘩になる愚かさをいう。つまらぬ口出しをすることにも用いる。

子供《こども》は風《かぜ》の子《こ》

子どもは寒さにかまわず、戸外で元気いっぱいに遊びまわることをいう。⇧あとに「大人は火の子」（大人は寒さに弱く暖かい所を好む）と続けていうこともある。

小糠三合《こぬかさんごう》持《も》ったら婿《むこ》に行《ゆ》くな

男は少しでも財産があればよほどの事情でもないかぎり、婿養子などに行かないで、独力で家庭を築くべきだということ。⇧「小糠」は、米をつくときに残る皮の細かく砕けてできた粉。「小糠三合」とは、わずかな財産のたとえ。養子に「来ぬか」と、かけている。

注意「小糠」は「粉糠」とも書く。

類義来ぬか来ぬかと三度言われても婿と養子には行くな／養子に行くか茨《いばら》の藪《やぶ》を裸で行くか

子《こ》の心《こころ》親《おや》知《し》らず

子は、親の目にはたわいなく見えるものだが、いつの間にかしっかりした自分の考えをもつようになっていること。わが子をいつまでも無思慮なものとして、親が過小評価している場合が多いことをいう。

対義親の心子知らず

子《こ》は鎹《かすがい》

子どもは、夫婦をつなぎとめる役をするということ。夫婦仲が悪くなっても、子どもへの愛情のために辛抱して別れないという意。⇧「鎹」は木材をつなぐコの字形の鉄製の釘。

類義縁の切れ目は子で繋《つな》ぐ／子は縁繋ぎ

子《こ》は三界《さんがい》の首枷《くびかせ》

親は子を思う気持ちが優先して、生涯自由を束縛されてしまうということ。⇧「三界」は、過去・現在・未来の三つの世界。「首枷」は、罪人の首にはめて自由を奪う道具。
類義 子宝脛《すね》が細る
対義 千の倉より子は宝

五風十雨《ごふうじゅうう》

農作に都合のよい、順調な気候をいう。また、世の中が平和であるたとえ。⇧五日目ごとに風が吹き、十日目ごとに雨が降るの意。『論衡《ろんこう》』より。
類義 五風十雨は作がいい

ごまめの歯《は》ぎしり

実力のない者が、いきり立っていることをたとえる言葉。⇧「ごまめ」は、片口鰯《いわし》を干したもの。とるに足りない無力な者の意。
類義 石亀も地団駄《じだんだ》

米《こめ》を数《かぞ》えて炊《かし》ぐ

つまらないことに気をつかうたとえ。細かいことにこだわっていては大事をなすことはできないということ。また、物惜しみすることのたとえ。⇧米粒を一つ一つ勘定してから飯をたくという意。
類義 粟《ぞく》を量りて舂《つ》く

子故《こゆえ》の闇《やみ》

分別のある人でも、わが子を思うあまりに理性を失い正しい判断ができないことがあるという意。⇧藤原兼輔《かねすけ》の歌「人の親の心は闇にあらねども子を思う道に惑ひぬるかな」〈『後《ご》撰和歌集《せんわかしゅう》』〉より。
類義 子故に迷う親心／子を思う心の闇

五里霧中《ごりむちゅう》

取り巻く状況がわからず判断に迷うこと。方針や見通しが立たず、どうすればよいのかわからないこと。⬆中国の後漢の張楷《ちょうかい》は、道術によって五里四方に霧を起こすことができ、その中に入った者はみな方角を失ったという故事から。『後漢書《ごかんじょ》』より。

注意「五里夢中」と書くのは誤り。

用例これまでにない画期的なプランだが、どう運用するかはまだ五里霧中の状態だ。

これに懲《こ》りよ道才坊《どうさいぼう》

これにこりて、二度とするなという意。⬆「道才坊」は、語調を整えるために添えた語で、特に意味はない。

転《ころ》がる石《いし》には苔《こけ》が生《は》えぬ

たびたび転職したり、住居が定まらないような人は、地位も得られず金もたまらないという意。また、よく働き、いきいきしている人を称賛していう場合にも用いる。

類義転石苔むさず

英語A rolling stone gathers no moss. の訳語。

転《ころ》ばぬ先《さき》の杖《つえ》

失敗しないように、前もってよく備えておくべきであるということ。入念に用心せよという教え。⬆転んでからでは遅いので、その前に杖をつくという意味から。

類義倒れぬ先の杖／濡れぬ先の傘／良いうちから養生

衣《ころも》ばかりで和尚《おしょう》はできぬ

うわべだけ整えても、中身が伴わなければ役には立たないこと。また、人は外観だけでは判断できないこと。⬆立派な法衣をまとっても、経を唱えられず説法もできなくては僧侶《そうりょ》とはいえないから。

転《ころ》んでもただは起《お》きぬ

たとえ失敗した場合でも、そこから必ず何かの益を見つけだすこと。貪欲《どんよく》で、要領よく機敏な人をいう。

類義 こけても砂／転んでも土を掴《つか》む

子《こ》を見《み》ること親《おや》に如《し》かず

子どものことは長所も欠点も、育て上げたその親がいちばんよくわかっているということ。

対義 親の欲目

子《こ》を持《も》って知《し》る親《おや》の恩《おん》

親になって子を育てる苦労を知ると、自分を育ててくれた親のありがたみが身にしみてわかるようになるということ。⬆『新千載集《しんせんざいしゅう》』に「人の子の親になりてぞ我が親の思ひはいとど思ひ知るらし」という歌がある。

類義 子を持たねば親の恩を知らず

権兵衛《ごんべえ》が種蒔《たねま》きゃ烏《からす》がほじくる

人の苦労の末の骨折りを、あとからすぐに別の人がぶちこわしてまわること。⬆俗謡の文句で、このあとに「三度に一度は追わずばなるまい」と続く。

塞翁《さいおう》が馬《うま》 ➡ 人間万事塞翁《にんげんばんじさいおう》が馬《うま》

細工《さいく》は流流《りゅうりゅう》仕上《しあ》げを御覧《ごろう》じろ

やり方は人それぞれにあるが、大切なのは結果である。途中であれこれ口を出さずに仕上がってから評価してほしいという、自信のほどを示す言葉。⬆「細工」は細かな工夫、「流流」は方法などが様々にあること。

用例 細工は流流仕上げを御覧じろ。今度の花火はいちばんの自信作です。

類義 細工は流流仕上げが肝心《かんじん》

歳月人《さいげつひと》を待《ま》たず

月日は人の都合などにかまわず過ぎていくから今という時を大切にせよという戒め。若いうちに勉学に勤めよという意で用いることが多い。陶淵明《とうえんめい》の詩「雑詩《ざっし》」より。

類義 光陰に関守なし／光陰矢の如《ごと》し／光陰流水の如し／盛年重ねて来《きた》らず

才子才《さいしさい》に倒《たお》れる

才能のある者は自分の才能に頼りすぎて、かえってしくじることをいう。

用例 株で儲けた彼だが、才子才に倒れる、先物に手を出して大損したらしい。

類義 策士策に溺《おぼ》れる

才子多病《さいしたびょう》

才能のある人は、とかく体が弱く病気がちである場合が多いこと。

用例 彼はよい脚本を書くのだが、才子多病の例にもれず体力が続かないんだよ。

類義 佳人《かじん》薄命／美人薄命

采薪《さいしん》の憂《うれ》い

自分の病身を卑下していう場合に用いられる言葉。⇧「采」は「採」に同じ。病気で薪《たきぎ》を採りに行けないという意。『孟子《もうし》』より。

用例 私は采薪の憂いで出歩けないのですが、娘が代わりにお伺いします。

材大《ざいだい》なれば用《よう》を為《な》し難《がた》し

あまりにすぐれている人物は、かえって世間でその才能が受け入れられないことをいう。⇧あまりにも大きい材木は、かえって利用しにくいことから。杜甫《とほ》の詩「古柏行《こはくこう》」より。

類義 杓子《しゃくし》は耳掻《か》きにならぬ

賽《さい》は投《な》げられた

すでに事が始まった以上、変更はきかない。覚悟を決めて実行するほかないという決断の言葉。⇧「賽」は、さいころ。古代ローマ時代、ポンペイウスとの戦いを決断して、カエサルがルビコン河を越えローマに攻め入るときに言ったという言葉。

用例 辞表を提出したからには、賽は投げられた、もう後戻りはできないぞ。

英語 The die is cast. の訳語。

財布《さいふ》の紐《ひも》は首《くび》にかけるより心《こころ》にかけよ

財布を盗まれない用心より、むだ遣いしないように心がける方が大事だということ。

魚《さかな》は殿様《とのさま》に焼《や》かせよ餅《もち》は乞食《こじき》に焼《や》かせよ

魚や餅の上手な焼き方をいったもの。また、物事には向き不向きがあるから、適した人を選ぶべきだというたとえ。⇧魚は、何度もひっくり返すと身がくずれるので、大らかな人が焼く方がよい。餅は何度もひっくり返して焦がさない方がよいから、せかせかしている人に焼かせるのがよいということ。

鷺《さぎ》を烏《からす》と言《い》いくるめる

間違ったことを正しいと、また正しいことを間違いだと、無理やりこじつけて押し通すこと。⇧白い鷺を黒い烏だと言い張ることから。

類義 柄《え》のない所へ柄をすげる／烏を鷺と言う／鷺を烏／鹿を指して馬と為《な》す

先《さき》んずれば人《ひと》を制《せい》す

相手より先にやれば優位に立ち、相手をおさえることができるということ。『史記』より。

類義 機先を制す／先手必勝／早いが勝ち

対義 急いては事を仕損じる

策士《さくし》策《さく》に溺《おぼ》れる

知恵の長けた人が、策略を巡らし過ぎて、かえって失敗してしまうこと。

類義 才子才に倒れる

桜《さくら》伐《き》る馬鹿《ばか》梅《うめ》伐《き》らぬ馬鹿《ばか》

桜と梅の剪定《せんてい》のやり方を教えた言葉。⇧桜は枝を切ると弱りやすいので、あまり切ってはならない。一方、梅はむだな枝を切らないと花が咲かなくなるし、よい実がならない。

酒《さけ》飲《の》み本性《ほんしょう》違《たが》わず

正体を失うほど酒に酔ったとしても、その人の生来の本質は変わらないことをいう。

類義 上戸《じょうご》本性違わず

酒《さけ》は憂《うれ》いを払《はら》う玉箒《たまははき》

酒は心配ごとをきれいに取り除いてくれるすばらしいものだというたとえ。⇧「玉箒」は箒《ほうき》の美称。蘇軾《そしょく》の詩「飲酒《いんしゅ》」より。

類義 酒は憂いの玉箒／酒は天の美禄

酒《さけ》は飲《の》むとも飲《の》まれるな

酒は適量飲むならよいが、理性を失うほど飲むようであってはならない。酒に飲まれる愚を戒めた言葉。

類義 酒は飲むべし飲むべからず

酒《さけ》は百薬《ひゃくやく》の長《ちょう》

酒は適度に飲むなら、どんなにすぐれた薬より健康によいということ。『漢書《かんじょ》』より。

類義 酒は天の美禄

対義 酒は百毒の長

雑魚《ざこ》の魚交《ととま》じり

能力や地位などの劣る者が、すぐれた者の中に場違いに交じっていること。

用例 うちも県代表だが、強豪揃いの本大会では、雑魚の魚交じりの感がある。

類義 海老《えび》の鯛《たい》交じり／ごまめの魚交じり

囁《ささや》き千里《せんり》

内緒話が、すぐに知れ渡ってしまうこと。秘密はとかく漏れやすいこと。『淮南子《えなんじ》』より。

類義 こそこそ三里／囁き八丁

座《ざ》して食《く》らえば山《やま》も空《むな》し

働かずに遊び暮らしていれば、山のような財産も、すぐに底をついてしまうということ。

類義 遊んで食えば山も尽きる

砂上《さじょう》の楼閣《ろうかく》

基礎がしっかりしていないために、すぐくずれてしまいそうな物事や、実現の可能性のない計画などのたとえ。⇧砂の上に高い建物をつくっても、すぐに倒れてしまうことから。

用例 会社を興そうと誘う仲間がいたが、資本もなければアイデアにも乏しい。しょせんは砂上の楼閣にすぎないようだ。

類義 空中楼閣

匙《さじ》を投《な》げる

手のほどこしようがなくなり、医者が患者を見放すこと。転じて、成功する見込みがなく、物事をあきらめること。⇧医者が薬を調合する匙をほうり出してしまうところから。

五月《さつき》の鯉《こい》の吹《ふ》き流《なが》し

⬇江戸《えど》っ子《こ》は五月《さつき》の鯉《こい》の吹《ふ》き流《なが》し

鯖《さば》の生《い》き腐《ぐさ》り

鯖はたいへん腐りやすいので、生きがよく新鮮に見えても腐っていることがあるという意。また、鯖は食当たりすることが多い魚なので気をつけろという教え。

鯖《さば》を読《よ》む

自分の都合にあわせて数をごまかすこと。⇧腐りやすい鯖は早く売ってしまいたいので、売り手が早口に数えてごまかしたことに由来する。（語源については諸説ある）

用例 アルバイトの面接で、あまり年が上だと採用されないと思い、幾つか鯖を読んで履歴書に書いておいた。

座右《ざゆう》の銘《めい》

常に自分の身近に書きとめておき、戒めや信条とする言葉。⇧「座右」は身近な所の意。

皿《さら》嘗《な》めた猫《ねこ》が科《とが》を負《お》う

悪事の首謀者は逃げおおせ、手下や小物ばかりが罰せられることのたとえ。⇧魚を取った猫が逃げてしまったあと、空の皿をなめていた別の猫が罰を受けるということから。

類義 網にかかるは雑魚《ざこ》ばかり／米食った犬が叩かれずに糠《ぬか》食った犬が叩かれる

去《さ》り跡《あと》へは行《ゆ》くとも死《し》に跡《あと》へは行《ゆ》くな

離婚した男に嫁ぐならいいが、死別したあとの後妻にはいかない方がよいということ。⇧妻と死別した夫の心には、美化された先妻の記憶が残っているので、やりにくいの意。

類義 往《い》に跡へ行くとも死に跡へ行くな

猿《さる》の尻笑《しりわら》い

自分を棚に上げて、他人の欠点を笑う愚かさをいう。⇧猿が自分の尻も赤いのに、ほかの猿の赤い尻を笑いものにするという意味。

類義 猿の柿笑い／目糞鼻糞《めくそはなくそ》を笑う

猿《さる》も木《き》から落《お》ちる

その道に秀でた人も時には失敗するということのたとえ。

類義 泳ぎ上手は川で死ぬ／河童《かっぱ》の川流れ／孔《く》子《じ》の倒れ／弘法にも筆の誤り／上手の手から水が漏る／千慮《せんりょ》の一失

去《さ》る者《もの》は追《お》わず来《きた》る者《もの》は拒《こば》まず

離れてゆく者は無理に引き止めず、慕ってくる者はだれでも拒まず受け入れる。度量の広い態度をいう。『孟子《もうし》』より。

類義 往く者は追わず来る者は拒まず

去《さ》る者《もの》は日日《ひび》に疎《うと》し

親しかった友人も遠く離れてしまうと次第に縁遠くなることをいう。また、死んでしまった人が、年月の経過とともに次第に忘れ去られていくこと。『文選《もんぜん》』より。

類義 遠くなれば薄くなる

英語 Out of sight, out of mind.

（目に見えなくなれば心から消えていく）

触《さわ》らぬ神《かみ》に祟《たた》りなし

はじめからかかわりをもたなければ、災難を受けることはない。なまじよけいな手出しはしない方がよいという戒め。⇧神様に願掛けしたりすると、あとで祟りを恐れてご機嫌を取らねばならないことになる。関係を避けた方が安全であるという意。

用例 喧嘩《けんか》の仲裁に入ったら、最後は両方から殴りかかられた。こんなことなら触らぬ神に祟りなしで知らん顔をしていた方がよかった。

類義 触らぬ蜂は刺さぬ／触り三百／参らぬ仏に罰は当たらぬ

対義 義を見て為《せ》ざるは勇なきなり

触《さわ》り三百《さんびゃく》

ちょっと関係したり、一言口を出したりしただけで思いもかけない迷惑をこうむること。⇧ちょっと触っただけで三百文の損という意。

類義 触らぬ神に祟りなし

山雨《さんう》来《き》たらんと欲《ほっ》して風楼《かぜろう》に満《み》つ

何か事が起こる前には、その前兆が現れるということ。⇧「楼」は、高い建物の意。山の雨が降り出す前には、まず高楼に風が吹きこんでくるということから。許渾《きょこん》の詩「咸陽城《かんようじょう》東楼《とうろう》」より。

三顧《さんこ》の礼《れい》

地位の高い人や目上の人が、人に仕事を引き受けてもらうために、何度も足を運び、礼を尽くして頼み込むこと。⇧中国の三国時代、蜀《しょく》の劉備《りゅうび》は、諸葛孔明《しょかつこうめい》を軍師としてむかえるために、三度も訪ねたという故事から。『前《ぜん》出師表《すいしのひょう》』より。

三歳《さんさい》の翁百歳《おきなひゃくさい》の童子《どうじ》

年を重ねても愚かな者もいれば、幼少でも思慮分別を備えた者もいるということ。

三尺下《さんじゃくさ》がって師《し》の影《かげ》を踏《ふ》まず

弟子は先生を敬い、礼儀を尽くすようにという戒め。⬆先生につき従う際に、弟子は先生の影さえも踏まないよう心がけ、三尺ほど離れて歩くという意味。三尺は約九十センチメートル。

類義 七尺《しちしゃく》去って師の影を踏まず

三舎《さんしゃ》を避《さ》く

恐れ、へりくだって遠く避けること。また、およびもつかないこと。⬆「舎」は古代中国の距離の単位。「一舎」は、軍隊の一日の行程で約三十里。相手に対して、三日の行程分だけ退いて敬意を表するという意。中国の春秋時代、晋《しん》の重耳《ちょうじ》が楚《そ》の成王《せいおう》から、「貴公を晋に帰したら、どんな恩返しをするか」と問われ、「晋と楚が戦うようになったときも、あなたを避けて三舎離れましょう」と答えたという故事から。『春秋左氏伝《しゅんじゅうさしでん》』より。

三十振《さんじゅうふ》り袖《そで》四十島田《しじゅうしまだ》

年配の女性が不相応な若づくりをすること。年齢にふさわしくない格好を揶揄《やゆ》した言葉。⬆振り袖は、近世では元服前の男女が用いたが、現代では未婚女性の礼装となっている。島田髷《まげ》は、未婚の娘がする髪型。

類義 四十新造《しんぞう》五十島田

三十六計《さんじゅうろっけい》逃《に》げるに如《し》かず

不利な立場になったときは、さっさと逃げて身の安全をはかるのが最善だということ。転じて、厄介なことは避けるのが得策だということ。⇧「計」は計略の意。『南斉書《なんせいしょ》』より。

用例 居酒屋で、隣の客が言いがかりをつけてきた。腹も立ったが、三十六計逃げるに如かず、相手にしないで店を出た。

類義 三十六策走《に》ぐるを上計と為《な》す／逃げるが勝ち

山椒《さんしょう》は小粒《こつぶ》でもぴりりと辛《から》い

体は小さいが気性が激しく、能力も高くてばかにできない人をたとえていう。⇧山椒の実は小さくても、舌を刺す辛みをもつことから。

類義 小さくとも針は呑まれぬ

対義 独活《うど》の大木／大男総身に知恵が回りかね／大きな大根辛くなし

三寸《さんずん》の舌《した》に五尺《ごしゃく》の身《み》を亡《ほろ》ぼす

不用意なおしゃべりやちょっとした失言がもとで、わざわいを招いて身を滅ぼすこと。うかつな発言を慎むようにという戒め。

類義 一寸の舌で五尺の身を損ず／口は禍《わざわい》の門《かど》／舌三寸の囀《さえず》りに五尺の身を果たす

山中《さんちゅう》の賊《ぞく》を破《やぶ》るは易《やす》く心中《しんちゅう》の賊《ぞく》を破《やぶ》るは難《かた》し

山の中の賊を打ち破るのはたやすいが、心の中に起こる邪念を打ち破ることは難しい。精神修養の難しさをいう。王陽明《おうようめい》の文より。

さ

山中暦日《さんちゅうれきじつ》なし

自然に囲まれた山の中で、俗世間を離れていると、のんびりした暮らしに月日のたつのも忘れてしまうこと。⇧「暦日」は暦の意。『唐《とう》詩選《しせん》』より。

用例 わずか一泊だから山中暦日なしとまではいかないが、秘湯の旅を楽しんできた。

三度目《さんどめ》の正直《しょうじき》

二度目まではともかく、三度目ともなれば、何とかうまくいくものだということ。また、三度目の失敗は許されないことにもいう。

用例 二年間は浪人したが、三度目の正直で目指していた大学に合格した。

類義 三度目は定《じょう》の目／三度目が大事

英語 The third time is lucky.（三度目に芽が出る）

三人旅《さんにんたび》の一人《ひとり》乞食《こじき》

三人で何かすると、とかく一人がのけ者扱いされていやな思いをすることが多いということ。⇧三人の旅行では、物事を決める際に二人対一人に分かれ、一人になった方が納得しかねたり、損をしたりすることから。

類義 一人旅するとも三人旅するな

三人虎《さんにんとら》を成《な》す

根も葉もないことでも多くの人が口にすると、いつの間にか事実として信じられてしまうこと。⇧三人の人間が次々と虎がいると言えば、それがでまかせでも、本当にされてしまうという意から。『戦国策《せんごくさく》』より。
類義 市虎《しこ》三伝／三人市虎を成す／三人寄れば金をも溶かす

三人寄《さんにんよ》れば文殊《もんじゅ》の知恵《ちえ》

一人では知恵が浮かばない凡人でも、三人も集まって相談すればばうまい考えが浮かぶものだという意。⇧「文殊」は仏教で、知恵をつかさどる文殊菩薩《ぼさつ》。
用例 途中で一度は投げ出したパズルだったが、三人寄れば文殊の知恵で、妻子の助けを借りてやっと完成にこぎつけた。
類義 三人寄れば師匠の出来
対義 三人寄っても下衆《げす》は下衆
英語 Two heads are better than one.（二つの頭は一つに勝る）

三年飛《さんねんと》ばず鳴《な》かず

長い期間何もせず、じっと好機を待っていることをいう。⇧中国の春秋時代、楚《そ》の荘王《そうおう》は三年もの間、政治に身を入れなかった。伍挙《ごきょ》がそれを「三年間、飛びもせず鳴きもしない大きな鳥」にたとえていさめると、王は「ひとたび飛べば天に昇り、ひとたび鳴けば人を驚かすだろう」と答えて国政に取り組んだという故事から。『史記』より。
類義 鳴かず飛ばず

三拍子揃《さんびょうしそろ》う

必要なすべての条件が備わること。⇧能楽で、笛・小鼓・大鼓の三つの楽器の拍子がよくそろうことから。

三遍回《さんべんまわ》って煙草《たばこ》にしょ

落ち度のないように念入りに調べ、その上で休憩をとれということ。⇧夜回りが、三度も見回って異状のないことを確かめたのち、はじめて休憩にするということから。

仕上《しあ》げが肝心《かんじん》

何事も、出来ばえの善し悪しは最後の仕上げ次第であるということ。また、最後に近づくととかく気がゆるみがちなので、それに注意して慎重に取り組む必要があるということ。

類義 終わり良ければ総て良し

思案《しあん》投《な》げ首《くび》

いくら考えてもいっこうによい知恵が浮かばず、困りきってしきりに首をかしげている様子をいう。

注意 「思案なげ」と「投げ首」とを掛けている。

用例 給料日までのあと五日をどうやりくりしたらよいか、妻は家計簿を前に思案投げ首の体《てい》である。

塩辛食《しおからく》おうとて水《みず》を飲《の》む

手回しが良すぎて、かえって間が抜けること。⇧塩辛を食べたらのどが渇くだろうと、食べる前に水を飲んでおくということから。

類義 暮れぬ先の提灯《ちょうちん》／小舟の宵拵《よいごしら》え

塩《しお》を売《う》れば手《て》が辛《から》くなる

職業上身についた態度や特徴は、生まれつきのもののようになることのたとえ。⇧塩売りの手は、塩がしみついて辛くなっているということから。

四角《しかく》な座敷《ざしき》を丸《まる》く掃《は》く

細かいところまで気を配らず、物事をいい加減にすること。⇧四角い座敷を掃除するのに四隅は手を抜き、中央だけ丸く掃いてごまかすことから。

対義 重箱の隅を楊枝《ようじ》でほじくる

自画自賛《じがじさん》

自分で自分のことをほめそやすこと。⇧「賛」は絵に書き添える詩文。自分の描いた絵に自分で賛を書き添えることから。

用例 はじめてにしてはうまくできたと、妻は手製のケーキを自画自賛していた。

類義 手前味噌

歯牙《しが》にもかけない

取り立てて論じない。問題にしない。相手にしない。⇧「歯牙」は歯。転じて口先、言葉、議論の対象の意。

自家薬籠中《じかやくろうちゅう》の物《もの》

いつでも自分の思い通りに扱えるもの。身につけた技術・知識をいう。⇧「薬籠」は薬箱。自分の薬箱の中身なら思いのままに使えることにたとえた言葉。『唐書《とうじょ》』より。

用例 この強打者が流し打ちの技術を自家薬籠中の物にすれば、三冠王も夢ではない。

類義 薬籠中の物

鹿《しか》を逐《お》う者《もの》は山《やま》を見《み》ず

一つのことに夢中になり、ほかに目配りできなかったり、危険が迫っていることに気づかなかったりすること。また、目前の利益を得ることだけにとらわれて道理を忘れている者を指していう場合もある。⇧鹿を捕らえようとする者が、山奥までつい深追いをして道に迷ってしまうという意味から。『虚堂録《きょどうろく》』より。

類義 猟師山を見ず

鹿《しか》を指《さ》して馬《うま》と為《な》す

理屈に合わないことや明白な誤りを、無理やり押し通すこと。⇧中国の秦《しん》の始皇帝《しこうてい》の死後、趙高《ちょうこう》は幼皇帝を表に立て、自分は丞相《じょうしょう》として実権を握った。やがて自分の権勢がどれくらいかをためそうと、鹿を馬だと称して皇帝に献じてみた。皇帝は、これは鹿ではないかと側近に尋ねたが、趙高の権力を恐れるあまり、真実を言う者はほとんどなかったという。『史記』より。

類義 馬を鹿／鷺《さぎ》を烏《からす》と言いくるめる

敷居《しきい》を跨《また》げば七人《しちにん》の敵《てき》あり

↓**男《おとこ》は敷居《しきい》を跨《また》げば七人《しちにん》の敵《てき》あり**

色《しき》即《そく》是《ぜ》空《くう》空《くう》即《そく》是《ぜ》色《しき》

世の中の物事はすべて、むなしい仮の姿で、永久に変わらない確かなものなどはない。ところがそれと同時に、この仮の存在にすぎないものが、そのままこの世の一切でもあるということ。⇧「色」は目に見える、物質的存在。「空」は実体がない、仮のものをいう。『般若心経《はんにゃしんぎょう》』より。

四苦八苦《しくはっく》

非常な苦しみ。ありとあらゆる苦しみ。困難を乗り越えるためにひどく苦労したりすること。⇧本来は仏教の言葉。「四苦」は、生老病死の四つの苦しみ。「八苦」はこの四苦に、愛別離苦《あいべつりく》、怨憎会苦《おんぞうえく》、求不得苦《ぐふとくく》、五陰盛苦《ごおんじょうく》を合わせた八つの苦しみ。

自業自得《じごうじとく》

自分のした行為の結果が、自分の身にはね返ること。

用例 あいつは、大学を五校も受験したというのに、どこもすべて失敗に終わった。受験勉強もせず遊んでばかりいたのだから、自業自得というべきだよ。

類義 因果応報／自縄自縛《じじょうじばく》／身から出た錆《さび》

地獄《じごく》で仏《ほとけ》

ひどく困っているときに、思いがけない助けに出会って喜ぶことをいう。⇧恐ろしい地獄で、意外にも仏に会って救われるという意。

類義 闇夜に提灯《ちょうちん》

地獄《じごく》の釜《かま》の蓋《ふた》が開《あ》く

正月十六日と盆の十六日には、だれでも仕事を休むこと。昔はこの日を藪入《やぶい》りとして、住み込みの小僧や丁稚《でっち》に休暇をあたえた。⇧この両日は地獄でさえ休日で、亡者を煮る刑罰用の釜も蓋を開けるという意。

地獄《じごく》の沙汰《さた》も金次第《かねしだい》

世の中のことは金さえ積めば望み通りになる、金はどんな無理なことでも可能にするというたとえ。⇧地獄の裁きでさえ、金をつかませれば有利な判決が下るというので、ましてこの世の中は銭金《ぜにかね》でいかようにでもできるということ。

類義 阿弥陀《あみだ》の光も銭次第／金の光は七光／三途の川さえ渡し銭が要る

肉食《ししく》った報《むく》い

普通では味わうことのできない、よい思いをしたからには、当然その報いを受けなければならないことをいう。⇧「肉」は鹿や猪の肉。鹿や猪が伊勢神宮で忌まれたからとも、また春日《かすが》大社で神の使いとしてあがめられたからとも言われる。

類義 肉食った罰

獅子《しし》身中《しんちゅう》の虫《むし》

内からわざわいを起こす者のこと。味方を害するような内から波風をたたせる者や、恩を受けたのに仇で返す者などのたとえ。⇧獅子（ライオン）の体内に寄生した虫が、獅子の血を吸い肉を食って死なせてしまうという意味から。元来は、仏教徒でありながら仏の道に逆らう者を指した。『梵網経《ぼんもうきょう》』より。

事実《じじつ》は小説《しょうせつ》よりも奇《き》なり

この世の現実は、作り物の小説よりずっと不思議で面白いということ。イギリスの詩人バイロンの長編詩「ドン・ジュアン」より。
英語 Fact is stranger than fiction. の訳語。

死屍《しし》に鞭打《むちう》つ

すでに亡くなっている人の悪口を言ったり、なおも非難、攻撃すること。⇧中国の春秋時代、楚の伍子胥《ごししょ》は、父と兄の仇である平王《へいおう》の墓をあばいて、死体を鞭打って復讐したという故事から。『史記』より。
類義 屍《しかばね》を鞭打つ／死者に鞭打つ

獅子《しし》の子《こ》落《お》とし

わが子をたくましく育てるために、あえて試練を与えること。⇧獅子は子をわざと谷底に落とし、這《は》い上がってくるものだけを育てるという言い伝えから。
類義 可愛い子には旅をさせよ／獅子の子育て

死児《しじ》の齢《よわい》を数《かぞ》える ⬇ 死《し》んだ子《こ》の年《とし》を数《かぞ》える

獅子奮迅《ししふんじん》

すさまじい勢いで物事に取り組み、力をつくすこと。また、人の活躍ぶりの盛んなこと。⇧獅子が暴れまわるような、猛烈な勢いという意。『法華経《ほけきょう》』より。
用例 ゴールキーパーの獅子奮迅の守りで何とか予選を通過した。

地震《じしん》 雷《かみなり》 火事《かじ》 親父《おやじ》

この世の中で恐ろしいものを順にあげて言った語。第一に地震、第二に雷、第三に火事、第四に父親というわけである。

沈《しず》む瀬《せ》あれば浮《う》かぶ瀬《せ》あり

人生にはよい時もあれば悪い時もある。今は不運でも、やがてよいことが待ち受けているかもしれない。悪いことばかりが続くものではないということ。⬆「沈む瀬」は逆境のとき、「浮かぶ瀬」は栄えるときのたとえ。

用例 会社が倒産して転職を余儀なくされたが、沈む瀬あれば浮かぶ瀬あり、思いがけなく前より条件のよい仕事がみつかった。

類義 明日は明日の風が吹く／禍福《かふく》は糾《あざな》える縄の如《ごと》し／吉凶は糾える縄の如し／人間万事塞翁《さいおう》が馬

死《し》生《せい》命《めい》あり

人間の生死は天が決めるもので、人の力で動かせるものではないという意。『論語《ろんご》』より。

死《し》せる孔明《こうめい》生《い》ける仲達《ちゅうたつ》を走《はし》らす

偉大な人は、死んだあともなお威光が保たれていて、生前と同様に相手を恐れさせるというたとえ。またすぐれた人物は、死んでもなお凡人をしのぐこと。⬆中国の三国時代、蜀《しょく》の軍師諸葛孔明《しょかつこうめい》は魏《ぎ》との戦いのさなかに陣中で死んだ。魏の将軍司馬仲達《しばちゅうたつ》はそれを聞いて攻撃に出たが、蜀の軍が反撃する様子を見せたため、孔明が死んだというのは見せかけの策略に違いないと、慌てて退却したという故事から。『三国志《さんごくし》』より。

地蔵《じぞう》は言《い》わぬがわれ言《い》うな

秘密を人に話すときに口止めをしておきなが

ら、自分の方が他の人にまた話すことが多い。口に気をつけろという戒め。⇧「われ」は「おまえ」の意。お地蔵様に秘密を告白して口止めしたところ、この言葉を返されたという意からいう。

類義 俺は言わぬがわれ言うな

士族《しぞく》の商法《しょうほう》

商売にむかない人や慣れない人が商売を始めても、すぐに失敗するというたとえ。⇧明治維新後、旧武士階級は「士族」という身分だけ与えられたが、収入の保証はないのでまったく未知の商売に手を出す場合が多かった。しかし、町人を見下す態度が抜けずにたいていは失敗したことから。

類義 武士の商法

児孫《じそん》の為《ため》に美田《びでん》を買《か》わず

子孫に財産を残すとあまやかす結果になり、自立心を失わせるので、あえて何も残さないようにするという意。⇧「美田」は、よく肥えた立派な田。西郷隆盛《さいごうたかもり》の詩より。

親《した》しき中《なか》にも礼儀《れいぎ》あり

親しい間柄であると、その親しさのあまりつい遠慮がなくなり相手への心づかいが欠けて、そのために仲違いすることにもなりかねない。どんなに親しい相手にも、最低限度の礼儀をわきまえ、節度あるつき合いを心がけよということ。

類義 心安いは不和の基／親しき中に垣をせよ／親しき中は遠くなる

舌《した》の剣《つるぎ》は命《いのち》を断《た》つ
うかつな発言が、身を滅ぼすような大事を引き起こすこと。また、言葉がほかの人を傷つけ、その人の一生を台なしにしてしまうこともあるという意。
類義 口は禍《わざわい》の門《かど》／三寸の舌に五尺の身を亡《ほろ》ぼす

舌《した》の根《ね》の乾《かわ》かぬ内《うち》
言い終わるか終わらないうちに、そのすぐあとで。すぐ前言を翻《ひるがえ》すことを非難する言葉。
用例 彼は、二日酔いでもう酒瓶を見るのもいやだと言っていたのに、その舌の根の乾かぬ内に今夜の店を探している。
類義 口の下から

舌《した》は禍《わざわい》の根《ね》
言葉はわざわいを招くもとである。不用意な発言やおしゃべりは慎めということ。
類義 口は禍の門《かど》／口は禍の元

舌《した》を巻《ま》く
言葉も出ないほど、たいへん感心し驚くこと。『漢書《かんじょ》』より。

七尺《しちしゃく》去《さ》って師《し》の影《かげ》を踏《ふ》まず
➡**三尺《さんじゃく》下《さ》がって師《し》の影《かげ》を踏《ふ》まず**

七歩《しちほ》の才《さい》
詩文の才にすぐれていること。また、詩作の早いこと。⇧中国の三国時代、魏《ぎ》の文帝（曹《そう》丕《ひ》)が弟曹植《そうしょく》の才能をねたみ、七歩歩く間に詩を作れなければ殺すと言ったところ、曹植はすぐに兄弟の不和を嘆く詩を作り、兄を赤面させたという故事から。『世説新語《せせつしんご》』より。

死中《しちゅう》に活《かつ》を求《もと》める

助かる見込みのない状況にあっても、なお生き延びる策を考えること。また、行きづまった状態を打開しようと、あえて危険な状態に飛びこむこと。『後漢書《ごかんじょ》』より。

類義 起死回生／死中に生を求める

失敗《しっぱい》は成功《せいこう》の基《もと》

物事をしくじっても、その原因を考えて反省し、同じ失敗をしないようにすれば成功への道が開ける。一度や二度の失敗で、くじけてはならないという教訓。

類義 失敗は成功の母

十《じっ》把《ぱ》一《ひと》からげ

様々なものを、善し悪しの区別なく一まとめにして粗末にあつかうこと。また、数は多くても価値に乏しいことをいう。⇧本来なら十の束に束ねるべきものを、一つにしてしまうことから。

類義 二束三文／ひと山いくら

疾風迅雷《しっぷうじんらい》

行動や勢いが、非常に速くて激しいことのたとえ。⇧「疾風」は速く激しい風。「迅雷」は激しい雷。『礼記《らいき》』より。

類義 疾風甚雨《しっぷうじんう》／電光石火

し

櫛風沐雨《しっぷうもくう》

風雨にさらされながら苦労を重ねること。世の中のさまざまな苦労を経験すること。⇧風で髪をとかし、雨で髪を洗って苦労するということから。『晋書《しんじょ》』より。
類義 風に櫛《くしけず》り雨に沐《かみあら》う

死《し》に花《ばな》を咲《さ》かせる

立派な死に方をして、あとに名誉を残すこと。

死人《しにん》に口《くち》なし

死人は物をしゃべらないから、反論もしない。それで、死んだ人に責任や罪などをなすりつける場合にいう。また、死人では証人に立てることができないことをいう。
用例 唯一の証人が事故死。死人に口なしで捜査は暗礁に乗り上げた。
類義 死人に妄語《もうご》
英語 Dead men tell no tales.
(死人は何も話さない)

死《し》ぬ者貧乏《ものびんぼう》

いい目を見ないうちに死んでしまう者がいちばんつまらない。生きてさえいれば、幸運に巡り合うこともあろうが、死んだらその希望さえもなくなるということ。
用例 豊かになった今の暮らしの中で、敵弾に命を落とした戦友を思い出すたび、死ぬ者貧乏という通りだと感じる。
類義 命あっての物種／死ねば死に損生くれば生き得／死んで花実が咲くものか

死《し》ぬる子《こ》は眉目《みめ》よし

早死にした者は惜しまれるということ。⬆死んだ者を思い返すと美点ばかり目につくもので、若くして死んだ子どもにかぎって、器量がよく利口であるように思えることをいう。

類義 死にし子顔よかりき

鎬《しのぎ》を削《けず》る

激しく争い合うこと。⬆「鎬」は刀の刃と峰の中間で少し盛りあがっているところ。互いに、刀の鎬が削りとれるほどの激しさで斬り合うことから。

用例 発泡酒の市場競争は、鎬を削るすさまじさで、今年はついに値下げ競争になってしまった。

芝居《しばい》は無筆《むひつ》の早学問《はやがくもん》

学問のない人でも、芝居を通して色々なことを手っ取り早く知ることができるということ。⬆芝居には歴史物や世話物、心理劇など様々あり、たとえ本が読めない者でも、楽しみながら学べるということ。

類義 芝居は一日の早学問

士《し》は己《おのれ》を知《し》る者《もの》の為《ため》に死《し》す

男は、自分の真価を認めてくれる人のためには、命を捨ててもその知遇にこたえるということ。⬆中国の戦国時代、晋《しん》の智伯《ちはく》が趙《ちょう》の襄《じょう》子《し》に滅ぼされたとき、智伯の家臣の予譲《よじょう》が、復讐を誓って言った言葉から。なお、「知己《ちき》」という語はここから出た。『史記』より。

し

死馬《しば》の骨《ほね》を買《か》う
役に立たない人や物を価値があるかのように扱うことで、役に立つ人材や物を集めること。🅾千里を走る名馬を求めに行った使者が、死んだ名馬の骨を大金を払って買ってきた。王の叱責に対して使者は、死馬の骨に大金を出した噂《うわさ》が広がれば、生きた名馬を連れてくる者がいるはずだと答え、果たして一年たたないうちに名馬の売り込みが三件もあったという中国の故事から。『戦国策《せんごくさく》』より。
類義 隗《かい》より始めよ

四百四病《しひゃくしびょう》の外《ほか》
恋の病。恋わずらい。🅾「四百四病」はあらゆる病気の意。恋の病はこの中に入らないことから。仏説では人間の体は地、水、火、風から成り、その調和がくずれると冷病・熱病二百二病、あわせて四百四病が生ずるという。

自暴自棄《じぼうじき》
やぶれかぶれ。捨て鉢。やけくそになること。🅾「自暴」は、自分で自分を傷つける、「自棄」は、自分を捨てるの意。『孟子《もうし》』より。
用例 がんを宣告された当初は自暴自棄に陥りましたが、今は回復の望みを捨てずに懸命の闘病生活を続けております。
類義 後は野となれ山となれ

自慢高慢馬鹿《じまんこうまんばか》の内《うち》
うぬぼれて自慢したり、自分は人よりすぐれていると高慢な態度をとる者の愚かさをいう。

類義 自慢は知恵の行き止まり

死命《しめい》を制《せい》す

相手の急所を押さえて、その人の運命をにぎること。⇧「死命」は、死と生。死ぬか生きるかの境目。『史記』より。

用例 不良債権をいかに早く解消できるかどうかが、日本経済再生の死命を制する。

四面楚歌《しめんそか》

周りが敵だらけで、助けもなく孤立すること。⇧中国の春秋時代、楚《そ》の項羽《こうう》が漢の劉邦《りゅうほう》との戦いで漢軍に囲まれ、夜中に周囲から楚の歌が聞こえてきたので、自国が敵に占領されたと勘違いし、そこから脱出しながらも自害したという故事による。『史記』より。

下《しも》いびりの上諂《かみへつら》い

自分よりも下の者をいじめて、つらく当たる者は、とかく上の者にはへつらうものであることをいう。

注意「下」は「した」とも読む。

対義 強きを挫《くじ》き弱きを助く

霜《しも》を履《ふ》んで堅氷至《けんぴょういた》る

わざわいは、兆しが少しでも見えたらやがて大きくなるものだから用心せよという戒め。⇧霜が降りるようになると、まもなくかたい氷が張る真冬になることから。『易経《えききょう》』より。

注意「履んで」は「履みて」ともいう。

類義 堅き氷は霜を履むより至る／霜を見て氷を知る

し

釈迦《しゃか》に説法《せっぽう》

その道の専門家や自分よりもよく知っている人に対して教えることの愚かさをいう。また、説明の必要もないことを言うこと。⇧あとに「孔子《こうし》に悟道《ごどう》」と続く。

用例 釈迦に説法ではございますが、今一度企画意図を説明させていただきます。

類義 河童《かっぱ》に水練／孔子に学問／極楽の入り口で念仏を売る／猿に木登り

杓子《しゃくし》定規《じょうぎ》

一つの基準や規則を何にでも当てはめようとして、応用や融通のきかないこと。⇧「杓子」は飯や汁を盛るしゃもじ。杓子の柄は曲がっているものなのに、無理に定規として使うという意。

用例 杓子定規に考えず、相手に合わせて臨機応変に対応できるようになったら、一人前の営業マンといえるでしょう。

杓子《しゃくし》は耳《みみ》掻《か》きにならず

形は同じようでも、大きいものが小さいものの代用にはならないこと。⇧「杓子」は飯や汁を盛るしゃもじ。形は耳かきに似ているが、耳掃除には使えないことから。

類義 長持枕にならず

対義 大は小を兼ねる

弱肉強食《じゃくにくきょうしょく》

弱者は強者の餌食《えじき》になり強者だけが生き残るという、生存競争の厳しさを表す言葉。韓愈《かんゆ》の文より。
類義 優勝劣敗

尺《しゃく》を枉《ま》げて尋《じん》を直《なお》くす

小さいことは犠牲にして、大きいことを伸ばそうとすること。小利を捨てて大利を取ろうとすること。⬆「尺」は一尺。「尋」は両手を左右に伸ばした長さで「ひろ」とも読む。『孟《もう》子《し》』より。

蛇《じゃ》の道《みち》は蛇《へび》

専門でない者には不明なことも、その道に通じた者ならよくわかること。⬆蛇が通る道を人間が見つけるのは難しいが、同類の蛇ならすぐにわかるということから。「じゃ」は大きな蛇、「へび」はそれより小さい蛇の意。

用例 即日完売のチケットでも、彼に頼めば何とかなる。蛇の道は蛇とはいうが、それにしてもどこから手に入れるのだろう。
類義 海の事は舟子に問え／蛇の道は朽縄《くちなわ》が知る／田作る道は農に問え／餅は餅屋

蛇《じゃ》は寸《すん》にして人《ひと》を呑《の》む

偉人や英雄は幼いときから人と違うすぐれた素質を現すというたとえ。⬆大蛇は一寸ほどの小蛇のころでも、すでに人間を飲み込もうとするほどの気迫をもつという意。
用例 昭和の歌姫は、蛇は寸にして人を呑むという通り、幼少のころからその歌声で観客を沸かせていた。
類義 梅檀《せんだん》は双葉より芳し／竜は一寸にして昇天の気あり

衆寡敵《しゅうかてき》せず

小人数で大勢を敵にまわしては、とてもかなわないということ。⬆「衆」は多数、「寡」は少数の意味。

類義 寡は衆に敵せず／多勢に無勢

対義 寡をもって衆を制す

習慣《しゅうかん》は第二《だいに》の天性《てんせい》なり

身についた習慣は、いつの間にか生まれつきの性質のようになってしまうということ。習慣が人の性行に強く影響すること。⬆古代ギリシャのディオゲネスの言葉より。

類義 習慣は自然の如《ごと》し／習慣は常となる／習い性となる

英語 Custom is a second nature. の訳語。

衆口金《しゅうこうきん》を鑠《と》かす

世論や世間の評判の恐ろしさをいう。根拠のない噂《うわさ》でも、正しいものを滅ぼしてしまう力があるということ。⬆多くの人が一致して言う中傷の言葉は、金属をとかすほどの威力があるという意味。『国語《こくご》』より。

秋霜烈日《しゅうそうれつじつ》

非常な厳格さ、堅固さのたとえ。刑罰や権威、信念などを形容して用いる。⬆秋の冷たい霜と夏の烈しい日ざしの意。

対義 春風駘蕩《しゅんぷうたいとう》

姑《しゅうとめ》の十七見《じゅうしちみ》た者《もの》なし

姑の自慢は当てにならないことをいう。姑

は、自分の若い時分を引き合いに出して嫁に小言を言うが、見た者がいないから、事実かどうか当てにはならないということ。

類義 親の十七子は知らぬ

十人十色《じゅうにんといろ》

考え方や趣味趣向、性格などは人それぞれで、みんな違うということ。⇧十人いれば、一人ずつ違うということ。

類義 十人十腹《とはら》／十人寄れば十色

十年一日《じゅうねんいちじつ》

長い間ずっと同じ状態が続き、変化や進歩がまるでないこと。⇧「一日」は、同じ日のこと。十年もの間、日が変わらなかったようだという意味。

十年一昔《じゅうねんひとむかし》

十年前のことは昔の話になってしまうという意。十年を区切りにして世の中を見る言葉。

重箱《じゅうばこ》の隅《すみ》を楊枝《ようじ》でほじくる

取るに足らない細かいことにまで、口出しをしたり詮索《せんさく》したりすることのたとえ。

類義 重箱の隅をつつく／楊枝で重箱の隅をほじくる

十目《じゅうもく》の見《み》る所《ところ》十手《じっしゅ》の指《ゆび》さす所《ところ》

多くの人の意見や判断が一致しているので、間違いがないことをいう。⇧同じように十人が見、十人が指し示すの意。『大学《だいがく》』より。

類義 千人の指《さ》す所は違《たが》わず

柔能《じゅうよ》く剛《ごう》を制《せい》す

弱い者が強い者に勝つこと。⇧柔軟さは一見弱そうに見えても、かえって相手の強い力をかわしたり、逆用したりして負かしてしまうということ。『三略《さんりゃく》』より。

用例 小兵力士だが、柔能く剛を制すの取り口で関脇まで昇進した。

類義 柳に雪折れなし

雌雄《しゆう》を決《けっ》す

堂々と戦って勝負をはっきり決めること。⇧動物は、雌より雄の方が強いと考えられていたところから。『史記』より。

用例 無敗で勝ち進んできたボクサー同士のカード、いよいよ雌雄を決する一戦だ。

酒池肉林《しゅちにくりん》

肉や酒がたくさんある、贅沢《ぜいたく》を極めた宴会をいう。⇧中国の殷《いん》の紂王《ちゅうおう》が、酒で池をつくり、肉を木にぶらさげて林に見立てた酒宴をした故事から。『史記』より。

出藍《しゅつらん》の誉《ほま》れ ⇩ 青《あお》は藍《あい》より出《い》でて藍《あい》より青《あお》し

朱《しゅ》に交《まじ》われば赤《あか》くなる

人はつき合う仲間や取りまく環境によって、よくも悪くも感化されるというたとえ。友人を選ぶことの重要さをいう。⇧「朱」は赤の顔料。ちょっと触るだけで染まってしまうので、影響力の強さにたとえられている。

類義 善悪は友に依る／水は方円《ほうえん》の器に従う

春秋《しゅんじゅう》に富《と》む

年齢が若く将来性が豊かなこと。⇧「春秋」は歳月の意で、これから先の年月に富んでいるという意。『史記』より。

春秋《しゅんじゅう》の筆法《ひっぽう》

批判する態度が公正で厳しいこと。また、間接的な原因を直接の原因のようにいう表現方法。⇧「春秋」は孔子《こうし》が編集した歴史書で、「易経《えききょう》」「書経《しょきょう》」「詩経《しきょう》」「礼記《らいき》」とともに、儒教の基本経典である五経を成す。孔子の批判的態度が示されている。

春宵一刻直千金《しゅんしょういっこくあたいせんきん》

春の夜の気候のよさや気持ちよさ、美しさをいった言葉。⇧「宵」は夜の意味。「一刻」はわずかな時間、「千金」は千両・大金。ほんのひとときが千金にも値するほどすばらしいという意。蘇軾《そしょく》の詩「春夜《しゅんや》」より。

注意「直」は「値」とも書く。

類義 一刻千金

順風満帆《じゅんぷうまんぱん》

物事が順調に、思い通りに運ぶたとえ。⇧「順風」は追い風。帆に風を受けて、舟が軽快に進むことから。

注意「満帆」を「まんぽ」と読むのは誤り。

用例 新会社は取引先からの援助もあって、スタートしてからしばらくは順風満帆という様子だった。

類義 得手《えて》に帆を上げる／追手《おいて》に帆を上げる

春眠暁《しゅんみんあかつき》を覚《おぼ》えず

春の夜は短いうえ、気候がよくて快適なので、夜の明けたのも知らずに眠り続けてしまうということ。孟浩然《もうこうねん》の詩「春暁《しゅんぎょう》」より。

小異《しょうい》を捨《す》てて大同《だいどう》につく

少々の意見の違いには目をつぶり、大勢の支持する意見に従うこと。

類義 小異を捨てて大同を取る

正直《しょうじき》の頭《こうべ》に神宿《かみやど》る

神様はすべてを見ているので、いつか必ず正直者には報いてくださるということ。

類義 正直は一生の宝

対義 正直者が馬鹿を見る

正直《しょうじき》は一生《いっしょう》の宝《たから》

正直な人はだれからも信頼され、その信頼によって幸福を手にする。さらに自ら精神的にも満ち足りるので、正直さは一生守るべき美徳であるということ。

類義 正直な人は神の作った傑作／正直の頭《こうべ》に神宿る

正直者《しょうじきもの》が馬鹿《ばか》を見《み》る

ずるく立ち回れる悪賢い者が得をし、正直な人は要領が悪く、規則や法律などをきちんと守るので、かえって不自由をしたり損をしたりして悔しい思いをすることをいう。

用例 正直者が馬鹿を見ることがないように、法律を改正する必要がある。

類義 正直者が損をする
対義 正直の頭《こうべ》に神宿る

盛者必衰《じょうしゃひっすい》

栄えている者も、やがては必ず衰えるということ。⇧この世の無常をいう仏教語に由来する。『仁王経《にんのうぎょう》』より。

注意「盛者」は「しょうじゃ」「しょうしゃ」とも読む。

類義 驕《おご》れる者久しからず／満つれば欠ける

小人閑居《しょうじんかんきょ》して不善《ふぜん》を為《な》す

品性の劣っている人間は、暇だとろくなことをしないということ。⇧孔子《こうし》は君子を人間のあるべき姿としてとらえ、品性の劣った者を小人と呼んでいた。『大学《だいがく》』より。

上手《じょうず》の手《て》から水《みず》が漏《も》る

どんなに上手だといわれる人でもときには失敗することがあるということ。
注意 上手な人、目上の人が失敗したときにいう言葉。自分の失敗には用いないこと。
用例 守備の名手が、上手の手から水が漏ったのか、トンネルをしてしまった。
類義 泳ぎ上手は川で死ぬ／河童《かっぱ》の川流れ／孔子《くじ》の倒れ／弘法にも筆の誤り／猿も木から落ちる／千慮《せんりょ》の一失

掌中《しょうちゅう》の珠《たま》

最も大切にしている最愛のもの。特に愛する子や妻をたとえる。傅玄《ふげん》の詩「短歌行《たんかこう》」より。
類義 手中《しゅちゅう》の珠

少年《しょうねん》老《お》い易《やす》く学《がく》成《な》り難《がた》し
月日がたつのは早いので、まだ若いと思っているうちに、いつのまにか年をとってしまう。一方、学問の道は険しくてなかなか進まない。だからわずかな時間でも惜しんで勉学に励むべきであるということ。⬆あとに「一寸の光陰軽んずべからず」と続く。朱熹《しゅき》の詩「偶成《ぐうせい》」より。
用例 入学時は、十分勉強をしようと思っていたが、少年老い易く学成り難しで、気が付いたら卒業までもういくらもない。

少年《しょうねん》よ大志《たいし》を抱《いだ》け
若者たちよ、将来に大きな希望をもち、大いに活躍しなさいという教え。⬆札幌農学校の教頭であったアメリカ人クラーク博士が、帰国に際して学生に残した言葉。
英語 Boys, be ambitious! の訳語。

小《しょう》の虫《むし》を殺《ころ》して大《だい》の虫《むし》を助《たす》ける
重要でないもの、一部分を犠牲にすることで、よりいっそう重要と思われるもの、全体を生かすことをいう。
類義 一殺《いっせつ》多生／小を捨てて大につく／大の虫を生かして小の虫を殺す

賞《しょう》は厚《あつ》くし罰《ばつ》は薄《うす》くすべし
よいことはどんなに小さくても大いにほめ、悪いことに対する罰はできるだけ軽くするのがよいということ。『説苑《ぜいえん》』より。
類義 刑は軽きを厭《いと》わず

し

商売《しょうばい》は道《みち》によって賢《かしこ》し

どの商売でも、商売人はそれぞれの専門のことをよく知っているということ。

類義 海の事は舟子に問え／芸は道によって賢し／蛇《じゃ》の道《みち》は蛇《へび》／田作る道は農に問え／餅は餅屋

焦眉《しょうび》の急《きゅう》

危険な状態が近づいて、急いで処理しなければならないほど事態が切迫していること。⇧まゆげが焦げるほど間近に火が迫っているということから。『五灯会元《ごとうえげん》』より。

類義 尻に火が付く／轍鮒《てっぷ》の急／眉《まゆ》に火が付く

勝負《しょうぶ》は時《とき》の運《うん》

勝ち負けは実力通りにはいかず、時々の運にもよるということ。勝っておごることも、負けて落胆することもないという意。多く、負けた人を慰める言葉として用いる。

用例 よくぞここまで勝ち進んできた。ここまできたら勝負は時の運。決勝戦は思い切って戦うだけだ。

類義 勝つも負けるも時の運

証文《しょうもん》の出《だ》し遅《おく》れ

時機を逃して、何の役にも立たなくなること。手遅れで効力がないこと。⇧事が済んだあとで証文を出しても、もう何の効力もない意から。

類義 後の祭り／証拠の出し遅れ／十日の菊六日の菖蒲《あやめ》

将《しょう》を射《い》んと欲《ほっ》すれば先《ま》ず馬《うま》を射《い》よ

目ざすものを手に入れようとするなら、直接そのものをねらうのではなく、周りにあるものを手中にせよということ。相手を説得するためには、その人が信頼する人を味方につけるのが近道だということ。⇧馬上の人間より、馬の方が大きくてねらいやすい。敵将を射止めるのに、まずその乗馬を倒してしまえばよいという意。杜甫《とほ》の詩「前出塞《ぜんしゅつさい》」より。

類義 人を射んとせば先ず馬を射よ

小《しょう》を捨《す》てて大《だい》につく

重要でない方は見かぎって、より大切なことに力を傾けること。

類義 小の虫を殺して大の虫を助ける

諸行無常《しょぎょうむじょう》

世の中のものは絶えず移り変わり、永遠に続くものはないという教え。仏教の根本原理となる考えの一つ。⇧「諸行」は、色々な存在、すべての物事。「無常」は、永遠に変わらないものなどないということ。『平家物語』の冒頭、「祇園精舎《ぎおんしょうじゃ》の鐘の声、諸行無常の響きあり」の句として知られる。『涅槃経《ねはんぎょう》』より。

類義 明日ありと思う心の仇桜《あだざくら》／万物流転

食指《しょくし》が動《うご》く

食欲がわく。転じて、ある物が欲しくなったり、ある行動を起こしたくなることをいう。⇧「食指」は人差し指。中国の春秋時代、鄭《てい》の子公《しこう》が、自分の人差し指がぴくぴくと動くのを見てごちそうにありつける前兆だと話したという故事から。『春秋左氏伝《しゅんじゅうさしでん》』より。
用例 この作家の才能は認めるが、新作はホラー小説なのでどうも食指が動かない。

初心忘《しょしんわす》るべからず

物事を始めた当初の、謙虚でひたむきな気持ちを失ってはならないということ。⇧能楽の修業について、怠け心を起こしたり、うぬぼれたりすることを戒めた世阿弥《ぜあみ》の言葉。『花鏡《かきょう》』より。

白河夜船《しらかわよふね》

ぐっすり眠りこんでしまい、その間の出来事をまったく知らないこと。また、知ったかぶりをすること。⇧「白河」は京都の地名。京見物をしたふりをしている人が、白河を川の名だと思い込み、あそこは夜に船で通ったからわからないと言って、うそがばれたという話による。
注意 「白河」に「知らず」の意を掛けた言葉。

知《し》らざるを知《し》らずと為《な》せ是知《これし》るなり

自分が知らないことは知らないと認めることが、本当に知るということである。『論語《ろんご》』より。

知《し》らぬ顔《かお》の半兵衛《はんべえ》

知っているのに知らないふりをすること。また、素知らぬふりをする人。
類義 知らぬ顔の半兵衛を決めこむ

知《し》らぬが仏《ほとけ》

本当のことを知れば腹が立つが、何も知らなければ、仏のようにおだやかでいられるというたとえ。事実を知らずに、のんびりしている人をあざけって用いることが多い。

用例 部長は、女子社員に慕われているつもりらしいが、知らぬが仏、陰で何を言われているかご存じないようだ。

類義 聞かぬが仏／聞けば気の毒見れば目の毒／知らぬは仏見ぬが神／見ぬ物清し

知《し》らぬ神《かみ》より馴染《なじ》みの鬼《おに》

たとえどんな人でも、知らない人より顔見知りの人の方がよいというたとえ。⇧知らない神様より、たとえ鬼でもなじみのある方が気が楽だということ。

知《し》らぬは亭主《ていしゅ》ばかりなり

女房の浮気を周りは知っているのに、亭主だけが知らないという意。当事者がうかつにも気づかないでいることをいう。「町内で知らぬは亭主ばかりなり」という川柳から。

白羽《しらは》の矢《や》が立《た》つ

大勢の中から、特に選ばれて指名されること。⇧神が人身御供《ひとみごくう》を要求して、選んだ少女の家の屋根に、白い羽のついた矢を立てるという言い伝えから。

注意 悪い意味にもよい意味にも用いられる。

用例 外国人との交渉役として、英語のできる彼に白羽の矢が立った。

尻馬《しりうま》に乗《の》る

自分のはっきりした考えをもたず、他人に同調して、付き従うことのたとえ。⇧ほかの人が乗っている馬の後ろに同乗することから。

類義 付和雷同

尻《しり》に火《ひ》が付《つ》く

物事がさし迫り、のんびりしていられなくなること。早急に対処する必要に迫られること。

用例 息子は高校三年の夏休みから、尻に火が付いたように受験勉強を始めた。

知《し》る者《もの》は言《い》わず言《い》う者《もの》は知《し》らず

深く知る者はみだりにそれを口にしない。ぺらぺらとよくしゃべる者にかぎってかえってよく知らないという意。『老子《ろうし》』より。

吝《しわ》ん坊《ぼう》の柿《かき》の種《たね》

けちな人は、何の価値もないものまで惜しがって手離さないということ。⇧「吝ん坊」は、渋い、けちなの意。柿の種など何の役にも立たないのに、けちな人はそれさえ、もったいながって捨てようとしないということ。

類義 けちん坊の柿の種／吝ん坊の柿のへた

詩《し》を作《つく》るより田《た》を作《つく》れ

風流に時間を費やすより、直接生活に必要なものを作る仕事に励むべきだということ。実利を第一とする人の信条をいった言葉。

類義 碁を打つより田を打て／座禅組むよりこやし汲《く》め／将棋さすより襤褸《ぼろ》をさせ

人口《じんこう》に膾炙《かいしゃ》する

世の中に広く知られ、評判になること。来は詩文などが多くの人々の口に上ること。🅞本「膾」は、なます（さしみ）。「炙」は、焼肉。どちらもだれにも好まれるごちそう。林嵩《りんすう》『周朴詩集序《しゅうぼくししゅうじょ》』より。

沈香《じんこう》も焚《た》かず屁《へ》もひらず

少しも特徴がないこと。可もなく不可もなく、毒にも薬にもならない凡庸《ぼんよう》なさま。🅞「沈香」は、高価な香木で、優良品を伽羅《きゃら》という。お香を焚いて芳香を放つでもなく、臭い屁を放って悪臭を立てるわけでもないという意。

類義 可もなく不可もなし／伽羅も焚かず屁もこかず／毒にも薬にもならぬ

唇歯輔車《しんしほしゃ》

一方が滅びればもう一方も危険になるので、互いに助け合う必要がある間柄のこと。🅞「輔」は頬骨《ほおぼね》。「車」は、歯茎。唇と歯、頬骨と歯茎のような密接な関係を表す。一説に「輔車」は、車の荷台と添え木のことともいう。『春秋左氏伝《しゅんじゅうさしでん》』より。

類義 唇亡びて歯寒し／車の両輪／鳥の両翼

神出鬼没《しんしゅつきぼつ》

思いがけないところへ現れたり、また隠れたりして所在がつかめないこと。🅞「鬼神」のように自由自在に「出没」するということ。『通俗編《つうぞくへん》』より。

針小棒大《しんしょうぼうだい》

些細なことを大げさに言うこと。⬆針のように小さなことを棒のように大きくいう意。

用例 この週刊誌の記事はいつも針小棒大に書き立てるので、本気にする読者などほとんどいない。

類義 針ほどのことを棒ほどに言う

人事《じんじ》を尽《つ》くして天命《てんめい》を待《ま》つ

力のかぎり努力し、やれることはすべてやったのだから、あとの結果は運命にまかせるほかないということ。悔いの残らないように最大限の努力をすること。⬆「天命」は人間にはどうすることもできない運命。『初学知要《しょがくちよう》』より。

用例 人事を尽くして天命を待つという心境で明日の合格発表を待ちます。

薪水《しんすい》の労《ろう》

炊事の苦労。転じて、日常の雑務に骨身惜しまずに人に仕えて働くこと。⬆薪《たきぎ》を取り、水を汲む苦労の意から。『陶靖節伝《とうせいせつでん》』より。

用例 資産家の叔父が、長年薪水の労をとってくれた家政婦に、全財産を与えるという遺言を残していた。

人生意気《じんせいいき》に感《かん》ず

人は、金銭や名誉のためではなく、自分を信頼してくれる相手の心意気に感激して力を貸したりするものだということ。魏徴《ぎちょう》の詩「述懐《じゅつかい》」より。

人生字《じんせいじ》を識《し》るは憂患《ゆうかん》の始《はじ》め

学問を身につけ、自分で物事を考えるようになると、心配したり悩んだりすることが多くなる。いっそ無学でいた方が、どんなに気楽であるかわからないということ。蘇軾《そしょく》の詩「石蒼舒酔墨堂《せきそうじょのすいぼくどう》」より。

人生朝露《じんせいちょうろ》の如《ごと》し

人生の短くはかないことをいう。⬆人の生涯を、日の光を受けるとたちまち消えてしまう朝露にたとえた言葉。『漢書《かんじょ》』より。

用例 先月まで元気に働いていた先輩が、ゆうべ癌で亡くなったと聞き、人生朝露の如しとつくづく思いました。

類義 人生は風灯石火の如《ごと》し／露の世

進退《しんたい》これ谷《きわ》まる

どうにもならなくなる。窮地におちいる。「谷まる」は、窮まる、ゆきづまるという意。⬆川をさかのぼった行き止まりが谷になることから。『詩経《しきょう》』より。

類義 進退両難／弁慶の立ち往生

身体髪膚《しんたいはっぷ》之《これ》を父母《ふぼ》に受《う》く

わたしたちの体は、みんな父母から受けたものだから、大切にし病気やけがに注意しなければならないという教え。⬆「髪膚」は、髪の毛と皮膚のこと。『孝経《こうきょう》』より。

死《し》んだ子《こ》の年《とし》を数《かぞ》える

今さらどうにもならない過去のことについて、

ぐちをこぼしたり後悔したりすること。⬆死んだ子が、生きていれば今は幾つになっているだろうと年を数えることから。

用例 手放した株が上がったといって悔やんでも、死んだ子の年を数えるようなものだからおやめなさい。

類義 死児の齢《よわい》を数える／死んだ子の年勘定

死《し》んで花実《はなみ》が咲《さ》くものか

人間は死んでしまったらおしまいである。生きていればこそ、またよいこともあるので、がんばって生きなさいと励ます言葉。⬆死んでしまった木に、花が咲いたり、実がなったりすることなどないという意。

類義 命あっての物種／死ぬ者貧乏／死んで花実がなるものか

対義 命は鴻毛《こうもう》より軽し

心頭《しんとう》を滅却《めっきゃく》すれば火《ひ》も亦《また》涼《すず》し

どんな苦難も、心の持ち方次第で、しのぐことができることをいう。⬆「心頭」は、心の中、「滅却」は、消し去るという意味。心の雑念を払えば火も熱くないということ。甲斐《かい》の恵林寺《えりんじ》の禅僧快川《かいせん》が、織田信長に焼き討ちにされたときに唱えたといわれる。杜荀鶴《とじゅんかく》の詩「夏日題悟空上人院《かじつごくうしょうにんのいんにだいす》」より。

親《しん》は泣《な》き寄《よ》り他人《たにん》は食《く》い寄《よ》り

困ったときに頼りにできるのは親族だけだという意。⬆不幸があると身内は悲しみのために集まるが、他人は、出されるごちそうを目当てに集まってくるだけだということ。

辛抱《しんぼう》する木《き》に金《かね》が生《な》る

辛抱強く仕事に励めばいつか成功し、財産を成すということ。あきらめないで最後までやりぬくことが大切だという教え。⇧「木」は「気」にかけて言ったもの。

用例 商売を始めた当初は採算が取れなかったが、辛抱する木に金がなるで、ようやく儲けが出るようになった。

類義 辛抱の棒が大事／辛抱は金挽《ひ》き臼《うす》は石

粋《すい》が身《み》を食《く》う

粋人《すいじん》が、遊びに熱が入ってついには破滅すること。花柳界や芸人社会に通じている粋《いき》な人はやがて財産をなくしてしまうということ。

類義 芸は身の仇

水火《すいか》も辞《じ》せず

危険や苦痛をものともせずに、全力で物事をやりぬく決意を表す。⇧水に溺れ、火に焼かれる苦しみにもひるまないという意。

用例 思い切った再建策には反対する意見も多いが、水火も辞せずの覚悟で大鉈《おおなた》をふるわなければなるまい。

類義 水火を踏む／たとえ火の中水の中

水魚《すいぎょ》の交《まじ》わり

離れることのできない親密な交わりのたとえ。魚にとって水はなくてはならない。それほど親密な間柄であるということ。もとは君臣の関係に用いたが、今では、夫婦・友人など一般にも使われる。⇧中国の三国時代、蜀《しょく》の王劉備《りゅうび》が、諸葛孔明《しょかつこうめい》と親密になったことに古参の関羽《かんう》と張飛《ちょうひ》が不満をもらした。それに対して劉備は、「自分に孔明が必要なのは魚が水を必要とするようなものだ」と答えたという故事から。『三国志《さんごくし》』より。

類義 管鮑《かんぽう》の交わり／魚水の親《しん》／刎頸《ふんけい》の交わり

酔生夢死《すいせいむし》

うかうかと無意味に一生を過ごすこと。生涯に何も残さず漫然と過ごしてしまうこと。⇧酒に酔って夢を見たりしている心地で一生を終わるという意味。『程子語録《ていしごろく》』より。

垂涎《すいぜん》の的《まと》

だれもがうらやむ、みんなが欲しくてたまらないもの。⇧「垂涎」は、おいしい御馳走を見て「涎を垂らす」こと。

用例 マニアの間では垂涎の的となっている絶版の本を近所の古本屋で偶然見つけた。

酸《す》いも甘《あま》いも嚙《か》み分《わ》ける

人生経験が豊かで、世の中の裏表や人情の機微に通じていること。⇧世間や人情を食べ物になぞらえ、酸っぱい物も甘い物も、その善し悪しをよく知っているということ。

類義 酸いも甘いも知り抜く

据《す》え膳《ぜん》食《く》わぬは男《おとこ》の恥《はじ》

女性のほうから積極的に誘ってくるのに応じないのは男性の恥だという意。⇧「据え膳」は、すっかり準備されてあとは手をつけるだけとなっている食事の膳をいう。

末大《すえだい》なれば必《かなら》ず折《お》る

下の者の勢いが強くなり、上に立つ者の統率がおよばなくなること。⇧枝が伸びて葉が繁ると、その重さで幹や根が痛んでしまうということから。『春秋左氏伝《しゅんじゅうさしでん》』より。

末《すえ》は野《の》となれ山《やま》となれ

⬇**後《あと》は野《の》となれ山《やま》となれ**

好《す》きこそ物《もの》の上手《じょうず》なれ

好きでやることは熱も入るし、一生懸命工夫したり勉強したりするから、おのずと上達するようになるということ。

類義 好きは上手の元／道は好む所によって易《やす》し

対義 下手の横好き

過《す》ぎたるは猶及《なおおよ》ばざるが如《ごと》し

度を越したものは、不足しているのと同じようによいことではない。過不足なく、ほどほどがよいということ。⇧孔子《こうし》の弟子である子《し》貢《こう》が、子張《しちょう》(師)と子夏《しか》(商)とでは、どちらがすぐれているかと孔子に質問したところ、「師は中庸《ちゅうよう》を過ぎているし、商は及ばない」と答え、どちらも中庸を得ていないからよくないと批評したという。『論語《ろんご》』より。

用例 過ぎたるは猶及ばざるが如しで、無理な筋トレは逆に体を壊すからほどほどにしておきなさい。

類義 薬も過ぎれば毒となる／凝っては思案に能《あた》わず／分別過ぐれば愚に返る

空《す》き腹《はら》にまずい物《もの》なし

腹がへっているときには何を食べてもうまく感じるという意。

英語 Hunger is the best sauce.
(空腹は最上のソース)

杜撰《ずさん》

物事に誤りや不注意な点が多く、いい加減なこと。著作などに誤りが多いこと。⇧「杜」は中国の詩人杜黙《ともく》。「撰」は詩文を作ること。杜黙の詩は自由奔放で詩の規則に合わないものが多く、転じて規則に合わないものを「杜撰」と呼ぶようになった。『野客叢書《やかくそうしょ》』より。

雀《すずめ》の千声鶴《せんこえつる》の一声《ひとこえ》 ➡ 鶴《つる》の一声《ひとこえ》

雀百《すずめひゃく》まで踊《おど》り忘《わす》れず

若い時の性癖は年をとっても変わらないこと。浮気や道楽の癖が直らぬことに用いる場合が多い。⇧足をそろえてぴょんぴょんはねる雀の歩き方は、死ぬまで変わらないことから。

類義 三つ子の魂百まで

捨《す》てる神《かみ》あれば拾《ひろ》う神《かみ》あり

見捨てる人もいる一方、ひきたててくれる人もいるものだという意。見かぎられたりしても気を落とすなという意味でも用いる。

用例 長く働いていた店を首になったが、捨てる神あれば拾う神ありで、近くの店の経営者が雇ってくれることになった。

類義 渡る世間に鬼はない

脛《すね》に疵《きず》持《も》てば笹原《ささはら》走《はし》る

悪事をして後ろ暗いところのある者は、落ち着いた気持ちで世間を渡れないという意。現代では多く「脛に疵（持つ）」だけで、後ろ暗い過去があることをいう。⇧笹原を行くとき、脛にけがをしていれば痛いので飛び上がって走り抜ける、あるいは笹の音にびくついて走って逃げるの意。「笹原走らぬ」という言い回しもあり、この場合は、こわくて通れないの意。

類義 足に傷／心の鬼が身を責める

すべての道《みち》はローマに通《つう》ず

真理や目的に達する方法は、一つだけではないこと。また、ある一つの真理はあらゆる物事に適用される。⇧古代ローマ帝国の全盛期には世界各地からローマへ道が通じていたことから。ラ・フォンテーヌ『寓話《ぐうわ》』より。

英語 All roads lead to Rome. の訳語。

図星《ずぼし》を指《さ》す

物事を正しく言い当てること。相手の急所をずばりと言い当てること。⇧「図星」は、弓道の的の中心を示す点のこと。

類義 図星に当たる

すまじきものは宮仕《みやづか》え

勤めは気苦労の多いもので、できれば避けたいものだということ。⇧「宮仕え」は本来、宮廷や貴人の家に仕えること。現代では会社勤めを含め、広く他人に使われる意。

住《す》めば都《みやこ》

どんな場所でも、住み慣れれば、離れがたくなるということ。物質的に貧しくても、慣れればかえって精神的なやすらぎになるという意で使う場合もある。

注意「住まば都」は、どうせ住むなら都がよいの意で異なる。

類義 地獄も住《す》み処《か》／住めば田舎も名所／住めば都で花が咲く

相撲《すもう》に勝《か》って勝負《しょうぶ》に負《ま》ける

相撲内容では相手を圧倒していながら、決めそこなって勝負には負けてしまうこと。うまくいっていたのにちょっとしたはずみで、最後に失敗すること。

寸善尺魔《すんぜんしゃくま》

世の中、善いことより、悪いことの方がはるかに多いということ。⇧ほんの少しの善いことと多くの悪いことの意。

類義 好事魔多し

寸鉄人《すんてつひと》を殺《ころ》す

適切な短い言葉で相手の急所を鋭く突くこと。⇧「寸鉄」は、小さい刃物。ちっぽけな刃物でも急所を突けば人を殺せることから。『鶴《かく》林玉露《りんぎょくろ》』より。

用例 公開の討論会が行われ、ある出席者の寸鉄人を殺すがごときの一言に、場内が一瞬、静まりかえった。

類義 寸鉄人を刺す

青雲《せいうん》の志《こころざし》
立身出世の望み。高い理想を求め、功名を立てようとする心。⇧「青雲」は、高い空にある雲のことで、高い地位のたとえ。王勃《おうぼつ》の詩「滕王閣序《とうおうかくじょ》」より。

晴耕雨読《せいこううどく》
定職につかず、悠々自適の生活をすること。世の中のわずらわしさから離れた、心静かな生活のたとえ。⇧晴れの日は田畑を耕し、雨の日は家にこもって読書を楽しむの意。

精神一到何事《せいしんいっとうなにごと》か成《な》らざらん
どんなに難しく思えることでも、懸命に取り組めばできないことはない。やる気さえあれば、道は必ず開けていくものだ。⇧「一到」は物事に集中すること。『朱子語類《しゅしごるい》』より。
類義 石に立つ矢／念力岩をも徹す／志有る者は事竟《ことつい》に成る
英語 Where there is a will, there is a way.
(意志のある所には道がある)

聖人《せいじん》に夢《ゆめ》なし
聖人は心に迷いや雑念がなく、俗世間のわずらわしさにも無縁なので、夢も見ないほど安らかに眠るということ。『荘子《そうじ》』より。

清水《せいすい》に魚《うお》棲《す》まず ⬇**水清《みずきよ》ければ魚《うお》棲《す》まず**

清濁《せいだく》併《あわ》せ呑《の》む
善人、悪人の区別なく、だれでも受け入れること。正邪を超える度量の大きさをいう。⬆海には清流も濁流も流れ入ることから。

用例 人の上に立つ身ともなれば、清濁併せ呑む器量が要求される。

井底《せいてい》の蛙《かわず》 ⬇ **井《い》の中《なか》の蛙《かわず》大海《たいかい》を知《し》らず**

急《せ》いては事《こと》を仕損《しそん》じる

あせって事を急ぐと、失敗しがちなものなので、急ぐときほど落ち着きが肝心ということ。

類義 慌てる乞食は貰《もら》いが少ない／急がば回れ

対義 先んずれば人を制す

青天《せいてん》の霹靂《へきれき》

思ってもみなかった事件や、想像を絶する出来事。⬆「霹靂」は急に鳴る激しい雷。青い空に突然鳴り響く雷の意。陸游《りくゆう》の詩「九月四《くがつよっ》日《か》鶏未鳴起作《にわとりいまだなかずおきてつくる》」より。

用例 わが家にとって次女の芸能界デビューは、青天の霹靂だった。

類義 足元から鳥が立つ／寝耳に水／藪《やぶ》から棒

青天白日《せいてんはくじつ》

心中にやましさがまったくないこと。また、無罪であることがはっきりすること。⬆青く晴れた空に白く輝く太陽の意。韓愈《かんゆ》の文より。

盛年重《せいねんかさ》ねて来《きた》らず

若い盛りは二度とないのだから、その時代をむだにしてはいけない、勉学に励めということ。陶淵明《とうえんめい》の詩「雑詩《ざっし》」より。

類義 歳月人を待たず／人生年少再び来らず

積悪《せきあく》の家《いえ》には必《かなら》ず余殃《よおう》有《あ》り

悪事を重ねた家では、報いとして必ず子孫にまでわざわいがおよぶということ。⇧「余殃」は、悪事の報いとして子孫におよぶわざわい。『説苑《ぜいえん》』より。

類義 積悪の余殃

対義 積善の家には必ず余慶有り

積善《せきぜん》の家《いえ》には必《かなら》ず余慶《よけい》有《あ》り

善行を積み重ねた家では、報いとして幸福が子孫にまでおよぶということ。⇧「余慶」は、先祖の善行のおかげで子孫が受ける幸福。『易経《えききょう》』より。

類義 積善の余慶《よけい》

対義 積悪の家には必ず余殃《よおう》有り

赤貧《せきひん》洗《あら》うが如《ごと》し

非常に貧しいさまをいう。極貧。⇧洗い流した後のように持ち物が何もないという意。

世間《せけん》知《し》らずの高枕《たかまくら》

厳しい世情も知らずにのんきに暮らす意。のほほんと暮らしている人を皮肉っていう。

世間《せけん》の口《くち》に戸《と》は立《た》てられぬ

⬇人《ひと》の口《くち》に戸《と》は立《た》てられぬ

世間《せけん》は張《は》り物《もの》

世間は実体以上に見せかけてあるもので、人はみな、外見や体裁を取り繕って生きているものだということ。また、うまく世渡りをするには、外見をよく見せる知恵が必要だということ。⇧張り物は、木の骨に紙を張って岩石や樹木などの実物に見せかけた芝居の道具。

世間《せけん》は広《ひろ》いようで狭《せま》い

思いがけない所で知人に会ったり、意外な所に知り合いがいたりすることをいう。

用例 得意先で新しく担当になった方が、私と同じ小学校の出身者だったとは、まったく世間は広いようで狭い。

切磋琢磨《せっさたくま》

向上心をもって懸命に努力すること。また、仲間同士が励まし合い、競い合うこと。⇧かたい素材を加工する方法を、人間の修養にたとえたもの。『詩経《しきょう》』より。

切歯扼腕《せっしやくわん》

激しく怒ったり、くやしがったりする様子。⇧「切歯」は歯ぎしり、「扼腕」は自分の手首を握りしめること。『史記』より。

注意「扼腕」は「搤腕」とも書く。

雪隠《せっちん》で饅頭《まんじゅう》

隠れてこっそり、自分だけいい思いをすること。⇧「雪隠」は便所。あとに「臭うてもうまい」と続けて、利益を貪《むさぼ》ることに用いたり、また「臭うて食えぬ」と続けて、筋の通らぬ利益は取らないことにたとえたりもする。

銭金《ぜにかね》は親子《おやこ》でも他人《たにん》

➡**親子《おやこ》の仲《なか》でも金銭《きんせん》は他人《たにん》**

背《せ》に腹《はら》は代《か》えられぬ

目前の重大なことを優先しなくてはならないので、ほかの小事が犠牲になるのもやむをえないというたとえ。⬆大切な内臓がある腹は、背中の代わりにはならないという意。

用例 月末の支払いを控えて背に腹は代えられず、損を承知で手形を割ることにした。

対義 渇《かっ》しても盗泉の水を飲まず／鷹《たか》は飢えても穂を摘まず／武士は食わねど高楊枝《たかようじ》

狭《せま》き門《もん》より入《い》れ

安易な道より、難儀な方法を選ぶ方が立派な人間が育つことをいう。⬆本来は天国の門は狭く険しいので、入るのには努力が必要だというキリストの言葉。『新約聖書《しんやくせいしょ》』より。

英語 Enter by the narrow gate. の訳語。

千金《せんきん》の子《こ》は市《いち》に死《し》せず

金持ちの子は法を犯すことがないので、処刑場で死ぬようなことはないということ。また、重罪を犯しても金の力で死刑を免れられるところから、世の中は金があればどうにでもなるという意味にも使われる。⬆「市」は市井・町、処刑場の意。『史記』より。

千載一遇《せんざいいちぐう》

めったにないよい機会。またとないチャンスのことをいう。⬆「千載」は、千年、長い年月。「一遇」は、一度遇う（会う）こと。千年に一度しかないほどまれなことという意。袁《えん》宏《こう》『三国名臣序賛《さんごくめいしんのじょさん》』より。

せ

前車《ぜんしゃ》の覆《くつがえ》るは後車《こうしゃ》の戒《いまし》め

先人の失敗は、あとに続く人の戒めになるということ。⇧前の車がひっくり返るのを見て、後ろの車は注意するから。『漢書《かんじょ》』より。

前車《ぜんしゃ》の轍《てつ》を踏《ふ》む

前の人と同じ失敗を犯すこと。⇧「轍」はわだちで車輪の跡。前の車が転覆したあとをたどって、同じく転覆してしまうことから。

千畳敷《せんじょうじき》に寝《ね》ても一畳《いちじょう》

物は必要なだけあれば事足りる。それ以上を欲しがるものではないということのたとえ。⇧千畳敷もある部屋でも、人が寝るのにはせいぜい畳一枚あれば足りるということ。

千丈《せんじょう》の堤《つつみ》も蟻《あり》の一穴《いっけつ》より

⬇蟻《あり》の穴《あな》から堤《つつみ》も崩《くず》れる

戦戦兢兢《せんせんきょうきょう》

こわがってびくびくしている様子。⇧「戦戦」は、おびえてふるえる様子。「兢兢」は、身をかたくする様子。『詩経《しきょう》』より。

注意「戦々恐々」と書くこともある。

栴檀《せんだん》は双葉《ふたば》より芳《かんば》し

のちに大成するような人は、幼い頃から常人よりすぐれたところを現すこと。⇧「栴檀」は香りの高い常緑高木で白檀《びゃくだん》ともいい、芽ばえたときにはすでによい香りがする。

注意「双葉」は「二葉」とも書く。

船頭《せんどう》多《おお》くして船山《ふねやま》へ上《のぼ》る

指図する者が多すぎると事がまとまらず、思わぬ方向に進んでしまうこと。指揮する人間が多く、統制がとれないこと。

千日《せんにち》の萱《かや》を一日《いちにち》

長い間かけて積み重ねてきた成果や信用などを、いっぺんにぶち壊すことのたとえ。⇧千日もの長い間刈り続けてきた萱をたった一日で燃やしてしまうという意から。

類義 千日の功名一時《いちじ》に亡ぶ

先入主《せんにゅうしゅ》となる

先に頭に入った考えが中心になってしまい、別の考え方が受け入れられなくなったり、自由な思考が妨げられること。固定観念を打ち破ることの困難さをいった言葉。⇧先に入っている考えが主となるの意。『漢書《かんじょ》』より。

千《せん》の倉《くら》より子《こ》は宝《たから》

子は最大の財産だということ。⇧財宝を入れた千の倉より、子どもの方が大切という意。

類義 子に過ぎたる宝なし／子に勝る宝なし

善《ぜん》は急《いそ》げ

よいと思ったことは、ためらわずにただちに実行せよということ。⇧好機は、二度とないかもしれないから、巡ってきたときには迷うことなくすぐにやれということ。

類義 旨《うま》い物は宵に食え／思い立ったが吉日／思い立つ日に人神《にんじん》なし

英語 Make hay while the sun shines.
（日の照っているうちに干し草を作れ）

先鞭《せんべん》をつける

だれよりも先に物事に手をつけること。⬆「先鞭」は、人に先だって馬に鞭《むち》打つという意。中国の晋《しん》の劉琨《りゅうこん》は自分より先に親友の祖逖《そてき》が手柄を立てることを恐れて、「祖逖が馬に鞭を入れるのではないかと、戦戦兢兢としている」と知人への手紙に書いたという故事による。『晋書《しんじょ》』より。

千万人《せんまんにん》と雖《いえど》も我《われ》往《ゆ》かん

自分の行いが正しいと思うなら、ひるまず自分の道を堂々と進むという心意気を示す言葉。⬆たとえ千万人の敵を相手にしようとも、恐れず立ち向かうという意。『孟子《もうし》』より。

千三《せんみ》つ

うそばかり言う人のこと。⬆千のうち本当のことはわずか三つしか言わないという意。

注意 取り引きがまとまるのは千件に三件という意で、不動産業者をいうこともある。

類義 千三つ屋／万八

前門《ぜんもん》の虎《とら》後門《こうもん》の狼《おおかみ》

一つの災難を逃れて安心する間もなく、別の災難がふりかかってくるたとえ。⬆表門の虎を防いだと思ったら、裏門から狼が侵入してきたという意から。趙弼《ちょうひつ》『評史《ひょうし》』より。

類義 一難去ってまた一難／追っ手を防げば搦手《からめて》へ回る／虎口を逃れて竜穴に入る

先憂後楽《せんゆうこうらく》

国政にたずさわる政治家は、世の人より先に問題に留意して色々と処置をし、世の中が安泰になって、人が楽しむのを見たあとで楽しむようでなければならないということ。⬆人の上に立つ者の心がけを表した、宋《そう》の名臣范《はん》仲淹《ちゅうえん》の言葉。『宋史《そうし》』より。

千里《せんり》**の道**《みち》**も一歩**《いっぽ》**より**

どんな大事業でも、最初はごく手近なところから着実に始めなければならないということ。

類義 遠きに行くに必ず近きよりす

千慮《せんりょ》**の一失**《いっしつ》

どんなに物事をわきまえている人でも、ときにはしくじったりすることがあるということ。また、十分な注意にもかかわらず、思いもよらない手落ちが生じてしまうことにも用いる。

類義 泳ぎ上手は川で死ぬ／河童《かっぱ》の川流れ／弘法にも筆の誤り／猿も木から落ちる

千慮《せんりょ》**の一得**《いっとく》

どんなに愚かな者の意見でも、多くのうちには、たまにはよい案もあるということ。

類義 愚者も一得

滄海変《そうかいへん》**じて桑田**《そうでん》**と為**《な》**る**

世の中の移り変わりが激しく、予想もつかないほど変化すること。⬆「滄海」は青い大海。大海が干上がって桑畑になるという意味から。儲光羲《ちょこうぎ》の詩より。

類義 滄桑の変／桑田変じて滄海となる

喪家《そうか》の狗《いぬ》

元気のない人や、やつれ果てた人の形容。⇧「狗」は犬。葬式のあった家の犬は、食物ももらえずやせ衰えるところから。ある町で孔《こう》子《し》が門人たちとはぐれて一人たたずんでいた様子を、人々が「喪家の犬のようだ」と言ったという故事から。『孔子家語《こうしけご》』より。

創業《そうぎょう》は易《やす》く守成《しゅせい》は難《かた》し

新しく事業を始めるのに比べ、できあがった事業を受け継いで守る方が難しいということ。⇧中国の唐《とう》の太宗《たいそう》が、創業と後継とではどちらがより難しいかをたずねたのに対して、魏《ぎ》徴《ちょう》が答えた言葉から。『唐書《とうじょ》』より。

糟糠《そうこう》の妻《つま》は堂《どう》より下《くだ》さず

貧しい頃から連れ添って長年苦労をともにしてきた妻は、成功したからといって家から出すことなどできないことをいう。⇧「糟糠」は、酒かすと米ぬかで、粗末な食べ物の意。中国の後漢《ごかん》の光武帝《こうぶてい》が、宋弘《そうこう》に「富貴になったのだから妻をかえたらどうか」と言ったとき、宋弘が答えた言葉。『後漢書《ごかんじょ》』より。

宋襄《そうじょう》の仁《じん》

無益な情けや哀れみをかけること。⇧中国の春秋時代、宋《そう》の襄公《じょうこう》は楚《そ》の国との戦いで、敵の弱みにつけいるのはよくないと攻撃せず、結局それが原因で敗北したという故事から。『十八史略《じゅうはっしりゃく》』より。

曾参人《そうしんひと》を殺《ころ》す
たとえうそでも、同じことを何度も言われると、信じるようになることをいう。⬆曾参は孝行で有名な孔子《こうし》の弟子。曾参の母に「曾参が人を殺した」と告げた人があった。母は信じないで機織りを続けていたが、三人の人から同じことを言われ、機織りを放り出して駆け出したという故事による。『戦国策《せんごくさく》』より。

そうは問屋《とんや》が卸《おろ》さない
簡単に相手の注文には応じられないこと。また、自分の望み通りに事が運ばないこと。

総領《そうりょう》の甚六《じんろく》
はじめての子は過保護に育つせいか、おっとりとした世間知らずが多いということ。⬆「総領」は家の跡継ぎ。「甚六」は、お人好しのぼんやり者。「順禄《じゅんろく》」のなまりで、父の世禄を順序に従って継ぐ意ともいう。
注意「総領」は「惣領」とも書く。

葬礼帰《そうれいがえ》りの医者話《いしゃばなし》
事が済んだあとで、どうにもならないことを愚痴ること。⬆葬式の帰り道に、あのとき手当てをして、医者に見せればよかったなどという話をすることから。
類義 証文の出し遅れ／十日の菊六日の菖蒲《あやめ》

袖《そで》から手《て》を出《だ》すのも嫌《きら》い
ひどいけちのこと。⬆金ばかりか、出すといったら袖から手を出すのもいやがるという意。

そ

袖《そで》振《ふ》り合《あ》うも他生《たしょう》の縁《えん》

ほんのちょっとした出来事も単なる偶然ではなく、前世からの深い因縁に基づく巡り合わせだということ。⬆歩いていて見知らぬ人と袖が触れるようなささいなことさえ前世からの縁によるということ。

注意「他生」は「多生」とも書く。「多少」と書くのは誤り。

類義 躓《つまず》く石も縁

備《そな》え有《あ》れば憂《うれ》いなし

万一に備えて、日頃から用意をしておけば、いざという場合でも慌てることはないということえ。『書経《しょきょう》』より。

注意「うれい」には、「患」の字も当てる。

その手《て》は桑名《くわな》の焼《や》き蛤《はまぐり》

いくらうまいことを言ってきても、だまされないぞという意。⬆「その手はくわない」を三重県の地名「桑名」にかけ、桑名名物の「焼き蛤」と語呂合わせした句。

其《そ》の右《みぎ》に出《い》ずる者《もの》なし

最もすぐれている人のこと。その人よりすぐれた者はいないということ。⬆中国では右を高位の席としていたことから。『史記』より。

損《そん》して得取《とくと》れ

当座は損をしたようでも、それをもとに大きな利益を目指せという教え。一時の小利を追わず、将来大きな仕事をせよということ。

大隠《たいいん》は市《いち》に隠《かく》る

普通の世捨て人は、山中や森の奥深くに隠れ住むが、真に道に達した隠者は俗人との交わりにも心を乱さないから、町の中に住むという意。⇧「大隠」は悟りを開いた隠者。王康《おうこう》琚《きょ》の詩「反招隠《はんしょういん》」より。

大恩《だいおん》は報《ほう》ぜず

小さな恩にはすぐに気がついて恩返しをするが、あまりにも大きすぎる恩にはかえって気がつかず、報いようとしないことをいう。

類義 大恩は忘る／大徳は酬《むく》いず

大海《たいかい》は芥《あくた》を択《えら》ばず

大人物は度量が広く、様々な人を分け隔てなく受け入れるというたとえ。⇧大海はごみ、あくたでも問題にせず、川が運んできたものをすべて受け入れることにたとえた言葉。

類義 河海は細流を択ばず／泰山《たいざん》は土壌を譲らず

大廈《たいか》の倒《たお》れんとするは一木《いちぼく》の支《ささ》うる所《ところ》に非《あら》ず

国家のような大きなものが衰えていくときには、一人の力では、どうすることもできないというたとえ。⇧「大廈」は大きな建物。これが倒れるとなれば、一本の突っかい棒では支えきれないという意。『文中子《ぶんちゅうし》』より。

対岸《たいがん》の火事《かじ》

自分に被害がおよばない物事。人ごと。⇧川の向こう岸で火事がおこっても、こちらまで燃え移る心配がないことから。

用例 同じ年頃の子をもつ親にとって、今回の痛ましい事件は対岸の火事だと見過ごすわけにはいかない。

類義 川向かいの火事／対岸の火災／高みの見物

大義《たいぎ》親《しん》を滅《めっ》す

大きな道義を貫くために、私情を捨てて、親子兄弟でも犠牲にするということ。⇧「大義」は、国家や君主につくす家臣のつとめ。中国春秋時代、衛《えい》の桓公《かんこう》を殺してこれに取って代わった州吁《しゅうく》が、親友の石厚《せきこう》と陳《ちん》の国に出かけた。このとき石厚の父の石碏《せきしゃく》は州吁の反逆を憎んで、陳に使いを送り、関与していたわが子までもいっしょに殺させたという故事による。『春秋左氏伝《しゅんじゅうさしでん》』より。

大吉《だいきち》は凶《きょう》に還《かえ》る

幸運も度が過ぎると、不幸を招くという意。幸せはほどほどがよいということ。⇧易《えき》では、陽の卦《け》が最上になると陰の卦になるとされる。吉は縁起がいいが、大吉ともなると、むしろ凶に近くなることをいう。

類義 最上は幸福の敵／満は損を招く

大疑《たいぎ》は大悟《たいご》の基《もとい》

疑問があるから、理解したいと思い、それが悟りへと通じる。大きな疑いをもつことは、大きな悟りが得られる事に通じる。疑いこそ悟りのもとであるということ。

大器晩成《たいきばんせい》

大人物は簡単にできるものではなく、むしろ若い頃はあまり目立たないことが多い。人より遅れて、だんだんとすぐれた才能を現し、やがて年をとってから大成するということ。

⇧大きな器を作るには小さな器より時間がかかるところから出た言葉。『老子《ろうし》』より。

類義 大きい薬缶《やかん》は沸きが遅い

対義 蛇《じゃ》は寸にして人を呑《の》む／栴檀《せんだん》は双葉より芳《かんば》し

大行《たいこう》は細謹《さいきん》を顧《かえり》みず

大事を成そうとするなら、小さな事など気にかけるべきではないという教え。⇧「細謹」は小さな事に気を配ること。『史記』より。

大巧《たいこう》は拙《せつ》なるが若《ごと》し

本当にすぐれたものは、一見しただけでは下手なように見えるということ。『老子《ろうし》』より。

用例 一見稚拙に見える絵だが、この大胆な構図はただものではないな。大功は拙なるが若し、相当の達人の作と見た。

大功《たいこう》を成《な》す者《もの》は衆《しゅう》に謀《はか》らず

大事を成し遂げようとする者は、多くの人に相談などせず、自分の決断で行動する。人の口出しに惑わされると、かえって行動の妨げになるということ。『戦国策《せんごくさく》』より。

大黒柱《だいこくばしら》を蟻《あり》がせせる

力がおよばないこと。実力不足のものが分不相応な大仕事をすること。⇧太い大黒柱を蟻がかじってもびくともしないという意。
類義 大黒柱と腕押し／富士の山を蟻がせせる／藁《わら》しべを以《もっ》て泰山《たいざん》を上げる

太鼓判《たいこばん》を押《お》す

間違いないと自信をもって保証すること。太鼓のように大きな判を押すということから。⇧

太鼓《たいこ》を打《う》てば鉦《かね》が外《はず》れる

何かをしているときには別のことには気が回らない。同時に複数のことはできないという意。

大根《だいこん》を正宗《まさむね》で切《き》る

才能のある人に、働きがいのないつまらない仕事をさせること。また、事を大げさにすることにもたとえる。⇧「正宗」は、鎌倉時代の名高い刀工、岡崎正宗が鍛えた刀。難なく切れる大根を名刀の正宗で切るという意。
用例 あいつは銀座の有名割烹《かっぽう》で花板を務めた男だぞ。洗い場におくなんてもったいない。大根を正宗で切るようなものだ。
類義 鶏を割くに焉《いずく》んぞ牛刀を用いん

大山鳴動《たいざんめいどう》して鼠《ねずみ》一匹《いっぴき》

前ぶればかり大きく、案外、たいしたことのない結果に終わることのたとえ。⇧大きな山が鳴り響いて揺れ動くので、大噴火でも起きるのかと大騒ぎしていると、鼠が一匹出てきただけだったということから。
英語 The mountains have brought forth a mouse. の訳語。

大事《だいじ》の前《まえ》の小事《しょうじ》
大事を成し遂げるときは、小事をかえりみていられないということ。成功のためには多少の犠牲はやむをえないということ。反対に大きな事を行うときこそ、ミスをしないよう細心の注意を要することにもいう。

大事《だいじ》は小事《しょうじ》より起《お》こる
もとを正せば、些細な事が大事を引き起こす原因になるということ。『老子《ろうし》』より。

大同小異《だいどうしょうい》
いくらか違ったところはあるが、全体的にはほぼ同じで差のないこと。『荘子《そうじ》』より。
類義 五十歩百歩／同工異曲／団栗の背競べ

大道廃《だいどうすた》れて仁義《じんぎ》あり
道徳が行われているときは仁義の道を説く必要もないが、正しい道が損なわれているときはそれが必要となる。仁義が説かれるのは正しい道のすたれた証拠である。『老子《ろうし》』より。

鯛《たい》の尾《お》より鰯《いわし》の頭《かしら》
大きな団体で下の立場にいるより、小さな団体でも先頭になる方がよいということ。
用例 大企業に入れなかったからといってそれほどがっかりすることはないよ。鯛の尾より鰯の頭だよ。
類義 大鳥の尾より小鳥の頭／鶏口《けいこう》と為《な》るも牛後《ぎゅうご》と為る勿《なか》れ
対義 寄らば大樹の陰

大《だい》の虫《むし》を生《い》かして小《しょう》の虫《むし》を殺《ころ》す

大事なものを救うためには、小さなものを犠牲にするのもやむをえない。両方を救えないときは、大事なほうを優先する意。

類義 尺を枉《ま》げて尋《じん》を直くす

大《だい》は小《しょう》を兼《か》ねる

大きい物なら小さい物の代わりに使える。小さすぎるよりは、大きすぎる方が幅広く役立つというたとえ。『春秋繁露《しゅんじゅうはんろ》』より。

用例 手ごろなかばんがなくて、色々迷ったが、大は小を兼ねるというので、やや大きめの方を買うことにした。

対義 杓子《しゃくし》は耳掻《みみか》きにならず／地引き網で白魚はとれない／長持枕にならず

た

大木《たいぼく》は風《かぜ》に折《お》らる➡**喬木《きょうぼく》は風《かぜ》に折《お》らる**

鯛《たい》も一人《ひとり》はうまからず

御馳走も一人でポツンとして食べたのではうまくないという意。

用例 鯛も一人はうまからず。どんな豪華な夕食でも、単身赴任の独り身じゃわびしいだけだよ。

大欲《たいよく》は無欲《むよく》に似《に》たり

大望をもつ者は、目先の小さな利益には関心を示さないから、ちょっと見ると欲がないかのようだという意。また逆に、欲に目がくらんで損を招き、一銭の利益も得られなくて、結局無欲なのと同じことになるというたとえ。

斃《たお》れて後已《のちや》む

倒れて死ぬまでやり通す。命ある限り努力してやめないこと。『礼記《らいき》』より。

類義 死して後已む

高嶺《たかね》の花《はな》

望んでも、手にすることのできないもの。うらやましく思いながら、自分のものにできないものをいう。⇧高い山に咲いている花は、遠くから眺めるだけで、取れないことから。

鷹《たか》は飢《う》えても穂《ほ》を摘《つ》まず

高潔な人はたとえ困ったときでも、不正や不義はしないということのたとえ。⇧気位の高い鷹はどんなに飢えても、稲や麦の穂をついばんだりしないということから。

類義 渇《かっ》しても盗泉の水を飲まず／虎は飢えても死したる肉を食わず／武士は食わねど高楊枝《たかようじ》

対義 背に腹は代えられぬ

高《たか》みの見物《けんぶつ》

物事のなりゆきを、利害関係のない人がはたから面白がって見ていること。⇧「高み」は高い所。安全な高い場所から、下で起こっている事件を見物する意。

宝《たから》の持《も》ち腐《ぐさ》れ

すばらしい価値のあるものやすぐれた能力をもちながら、使い道を知らなかったり出し惜しみをしたりして、むだにしていること。

用例 いくらいい辞書をもっていても、使わなければ宝の持ち腐れだ。

宝《たから》の山《やま》に入《い》りながら空《むな》しく帰《かえ》る

せっかくのチャンスに恵まれながら、結局何の得るところもなく終わってしまうこと。

薪《たきぎ》を抱《いだ》きて火《ひ》を救《すく》う

害を取り除こうとして、逆に害を大きくしてしまうこと。逆効果。⬆火を消すために水ではなく薪を抱えて行き、かえって燃え広がらせてしまうということ。『戦国策《せんごくさく》』より。

多岐亡羊《たきぼうよう》

学問の道があまりに多方面に分かれすぎると、真理にいたるのが難しいこと。転じて、方法・方針などがたくさんありすぎて迷うこと。⬆道がいくつにも分かれているせいで、逃げた羊をついに捕まえられなかったという話から。『列子《れっし》』より。

類義 亡羊の嘆《たん》

多芸《たげい》は無芸《むげい》

学問や技芸などで、どんなことでも一通りはやってのけてしまうが、どれも中途半端で専門といえるものが一つもないこと。

用例 この俳優は器用でどんな役でもこなしてしまうので、多芸は無芸というべきか、印象に残る役が一つもない。

類義 器用貧乏／何でも来いに名人なし

英語 Jack of all trades is master of none.
(何でも屋は何一つ熟達しない)

た

竹屋《たけや》の火事《かじ》

怒ってぽんぽんと言う様子。また、ずけずけと言いたい放題に言うこと。⇧竹が燃えて、ぽんぽんと音を立ててはじけることから。

竹《たけ》を割《わ》ったよう

心にわだかまりがなく、物事にこだわらない、さっぱりとした人の性格をいう。⇧竹を割るとまっすぐ縦二つに割れることから。

蛸《たこ》は身《み》を食《く》う

収入がなくて元手の資本や財産をなし崩しに食い減らすたとえ。また、働こうとせず、財産を使い果たすことにもたとえる。⇧蛸はいよいよえさがなくなると自分の足を食べるというところから。

他山《たざん》の石《いし》

人の失敗やよくない言動を見て、わが身に置きかえて反省し、自分の向上のための参考に役立てること。⇧ほかの山から採れたつまらない石でも、宝石の原石を磨く砥石《といし》として役立てようということ。『詩経《しきょう》』より。

注意 目上の人の言動には用いない。

用例 カードローンに追われている同僚を他山の石として、なるべくクレジットでは物を買わないようにしている。

類義 人の振り見て我が振り直せ

多勢《たぜい》に無勢《ぶぜい》

わずかな人数で大勢の者を相手に立ち向かっ

ても勝ち目はないという意。数の多少で勝負が決まること。

類義 衆寡《しゅうか》敵せず

蛇足《だそく》

よけいなもの。あっても役に立たないむだなもの。よけいなものをつけ足して台なしにしてしまうこと。⇧中国の楚《そ》の国で、数人の男が、蛇の絵を早くかきあげた者が酒を飲めるという競争をした。最初にかきあげた者は、余裕を見せて足をかき加えた。すると、次にかき終えた者が、蛇に足などないと言って酒を飲んでしまったという故事から。『戦国策《せんごくさく》』より。

用例 こんな注意は蛇足だとは思いますが、集合時間には遅れないようにしてください。

叩《たた》かれた夜《よる》は寝《ね》やすい

害を加えた者よりも、害を加えられた者の方が気が楽であること。その場で自分が我慢さえすればあとは心穏やかでいられるということ。一方、一時の感情で人を叩いた者は、良心の呵責《かしゃく》に苛《さいな》まれたり、相手からの報復を恐れたり、世間の悪評を気にしたりしてなかなか寝つかれないというわけである。

叩《たた》けば埃《ほこり》が出《で》る

どんなことでも細かく探し出せば、欠点や弱点がある。だれでも身辺や過去を細かく調べれば、やましいところや弱点が出てくるものだということ。

類義 垢はこする程出る

叩《たた》けよさらば開《ひら》かれん

神の国の門は待っていても開かれないが、ひたすら救いを求める者には神は応えてくれる。転じて、積極的に努力をすれば、おのずと成功への道は開けるということ。⇧キリストの山上の垂訓中、「求めよさらば与えられん」に続く言葉。『新約聖書《しんやくせいしょ》』より。

英語 Knock, and it shall be opened unto you. の訳語。

多多《たた》ますます弁《べん》ず

才能や腕前にゆとりがあるので、仕事が多ければ多いほど、ますますうまくやってのけるということ。才能と能力に長《た》けた人のことをいう。⇧中国の漢の名将、韓信《かんしん》が高祖《こうそ》に対して、自分は兵力が多ければ多いほどうまく使いこなすと言った故事による。『漢書《かんじょ》』より。

畳《たたみ》の上《うえ》の水練《すいれん》

理屈はよく知っているが、経験がないので、実地には役に立たないことをいう。⇧畳の上でいくら水泳の練習をしても、実際に泳げるようにならないという意味。

用例 研修で学んだことは、しょせん畳の上の水練で、現場に出るとあまり役に立つものではない。

類義 机上の空論／炬燵《こたつ》兵法／畳水練／畑水練

只《ただ》より高《たか》い物《もの》はない

ただで何かをもらうと得をしたようだが、あとでお礼をしたり、その相手から何かを求められたときに断りにくくなったりして、結局は高くつくということ。
対義 只より安い物はない

立《た》ち寄《よ》らば大樹《たいじゅ》の陰《かげ》 ➡ **寄《よ》らば大樹《たいじゅ》の陰《かげ》**

立《た》っている者《もの》は親《おや》でも使《つか》え

座っている者が立っている人に用事を頼むときにいう。自分の横着の言い訳に用いる言葉。⇧そばに立っている人ならたとえ親でも、遠慮せずに用事を頼んでよいという意。
類義 居仏《いぼとけ》が立ち仏を使う

脱兎《だっと》の如《ごと》し

行動が非常にすばやいこと。⇧「脱兎」は、逃げる兎《うさぎ》。「始めは処女の如く後は脱兎の如し」（戦いは、はじめは少女のように弱々しく見せかけ、やがて逃げる兎のようなすばやさで攻撃する）という兵法の言葉から。『孫《そん》子《し》』より。

立《た》つ鳥跡《とりあと》を濁《にご》さず

立ち去るときはあと始末をきちんとしておくべきだということ。また、引き際が清らかであることを評していう。⇧水鳥が飛びたったあと、水に濁りがなく、澄んだままだという意味から。
用例 先週、遠足でこの公園にやってきた小学生たちは、立つ鳥跡を濁さずで、ごみ一つ残さず帰っていった。
類義 飛ぶ鳥跡を濁さず
対義 後足で砂をかける

立《た》て板《いた》に水《みず》

弁舌がよどみなく巧みなこと。また、口が達者なことのたとえ。⇧立てかけた板に水を流すと速く流れ落ちることから。

類義 竹に油／戸板に豆

蓼《たで》食《く》う虫《むし》も好《す》き好《ず》き

人の好みは様々で、自分の好みと比べて一概に判断はできないということ。他人の嗜好《しこう》が理解できないときに多く用いる。⇧虫の中には、甘い花の蜜ではなく苦い蓼の葉を食う虫もいるということから。

用例 蓼食う虫も好き好きとはいっても、彼女があんな男とくっついているのは納得できない。

楯《たて》に取《と》る

自分の立場を守ったり自分の主張を通して有利にしたりするために、ある物事を利用すること。⇧「楯」は相手の攻撃から身を守る道具。

伊達《だて》の薄着《うすぎ》

寒くても厚着で着ぶくれするのを嫌い、やせ我慢して薄着をすること。⇧「伊達」は見えを張ること。仙台藩主伊達政宗《まさむね》が派手な身なりで人を驚かせたことからという説もある。

縦《たて》の物《もの》を横《よこ》にもしない

ものぐさで何もしないこと。非常に怠け者である様子。⇧縦になっている物を横向きに変えることさえしないという意。

楯《たて》の両面《りょうめん》を見《み》よ

物事は一面だけで判断せず、全体をよく見て価値を確かめよという意。⇧二人の騎士がそれぞれ楯の片面だけを見て、これは金製だ、いや銀製だと問答したが、片側が金製で、他方が銀製だったという西欧の故事による。

英語 Look at the both sides of the shield. の訳語。

立《た》てば芍薬《しゃくやく》座《すわ》れば牡丹《ぼたん》 歩《ある》く姿《すがた》は百合《ゆり》の花《はな》

美人の容姿や立ち居ふるまいを花にたとえた言葉。

棚《たな》から牡丹餅《ぼたもち》

何もしないのに、思いがけない幸運が飛びこんでくること。「たなぼた」と短縮して用いることもある。⇧「牡丹餅」はおはぎのこと。棚の牡丹餅が偶然落ちてきていい思いをするということから。

類義 開いた口へ牡丹餅

掌《たなごころ》を反《かえ》す

物事が簡単に何の苦もなくできること。また、人の心や態度などが、今までと比べてがらりと変わることのたとえ。⇧「掌」は、てのひらのこと。『漢書《かんじょ》』より。

用例 あの人ったら父の前では掌を反すように態度が変わるのよ。私のことをさんづけで呼んだりして。いつもは「おい」だけなのにね。ずるいったらないわよ。

類義 手を翻《ひるがえ》す

他人《たにん》の疝気《せんき》を頭痛《ずつう》に病《や》む
関係のない事や他人の問題でいらぬ心配をすること。⇧「疝気」は、漢方で、腰や腹の痛む病気。他人が病気で苦しんでいるのを見て心配し、自分が頭痛病みになるという意。
類義 人の疝気を頭痛に病む
対義 人の痛いのは三年でも辛抱する

他人《たにん》の空似《そらに》
血のつながりがなく、まったくの他人なのに、偶然に容貌が親子や兄弟姉妹のようによく似ていること。

他人《たにん》の念仏《ねんぶつ》で極楽参《ごくらくまい》り
他人の力を拝借して自分の利益を図ること。また、他人の物を流用して自分の義理を果たすことのたとえ。
類義 他人の賽銭《さいせん》で蝦蟇口《がまぐち》叩く／人の牛蒡《ごぼう》で法事する／人の褌《ふんどし》で相撲を取る

他人《たにん》の飯《めし》には骨《ほね》がある
他人の家に世話になるのは、気苦労が多くつらいものだし、思いのほか冷たい仕打ちにあうこともあるということ。⇧他人の善意に甘えて食べる飯には、その負い目から魚の骨が混じっているようにも思えるという意。
類義 他人の飯には棘《とげ》がある／隣の白飯より内の粟飯

狸寝入《たぬきねい》り
都合が悪くなったときなどに、眠ったふりをすることそらね。⬆狸は非常に驚くとすぐに仮死状態に陥るので、銃で撃つと弾が当らなくても倒れて動かなくなることから。

用例 電車の中で彼は狸寝入りをし、前に立っている老人に気づかぬ振りをした。

頼《たの》めば越後《えちご》から米搗《こめつ》きにも来《く》る

どんなことでも真心を尽くして頼めば、人は承知してくれるものだということ。⬆遠い越後（新潟県）から江戸まで米搗きに来てくれるの意から。米搗きは骨の折れる仕事だった。

頼《たの》めば鬼《おに》も人食《ひとく》わず

心を尽くして頼めば、どんな相手でも無茶なことをするものではないということ。

類義 鬼の目にも涙

旅《たび》の恥《はじ》は掻《か》き捨《す》て

旅先では知っている人がいないので、恥をかいてもその場だけのことで済むという意。また、普段ならとてもしないような恥知らずなことを平気でやってしまうこと。

用例 貴重な森林の木の幹にこんな落書きとは、旅の恥は掻き捨てといわんばかりで、とても許せない。

旅《たび》は憂《う》いもの辛《つら》いもの

旅には様々な心配や苦労があり、たいへんだということ。⬆昔の旅行は、旅先には知人もなく、土地の事情もわからない。さらに道中の治安や保健も不十分なので、出立に際して水杯を交わすような危険なものだった。

た

旅《たび》は道連《みちづ》れ世《よ》は情《なさ》け

旅をするには同行者がいる方が互いに助け合えるので心強いし、楽しくもある。世渡りも長い旅のようなものだから、旅と同様に互いに思いやる心が大切だということ。

類義 旅は情け人は心

卵《たまご》に目鼻《めはな》

色白で可愛らしい顔のたとえ。⇧色が白くて卵形をした顔立ちをいう。

対義 南瓜《かぼちゃ》に目鼻／炭団《たどん》に目鼻

卵《たまご》を見《み》て時夜《じや》を求《もと》む

あまりにも早計に、一足飛びに結果を期待すること。また、手に入るかどうかわからないものを当てにすること。⇧「時夜」は鶏が夜明けに時を告げること。卵を見るやいなや、もう鶏に成長して時を知らせるのを求める意から。『荘子《そうじ》』より。

類義 生まれる先の襁褓《むつき》定め／飛ぶ鳥の献立て／捕らぬ狸の皮算用／山の芋を蒲焼きにする

玉《たま》に瑕《きず》

それさえなければ完璧なのだが、惜しいことにちょっとした欠点があるということ。⇧「玉」は美しい石のこと。『論衡《ろんこう》』より。

用例 彼女は美人で聡明だし、気働きもきいて愛想もよい。申し分ないけれど、ただ一つ、おしゃべりなのが玉に瑕だ。

類義 白璧《はくへき》の微瑕《びか》

玉《たま》の輿《こし》に乗《の》る

貧しい、または身分の低い女性が、望まれて身分の高い人や金持ちの妻になること。⇧「輿」は昔、身分の高い人が用いた立派な乗り物。

用例 受付のアルバイトの女の子が、社長の御曹司に見初められて、玉の輿に乗ることになったらしい。

玉《たま》の卮《さかずき》当《そこ》なきが如《ごと》し

外見は立派だが、役に立たないもののたとえ。⇧「卮」は四升入りの大杯。「当」は底。宝玉で作った立派な杯でも、底が抜けていたのでは使うことができないことから。『韓非《かんぴ》子《し》』より。

玉磨《たまみが》かざれば光《ひかり》なし

すぐれた才能をもって生まれても、勉強や努力をしなければ、立派な人物にはなれないということ。⇧宝石も、原石を研磨してはじめて輝きが生じることにたとえた言葉。

類義 玉磨かざれば器を成さず／瑠璃《るり》の光も磨きから

璧《たま》を懐《いだ》いて罪《つみ》あり

凡人が、なまじもち慣れない宝物をもったために、欲が出て罪を犯すことをいう。分不相応なことをするとわざわいを招きやすいというたとえ。『春秋左氏伝《しゅんじゅうさしでん》』より。

類義 小人罪なし璧を懐いて罪あり／匹夫《ひっぷ》罪なし璧を懐いて罪あり

た

矯《た》めるなら若木《わかぎ》のうち

幼少時代によく教育して悪い癖を直さないと、成長してからでは直しにくいということ。⬆「矯める」は、曲がったものを伸ばしたり、逆に伸びたものを曲げたりして形を変えること。柔軟な若木のうちなら枝ぶりも直しやすいが、老木に無理に手を加えれば折れてしまうことにたとえたもの。

類義 鉄は熱いうちに打て／二十過《はたち》ぎての子の意見と彼岸過ぎての肥《こえ》はきかぬ

便《たよ》りのないのは良《よ》い便《たよ》り

人は何か問題が起こらないと手紙を書かないものだから、音信がないのは無事でいる証拠と考え、心配することはないということ。

類義 無沙汰《ぶさた》は無事の便り

英語 No news is good news.（知らせがないのはよい知らせ）

他力本願《たりきほんがん》

修行を積んで悟りにいたるのではなく、阿弥《あみ》陀仏《だぶつ》の本願力にすがって成仏すること。転じて、自分は努力しないで、ひたすら他人の力を当てにして事を成し遂げようとすること。⬆仏教の言葉。阿弥陀仏が一切の衆生《しゅじょう》を救おうとして立てた誓願をいう。

足《た》るを知《し》る者《もの》は富《と》む

欲張らないで現状に満足している者は、心が豊かでいられるということ。『老子《ろうし》』より。

用例 彼女はやっと足るを知る者は富むという

ことを理解し、お金に関する愚痴をこぼさなくなった。

誰《たれ》か烏《からす》の雌雄《しゆう》を知《し》らんや

心の中や、物事の理非などはなかなか見分けられないものであるということ。多くの場合、悪いものが見分けられないときに用いる。⬆烏の雄と雌とはどちらも黒く、まったく同じようで見分けがつかないことから。『詩《し》経《きょう》』より。

類義 烏の雌雄

断機《だんき》の戒《いまし》め

学問は中途でやめてしまっては何にもならないという戒め。⬆孟子が学業の途中で家に帰ってきたとき、その母は織りかけの機《はた》の織物を断ち切って、中途でやめてはこの織物と同じことになると戒めたという故事。『古列女《これつじょ》伝《でん》』より。

類義 孟母《もうぼ》断機の教え／孟母機《はた》を断つ

短気《たんき》は損気《そんき》

何事も短気を起こすと損になるという戒め。怒りっぽいと人の和を損ね、仕事もあまりうまくいかないから結局損であるということ。⬆「損気」は「短気」に語呂を合わせた言葉。

断金《だんきん》の交《まじ》わり

極めて親密な、かたい友情。⬆かたい金属をも断ち切ってしまうほど、強固に結ばれた友情の意。『易経《えききょう》』より。

類義 水魚の交わり／刎頸《ふんけい》の交わり

た

断《だん》じて行《おこな》えば鬼神《きしん》も之《これ》を避《さ》く

かたく決意したうえでためらわず実行すれば、何も邪魔するものはないということ。⬆中国の秦《しん》の始皇帝《しこうてい》が病死したとき、失脚を避けようとした趙高《ちょうこう》が、凡庸な太子胡亥《こがい》に、長子を倒して皇帝になるように勧めた言葉。悪事を断行する際に言ったものだが、事の善悪は問わずに用いられている。『史記』より。

男子《だんし》の一言金鉄《いちごんきんてつ》の如《ごと》し

男がいったん口にした言葉や約束事は、金や鉄のようにかたく確かなものであり、どんなことがあっても実行しなければならないことをいう。

類義 武士に二言はない

男女七歳《だんじょしちさい》にして席《せき》を同《おな》じうせず

男女の別を正しくすべきであることをいう。七歳ともなればその区別を厳しくして、一つの場所に同席してはならないということ。⬆「席」は、むしろで、一枚のござの上に一緒に座らないという意。『礼記《らいき》』より。

胆大心小《たんだいしんしょう》

度胸は大きくもち、かつ細かい点に気を配ること。大胆、かつ細心に。『旧唐書《くとうじょ》』より。

断腸《だんちょう》

ひどく悲しいこと。悲しさのあまり、はらわたがちぎれるようだということ。⬆中国の晋《しん》の桓温《かんおん》が舟に乗っているとき、部下が子猿をとらえた。母猿はそれをどこまでも追い、ついに舟に飛び込んできて死んでしまった。その腹の中を見ると、悲しみに腸がずたずたに断ち切れていたという。『世説新語《せせつしんご》』より。

用例 借金の返済が滞り、担保にしていた先祖伝来の土地を断腸の思いで手放すことにした。

単刀直入《たんとうちょくにゅう》

遠まわしに言ったり、くどくど前置きしたりせずに、いきなり本題に入ること。⇧「単刀」は一人で刀をふるうこと。「直入」は敵陣に直接切りこむこと。

短兵急《たんぺいきゅう》

だしぬけに、せっかちな行動や表現をすること。⇧「短兵」は短い武器。刀剣などの短い武器で敵を不意に攻める意味から。

用例 明日から海外出張だなんて、短兵急に言われても、パスポートもないのに行けるはずがないでしょう。

短《たん》を捨《す》てて長《ちょう》を取《と》る

短所や欠点を捨てて、長所だけを学び取り、自分のものにする。美点や長所だけを取り上げること。『漢書《かんじょ》』より。

近火《ちかび》で手《て》を焙《あぶ》る

手近にある物をとりあえず利用すること。ごくわずかな目先の利益を得ようとすること。⇧とりあえず近くにある火で、手をあぶり、火鉢の代わりとする意から。

池魚《ちぎょ》の殃《わざわい》

巻き添えを食って思いがけない災難に遭うこと。多くは、火事で類焼に遭うことをいう。⇧中国の秦《しん》の時代、池に沈んだ宝石を取ろうとして水をさらったために池の魚が全滅したという故事。また、楚《そ》の時代に、火災を消そうとして池の水を汲み出し、池の魚が死んでしまったという故事から。『呂氏春秋《りょししゅんじゅう》』、杜弼《とひつ》『檄梁文《りょうをげきするのぶん》』より。

竹馬《ちくば》の友《とも》

幼友達。幼なじみ。⇧幼いとき、竹馬にのって仲よく一緒に遊んだ友ということ。『世説《せせつ》新語《しんご》』より。

類義 騎竹《きちく》の交わり／振り分け髪の友

知者《ちしゃ》は惑《まど》わず勇者《ゆうしゃ》は恐《おそ》れず

真に物事を知る者は迷うことがなく、真に勇気ある者は恐れることがない。⇧君子の道を教えた孔子《こうし》の言葉、「知者は惑わず、仁者は憂えず、勇者は懼《おそ》れず」から。『論語《ろんご》』より。

痴人《ちじん》の前《まえ》に夢《ゆめ》を説《と》く

まったくばかげたことをすること、無益でくだらないことをすることのたとえ。⇧愚か者にとりとめもない夢を語って聞かせるという意から。朱熹《しゅき》の文より。

血《ち》で血《ち》を洗《あら》う

血族同士が争い、殺し合うことのたとえ。また、暴力に暴力、悪事に悪事をもって対抗すること。⬆血で汚れた体をさらに血で洗うことで、洗い落とすどころか、ますます血に染まってしまうという意。『旧唐書《くとうじょ》』より。
類義 骨肉相食《あいは》む

治《ち》に居《い》て乱《らん》を忘《わす》れず

どんなときにも万一の場合を考え、用意万端を整えておくことの大切さをいう。⬆世の中が平和なときでも、戦乱の苛烈さに備えることが肝要であるという教訓。『易経《えききょう》』より。

血《ち》は水《みず》より濃《こ》し

他人に比べれば、血のつながった身内の方がいざというときに頼りになること。また、親子、兄弟などの性質や容姿などがよく似ていて、血筋は争えないことにも用いる。
対義 兄弟は他人の始まり
英語 Blood is thicker than water. の訳語。

茶腹《ちゃばら》も一時《いっとき》

わずかばかりのものでも、一時しのぎの助けにはなること。⬆お茶を飲んだだけでも、しばらくは空腹を紛らすことができる意から。
類義 粥腹《かゆばら》も一時／松の木柱も三年／湯腹も一時

茶碗《ちゃわん》を投《な》げれば綿《わた》で抱《かか》えよ

相手が強く出てきたら軽く受け流すのが賢明であることをいう。穏便な受け答えは相手の怒りを静めるということ。
類義 柔能く剛を制す／柳に雪折れなし
対義 売り言葉に買い言葉

中原《ちゅうげん》に鹿《しか》を逐《お》う

地位や権力を手に入れようと互いに争うこと。現在では多くの場合、選挙や政権の争いに用いる。⇧「中原」は中国の黄河中流域一帯の平原。「鹿」を帝位になぞらえ、多くの猟師が一頭の鹿を射止めようと中原を走り回ることにたとえたもの。魏徴《ぎちょう》の詩「述懐《じゅっかい》」より。

類義 逐鹿《ちくろく》

忠言耳《ちゅうげんみみ》に逆《さか》らう

役に立つ忠告ほど、聞く人には耳の痛いことが多く、素直に聞き入れられないものだということ。⇧孔子《こうし》の言葉、「良薬は口に苦けれども病に利あり。忠言は耳に逆らえども行いに利あり」から。『孔子家語《こうしけご》』より。

用例 問題点をそうずばりと指摘してしまうと忠言耳に逆らうで、かえって素直に聞いてはもらえないものだ。

類義 諫言《かんげん》耳に逆らう／金言耳に逆らう

仲裁《ちゅうさい》は時《とき》の氏神《うじがみ》

争っているときにとりなしてくれる人は氏神様のようにありがたく好都合なもので、その人のとりなしには素直に従うのがよい。⇧「氏神」は血縁関係にある人々や、同じ土地に生まれた人たちの守護神。

類義 挨拶《あいさつ》は時の氏神／時の氏神

忠臣《ちゅうしん》は二君《にくん》に事《つか》えず

一度主君を決めた以上、その主君に誠意を尽くし、決して別の主君には仕えないのが忠義な臣下であるということ。『史記』より。

類義 貞女は二夫《にふ》に見《まみ》えず

寵愛昂《ちょうあいこう》じて尼《あま》になす

親が娘を可愛がるあまり、かえって当人を悲しませる結果になること。⬆愛情をかけすぎて、ついに娘が嫁に行く機会を失い、尼僧で一生を終えるという意。あるいは、愛する者の幸せを願い、わざと尼にするという説もある。

類義 贔屓《ひいき》の引き倒し

朝三暮四《ちょうさんぼし》

ちょっとした目先の違いに惑わされること。また、言葉巧みに人をたぶらかし愚弄《ぐろう》すること。⬆中国の宋《そう》の時代、狙公《そこう》は、飼っていた猿に橡《とち》の実を朝に三粒、夕方に四粒与えると言ったところ猿は怒った。そこで朝に四粒、夕方に三粒ではどうかと聞くと、今度は満足して喜んだという故事から。『列子《れっし》』より。

長者《ちょうじゃ》の万灯《まんとう》より貧者《ひんじゃ》の一灯《いっとう》

物や金銭の多寡より、誠意や真心が大事だという意。⬆金持ちが儀礼的にたくさんの灯火を捧げるより、貧者が真心込めて捧げるわずか一灯の方が尊いということ。阿闍世王《あじゃせおう》が釈《しゃ》迦《か》を招いて供養をしたとき、無数の灯火をともした。それを見た貧しい老女が何とかやりくりして一灯だけともしたところ、その灯火だけは明け方になっても消えなかったという故事から。『阿闍世王授決経《あじゃせおうじゅけつきょう》』より。

類義 貧者の一灯

長所《ちょうしょ》は短所《たんしょ》

長所を過信して、かえって失敗を招いてしまうことをいう。長所が落とし穴になって、その人の欠点になる場合があるということ。

長蛇《ちょうだ》を逸《いっ》す

たいへんな大物を惜しくも取り逃がすこと。⬆上杉謙信が武田信玄を川中島の戦いで討ちもらしたことをうたった、頼山陽《らいさんよう》の詩から。巳年《みどし》生まれの信玄を長蛇にたとえたもの。

用例 第一シードの選手を相手に大接戦の末、あと一歩のところで長蛇を逸した。

提灯《ちょうちん》に釣《つ》り鐘《がね》

差がありすぎてつり合わず、比較にならないことのたとえ。⬆提灯と釣り鐘は形こそ似ているが、大きさも重さも比べものにならないところから。

類義 雲泥《うんでい》の差／雲泥万里／駿河《するが》の富士と一里塚／月と鼈《すっぽん》

提灯持《ちょうちんも》ち川《かわ》へはまる

人を導く者が先にしくじってしまうこと。⬆人を先導するはずの提灯持ちが、提灯のまぶしい明かりで足もとが見えにくく、かえって先に川へ落ちてしまうということ。

頂門《ちょうもん》の一針《いっしん》

つぼを押さえた厳しい戒め。⬆「頂門」は頭の頂。ここに鍼《はり》をうつ中国の鍼灸《しんきゅう》術が病気によく効くことから。蘇軾《そしょく》『荀卿論《じゅんけいろん》』より。

ち

蝶《ちょう》よ花《はな》よ

親が子ども、特に娘を可愛がり、大事にする様子。

朝令暮改《ちょうれいぼかい》

法律や命令などが頻繁に変えられること。⇧朝に下した命令を夕方には変更するという意味。鼂錯《ちょうそ》の文より。

類義 朝改暮変／朝改暮令

塵《ちり》も積《つ》もれば山《やま》となる

ほんのわずかな物でも、たくさん積み重なると山のように大きくなる。小事をおろそかにしてはならないという意。『大智度論《だいちどろん》』より。

用例 この店で買い物をするとポイントがつく。塵も積もれば山となるで、もうかなりの点数がたまっている。

類義 雨垂れ石を穿《うが》つ／砂長《いさごちょう》じて巌《いわお》となる

地《ち》を払《はら》う

すっかりなくなってしまったり、廃れてしまったりすること。⇧地面をほうきで掃き清めたあとのようだという意味。『漢書《かんじょ》』より。

沈黙《ちんもく》は金《きん》雄弁《ゆうべん》は銀《ぎん》

雄弁より沈黙を評価することをいう。沈黙を守ることのほうが、すぐれた弁舌をするよりも効果的なばあいがあること。

類義 言葉多き者は品《しな》少なし／沈黙は金／雄弁は銀沈黙は金

英語 Speech is silver, silence is golden. の訳語。

つ

追従《ついしょう》も世渡《よわた》り
おべっかを使って人にへつらうのも、世渡りの一つの手段としてやむをえないこと。

杖《つえ》の下《した》に回《まわ》る犬《いぬ》は打《う》てぬ
なついてすがってくるものには情を覚え、ひどい仕打ちはできないというたとえ。
類義 怒れる拳笑顔に当たらず／尾を振る犬は叩かれず／袖の下に回る子は打たれぬ
対義 吠える犬は打たれる

使《つか》う者《もの》は使《つか》われる
人を使う立場の者は、色々と気苦労が多く、様々な面で気配り、心配りが欠かせない。安閑としているようでも、実は人に使われているようにたいへんだということ。
類義 人を使うは苦を使う

使《つか》っている鍬《くわ》は光《ひか》る
たえず活動している人は、自然といきいきして見えるものだということ。⬆使っている鍬は錆びる間もないのでいつも光っていることから。
類義 転がる石には苔《こけ》が生えぬ／流れる水は腐らず／人通りに草生えず

月《つき》と鼈《すっぽん》
あまりにもかけ離れていて、比べようもないことのたとえ。⬆両方とも形は丸いが、月は空に輝き鼈は泥中にいることから。
用例 一軍と二軍じゃ、給料や遠征の移動方法まで待遇の差は歴然。まあ、同じプロ野球選手といっても月と鼈だよ。

類義 雲泥《うんでい》の差／雲泥万里／駿河《するが》の富士と一里塚／提灯《ちょうちん》に釣り鐘

月《つき》に叢雲《むらくも》花《はな》に風《かぜ》

よいことにはとかく邪魔が入りやすく、思いのままにならないことをいう。⇧月見をしようとすれば雲が、花見をしようとすれば風が邪魔をしてだいなしになるという意。

類義 好事魔多し／花に嵐

月日《つきひ》に関守《せきもり》なし

月日のたつのがとても早いことのたとえ。⇧すぎゆく月日を止める関所はないという意。

類義 光陰矢の如《ごと》し／歳月人を待たず

月《つき》満《み》つれば則《すなわ》ち虧《か》く

何事も最盛期をすぎるとあとはだんだん衰えていくものである。繁栄を誇ってばかりはいられないということ。⇧月が満月を過ぎると、次第に欠けて細くなっていくことにたとえたもの。『史記』より。

用例 かつてのスターもこのごろはさっぱり見かけない。月満つれば則ち虧くというが、今はどうしているのだろう。

類義 盛者必衰／盈《み》つれば虧《か》く

月夜《つきよ》に釜《かま》を抜《ぬ》かれる

気がゆるみ、ひどく油断していること。⇧「抜く」は盗むこと。月夜で明るいのに、飯を炊く大きな釜を盗まれてしまうことから。

つ

つ

月夜《つきよ》に提灯《ちょうちん》

無用なこと。不必要でむだなこと。⬆月夜に提灯を灯しても、役に立たないことから。

類義 月夜に提灯夏火鉢

辻褄《つじつま》を合《あ》わす

話の前後をうまく合わせて、理屈の合うようにもっともらしく整えること。⬆「辻」は、裁縫で十文字になる縫い目。「褄」は着物の衽《おくみ》の衿先《えりさき》より下の縁《へり》で、表地と裏地が一点に集まるところ。転じて、物事の筋道の意。

土一升金一升《つちいっしょうかねいっしょう》

土地の値段が非常に高いこと。⬆一升の土を買うのに同量の金を支払うの意。

類義 寸土寸金／土一升に金一升

土仏《つちぼとけ》の水遊《みずあそ》び

危険に気付かず無茶をすること。わが身を破滅させるような危険を冒すこと。⬆泥で作った仏像が水を浴びれば、くずれてしまうの意。

綱渡《つなわた》りより世渡《よわた》り

綱渡りは命がけで、長年にわたる修業が必要だが、この世で日々うまく生活していくのはもっと難しいものであるという意。

角《つの》を出《だ》す

女性が嫉妬し、やきもちを焼くこと。⬆角が生えて鬼に変身するようだという表現。

類義 角を生やす

つ

角《つの》を矯《た》めて牛《うし》を殺《ころ》す

ささいな欠点を直そうとしてかえって全体をだめにしてしまうこと。⬆「矯める」はよい形に直すという意味。角の曲がりを直そうとして、牛を死なせてしまうということから。

類義 枝を撓《た》めて花を散らす／葉をかいて根を断つ／磨く地蔵鼻を欠く

躓《つまず》く石《いし》も縁《えん》

世の中で出合うことはどんな小さなことでも、すべて不思議な因縁で結ばれているということ。⬆道を歩いていて、ふとつまずいた石でさえも、数ある中のたった一つなのだから、何かの縁があったのだということ。

類義 袖振り合うも他生の縁

罪《つみ》を憎《にく》んで人《ひと》を憎《にく》まず

罪は悪いこととして憎むべきものだが、罪を犯した人を憎んではいけないということ。『孔《く》叢子《そうし》』より。

類義 其《そ》の意を悪《にく》みて其の人を悪まず／其の罪を憎んで其の人を憎まず

爪《つめ》で拾《ひろ》って箕《み》で零《こぼ》す

苦心して少しずつ集めたものを一度にあっけなく使ってしまうこと。⬆「箕」は竹・籐《とう》などの皮で編んだ、穀類をあおって殻や塵をふり分ける農具。爪の先で拾い集めたものを、箕で一気にこぼしてしまうの意から。

類義 針で掘って鍬《くわ》で埋める／枡《ます》で量って箕で零す／耳掻《か》きで集めて熊手で掻《か》き出す

つ

爪《つめ》に火《ひ》を点《とも》す
ひどくけちなこと。また、ひどくきりつめて倹約すること。⇧明かりをともすのにろうそくや油の代わりに、爪を燃やすという意。
用例 突然会社が倒産し、蓄えもあまりないので、数か月は失業保険だけで爪に火を点すようにして暮らしていました。

爪《つめ》の垢《あか》を煎《せん》じて飲《の》む
すぐれている人に少しでも似るように努めること。⇧その人に似るだろうという思惑で、その人の爪の垢を薬にして飲むという意。

面《つら》の皮《かわ》が厚《あつ》い
恥知らずで図々しく、厚かましいこと。
用例 けさは遅刻して出てきたのに、私用で早退するなんて、面の皮が厚くなければとてもできないことだ。
類義 厚顔無恥／面の皮の千枚張り／鉄面皮

面《つら》の皮《かわ》の千枚張《せんまいば》り ➡ 面《つら》の皮《かわ》が厚《あつ》い

面《つら》の皮《かわ》を剝《は》ぐ
あつかましく悪いことをしている者の悪事や正体を暴いて面目を失わせること。
類義 面皮《めんぴ》を剝ぐ

釣《つ》り合《あ》わぬは不縁《ふえん》の元《もと》
家柄や地位、育った境遇などが違いすぎる者同士は、熱烈に愛し合って結婚してもうまくいかず、別れることになりやすいということ。

釣《つ》り落《お》とした魚《さかな》は大《おお》きい

手に入れかけていたのに獲得できなかったものには惜しい気持ちが働き、実際よりもずっとよいものに思えるというたとえ。⬆鉤《はり》にかかった魚を引き寄せ、あと少しのところで釣り落としてしまった悔しさから、魚が大きく立派だったと思えてしまうという意。

類義 逃がした魚は大きい

鶴《つる》の脛《はぎ》切《き》るべからず

物にはそれぞれの特色があってうまく調和しているのだから、それを無視して無理に変えてはならないということ。⬆「脛」はすねの意。いくら鶴のすねが長いからといっても切り取ってしまうわけにはいかないということから。『荘子《そうじ》』より。

鶴《つる》の一声《ひとこえ》

大勢であれこれ議論しても決まらなかったことを、ぴしゃりと制して即決してしまう、権威ある人の短い一言。⬆鶴の甲高く、よく通る鳴き声の迫力にたとえたもの。

用例 社内の温泉旅行、鬼怒川だ熱海だと目的地が決まらず、結局部長の鶴の一声で鬼怒川に落ち着いた。

類義 雀の千声鶴の一声

鶴《つる》は千年《せんねん》亀《かめ》は万年《まんねん》

長命でおめでたいこと。慶事を祝う言葉に用いられる。亀鶴《きかく》の寿《じゅ》。⬆鶴は千年、亀は万年も長生きするという中国の伝説による。

亭主関白《ていしゅかんぱく》

家庭の中にあって、一家の主人が絶対的な権威をもっていること。⇧「関白」は天皇がまだ幼い場合に、これを補佐して実際に政治を司った役職の名。

類義 あるじ関白

対義 かかあ天下／女房は山の神百石の位

亭主《ていしゅ》の好《す》きな赤烏帽子《あかえぼし》

一家の主人の言うことは、どんなに風変わりなことでも家族は従わなければならないことをいう。⇧「烏帽子」は昔の元服した男のかぶり物の一種で黒色が普通。「赤烏帽子」はたいへん珍妙なことを表す。

類義 亭主の好きな赤鰯《あかいわし》

泥中《でいちゅう》の蓮《はす》

悪い環境にあっても影響されずに、心の清らかさを保って生きるたとえ。⇧蓮は泥沼の中にあって美しく清らかな花をつけるところから。『維摩経《ゆいまきょう》』より。

対義 朱に交われば赤くなる

手書《てか》きあれども文書《ふみか》きなし

文字をきれいに書く人は多いけれど、文章のうまい人は少ないことをいう。

敵《てき》は本能寺《ほんのうじ》にあり

今やっていることとは別なところに本当のねらいを置き、人々の目を一時欺くことをいう。⇧明智光秀が主君織田信長を討つときに、直前まで備中《びっちゅう》の毛利軍を攻めると称して周囲を欺き、途中から軍勢の進路を変え、京都の本能寺で信長を急襲した故事から。

敵《てき》もさるもの引《ひ》っ搔《か》くもの

相手も実力がある、なかなかやると感心していう言葉。⬆「さるもの」は、「さある者」（さすがな者）ということ。その「さる」を「猿」に掛けて引っ搔くものと続けた洒落。

用例 スピードのないピッチャーで、これなら楽勝と思ったが、敵もさるもの引っ搔くもの、変化球にてこずってしまった。

手《て》ぐすねを引《ひ》く

相手がいつ来てもよいように、準備をしっかり調えて待ちかまえているさま。⬆「くすね（薬練）」は、松やにと油をまぜたもの。弓の弦に塗って補強をすることから。

梃子《てこ》でも動《うご》かぬ

どうやってもびくとも動かないこと。転じて、頑固に決心や信念を変えないこと。⬆梃子を使えば、重い物でも楽に動かせるはずなのに、それでも少しも動かないという意。

手塩《てしお》に掛《か》ける

自分の手で世話をして大切に育てること。⬆「手塩」は食膳に添える塩。それを使って自分の食事に味をつけることから、自らの手で世話をするの意。

用例 手塩に掛けて育てた娘を嫁にやる気持ちは、育てた者にしかわからない。

鉄心石腸《てっしんせきちょう》

困難にもくじけず、誘惑にも負けないかたい意志のたとえ。蘇軾《そしょく》『与李公択《りこうたくにあたう》』より。

類義 鉄石心腸／鉄腸石心

徹頭徹尾《てっとうてつび》

最初から最後まで。あくまで。どこまでも意志や方針を変えずに貫くこと。⬆頭から尾まで貫き徹すという意。『朱子語類《しゅしごるい》』より。

用例 先祖代々の田畑に道路を作るという県の計画に、父は徹頭徹尾反対し続けた。

鉄《てつ》**は熱**《あつ》**いうちに打**《う》**て**

何事も潮時をつかんで、熱意が冷めないうちに早く実行に移すのがよいということ。また、純真な心を失わぬ若いうちに教育しておく大切さをいうこともある。⬆鉄は真っ赤に焼けているのを叩いて形を整える。冷めてからでは、それができないことから。

類義 老い木は曲がらぬ／矯《た》めるなら若木のうち

英語 Strike while the iron is hot. の訳語。

轍鮒《てっぷ》**の急**《きゅう》

差し迫った危機。危急が目前に迫っている事態。⬆「轍」は車のわだち。その中のわずかな水で鮒《ふな》が苦しみもがいていることから。中国の戦国時代、荘子が魏《ぎ》の文公に穀物を借りに行ったとき、「年貢を取り立てたあとなら貸そう」と言われ、自らを鮒にたとえて、「今わずかな水があれば助かるのに、それでは手遅れだ。あとで干物になった私を乾物屋へ探しにくるがよい」と言ったという故事から。『荘子《そうじ》』より。

類義 あとの百より今の五十／牛蹄《ぎゅうてい》の魚／涸轍《こてつ》の鮒／焦眉《しょうび》の急

鉄砲玉《てっぽうだま》の使《つか》い

行ったままで戻ってこない使者。⇧鉄砲の弾丸は、撃ったら戻ってこないことから。

手鍋《てなべ》を提《さ》げる

非常に質素で不自由な生活のたとえ。⇧「手鍋」は丸い取っ手のついた鍋のこと。

用例 親に逆らったことのない妹だったが、手鍋を提げても彼と一緒になると言い張り、父の反対を押し切って結婚した。

手《て》の平《ひら》を返《かえ》す

それまでと正反対の態度をとる。露骨に態度を急変させること。⇧手を急にひねって手の平を見せることから。

用例 要職を去った途端、みんなの態度が手の平を返したように冷たくなった。

類義 掌《たなごころ》を返す／手の裏を返す

手《て》の舞《ま》い足《あし》の踏《ふ》む所《ところ》を知《し》らず

うれしさのあまり、われを忘れて飛び上がるようなさま。有頂天になって、小躍りして喜ぶさま。『礼記《らいき》』より。

類義 欣喜雀躍《きんきじゃくやく》

手八丁口八丁《てはっちょうくちはっちょう》

⬇ **口《くち》も八丁《はっちょう》手《て》も八丁《はっちょう》**

出船《でぶね》によい風《かぜ》は入《い》り船《ふね》に悪《わる》い

一方にはよいことでも他方には悪い。双方同時によいことはなかなかないというたとえ。⬆港から出る船には都合のよい順風も、帰港する側には逆風になることから。

類義 彼方《あちら》立てれば此方《こちら》が立たぬ

手前味噌《てまえみそ》

得意気に自分で自分のことをほめること。⬆自分で作った味噌をうまいと自慢することにたとえた言葉。

用例 早起きして出かけた甲斐あって、日の出と富士を撮ったこの写真は、手前味噌にはなるが実にいい出来栄えだ。

類義 自画自賛／手前味噌を並べる

出物《でもの》腫《は》れ物《もの》所《ところ》嫌《きら》わず

うっかりおならをしたとき、言い訳に使う言葉。また、出産の場合に、いつ産気づくかわからないという意味でも用いる。⬆おならはどんなときでも出るし、おできなども体のどこにできるかわからないから。

寺《てら》から里《さと》

物事があべこべであること。本末転倒。⬆「里」は、ここでは檀家《だんか》をさす。普通は檀家から寺へ物を贈るものだが、寺から檀家に贈られるということから。

寺《てら》の隣《となり》に鬼《おに》が棲《す》む

世の中には善人と悪人がまじり合って住んで

いることをいう。⇧仏のいる寺のそばに鬼がいるの意から。
類義 仏の前に鬼が棲む

出《で》る杭《くい》は打《う》たれる

他人よりすぐれ、頭角を現す人は、憎まれて邪魔をされることが多いというたとえ。また、出すぎたまねをして、周りから非難攻撃されるという意にも用いる。⇧杭を並べて打つときは、高さを揃えるために出ている杭は打ちへこまされることから。
用例 この業界では各社横並びが当たり前だから、画期的な企画を提案しても、出る杭は打たれるで、煙たがられるだけだ。
類義 喬木《きょうぼく》は風に折らる／高木に風強し／出る釘は打たれる

出《で》る船《ふね》の纜《ともづな》を引《ひ》く

もはやしかたがないことなのに、あきらめきれず未練がましくふるまうこと。⇧「纜」は船を岸につなぐ綱。出航して行く船を引っ張ってとどめようとするの意。

手《て》を拱《こまね》く

じっと傍観して、何も手出しできないこと。⇧「拱」は、両手を胸の前で重ねる礼。そのさまから、手を出さないことをいう。
注意「拱く」は「こまぬく」とも読む。
用例 火事で建物に取り残された人が助けを求めて叫んでいたが、消防が来るまで手を拱いて見ているよりほかなかった。
類義 腕を拱く／拱手《きょうしゅ》傍観／手を束《つか》ねる

天衣無縫《てんいむほう》

人柄が無邪気でくったくがないこと。また、詩歌などで技巧を凝らした跡がなく、ごく自然でかつ完成されていること。⇧天人の衣には縫い目さえなく、少しも手を加えたように見えないということから。『霊怪録《れいかいろく》』より。

用例 どこか天衣無縫なところがある彼の描く絵が、私は大好きだ。

類義 天真爛漫《らんまん》

天災《てんさい》は忘《わす》れた頃《ころ》にやって来《く》る

油断せずに普段から用心しておくことが肝心であるという戒め。⇧自然の災害は、人がその恐ろしさを忘れたころに襲ってくるものだ、として日頃の心構えを説く言葉。

天上天下唯我独尊《てんじょうてんげゆいがどくそん》

人間の尊厳を説いた言葉。天地の間にただ自分一人だけが尊いという意。⇧釈迦《しゃか》が誕生したとき、一方の手で天を他方の手で地を指し、七歩歩いて唱えた言葉とされる。

注意 「天下」は「てんが」とも読む。

天《てん》知《し》る神《かみ》知《し》る我《われ》知《し》る子《し》知《し》る

不正や悪事は、どんなに隠そうとも、いつか必ず知られるところとなるという戒め。⇧中国の後漢《ごかん》の時代、「だれも知る者はいませんから」と言って賄賂《わいろ》をもってきた王蜜《おうみつ》に対し、楊震《ようしん》が断ったときの言葉から。『後漢書《ごかんじょ》』より。

類義 四知《しち》／天知る地知る我知る人知る

天真爛漫《てんしんらんまん》
無邪気で明るいこと。純真でくったくがなく自然のままにふるまうこと。⇧「天真」は自然で飾りがない、「爛漫」は光り輝くの意。
用例 にこにこと、天真爛漫な様子で笑いかけてくる赤ん坊に、こちらも思わず口もとがほころんだ。
類義 天衣無縫《てんいむほう》

天高《てんたか》く馬肥《うまこ》ゆ
さわやかでしのぎやすい秋の好時節を表す言葉。⇧空も澄んで高く晴れわたり、馬糧の草も実るので、馬が肥えてたくましくなるという意。元来は中国で、北方にすむ騎馬民族の匈奴《きょうど》が侵入してくる時季になったと、注意を促す意味で用いられていた。

天地《てんち》は万物《ばんぶつ》の逆旅《げきりょ》
この世のはかなさ、移ろいやすさをいった言葉。⇧「逆旅」は旅館、宿屋の意。天地は万物が仮にすむ宿屋のようなものだという意。このあとに「光陰は百代《はくたい》の過客《かかく》なり」と続く李白《りはく》の詩「春夜宴桃李園序《しゅんやとうりえんにえんするのじょ》」より。
注意 松尾芭蕉の『奥の細道』の冒頭はこの詩句によったもの。

天道是《てんどうぜ》か非《ひ》か
善人は幸福を、悪人は悪い報いを受けるのが天の道理だろうに、現実には逆のことが多い。天は本当に正しいのだろうかという意。『史記』より。

天《てん》に口《くち》なし人《ひと》を以《もっ》て言《い》わしむ

人々の世評、世論が真実を伝えているということ。為政者は世論に耳を傾けるべきであるとの教訓を含んだ言葉。

天《てん》に唾《つばき》す

人に危害をおよぼそうとして、かえって自分がひどい目に遭うこと。⬆空に唾を吐けば、自分の顔に落ちてくることから。

類義 天に向かって唾を吐く／泥を打てば面《つら》へはねる／寝て吐く唾は身にかかる

天罰覿面《てんばつてきめん》

悪事をすればすぐさま天罰が下ること。⬆「覿面」は結果が即座に表れるの意。

天《てん》は二物《にぶつ》を与《あた》えず

いくつもの美点を兼ね備える人は少ない。だれでも長所もあれば弱点もあるということ。

用例 彼は歌はうまいが、ダンスは下手だ。天は二物を与えずとはよく言ったものだ。

天《てん》は人《ひと》の上《うえ》に人《ひと》を造《つく》らず人《ひと》の下《した》に人《ひと》を造《つく》らず

人は本来みな平等で、貴賤や貧富の差があるべきではないという意味。福沢諭吉の『学問のすすめ』より。

天《てん》は自《みずか》ら助《たす》くる者《もの》を助《たす》く

天は他人の力に頼らず、自立して努力する者に味方するということ。怠惰な者は幸運に恵まれないという戒め。

英語 Heaven helps those who help themselves. の訳語。

天馬空《てんまくう》を行《ゆ》く

自在な発想・奔放な行動で、思いのままに活躍するたとえ。⇧天にすむ馬が空を駆け回るように、何の妨げもないこと。

注意「天馬」は「てんば」とも読む。

天網恢恢疎《てんもうかいかいそ》にして漏《も》らさず

悪いことをした者は決して罰を逃れることはできないということ。⇧「恢恢」は広く大きい、「疎」は粗いという意。天の張り巡らす網は目が粗く見えるけれども、悪人を逃すことは決してないという意味。『老子《ろうし》』より。

用例 たいへん巧妙な手口の脱税で捜査に手間取ったが、天網恢恢疎にして漏らさず、ついに摘発することができた。

頭角《とうかく》を現《あらわ》す

学識や才能、技能が目立って人よりもすぐれていること。成長の結果、周囲を一段上回るようになった場合に用いることが多い。⇧「頭角」は頭の先。多くの中で、頭がひときわ高く抜きん出ていること。韓愈《かんゆ》の文より。

注意「現す」は「見《あらわ》す」とも書く。

灯火親《とうかした》しむべし

秋の夜は長く、涼しいので、読書や勉強に最適であることをいう。韓愈《かんゆ》の詩より。

注意「灯火」を「灯下」と書かないように注意。

と

堂《どう》が歪《ゆが》んで経《きょう》が読《よ》めぬ

自分の怠惰や失敗の責任をほかのことにかこつけるたとえ。また、口先ばかりで実行の伴わないたとえ。⇧うまく経が読めないのは、堂が傾いているせいだと言い訳をする意から。

同気相求《どうきあいもと》む

気の合う者同士は互いに求め合い、自然と集まるようになるということ。『易経《えききょう》』より。

用例 同気相求むで、本好きの彼の友だちには、文学青年が多い。

類義 牛は牛連れ馬は馬連れ／蓑《みの》のそばへ笠が寄る／類は友を呼ぶ

桃源郷《とうげんきょう》

俗世間を離れた穏やかで平和な場所。理想郷。⇧中国の晋《しん》の武陵《ぶりょう》の人が、桃の林に迷い込んだところ、林の奥に人々が平和に暮らす別天地があったという物語から。陶淵明《とうえんめい》『桃花源記《とうかげんのき》』より。

類義 桃源／桃源の夢／武陵桃源

同工異曲《どうこういきょく》

一見違うように見えても、内容や中身が似たり寄ったりであまり変わりばえがしないこと。⇧もとは、音楽や散文などで手法は同じでも、表現のしかたによって作品の味わいが違うことを意味したが、現在は否定的な用い方をされる。韓愈《かんゆ》『進学解《しんがくかい》』より。

用例 このドラマは、他局のヒット作と同工異曲でまったくオリジナリティがない。

類義 異曲同工／大同小異／似たり寄ったり

同舟《どうしゅう》相《あい》救《すく》う

利害や境遇が一致する者同士は、互いに助け合うものだというたとえ。⇧同じ舟に乗り合わせた者は、舟が沈みそうになればいやでも協力して対処しなければならなくなるということ。『孫子《そんし》』より。

類義 呉越《ごえつ》同舟

同床《どうしょう》異夢《いむ》

同じ立場にあり、協力し合う間柄でも、実は別の考えを抱いていること。表面上は手を握り合っているが、内心はまったく離れていること。⇧夫婦が一つの寝床に寝ながら、それぞれ別の夢を見ているという意から。陳亮《ちんりょう》の文より。

用例 こんなに大きな政党では、所属議員の考えなど実は同床異夢で、かなりの隔たりがあるのも無理はない。

灯心《とうしん》で竹《たけ》の根《ね》を掘《ほ》る

できるわけがないこと。どんなに努力しても不可能なこと。⇧「灯心」は灯油に浸して明かりをともす綿糸。しっかりと張った竹の根を、柔らかい灯心で掘ろうとすることから。

唐人《とうじん》の寝言《ねごと》

ちんぷんかんぷん。わけのわからないことをくどくど言うこと。⇧「唐人」は中国人。中国語がわからないのに、その寝言となればまったく理解できないという意から。

灯台下暗し《とうだいもとくらし》

身近なことは、近すぎてかえってわかりにくいというたとえ。⇧「灯台」は燭台のこと。燭台の真下は陰になって、案外暗いことから。

用例 うちの裏口に面したこの道が一方通行だなんて、灯台下暗しで少しも知らず、進入禁止で罰金を科されてしまった。

類義 提灯《ちょうちん》持ち足下暗し

問《と》うに落《お》ちず語《かた》るに落《お》ちる

尋問や質問には、用心して秘密をもらさないようにするが、自分から話しているときは、何気なくついうっかりと本当のことを口にしてしまうということ。

類義 語るに落ちる

同病相憐む《どうびょうあいあわれむ》

同じ悩みをもつ者同士は、相手の苦しみがよく理解でき、互いに同情し合うということ。『呉越春秋《ごえつしゅんじゅう》』より。

豆腐《とうふ》に鎹《かすがい》

まるで手ごたえがないこと。まったく効果がないこと。⇧「鎹」は木材などの合わせ目をつなぐ両端の曲がった大釘。軟らかい豆腐にはいくら鎹を打っても効かないことから。

類義 糠《ぬか》に釘／暖簾《のれん》に腕押し／蛙の面に水

東奔西走《とうほんせいそう》

目的達成のために、あちこち忙しく駆けずり回ること。⇧「奔」は走り回ること。

対義 南船北馬

桃李《とうり》もの言《い》わざれども下自《したおの》ずから蹊《けい》を成《な》す

立派な人格者の周りには、その徳を慕って多くの人々が自然に集まってくることのたとえ。

⇧「蹊」は小道。桃《もも》や李《すもも》がきれいな花を咲かせ実をつけると、人々が集まってきて自然に道ができるという意。『史記』より。

登竜門《とうりゅうもん》

そこを通り抜ければ、社会に認められ、出世の糸口となる関門のこと。⇧「竜門」は中国の黄河上流にある急流の名。ここを登りきった鯉は、化して竜になるという伝説がある。『後漢書《ごかんじょ》』より。

類義 鯉の滝登り／竜門の滝登り

蟷螂《とうろう》の斧《おの》

非力な者が身のほどもかえりみず、無謀にも強い者に向かっていくこと。⇧「蟷螂」はカマキリ。中国の三国時代、斉《せい》の荘公《そうこう》が狩猟に出たとき、斧に似た前肢を振り上げて蟷螂《かまきり》が馬車に向かってきたという故事から。陳琳《ちんりん》の文より。

類義 小男の腕立て／竜の鬚《ひげ》を蟻が狙う

遠《とお》い親戚《しんせき》より近《ちか》くの他人《たにん》

血はつながっていても遠方にいて行き来のない親戚より、いつも交際している隣近所の方が、いざというときに頼りになること。

類義 遠水近火を救わず

十日《とおか》の菊《きく》六日《むいか》の菖蒲《あやめ》

時期に遅れて間に合わず、役に立たないこと。手遅れ。⬆菊は九月九日の重陽《ちょうよう》の節句のもの。菖蒲は五月五日の端午《たんご》の節句のもの。一日遅れでは何の役にも立たないから。

注意「菖蒲」は「しょうぶ」とも読む。

類義 後の祭り／証文の出し遅れ

遠《とお》きに行《ゆ》くに必《かなら》ず近《ちか》きよりす

物事は身近な所から、それなりの順序を踏んだ方がいいということ。一足飛びに、事を運ぼうとしても失敗に終わるということ。⬆遠くに行くには、近い所から歩きはじめて行くほかないということから。『中庸《ちゅうよう》』より。

類義 高きに登るは低きよりす／千里の道も一歩より

遠《とお》きは花《はな》の香《か》

遠くにあるものは、実際以上によく思えることのたとえ。⬆あとに「近きは糞《くそ》の香」と続けて用いることもある。

類義 遠くの鳥は美しい羽根を持っている／隣の芝生は青く見える

遠《とお》くて近《ちか》きは男女《だんじょ》の仲《なか》

もともと何の関係もない男女の仲は、予測がつかないわりに、案外たやすく結ばれることをいう。⬆『枕草子』で、遠くて近きものの一つとして「人の中」とあるように、赤の他人だった男女が、たちまち一心同体の夫婦という最も近しい者になるということ。

十《とお》で神童《しんどう》十五《じゅうご》で才子《さいし》二十《はたち》すぎれば只《ただ》の人《ひと》

幼いときは並外れた才能があると思われていた子どもも、成長するにつれて案外平凡な人間になってしまうことが多いということ。⬆「神童」は人並みはずれた才能をもった子ども。「才子」は才能や知恵がある人。

とかく浮《う》き世《よ》は色《いろ》と酒《さけ》

この世の楽しみは、何といっても色事と酒であるということ。

時《とき》に遇《あ》えば鼠《ねずみ》も虎《とら》になる

よい時期に巡り合えば、つまらない人間でも出世して権勢をわがものにするというたとえ。

時《とき》の氏神《うじがみ》

喧嘩《けんか》や争いごとの仲裁を引き受けてくれる人のことを、ありがたく好都合なものとして評する言葉。

類義 挨拶は時の氏神／仲裁は時の氏神

時《とき》の用《よう》には鼻《はな》を削《そ》げ

緊急の場合には、どんなことでもするということ。⬆非常時にはやむを得ず、自分の鼻でさえも削ぐという意。

時《とき》は得難《えがた》くして失《うしな》い易《やす》し

チャンスはなかなかやって来ず、たとえ来たとしても逃してしまうことが多いから、油断するなということ。『史記』より。

時《とき》は金《かね》なり

時間は貴重なものだからむだに過ごしてはならないことを、金銭にたとえた表現。

英語 Time is money. の訳語。

読書《どくしょ》百遍《ひゃっぺん》義《ぎ》自《おの》ずから見《あらわ》る

どんな難しい書物も、何度も何度も繰り返し読むことにより、自然に意味がわかってくるということ。『三国志《さんごくし》』より。

類義 読書百遍意自《おの》ずから通ず

毒《どく》にも薬《くすり》にもならぬ

害もなければ益にもならない、あってもなくてもどうでもいいもの。平凡で目立った長所もなければ短所もなく、つまらない人。

用例 今年のベストセラーだと薦められたが、毒にも薬にもならないエッセイ集で、読んでいて拍子抜けするほどだった。

類義 沈香《じんこう》も焚《た》かず屁《へ》もひらず

毒薬《どくやく》変《へん》じて薬《くすり》となる

当初は害をおよぼしていたものが、非常に有用なものに一変すること。⬆毒薬でも使い方次第で効き目のある薬になることから。

毒《どく》を食《く》らわば皿《さら》まで

悪にいったん手を染めてしまった以上、やぶれかぶれで徹底的に罪悪を重ねるという意。

用例 彼は交通違反の累積で免許停止になってしまい、毒を食らわば皿までとばかり、無免許のまま運転を続けている。

得《とく》を取《と》るより名《な》を取《と》れ

金を稼ぐよりも、名誉の方が大切であるということ。

対義 名を取るより得を取れ

徳《とく》を以《もっ》て怨《うら》みに報《むく》ゆ

ひどい仕打ちをされた相手に恨みを晴らそうとはせずに、かえって恩恵を施すということ。『論語《ろんご》』より。

対義 恩を仇で返す

毒《どく》を以《もっ》て毒《どく》を制《せい》す

悪を取り除くため、ほかの悪を使うこと。⬆重い病気の治療に、体に悪い影響をおよぼしかねないほどの強い薬を用いることにたとえた言葉。

類義 夷《い》を以て夷を制す／火は火で治まる

対義 火で火は消えぬ

どこの烏《からす》も黒《くろ》さは変《か》わらぬ

どこの土地へ行ったところで、そう目新しいことはない。また、人間の本性はどこも変わりはないということ。

類義 どこの国でも屁《へ》は臭い

対義 所変われば品《しな》変わる

所《ところ》変《か》われば品《しな》変《か》わる

土地によって風俗、習慣、言葉などが違うものだということ。

類義 難波《なにわ》の葦《あし》は伊勢《いせ》の浜荻《はまおぎ》

対義 どこの烏《からす》も黒さは変わらぬ

年寄《としよ》りの冷《ひ》や水《みず》

年齢に不相応な、老人のふるまいを冷やかしたり、たしなめたりする言葉。⇧老人がまだ若いつもりで冷水をかぶるという意。また、体によくない冷や水を飲むという説もある。

塗炭《とたん》の苦《くる》しみ

ひどい苦しみ。耐えきれぬ苦痛。⇧「塗」は泥の意。泥にまみれ、炭火に焼かれる意から。『書経《しょきょう》』より。

とどのつまり

挙句の果て。最後の最後。⇧出世魚のボラは、成長につれてオボコ・クチメ・スバシリ・イナ・ボラ・トドと名が変わることから。

隣《となり》の花《はな》は赤《あか》い

他人の持ち物は、自分の物と比べるとよく見え、うらやましく思えるということ。また、他人の所有物を珍しがって欲しがること。

類義 隣の芝生は青く見える

隣《となり》の貧乏雁《びんぼうがん》の味《あじ》

隣人が貧しいのを知ると、いい気持ちだということ。他人の不幸が自分の優越感を満足させること。⇧「雁」は美味なご馳走をさす。

図南《となん》の翼《つばさ》

大望を抱いて大事業を計画すること。⇧「図」は計画する意。想像上の鳥、鵬《おおとり》が翼を広げ、南へ飛んでいくことから。『荘子《そうじ》』より。

類義 図南の鵬翼《ほうよく》

怒髪冠を衝く《どはつかんむりをつく》

すごい剣幕で激怒すること。⬆怒りに髪が逆立ち、冠をつきあげるの意。『史記』より。

類義 怒気《どき》天を衝く／怒髪天を衝く

鳶が鷹を生む《とびがたかをうむ》

平凡な両親から、優秀な子どもが生まれることのたとえ。子が親よりもすぐれているたとえ。

注意「鳶」は「とんび」とも読む。

対義 瓜の蔓《つる》に茄子《なすび》はならぬ／蛙の子は蛙

鳶に油揚げを攫われる《とびにあぶらあげをさらわれる》

手に入る寸前のものを横から突然に奪われること。うっかりしてばかをみること。

注意「鳶」は「とんび」とも読む。

類義 鳶に掛けられる

鳶も居住まいから鷹に見える《とびもいずまいからたかにみえる》

どんな人でも立ち居ふるまいをきちんとすれば、上品に見えることをいう。⬆鳶はあまり見栄えがよくないが、態度次第では立派な鷹にも見えるという意。

注意「鳶」は「とんび」とも読む。

飛ぶ鳥を落とす勢い《とぶとりをおとすいきおい》

権力や勢力が、非常に強い様子。⬆大空を飛ぶ鳥さえ落としてしまうほどの勢いの意。

用例 今シーズンの彼は出場する大会をすべて優勝し、飛ぶ鳥を落とす勢いで賞金を稼ぎまくった。

と

と

朋《とも》有《あ》り遠方《えんぽう》より来《き》たる
友人がはるばる訪ねてきてくれたことを人生の楽しみの一つとしていう言葉。⇧このあと「亦《また》楽しからずや」と続く。『論語《ろんご》』より。

取《と》らずの大関《おおぜき》
いたずらに地位や権力ばかりを誇る人間のこと。実力を示したこともないくせに、やけに尊大で偉そうな人のたとえ。⇧大関は横綱の位ができるまで相撲の最高位だった。実際に相撲をとって見せたことのない大関の意。

虎《とら》に翼《つばさ》
勢いの強い者にさらに威勢を加えることのたとえ。『韓非子《かんぴし》』より。

類義 鬼に金棒／虎に角《つの》／弁慶に薙刀《なぎなた》

捕《と》らぬ狸《たぬき》の皮算用《かわざんよう》
実際に手に入れていないうちから期待をして、いろいろと計画を立てることのたとえ。
類義 穴の貉《むじな》を値段する／飛ぶ鳥の献立
英語 Don't count your chickens before they are hatched.
(孵《かえ》らないうちにひよこを数えるな)

虎《とら》の威《い》を藉《か》る狐《きつね》
弱い者が、有力者の権勢を後ろ盾にして、空威張りすること。⇧「藉る」は借りるの意。虎に襲われた狐が、「自分は天の神に百獣の長になるよう命ぜられている。自分の後ろについてくればわかる」と言った。その通りにすると、ほかの動物は虎を見て逃げ出してしまい、虎は狐を信じて食うのをやめたという寓話から。『戦国策《せんごくさく》』より。

注意「藉る」は「借る」「仮る」とも書く。

虎《とら》の尾《お》を踏《ふ》む

非常に危険なことに手を出すこと。『易経《えききょう》』より。

用例 彼に逆らうのは虎の尾を踏むようなものだ。あとがこわいぞ。

類義 虎の口へ手を入れる／薄氷を履《ふ》む

虎《とら》は死《し》して皮《かわ》を留《とど》め　人《ひと》は死《し》して名《な》を残《のこ》す

後世にすぐれた名や功績が残るように心がけよということ。⇧虎が死後に美しい毛皮を残すことになぞらえたもの。

虎《とら》は千里《せんり》行《い》って千里《せんり》帰《かえ》る

親が子を思う情愛の深さ、強さをたとえた言葉。⇧虎は一日に千里の道のりを行くことができるが、残したわが子を思い、さらにその道を戻ってくるという意。

類義 虎は一日に千里行く

虎《とら》を描《えが》いて狗《いぬ》に類《るい》す

素質のない者がすぐれた人のまねをして失敗してしまうたとえ。また、せっかくものを学んだのにかえってやりそこなってしまうこと。⇧恐ろしい虎を描いたつもりが、犬のようにしか見えないという意。『後漢書《ごかんじょ》』より。

類義 猫でない証拠に竹を描いておき

虎《とら》を野《の》に放《はな》つ
人に危害をおよぼすようなものを、野放しにしておくこと。また、それがあとに大きな禍根になることにもいう。

取《と》り付《つ》く島《しま》もない
相手がまったくかえりみてくれず、つっけんどんで話しかけるきっかけすらないこと。⇧「島」は頼りや助けになる物を表す。
用例 いくら謝りに行っても、顔も見せてくれないのだから取り付く島もない。
類義 木で鼻を括《くく》る／けんもほろろ

鳥《とり》なき里《さと》の蝙蝠《こうもり》
すぐれた者がいない所では、くだらない人間が幅をきかせて威張っているということ。⇧鳥のいない所では、蝙蝠も鳥を気取って飛び回っているという意。
類義 鼬《いたち》のなき間の貂《てん》誇り／貂なき森の鼬

泥棒《どろぼう》に追《お》い銭《せん》
損をしたうえにさらに損を重ねること。⇧盗人にお金を盗まれたうえに、さらにお金をやるという意。
類義 盗人に追い銭

泥棒《どろぼう》を見《み》て縄《なわ》を綯《な》う
平生は準備をしておらず、事態が発生してから慌《あわ》てて用意をすること。⇧泥棒を見つけてから、縛る縄を綯いはじめるという意。
類義 泥縄／盗人を見て縄を綯う

対義 暮れぬ先の提灯《ちょうちん》／転ばぬ先の杖《つえ》

泥《どろ》を打《う》てば面《つら》へはねる

人に害を加えたり非難したりするとその報いが、自分にはね返ってくるということ。

団栗《どんぐり》の背競《せいくら》べ

比較してもどれもみな平凡で、すぐれたものがないこと。⬆団栗は形も大きさも似たり寄ったりであることから。

用例 今年の出場チームの実力は団栗の背競べで、どこが優勝するか予想がつかない。

類義 五十歩百歩／大同小異／似たり寄ったり

呑舟《どんしゅう》の魚《うお》

大人物のたとえ。善人にも悪者にも用いる。⬆舟を丸呑みにするほどの大魚という意。「呑舟の魚は枝流に游《およ》がず」と続けて、大人物は小事にこだわらないという意味にも用いる。『列子《れっし》』より。

飛《と》んで火《ひ》に入《い》る夏《なつ》の虫《むし》

自分からわざわざ危険なことにかかわって、身を滅ぼすことのたとえ。⬆夏の虫は灯火にどんどん集まり、挙げ句に火の中に飛びこんで焼け死んでしまうことから。

類義 愚人《ぐにん》は夏の虫／飛蛾《ひが》の火に入るが如《ごと》し

鳶《とんび》が鷹《たか》を生《う》む

➡ 鳶《とび》が鷹《たか》を生《う》む

鳶《とんび》に油揚《あぶらあ》げを攫《さら》われる

➡ 鳶《とび》に油揚《あぶらあ》げを攫《さら》われる

ないが意見《いけん》の総《そう》じまい

道楽者は周りがいくら意見をしても聞かないものだが、金を使い果たして文なしになればいやでも道楽をやめざるをえない。🅾金がないのが意見のし納めと同じであるの意。

類義 親の意見よりない意見／ないとこ納め

内助《ないじょ》の功《こう》

夫が家庭の外で活躍をするとき、それに協力する妻の働きや功績をいう。転じて、表面に出て評価されることの少ない、地味な功績全般に用いる。

用例 私が事業に成功して、今日ここにこうしていられるのも、妻の内助の功があったからこそです。

ない袖《そで》は振《ふ》れぬ

出してやりたい気持ちはやまやまだが、実際にもっていないものは出せないので、どうしようもないということ。🅾袖のない着物では、袖を振りたくても振れないことから。

泣《な》いて暮《く》らすも一生《いっしょう》 笑《わら》って暮《く》らすも一生《いっしょう》

悲しんで暮らしても、愉快に暮らしても、一生に変わりはない。ならばたとえつらい人生であっても、泣くよりは笑って暮らす方がよいということ。

泣《な》いて馬謖《ばしょく》を斬《き》る

全体の秩序を守るためには、掟《おきて》に背いた者がたとえどんなに愛する者であっても、私情を捨てて厳しく処罰するということ。⇧中国の三国時代、蜀《しょく》の諸葛孔明《しょかつこうめい》が、可愛がっていた部下の馬謖《ばしょく》を、指揮に従わず敗戦を招いた責任をとらせるため、泣きながら死刑に処したという故事から。『十八史略《じゅうはっしりゃく》』より。

用例 彼を更迭《こうてつ》することは、社長にしてみれば泣いて馬謖を斬る心境だっただろう。

類義 涙を揮《ふる》って馬謖を斬る

内憂外患《ないゆうがいかん》

国内にある憂《うれ》うべき事態と、外国との間に生じるわずらわしい問題。また、心配事が内部にも外部との間にもあること。『春秋左氏伝《しゅんじゅうさしでん》』より。

用例 社内では部下の裏切り、社外では得意先の喪失、まさに内憂外患の状況だ。

長《なが》い目《め》で見《み》る

現状だけで判断せず、将来をも考慮に入れ、期待をこめて気長に見守ろうとすること。

用例 師匠は未熟な私を一人前になるまで長い目で見てくださいました。

長《なが》い物《もの》には巻《ま》かれろ

強い者に対しては反抗せず、おとなしく従っておいた方がよいということ。

類義 大きな物には呑《の》まれよ

長口上《ながこうじょう》は欠伸《あくび》の種《たね》

長い挨拶は聞いている人を飽きさせる。挨拶は簡潔にせよという戒め。

鳴《な》かず飛《と》ばず

将来の活躍に備えて、長い間力をたくわえること。また、長い間何の活躍もしないで、不遇の生活をしていること。⇧人を鳥にたとえて、鳴きも飛びもしないということから。

用例 鳴かず飛ばずの状態が三年続いたが、彼は見事に芸能界にカムバックを果たした。

類義 三年飛ばず鳴かず

鳴《な》かぬ蛍《ほたる》が身《み》を焦《こ》がす

何も言わないで黙っている人の方が、心のうちの思いは深く、切実だということ。⇧鳴くことのできない蛍が光を放つのを、身をこがすようだとなぞらえていう。

類義 鳴く蟬《せみ》よりも鳴かぬ蛍が身を焦がす

流《なが》れに棹《さお》さす

勢いや時流に乗って物事をますます順調に進めること。⇧流れに乗って下る小舟に、さらに棹をさして勢いをつけることから。

注意 現代では、舟を止めようと流れに逆らって棹をさす、すなわち勢いに逆らう意に用いることがあるが、誤用である。

類義 得手《えて》に帆を上げる／追風《おいて》に帆を上げる

流《なが》れる水《みず》は腐《くさ》らず

いつもいきいきと活動していれば、腐敗や停滞など、悪いことが生じないというたとえ。⇧たまり水は腐るが、常に流れている水はきれいで腐敗しないことから。

類義 転がる石には苔《こけ》が生えぬ

流《なが》れを汲《く》みて源《みなもと》を知《し》る

結果や末端を見て、その原因や根源を察すること。行動を見れば、人の本心、心根を察することができるということ。⇧流れている水を汲んでみて、その源流の様子がわかるということから。『摩訶止観《まかしかん》』より。

泣《な》き面《つら》に蜂《はち》

不幸やわざわいが重なって起こること。わざわいが続くこと。⇧泣いている人の顔を蜂が刺してさらに泣かせるという意。

類義 踏んだり蹴《け》ったり／弱り目に祟《たた》り目

泣《な》く子《こ》と地頭《じとう》には勝《か》てぬ

道理の通じない者と争ってもしかたがないという意。⇧「地頭」は、平安時代から鎌倉時代の荘園の管理職。こちらの言い分に理があっても、地頭の権力の前には通じないことを、聞き分けもなく泣いている子どもになぞらえて揶揄《やゆ》した言葉。

類義 泣く子と地蔵には敵《かな》わない

泣《な》く子《こ》は育《そだ》つ

大声でよく泣く赤ん坊は、健康な証拠で、元気で丈夫に育つということ。

類義 寝る子は育つ

泣《な》く子《こ》も黙《だま》る

非常に権勢と威力があり、恐れられていること。⇧泣いている子が、その人の名前を聞いただけで、こわがって泣きやむという意。

なくて七癖《ななくせ》

人間だれしも、多かれ少なかれ癖があるということ。⇧癖がないと思っている人でもよく見ると七つくらいの癖はあるものだという意。

用例 なくて七癖とはいうけど、考え事をするときに爪を噛《か》む癖は直した方がいいよ。

類義 なくて七癖有って四十八癖

泣《な》く泣《な》くも良《よ》いほうを取《と》る形見分《かたみわ》け

悲しいときでも欲を忘れない人情を皮肉ったもの。⇧親の形見分けで、子どもたちが悲しみつつもよい品物を取ろうとすることから。

鳴《な》く猫《ねこ》は鼠《ねずみ》を捕《と》らぬ

よくしゃべる者ほどとかく口先だけで、実行が伴わない。⇧よく鳴く猫は、あまり鼠を捕らないということから。

類義 吠える犬は噛《か》みつかぬ

鳴《な》くまで待《ま》とう時鳥《ほととぎす》

ふさわしい時機がくるまで、あせらずにじっと待っていようという辛抱強い姿勢をいう。⇧徳川家康が「鳴かぬなら」という言葉に続けてつけた句とされる。これに対して織田信長は「殺してしまえ時鳥」、豊臣秀吉は「鳴かしてみせよう時鳥」と言ったと伝えられ、三人の武将の性格が表れている句としてよく引用される。

仲人《なこうど》の七嘘《ななうそ》

仲人は縁談をまとめようと、双方の欠点を隠し長所を誇張するので、嘘が多くなる。⇧仲人の言うことは当てにならないという意。

類義 仲人口は当てにならぬ／仲人の嘘八百

仲人《なこうど》は宵《よい》の内《うち》

引き上げるときを見計らうことが大切だという戒め。⇧仲人がいつまでも長居すれば新婚夫婦や身内に気をつかわせるので、早々に引き上げよということから。

類義 仲人は宵の口

情《なさ》けが仇《あだ》

思いやりや好意でしたことが、かえって相手のためにならず悪い結果になること。

用例 世話をした再就職先で人間関係に悩んでいたとはねえ。情けが仇になってしまったようだな。

類義 恩が仇／慈悲が仇になる

情《なさ》けに刃《は》向《む》かう刃《やいば》なし

情けをかけてくれた人に逆らうことはできない。真心は武器や腕力より強いということ。

類義 仁者に敵なし

情《なさ》けは人《ひと》の為《ため》ならず

人に情けをかけると、回り回って自分の身に返ってくる。だから、人には親切にせよという教え。⇧情けは人のためではなく、自分のためであるという意。

注意 「為ならず」を「為にならず」と解して、情けをかけるのは相手のためにならないとするのは誤り。

梨《なし》の礫《つぶて》

手紙などを出して、こちらから連絡をしても、何の消息もないこと。⇧「礫」は投げつけた小石。投げてしまえば戻ってこないことから。「梨」は「なし」にかけた語呂合わせ。

済《な》す時《とき》の閻魔顔《えんまがお》

⬇借《か》りる時《とき》の地蔵顔《じぞうがお》済《な》す時《とき》の閻魔顔《えんまがお》

為《な》せば成《な》る

一生懸命にやれば、たいがいのことは成し遂げられるということ。⇧米沢藩主上杉鷹山《ようざん》に「為せば成る為さねば成らぬ何事も成らぬは人の為さぬなりけり」という歌がある。

用例 為せば成るもんだな。たったの三日でレポートを書き上げたぞ。

類義 精神一到何事か成らざらん

夏歌《なつうた》う者《もの》は冬《ふゆ》泣《な》く

働くべきときに働かないと、あとで生活に困るということ。⇧夏に遊び暮らし、寒い冬になって凍えて泣くという意。

夏《なつ》の虫《むし》氷《こおり》を笑《わら》う

狭い見識で広い世間や物事を判断する愚かさをいう。⇧夏の虫が、自分に理解できない冬の氷を笑って無知をさらすという意。

類義 井の中の蛙《かわず》大海を知らず

七重《ななえ》の膝《ひざ》を八重《やえ》に折《お》る

これ以上はないという丁寧さで、嘆願したり詫びたりすること。

用例 七重の膝を八重に折って、新規の契約を取ることができました。

類義 七重の膝を十重《とえ》に折る

七《なな》転《ころ》び八《や》起《お》き

何度失敗しても、くじけずにがんばること。波乱に満ちた浮き沈みの多い人生のたとえ。

類義 七転八起《しちてんはっき》

七度尋《ななたびたず》ねて人《ひと》を疑《うたが》え

物がなくなったとき、軽々しく人を疑ってはならないという教え。⇧「七度」は何度ものの意。物を紛失したら何度も探したうえでなければ人を疑うべきではないという意。

類義 七度探して人を疑え

対義 人を見たら泥棒と思え

難波《なにわ》の葦《あし》は伊勢《いせ》の浜荻《はまおぎ》

物の呼び名は土地によって違う。また風俗・習慣も、場所によって変わってくるということ。⇧難波（大阪府）で葦と呼ばれている植物は、伊勢（三重県）では浜荻と呼ばれる。

類義 所変われば品《しな》変わる

名《な》のない星《ほし》は宵《よい》から出《で》る

最初から登場するものにあまりよいものはないことのたとえ。また、心待ちにしている人はさっぱり来なくて、よけいな人物が早くからやってくるたとえ。⇧光り輝く大きな星は宵の口に出ることが少ないことから。

類義 用のない星は宵からござる

名《な》は体《たい》を表《あらわ》す

人や物の名は、実体や特徴をよく示しているということ。🅞「体」は本質、実体の意。

鵬《なぶ》れば兎《うさぎ》も食《く》い付《つ》く

我慢にも程度があるということ。🅞おとなしい兎でさえ、しつこくいじめられれば最後には怒るということから。

類義 地蔵の顔も三度／仏の顔も三度

ナポリを見《み》てから死《し》ね

ナポリの風景がすばらしいことをいった言葉。一生に一度は見ておくべきであるということ。🅞「ナポリ」はイタリアの南西部にある商工業都市で世界の三大美港の一つ。

類義 日光を見ずして結構と言うな

英語 See Naples and then die. の訳語。

生木《なまき》を裂《さ》く

相愛の男女を無理やりに他人が別れさせること。🅞裂きにくい生木を無理に裂く意から。

怠《なま》け者《もの》の節供《せっく》働《ばたら》き

普段怠けている者が、休みの日に、これ見よがしに働くことを非難する言葉。🅞「節供」は、季節の変わり目を祝う祭日。昔、この日に働くのは一種の罪悪とみなされていた。

注意「節供」は「節句」とも書く。

用例 あの男が休日出勤ねえ。まあ、怠け者の節供働きってとこだね。

類義 横着者の節供働き／野良《のら》の節供働き

生兵法《なまびょうほう》は大怪我《おおけが》のもと

なまかじりの知識や中途半端に覚えた技術などは、役に立つどころか、かえって大失敗の原因になるということ。⇧「生兵法」は、中途半端で未熟な武道や兵学の心得。

用例 株に手を出してはみたが、生兵法は大怪我のもと、この辺でやめておこう。

類義 生悟り堀に落ちる／生物《なまもの》知り川へはまる

英語 A little learning is a dangerous thing.
（少しばかりの知識は危険である）

蛞蝓《なめくじ》に塩《しお》

すっかりしょげてしまうこと。また、苦手なものに対して萎縮《いしゅく》してしまうことのたとえ。

⇧ナメクジは塩をかけられると、水分を失って縮んでしまうことから。

類義 青菜に塩／蛭《ひる》に塩

習《なら》い性《せい》と成《な》る

身についた習慣は、いつしかその人の生まれつきの性質のようになってしまうということ。『書経《しょきょう》』より。

類義 習慣は第二の天性なり

習《なら》うより慣《な》れよ

物事は人に教わったり本で学んだりするより、実際にやってみて慣れた方が早く身につくということ。

用例 習うより慣れよで、英語は間違いを気にせず使ってみることが大切だ。

類義 経験は学問に勝る

な

な

ならぬ堪忍《かんにん》するが堪忍《かんにん》

我慢の限界をこえても、さらに我慢することが真の我慢強さであるという教え。⇧「堪忍」は、腹立ちを抑え、苦しさを堪え忍ぶこと。

類義 成る堪忍は誰もする

習《なら》わぬ経《きょう》は読《よ》めぬ

知識も経験ないことは、すぐにやれといわれても、できるものではないということ。

対義 門前の小僧習わぬ経を読む

名《な》を取《と》るより得《とく》を取《と》れ

名誉や名声よりも、実利を得ることを第一に考えた方がよいということ。

対義 得を取るより名を取れ

爾《なんじ》に出《い》ずる者《もの》は爾《なんじ》に反《かえ》る

自分の行為の報いは、いずれ必ず自分自身に返ってくるということ。『孟子《もうし》』より。

類義 因果応報／平家を滅ぼすものは平家

汝《なんじ》の敵《てき》を愛《あい》せよ

自分に好意をもつ者だけでなく、自分を迫害する者をも愛することが本当の愛だという教え。『新約聖書《しんやくせいしょ》』より。

英語 Love your enemies. の訳語。

南船北馬《なんせんほくば》

各地を忙しく駆け回ること。⇧川や湖が多い中国南部は船で、山や平原が多い北部は馬で旅をしたことからいう。『淮南子《えなんじ》』より。

類義 東奔西走

何《なん》でも来《こ》いに名人《めいじん》なし

何をやらせても無難にやってのけるような人には、名人といわれるほどの者はいない。

類義 器用貧乏／多芸は無芸

似合《にあ》わぬ僧《そう》の腕立《うでた》て

その人に似合わぬ言動をすることのたとえ。⇧「腕立て」は腕力をふるって争うの意。僧が腕力に訴えることは、仏に仕える身としてふさわしくないことからいう。

類義 いらざる僧の腕立て／法師の軍話《いくさばなし》

煮《に》え湯《ゆ》を飲《の》まされる

信頼しきっていた者に裏切られて、ひどい目に遭わされること。

類義 飼い犬に手を噛《か》まれる

匂《にお》い松茸味《まつたけあじ》しめじ

茸《きのこ》の中では松茸がいちばん香りがよく、味はしめじがいちばんよい。

二階《にかい》から目薬《めぐすり》

回りくどくて効果のないことや、たいへんもどかしいことのたとえ。⇧二階から階下の人に目薬をさそうとする意から。

用例 そんな二階から目薬みたいなやり方じゃ、いつまでたっても、彼女にお前の気持ちは伝わらないぜ。

類義 天井から目薬／遠火で手を炙《あぶ》る／二階から尻炙る

逃《に》がした魚《さかな》は大《おお》きい

手に入れる寸前で失ったものは、ことさら惜しくて、実際よりすぐれていたように思えるものだというたとえ。⇧釣り上げかけたところで逃がしてしまった魚は、実際より大きく見えるの意から。

類義 釣り落とした魚は大きい

苦虫《にがむし》を噛《か》み潰《つぶ》したよう

非常に不愉快そうな表情。⇧噛《か》んだらさぞ苦いだろうと思われる虫を噛み潰したような表情の意。ニガムシという虫は実際はいない。

用例 私の忠告を、彼は苦虫を噛み潰したような顔をしたまま聞いていた。

類義 苦虫を食い潰したよう

憎《にく》まれっ子《こ》世《よ》に憚《はばか》る

人から嫌がられたり憎まれたりする者がかえって上手に世渡りをし、世間で幅を利かせているということ。⇧「憚る」は幅をきかせるという意。

肉《にく》を斬《き》らせて骨《ほね》を斬《き》る

自分の損害や犠牲を覚悟して、捨て身で相手に勝つこと。⇧自分の肉を斬らせているうちに、相手の骨を斬るという意。

類義 皮を斬らせて肉を斬り肉を斬らせて骨を斬る

逃《に》げるが勝《か》ち

戦わないで逃げる方が、結果的に勝ちにつながるということ。また、おろかな争いは避けた方がよいということ。

類義 三十六計逃げるに如《し》かず／逃ぐるが一の手／負けるが勝ち

錦《にしき》を着《き》て昼行《ひるゆ》く

立身出世して故郷に帰ることの晴れがましさをいう。⇧人目を引く高価な錦の着物を着て、昼間に町中を歩くの意。『三国志《さんごくし》』より。

類義 故郷に錦を飾る

対義 繍《しゅう》を衣《き》て夜行く／錦を着て夜行く

錦《にしき》を着《き》て夜行《よるい》く

立身出世をしたのに、故郷に帰る機会も、昔の知人に会う機会もなく、勇姿を見てもらえない無念をいう。⇧高価な錦の着物を着ていても、暗い夜道では、だれの目にもとまらないという意から。『漢書《かんじょ》』より。

類義 繍《しゅう》を衣《き》て夜行く

対義 故郷に錦を飾る／錦を着て昼行く

西《にし》と言《い》ったら東《ひがし》と悟《さと》れ

人の言葉には裏と表があるから、まともに受け取らず言葉の裏まで考えて、本当の心を察しなければいけないということ。

西《にし》も東《ひがし》も分《わ》からない

その土地の事情がまるでわからないこと。また、物事を判断する能力が欠けていること。

用例 この業界に入ったころは、まるで西も東もわからない状態で、苦労しました。

類義 東西を弁《わきま》えず

二《に》束《そく》三《さん》文《もん》

値段が極めて安いこと。捨て値。⇧二束で三文ということで、量が多くても値段が非常に安いことや、捨て売りにすることをいう。

用例 逮捕間近を察した彼女は、家財を二束三文の値段で売り払い、海外へ逃亡した。

類義 十把《じっぱ》一絡《ひとから》げ／一山《ひとやま》いくら

二足《にそく》の草鞋《わらじ》を履《は》く

両立しないような二種類の異なる仕事を一人で兼ねること。⇧昔、ばくち打ちが、賭博取り締まりを兼ねたことから。現在は、単に二種類の職に就いていることをさす場合も多い。

似《に》た者夫婦《ものふうふ》

性格や趣味が似ている夫婦。また、ともに暮らす夫婦は、自然と似てくるということ。

類義 似寄った者が夫婦《みょうと》になる／似た者は夫婦《ふうふ》

日計《にっけい》足《た》らずして歳計《さいけい》余《あま》り有《あ》り

目先の利益はないが、長い目で見れば利益があるということ。⇧日々の計算上では儲かっていなくても、一年間通して見てみると採算がとれているという意から。『文子《ぶんし》』より。

日光《にっこう》を見《み》ずして結構《けっこう》と言《い》うな

日光東照宮の美しさをたたえた言葉。⇧日光東照宮のすばらしい建築を見ないで、ほかの物に結構という言葉を使うなという意味。「日光」と「結構」を語呂合わせにした言葉。

類義 ナポリを見てから死ね

似《に》て非《ひ》なる者《もの》

外見は似ているが、本質的には違っていること。また、いかにも道理にかなっているかのようで、実は正しくないもの。『孟子《もうし》』より。

煮《に》ても焼《や》いても食《く》えぬ

どんな手段を用いても手に負えないこと。扱いきれずにもてあますこと。

用例 彼は頑固なうえに生意気で、おまけに言うこともっともとくる。まあ、煮ても焼いても食えないやつだよ。

類義 四も五も食わぬ／一筋縄ではいかぬ

二度《にど》あることは三度《さんど》ある

同じようなことが二度あれば、さらにもう一度起こるだろうということ。事件やトラブルは繰り返し起こりがちなので、一度あったら油断するなということ。

類義 ある事三度／一度あることは二度ある／一災起これば二災起こる

二兎《にと》を追《お》う者《もの》は一兎《いっと》をも得《え》ず

欲張って、一度に二つのものをねらうと、結果的にはどちらも手に入れることができなくなるというたとえ。⬆二羽の兎を同時に捕まえようとして、結局は両方とも逃がしてしまうということ。

類義 虻蜂《あぶはち》取らず

対義 一挙両得／一石二鳥／漁夫の利

英語 If you run after two hares, you will catch neither. の訳語。

に

二《に》の足《あし》を踏《ふ》む

物事の実行をためらうこと。🅾「二の足」は、二歩目のこと。一歩踏み出したが、二歩目はためらって足踏みするという意味から。

用例 珍品なのでぜひ買いたいのだが、この値段では二の足を踏まざるをえない。

二《に》の舞《まい》を演《えん》じる

前の人がしたのと同じような失敗をしてしまうこと。🅾「二の舞」は舞楽で「案摩《あま》」の次に演じられる滑稽《こっけい》な舞。「案摩」の舞をまねて失敗するという筋立てであることから。

用例 前任者の失敗をつぶさに見ていたはずなのに、結局は二の舞を演じてしまった。

類義 前車《ぜんしゃ》の轍《てつ》を踏む／二の舞を踏む

二枚舌《にまいじた》を使《つか》う

自分の都合で一つのことを二通りに言うこと。うそをつくこと。矛盾したことを言うこと。

類義 一口《いっこう》両舌／二枚舌

女房《にょうぼう》と畳《たたみ》は新《あたら》しい方《ほう》がよい

新しいものは何によらず気持ちのよいものだということ。

類義 女房と菅笠《すげがさ》は新しいほどよい

対義 女房と味噌《みそ》は古いほどよい

女房《にょうぼう》と味噌《みそ》は古《ふる》いほどよい

女房は長く連れ添うほどに、気心も知れてよいものだということ。🅾味噌は古いものほど味わいが深くなってよいという意から。

類義 女房と鍋釜《なべ》は古いほどよい
対義 女房と畳は新しい方がよい

女房《にょうぼう》の妬《や》くほど亭主《ていしゅ》もてもせず

女房がやきもちを焼くほど、夫は外でもてていないということ。⬆やきもちは女の本性であり、亭主も家では誇張して話すだけで、実際はもててはいないという意味。

鶏《にわとり》を割《さ》くに焉《いずく》んぞ牛刀《ぎゅうとう》を用《もち》いん

ささいな事柄を処理するのに、大げさにする必要はないということ。⬆「いずくんぞ」は反語を表し、「鶏を料理するのに、牛を解体するような大きな包丁を使う必要があるだろうか。いや、ない」という意。『論語《ろんご》』より。

類義 大根を正宗《まさむね》で切る

任重《にんおも》くして道遠《みちとお》し

重い任務を負い、やり遂げるのが容易でないこと。⬆「任」は背中に負った荷物。重大な任務を成し遂げるため、長い年月がかかるという意。『論語《ろんご》』より。

人間到《にんげんいた》る処青山《ところせいざん》有《あ》り

志を成し遂げるためには、故郷を出て大いに活躍すべきだということ。⬆「人間」は、世の中、世間。「青山」は骨を埋める場所、墓地。骨を埋める場所はどこにでもあるから、故郷にしがみつくことはないという意から。幕末の僧、月性《げっしょう》の詩より。

注意「人間」は「じんかん」とも読む。

類義 青山骨を埋《うず》むべし

人間《にんげん》の皮《かわ》を被《かぶ》る
不人情で恩義や恥を知らない人のこと。⇧人間の姿形をしているだけという意。

人間万事金《にんげんばんじかね》の世《よ》の中《なか》
この世の一切のことはお金で片がつくし、人はみなお金のために働いているということ。
類義 地獄の沙汰も金次第

人間万事塞翁《にんげんばんじさいおう》が馬《うま》
吉凶も禍福も予測することはできないので、災難も悲しむことはなく、幸運も喜ぶことはないという教え。⇧昔、中国北境の塞《とりで》の近くにすむ老人（塞翁《さいおう》）の馬が逃げたが、老人は悲嘆しなかった。やがてその馬が駿馬を連れて戻り、人々は祝福したが、老人は喜ばなかった。息子がその馬から落ち、足を折ったが、老人は悲しむそぶりを見せなかった。一年後に胡《こ》の軍が攻めてきたとき、村の若者たちは戦死したが、足を痛めた息子は召集されずに死を免れた。世の中の幸不幸はわからないものだという故事による。『淮南子《えなんじ》』より。
類義 禍福は糾《あざな》える縄の如《ごと》し／塞翁《さいおう》が馬

人参《にんじん》飲《の》んで首縊《くびくく》る
身のほどをわきまえ、結果を考えて行動しないと、わが身を滅ぼすことになるということ。⇧朝鮮人参を飲んで病気は治したが、その代金が払えずに自殺するというところから。

人《にん》を見《み》て法《ほう》を説《と》け ➡ **人《ひと》を見《み》て法《ほう》を説《と》け**

糠《ぬか》に釘《くぎ》

手応えがなく、効き目もまったくないこと。
⇧米糠に釘を打ち込んでも何の手ごたえもないことからいう。
用例 彼には何を注意しても、いつも糠に釘でまるで効き目がない。
類義 石に灸《きゅう》／豆腐に鎹《かすがい》／暖簾《のれん》に腕押し

糠味噌《ぬかみそ》が腐《くさ》る

悪声や、調子はずれの歌をからかって言う言葉。⇧ただでさえ臭い糠味噌が、それを聞いてさらに腐って悪臭を放つという意。

盗人猛猛《ぬすっとたけだけ》しい

盗みなどの悪事をしていながら、とがめられても図々しく居直ったり、逆に食ってかかったりすることをいう。

盗人《ぬすびと》に追《お》い銭《せん》 ➡ **泥棒《どろぼう》に追《お》い銭《せん》**

盗人《ぬすびと》に鍵《かぎ》を預《あず》ける

相手が悪者と知らず便宜を図ってやること。⇧泥棒と知らずに盗難防止のための鍵を預けることから。
類義 盗人に糧《かて》を持たしむ／猫に鰹節

盗人《ぬすびと》にも三分《さんぶ》の理《り》

どんなことでも理屈をつけようと思えばつけられるというたとえ。⇧泥棒にも、盗みを正当化する言い訳が少しはあるということ。
類義 盗人にも一理屈／藪《やぶ》の頭にも理屈がつく

盗人《ぬすびと》の昼寝《ひるね》

悪事をたくらみ、密かに準備をすること。また、何の意味もなく見えることでも、それは必ず何かの思惑や目的があっての行為であるということ。⇧泥棒が昼寝をするのは、夜、盗みに入るために、昼間は体を休めておく必要があるということから。

盗人《ぬすびと》を捕《とら》えてみれば我《わ》が子《こ》なり

意外な事態に直面して困惑すること。また、身近な者や親しい者でも、油断してはいけないということ。『新撰犬筑波集《しんせんいぬつくばしゅう》』より。

盗人《ぬすびと》を見《み》て縄《なわ》を綯《な》う

⬇泥棒《どろぼう》を見《み》て縄《なわ》を綯《な》う

濡《ぬ》れ手《て》で粟《あわ》

苦労もしないで、楽々と多くの利益を得るたとえ。⇧濡れた手には、粟粒がくっつくので、労せずしてたくさんつかめることから。

用例 土地を右から左に動かすだけで、濡れ手で粟の大儲けなんていうことをやっていたから、最後に痛い目にあったんだ。

類義 一攫千金《いっかくせんきん》／漁夫の利

濡《ぬ》れぬ先《さき》こそ露《つゆ》をも厭《いと》え

過ちを犯さないうちは小さな過失でも用心するが、一度犯してしまうとひどい悪事でも平気になること。主に男女間の過ちについていう。⇧濡れる前は露でさえいやがるが、一度濡れてしまえばかまわなくなることから。

猫《ねこ》に鰹節《かつおぶし》

過ちが起きやすく、油断できないこと。たいへんに危険な状況。⇧猫のそばに大好物である鰹節をおけば、食べてくださいというようなものだという意。

類義 盗人に鍵を預ける／盗人に蔵の番／猫に鰹節を預ける／猫に魚《さかな》の番

猫《ねこ》に小判《こばん》

どんなに価値があるものでも、値打ちがわからない者には役に立たないというたとえ。また、貴重な物、高価な物を与えても、まったく何の反応もないこと。⇧猫に小判を与えても意味がないという意から。

類義 馬に銭／猫に石仏《いしぼとけ》／豚に真珠

猫《ねこ》に木天蓼《またたび》

大好きな物のたとえ。また、極めて効果があることをいう。⇧猫はまたたびの実が大好物であることから。

類義 牛の子に味噌《みそ》／猫に木天蓼お女郎《じょろう》に小判

猫《ねこ》の首《くび》に鈴《すず》を付《つ》ける

よい考えだが行うのが困難であること。実行に当たって、みな尻込みしてしまう事態などにいう。⇧鼠《ねずみ》が猫が近くに来たのがわかるように、猫の首に鈴をつけようと考えた。しかし、鈴をつけにいこうとする鼠は一匹もいなかったというイソップ物語の寓話《ぐうわ》から。

用例 会長に引退を願うのはよいが、いったいだれが猫の首に鈴をつけるんだい。

猫《ねこ》の手《て》も借《か》りたい

非常に忙しいので、だれでもいいから手伝ってほしいこと。⇧役に立たない猫の手さえ借りたいほど忙しいという意。

用例 いやあ、オープンの日は猫の手も借りたいほどの忙しさだったよ。

類義 犬の手も人の手にしたい

猫《ねこ》の目《め》のよう

物事が事情や状況によってめまぐるしく変わること。⇧猫の瞳は光の増減によって、丸くなったり細くなったり形を変えることから。

猫糞《ねこばば》

悪事を働いておきながら、そ知らぬ顔をすること。また、拾った物を黙って着服すること。⇧「ばば」は糞《ふん》の意で、猫が足で土をかけ、自分の糞を隠す様子から。

類義 猫が糞《ばば》を踏む／猫糞を決め込む

猫《ねこ》も杓子《しゃくし》も

何もかも。だれもかれもみんな。⇧猫の足と杓子の形が似ているからとも、「女子《めこ》も弱子《じゃくし》(子ども)も」から変化した語ともいわれる。

用例 最近の大学生は、猫も杓子も語学留学と銘打って海外に出かけるが、ややもすれば物見遊山の旅に終わってしまいがちだ。

類義 老いも若きも

寝《ね》た子《こ》を起《お》こす

一度収まった問題に、よけいな手出しをして蒸し返したり、せっかく忘れかけていたことをわざわざ思い出させてしまうこと。
類義 泣かぬ子を泣かす／藪蛇《やぶへび》

寝耳《ねみみ》に水《みず》

あまりにも不意の出来事に、驚き慌てるたとえ。⇧寝ているときに突然、耳に水を入れられて驚くことから。
用例 ライバル企業と合併するという発表があり、寝耳に水の話なので社員一同びっくりしている。
類義 晴天の霹靂《へきれき》／藪《やぶ》から棒

寝《ね》る子《こ》は育《そだ》つ

よく眠る子は健康な証拠で、丈夫に大きく育つということ。
類義 泣く子は育つ／寝る子は息災

年貢《ねんぐ》の納《おさ》め時《どき》

長い間悪事を重ねてきた者が捕まって、処罰を受けるときがきたということ。また、今まで続けてきたことに見切りをつけるときがきたことにいう。⇧滞納していた年貢を納めなければならないときがついにきたという意。

念《ねん》には念《ねん》を入《い》れよ

注意したうえにさらに注意すること。十分に気をつけること。⇧「念」は細部にまで十分に思慮し、気をつけること。
用例 念には念を入れて、予約した宿の案内図をファックスで送ってもらった。
類義 石橋を叩《たた》いて渡る／分別の上の分別

念力岩《ねんりきいわ》をも徹《とお》す
まったく不可能と思われることでも、一心に集中してやれば、達成されるということ。
用例 彼は都心に一戸建ての自宅をもつという夢を、念力岩をも徹すで、とうとう実現させた。
類義 石に立つ矢／一念天に通ず／思う念力岩をも徹す／精神一到何事か成らざらん

能《のう》ある鷹《たか》は爪《つめ》を隠《かく》す
真に才能や実力のある人は、その才能をむやみにひけらかすようなまねはしないことのたとえ。⇧有能な鷹は、平素は鋭い爪を隠しているということから。
類義 鼠《ねずみ》捕る猫は爪を隠す

能事《のうじ》終《お》わる
やるべきことをすべてやり終えること。⇧「能事」は、なすべきこと。『易経《えききょう》』より。
注意 「終わる」は「畢わる」とも書く。
用例 これをもって能事終わるってところだね。

嚢中《のうちゅう》の錐《きり》➡錐《きり》の嚢中《のうちゅう》に処《お》るが如《ごと》し

残《のこ》り物《もの》には福《ふく》がある
人が先を争って取り合ったあとに、意外とよい物が残っているということ。
類義 余り物に福がある

喉《のど》から手《て》が出《で》る
欲しくて欲しくてたまらない様子をいう。

喉元《のどもと》過《す》ぎれば熱《あつ》さを忘《わす》れる

どんなに苦しかったことでも、過ぎ去ってしまえば、すっかり忘れてしまうということ。また、困ったときに受けた恩義も、それを乗り越えて楽になると、忘れてしまうというたとえ。⬆熱いものを飲んでも、喉元を通り過ぎれば、すぐに熱さを感じなくなってしまうことから。

類義 雨晴れて笠を忘れる／暑さ忘れて陰忘る／病治りて医師忘る

鑿《のみ》と言《い》えば槌《つち》

極めてよく気が利くことのたとえ。⬆鑿は槌で柄《え》を叩いて用いるので、鑿をもってくるように言われたとき、槌も一緒にもっていく気遣いを見せることから。

類義 一と言ったら二と悟れ／かっと言えば痰《たん》壺《つぼ》／からりと言えばあさり汁

乗《の》り掛《か》かった舟《ふね》

いったんかかわりをもった以上、途中でやめられなくなることのたとえ。⬆岸を離れた舟からは、途中で降りられないことから。

類義 騎虎《きこ》の勢い／乗り掛かった馬／乗り出した舟／渡り掛けた橋

暖簾《のれん》に腕押《うでお》し

力を入れて働きかけても、少しも手応えがなく張り合いがないこと。積極的に行おうと思っても、相手が反応しないことをいう。

類義 石に灸《きゅう》／豆腐に鎹《かすがい》／糠《ぬか》に釘

肺肝《はいかん》を砕《くだ》く

心力のかぎりを尽くして考えること。非常に苦心すること。❶「肺肝」は肺臓と肝臓。転じて心の意。心を砕くほど考えるの意。杜甫《とほ》の詩「垂老別《すいろうのわかれ》」より。

注意「砕く」は「摧く」とも書く。

類義肺肝を苦しむ／肺肝を尽くす

敗軍《はいぐん》の将《しょう》は兵《へい》を語《かた》らず

失敗したものは、敗因について弁解するべきでないという意。❶「兵」は兵法の意味。戦いに敗れた将軍には兵法について語る資格がないということ。『史記』より。

用例監督は敗戦後、インタビューも拒否して帰ってしまった。敗軍の将は兵を語らずの心境だったのだろう。

類義敗軍の将は敢《あ》えて勇を語らず

背水《はいすい》の陣《じん》

一歩も退けない決死の覚悟で物事に当たること。❶中国の漢の韓信《かんしん》が、川を背にした不利な場所に陣を構え、決死の覚悟で大敵を撃破したという故事による。『史記』より。

用例この試合に負けたらあとがないので、背水の陣で臨む覚悟だ。

類義糧《かて》を捨てて舟を沈む／川を渡り舟を焼く

吐《は》いた唾《つば》は呑《の》めぬ

いったん発言したことは取り消せないこと。無責任な発言はするなということ。

対義吐いた唾を呑む

杯中《はいちゅう》の蛇影《だえい》

疑いを抱いていると何でもないものにも脅えてしまうということ。⬆杯の酒に映った影を蛇だと思い込み、それを飲んでしまったことを気にして病気になった人が、壁にかけてあった弓の影だったと聞かされてすぐに病気が治ったという故事から。『晋書《しんじょ》』より。

注意「蛇影」は「じゃえい」とも読む。

類義疑心暗鬼《ぎしんあんき》を生《しょう》ず／木にも萱《かや》にも心を置く

這《は》えば立《た》て立《た》てば歩《あゆ》めの親心《おやごころ》

子どもが這うようになると、早く立てるようになれと願い、立ちはじめると、早く歩けるようになれと望むように、子どもの成長を待ちわびる親心をいう。

馬鹿《ばか》と鋏《はさみ》は使《つか》いよう

愚か者でも、使い方次第で役に立つものだということ。⬆切れにくい鋏も使い方がうまければ切ることができることから。

馬鹿《ばか》に付《つ》ける薬《くすり》はない

愚かな者、理屈の通じない者には、言って聞かせてもわからない、また助けてやりようがないという意。⬆愚か者を賢くする薬はないということから。

馬鹿《ばか》の一《ひと》つ覚《おぼ》え

何か一つのことを覚えると、そればかりを何度も振りかざすこと。また、そういう人をばかにしていう言葉。

測《はか》り難《がた》きは人心《ひとごころ》
世の中で人の心ほどわからないものはないということ。また、人の心は変わりやすく頼みにはならないこと。⇧人に裏切られたときに用いる場合が多い。『史記』より。

謀《はかりごと》は密《みつ》なるを貴《たっと》ぶ
計略というものは、密かに事を運ばなければ、効果がないことをいう。『三略《さんりゃく》』より。
類義 謀《はかりごと》は密なるを良しとす

掃《は》き溜《だ》めに鶴《つる》
際立ってすぐれた人が、ふさわしくない場所にいることのたとえ。⇧「掃き溜め」はごみ捨て場の意で、優美な鶴が汚いごみ捨て場に舞い降りたということから。
用例 彼女はこんな場末の飲み屋にはもったいない。まさに掃き溜めに鶴だよ。
類義 鶏群《けいぐん》の一鶴《いっかく》／万緑叢中紅一点
対義 団栗《どんぐり》の背競べ

馬脚《ばきゃく》を露《あらわ》す
隠していた本性や悪事がばれてしまうこと。⇧芝居で、馬の脚を演じる役者がうっかりその姿を露見させてしまうの意。『元曲《げんきょく》』より。
類義 尻尾《しっぽ》を出す／化《ば》けの皮が剝《は》がれる
対義 尻尾を見せぬ

破鏡《はきょう》再《ふたた》び照《て》らさず
いったん別れた夫婦はもとの状態に戻ることはできないというたとえ。⇧昔、中国で、ある男が戦乱で別れ別れとなる妻に、再会のしるしとして一枚の鏡を半分に割って渡した。やがて戦乱が治まり、男は市でその鏡を見つけて妻の居所を知るが、彼女はすでに別の男の妻となっていたという故事から。

類義 覆水盆《ふくすいぼん》に返《かえ》らず／落花枝《らっかえだ》に還《かえ》らず

莫逆《ばくぎゃく》の友《とも》

非常に親密な友、無二の親友のこと。⇧「莫逆」は互いの意気が合い、逆らう気持ちなど生じないということ。『荘子《そうじ》』より。

注意「莫逆」は「ばくげき」とも読む。

類義 管鮑《かんぽう》の交《まじ》わり／刎頸《ふんけい》の交わり

白玉楼中《はくぎょくろうちゅう》の人《ひと》となる

文人墨客が死ぬこと。⇧「白玉楼」は、文芸にかかわっていた者が死後に行くという楼。中国の唐の詩人李賀《りが》が臨終のとき、天帝の使いが現れ、白玉楼が完成したので、李賀を召して、その記を書かせることになったと告げたという故事から。『唐詩紀事《とうしきじ》』より。

用例 彼は二十歳で白玉楼中の人となった詩人で、その才能を惜しむ声はいまだに多い。

麦秀《ばくしゅう》の嘆《たん》

母国が滅亡したことを嘆くこと。⇧「秀」は穂、また穂の伸びていること。中国の殷《いん》の箕《き》子《し》が、滅亡した母国殷の旧都の跡を通りかかったとき、麦の穂が伸びているのを見て悲しみ、「麦秀《むぎひい》でて漸漸《ぜんぜん》たり」と詠じたという故事から。『史記』より。

類義 黍離《しょり》の嘆《たん》／亡国《ぼうこく》の嘆《たん》

伯仲《はくちゅう》の間《かん》

極めてよく似ていて、優劣がつけられないこと。互角であること。⇧中国で、兄弟を上から順に伯《はく》・仲《ちゅう》・叔《しゅく》・李《き》と言い、伯（長兄）と仲（次兄）では年齢にあまり差がないことから。

類義 いずれ菖蒲《あやめ》か杜若《かきつばた》／兄《けい》たり難《がた》く弟《てい》たり難《がた》し

白髪三千丈《はくはつさんぜんじょう》

長年の悩みや悲しみに、頭髪が白くなって、長く伸びたことを誇張した言葉。また、物事を大げさに表現することにもいう。⇧「丈」は、昔の長さの単位の一つで、「三千丈」は、長いことの形容。李白《りはく》の詩「秋浦歌《しゅうほのうた》」より。

用例 戦時、銃後を守る母たちはだれもが、戦地に赴いた息子の帰りを、白髪三千丈の思いで待ち続けたことだろう。

白眉《はくび》

多くの同じ種類のもののうち、最もすぐれている人や物。⇧中国の蜀《しょく》の馬氏《ばし》には子が五人いたが、とりわけ長男の馬良《ばりょう》が優秀で、その眉に白い毛がまじっていたという故事から。『三国志《さんごくし》』より。

薄氷《はくひょう》を履《ふ》む

極めて危険な状況に臨むことのたとえ。⇧薄く張った氷の上を踏み歩く意から。『詩経《しきょう》』より。

用例 ゴールキーパーの再三の好守のおかげで、まさに薄氷を履む思いで勝ちを収めた。

類義 虎《とら》の尾を踏む

白璧《はくへき》の微瑕《びか》

すばらしいものに、ほんのちょっと欠点があること。⬆「璧」は珠、「微瑕」は少しの傷。白く美しい珠に少しだけ傷がついていること。照明太子《しょうめいたいし》『陶淵明集序《とうえんめいしゅうじょ》』より。

類義 玉《たま》に瑕《きず》

化《ば》けの皮《かわ》が剝《は》がれる

隠していた正体や物事の真相がばれてしまうたとえ。⬆「化けの皮」は、素性などを隠すためのうわべのものという意味。

用例 自称教祖の、化けの皮が剝がれて、だまされていた信者たちが相次いで教団を脱会していった。

類義 馬脚《ばきゃく》を露《あらわ》す／化《ば》けの皮《かわ》が現《あらわ》れる

化《ば》け物《もの》の正体見《しょうたいみ》たり枯《か》れ尾花《おばな》

➡ 幽霊《ゆうれい》の正体見《しょうたいみ》たり枯《か》れ尾花《おばな》

馬耳東風《ばじとうふう》

人に何を言われようと気にかけないで、そ知らぬ顔をしていることのたとえ。人の意見や批評を聞き流すこと。⬆暖かい東風（春風）が吹けば人は喜ぶが、馬は何も感じないことから。李白《りはく》の詩より。

用例 彼は周囲の人々から何を言われても、まさに馬耳東風、まったく気にもとめずに聞き流した。

類義 犬に念仏猫に経／馬の耳に念仏／柳に風

英語 Go in one ear and out the other.（片方の耳から入ってもう一方の耳から出る）

箸《はし》にも棒《ぼう》にも掛《か》からぬ

取り扱いようもないほどひどいこと。また、何一つとりえがないことのたとえ。⬆細くて小さな箸でも、太くて大きな棒でも引っ掛からないという意。

用例 何を言いたいのかさっぱりわからない。箸にも棒にも掛からぬレポートとはこのことだ。

類義 縄にも杓子《しゃくし》にも掛からぬ

恥《はじ》の上塗《うわぬ》り

一度恥をかいたうえに、さらに恥をかくこと。

用例 遅刻したうえに、式の最中に居眠りするなんて、恥の上塗りもいいところだぜ。

類義 恥の上書き／恥《はじ》の掻《か》き上《あ》げ／恥の恥

始《はじ》め有《あ》るものは終《お》わり有《あ》り

物事には必ず始めがあれば終わりがあるものである。滅びないものは一つもないということ。『法言《ほうげん》』より。

類義 始め有れば終わり有り／満つれば虧《か》く

始《はじ》めが大事《だいじ》

何ごとも始めが重要だから、最初によく考えてから行えという教え。『易経《えききょう》』より。

類義 始め半分／始めよければ終わりよし

対義 終わり良ければ総て良し

始《はじ》めの囁《ささや》きは後《のち》のどよみ

始めはわずかな人しか知らなかった事が、やがて大勢に知れわたり、世間中の噂《うわさ》になること。⬆「どよみ」はどよめきの意。

始《はじ》めは処女《しょじょ》の如《ごと》く後《のち》は脱兎《だっと》の如《ごと》し

始めは弱々しく見せかけて油断させ、あとで目を見はらせるような動きをすることのたとえ。⬆戦いの始めは恥じらう処女のように静かにふるまい、敵が油断したところで、逃げる兎のようにすばやく行動して、一気に攻撃をしかけるという意味から。『孫子《そんし》』より。

対義 頭でっかち尻つぼみ

始《はじ》めよければ終《お》わりよし⬇始《はじ》めが大事《だいじ》

箸《はし》より重《おも》い物《もの》を持《も》たない

裕福な家で大事に育てられ、箸をもつ以上の労働をしたことがないこと。何不自由なく、大切に育てられること。

恥《はじ》を言《い》わねば理《り》が聞《き》こえぬ

話したくはない自分の恥も、話さなければ相手に真情を理解してもらえないこと。⬆恥は話したくないが、話さなければ理解してもらえないつらさをいう。

類義 恥を言わねば理が立たず

バスに乗《の》り遅《おく》れる

世の中の動きに乗り損ない、他に遅れをとること。好機を逃すなという意で、「バスに乗り遅れるな」と用いることも多い。

用例 携帯電話を持たないなんて、情報化社会のバスに乗り遅れていると言われるよ。

英語 To miss the bus. の訳語。

蓮《はす》の台《うてな》の半座《はんざ》を分《わ》かつ

非常に親密な仲。よくも悪くも、運命を共にするような仲間についていう。⇧死後も同じ極楽浄土の蓮華《れんげ》の台に座るという意から。

類義 一蓮托生《いちれんたくしょう》

肌《はだえ》に粟《あわ》を生《しょう》ず

寒さや恐怖などのために、皮膚に粟粒のような肌毛が立つことをいう。

注意「はだえ」は「はだ」とも読む

類義 鳥肌が立つ／身の毛がよだつ

裸一貫《はだかいっかん》

頼りになるものは体だけで、お金も地位も何一つないということ。⇧銭《ぜに》一貫（千文《もん》）に当たる自分の体しかないという意。

用例 彼は裸一貫で事業をはじめ、会社をここまで大きくした。

類義 腕一本／褌《ふんどし》一貫

畑水練《はたけすいれん》

実際には全く役に立たない理論や練習のこと。⇧畑で行う水泳の練習の意から。

類義 机上の空論／畳の上の水練

畑《はたけ》に蛤《はまぐり》

ありえないことや、見当違いなことを求めるたとえ。⇧畑を耕して蛤を探しても出てくるはずがないことから。

類義 木に縁《よ》りて魚《うお》を求む／水中に火を求む／天をさして魚を射る／山に蛤《はまぐり》を求む

旗《はた》を揚《あ》げる
戦争を起こすこと。転じて、新しく物事をはじめたり事業を興したりするたとえ。⇧昔、軍陣の目じるしとして旗をあげて、戦《いくさ》を始めたことから。『後漢書《ごかんじょ》』より。
用例 長く下積みを続けてきた友人が、独立して、個人事務所の旗を揚げた。
類義 旗揚《はたあ》げする／一旗揚《ひとはたあ》げる

破竹《はちく》の勢《いきお》い
止めようにも止まらないほどの猛烈な勢い。⇧竹を割るときに、最初の一節に割れ目を入れると、一気に最後まで割れてしまうことから。『晋書《しんじょ》』より。
用例 初戦を勝ってはずみがついたのか、チームは破竹の勢いで決勝まで勝ち進んだ。

八細工七貧乏《はちざいくしちびんぼう》
器用な人は何でもこなせるので、かえって一つのことに専念できず中途半端になり、貧乏すること。⇧「八細工」は八つものことができる多芸多才の意。「七貧乏」はそれに調子を合わせた言い方。
類義 器用貧乏《きようびんぼう》／七細工八貧乏

八十八夜《はちじゅうはちや》の別《わか》れ霜《じも》
立春から八十八日目を過ぎると、霜が降りることもあまりなくなる。そのため、八十八夜を種まきの時期の目安にするという意の言葉。⇧「別れ霜」はその年最後に降る霜のこと。
類義 九十九夜の泣き霜／八十八夜の霜別れ

蜂《はち》の巣《す》をつついたよう

大勢が大騒ぎして収拾がつかない様子。⇧蜂の巣をつつくと蜂が一斉に飛び出してくる様子から。

八面六臂《はちめんろっぴ》

一人で何人分もの働きをすること。また、多方面にわたって、めざましい活躍をすること。⇧「面」は顔、「臂」は腕の意味。八つの顔と六つの腕をもった仏像の姿からいう。

類義 三面六臂《さんめんろっぴ》

白駒《はっく》の隙《げき》を過《す》ぐるが如《ごと》し

人の一生は、極めて短いことをいう。また、時の過ぎ行く速さのたとえ。⇧白い馬が走り過ぎるのを、隙間《すきま》からちらりと見るようなものだという意から。『荘子《そうじ》』より。

注意「隙」は「郤」とも書く。

類義 烏兎匆匆《うとそうそう》／光陰矢《こういんや》の如《ごと》し

這《は》っても黒豆《くろまめ》

明らかに誤りとわかっても自説を曲げないこと。また、そのような頑固者をいう。⇧いったんこれは黒豆だと言った者は、動き出して明らかに虫だとわかっても、なお黒豆だと譲らないという意。

類義 鹿《しか》を指して馬となす

八方美人《はっぽうびじん》

周りからよく思われようとして、だれに対しても愛想よくふるまう人を批判する言葉。⇧

「八方」はあらゆる方面の意で、もとは、どこから見ても非の打ちどころがまったくない美人の意。

用例 彼は八方美人で、とにかく愛想がよいが、特に親しい友人はいないようだ。

八方塞《はっぽうふさ》がり

どの方面でも行き詰まって打つ手がないこと。また、人からの援助や信用をなくしていること。⇧陰陽道《おんようどう》の占いで、どの方向も不吉なために行動を起こせないことをいう。

用例 何とか再建の道を探したが、取引銀行にも見かぎられて八方塞がりの状態だ。

破天荒《はてんこう》

今までだれもやらなかったことを成し遂げること。⇧「荒」は、作物ができない未開の荒地の意。中国の唐《とう》の時代、それまで官吏登用《かんりとうよう》試験に合格する者がいなかった荊州《けいしゅう》から、劉《りゅう》蛻《ぜい》がはじめて合格を果たしたとき、「破天荒」と賞賛されたという故事から。『北夢瑣言《ほくぼうさげん》』より。

類義 前人未踏／未曾有《みぞう》

鳩《はと》が豆鉄砲《まめでっぽう》を食《く》ったよう

突然の思いがけない出来事に驚いて、きょとんとする様子。⇧鳩が豆鉄砲で好物の豆をぶつけられてびっくりしている様子から。

用例 友人に結婚することを話したら、相手が思いがけない人だったせいか、鳩が豆鉄砲を食ったような顔をしていた。

類義 鳩に豆鉄砲

鳩《はと》に三枝《さんし》の礼《れい》あり烏《からす》に反哺《はんぽ》の孝《こう》あり

礼儀を重んじ、孝行を説いた教え。⇧「反哺」は食べ物を口移しに食べさせるという意。鳩は親を敬って三本下の枝に止まり、烏は親が年をとるとえさを口移しに食べさせて恩返しをするということから。

類義 三枝の礼／反哺の孝

鼻毛《はなげ》を読《よ》まれる

好意をもっている女性から、都合のよいようにもてあそばれること。

類義 鼻毛を抜かれる

話《はな》し上手《じょうず》の聞《き》き下手《べた》

話すのがうまい人は、自分ばかりが話すので、人の話を聞くのは下手だということ。

対義 話し上手は聞き上手

話《はな》し上手《じょうず》は聞《き》き上手《じょうず》

ほんとうに話すのが上手な人は、相手の話を聞くのも上手だということ。

対義 話し上手の聞き下手

話半分腹八分《はなしはんぶんはらはちぶ》

人の話の半分くらいが真実だと思って聞くのがちょうどよいし、食事は腹八分目のところでやめておくのが体によいということ。

類義 話半分嘘《うそ》半分／話半分腹八合

花《はな》に嵐《あらし》

物事がうまくいっているときには、とかく邪魔が入りがちであることをいう。⇧咲いた花を嵐が散らしてしまうことから。

類義 好事魔多し／月に叢雲《むらくも》花に風

花《はな》の下《した》より鼻《はな》の下《した》

風流より暮らしを立てることが大事であることをいう。⇧花の下で風流な時間を過ごすより、鼻の下の口に食べさせる方が大事であるという意。

用例 妻は、花の下より鼻の下と言って私の骨董品《こっとうひん》収集によい顔をしないんだよ。

類義 花より団子

花《はな》は折《お》りたし梢《こずえ》は高《たか》し

欲しくて手に入れたいが、手段がないこと。世の中はとかく、思うようにはならないものだということ。⇧花の咲く枝を折り取りたいのだが、高すぎて手が届かないという意。

類義 高嶺《たかね》の花

花《はな》は桜木《さくらぎ》人《ひと》は武士《ぶし》

花では桜、人では武士が最もすぐれているということ。ぱっと咲いてぱっと散る桜の美しさを潔く死ぬ武士の生き方にたとえた言葉。

類義 木は檜《ひのき》人は武士／花はみ吉野人は武士

花《はな》は根《ね》に鳥《とり》は古巣《ふるす》に帰《かえ》る

物事には紆余曲折《うよきょくせつ》があるが、どんな経過をたどっても結局はもとに戻るという意。⇧咲いている花は散って地の肥《こ》やしとなり、飛んでいる鳥もやがては自分の巣に帰ることから。

類義 花は根に鳥は古巣《ふるす》に

花《はな》も実《み》もある

外観だけでなく、中身も充実していること。また、道理や人情をわきまえていること。⇧枝に美しい花が咲き、実もつくことから。

類義 色も香《か》もある

対義 花多ければ実少なし

花《はな》より団子《だんご》

風流なものや外見よりも実際の利益や内容を重んじるたとえ。⇧花の美しさを楽しむより、おなかがふくれる団子の方がよいという意。

類義 色気より食い気／花の下より鼻の下

花《はな》を持《も》たせる

勝利や手がらなどを譲ったりして相手の面目が立つように相手を立ててやること。

用例 相手に花を持たせるのが目的の接待ゴルフなのに、本気で勝ちにいくとはどういうつもりだ。

類義 顔を立てる

歯《は》に衣着《きぬき》せぬ

遠慮しないで、思ったままを率直にはっきりと言うこと。⇧歯に衣装をまとって隠すようなことなく話すという意。

用例 彼女を毒舌家と言う人もいるが、僕は彼女の歯に衣着せぬ言い方が好きだ。

対義 奥歯に衣着《きぬ》せる／奥歯に物が挟まる

歯《は》亡《ほろ》びて舌存《したそん》す

強くかたいものが案外早く滅び、柔軟なものの方がかえって生き残ることのたとえ。⇧中国の老子《ろうし》が病気の友人を見舞い、友人の歯が抜けてなくなったのを見て、舌は軟らかいので残っているが、歯はかたいので先に落ちたと言ったという故事から。『説苑《ぜいえん》』より。
類義 柔能《よ》く剛を制す／柳に雪折れなし

鱧《はも》も一期《いちご》海老《えび》も一期《いちご》
人の一生は、貧富や地位、能力の違いはあっても、だいたい同じようなものであるというたとえ。
類義 鯊《はぜ》は飛んでも一代鰻《うなぎ》はのめっても一代

早《はや》い者《もの》に上手《じょうず》なし
手早くこなす人の仕事は、あまり上手に仕上がってないということ。また、物事を早く仕上げようとすれば、それだけ内容が雑になるということ。
類義 早かろう悪かろう／早かんべえ悪かんべえ
対義 早いのが一の芸

早牛《はやうし》も淀《よど》遅牛《おそうし》も淀《よど》
牛の歩みに早い遅いはあっても、行きつく先は同じだから慌てることはないということ。⇧「淀」は輸送の要《かなめ》となった京都の港。荷を負った牛は、どれもみな淀に着くという意。
類義 牛も千里馬も千里／早舟も淀遅舟も淀

早起《はやお》きは三文《さんもん》の得《とく》
早起きをすれば何かしら得になることがあり、健康にもよいということ。
注意 「得」は「徳」とも書く。
類義 朝起きは三文の徳／朝寝八石の損

は

早合点《はやがってん》の早忘《はやわす》れ
のみこみの早い人は、忘れてしまうのも早くて当てにならないことをたとえたもの。
類義 早覚えの早忘れ／早のみこみの早忘れ

早《はや》かろう悪《わる》かろう ➡ 早《はや》い者《もの》に上手《じょうず》なし

早寝《はやね》早起《はやお》き病知《やまいし》らず
夜は早く寝て朝は早く起きるように心がければ、健康になり、病気にもかかることはないということ。

早飯《はやめし》も芸《げい》の内《うち》
他にとりえのない者にとって、素早く食事をすませてしまえることも芸の一つで、人に誇れる特技であることをいう。
対義 長飯長糞《ながめしながぐそ》これも一得

流行物《はやりもの》は廃《すた》り物《もの》
流行というものはいずれ廃るものであり、一時的で長続きしない、ということ。
類義 流行事は六十日／流行物は廃《すた》れる

腹《はら》が減《へ》っては戦《いくさ》ができぬ
空腹では力が入らず、よい働きをすることはできないので、まず腹ごしらえをしてから始めようということ。また、事前に十分な用意が必要というたとえ。

腹《はら》に一物《いちもつ》
心の中に密かにたくらみを隠しもっているこ

と。

用例 あの先輩は確かに頭が切れるが、どうも腹に一物ありそうで油断がならない。

類義 腹に一物背に荷物／胸に一物

薔薇《ばら》に棘《とげ》あり

外見が美しいものは、外から見えない隠れたところに、恐ろしいものをもっているから用心せよという戒め。⇧美しい薔薇は、茎に手を傷つける棘があることから。

用例 彼女とつき合うだって。よせよせ。薔薇に棘あり、ケガするだけだぞ。

類義 棘のない薔薇はない

腹《はら》の皮《かわ》が張《は》れば目《め》の皮《かわ》が弛《たる》む

満腹になると眠くなるということ。また、人は財産ができると怠け者になりがちであることをいう。

腹《はら》の立《た》つ事《こと》は明日《あす》言《い》え

怒りにまかせた発言がもとで、あとで取り返しがつかなくなることがあるから、そのときはじっと抑えて、時間をおいてよく考えたうえで話すことが肝心であるということ。

類義 言いたい事は明日言え

腹《はら》も身《み》の内《うち》

胃腸も体の一部だから、食欲にまかせた暴飲暴食はしない方がよいという戒め。

類義 腹八分目に医者要《い》らず／腹も身の中食傷《しょくしょう》も病の中／袋はいっぱいにならぬうちに縛《しば》れ

は

張《は》り子《こ》の虎《とら》
実際は弱いのに強そうに見せかけている人。また、人の意見を聞くだけの主体性のない人や、首を振る癖のある人のたとえ。⬆張り子で作った虎のおもちゃは、すぐ首が動くようにしてある。

針《はり》とる者《もの》は車《くるま》をとる
小さな悪事も、ほうっておくとやがて大きな悪事になるということ。⬆小さな針を盗んで味をしめた者は、やがて車を盗んでも平気になるの意。

針《はり》の穴《あな》から天《てん》を覗《のぞ》く
狭い見識で、大きな問題を判断しようとするたとえ。⬆小さい針の穴から空を見ても、その一部しか見えないことから。
類義 管の穴から天を覗く

針《はり》の筵《むしろ》
その場にいたたまれないような立場や境遇のたとえ。また、安らかでない座席の形容にも用いられる。⬆針が一面に植えこまれている筵《むしろ》に座らされているという意味から。
用例 浮気の疑いが晴れるまでは、まるで針の筵に座っているような毎日だったよ。

針程《はりほど》の事《こと》を棒程《ぼうほど》に言《い》う
わずかなことを大げさに言いふらすことのたとえ。⬆針ぐらいの細いものを棒ほどの太さに言うというところから。
類義 針小棒大《しんしょうぼうだい》／針を棒に取りなす

は

馬齢《ばれい》を重《かさ》ねる
むだに年をとること。
注意 年輩の人が自分の年齢をへりくだって言う言葉。他人について用いないこと。
類義 馬齢を加える

葉《は》をかいて根《ね》を断《た》つ
小さな欠点を除こうとして、大きな長所やもともとの素質をだめにしてしまうこと。
類義 角《つの》を矯《た》めて牛を殺す

万死《ばんし》一生《いっしょう》を顧《かえり》みず
必死の覚悟で事に当たること。⇧万に一つも生き延びることを当てにしない意から。『史記』より。

万事休《ばんじきゅう》す
もはや打つべき手がないこと。⇧すべては終わったという意味から転じて、手の施しようがないという意に用いる。『宋史《そうし》』より。
用例 最後に役満で大逆転をねらったが、軽い手で先にあがられ万事休した。
類義 進退これ谷《きわ》まる／万策《ばんさく》尽きる

半畳《はんじょう》を入《い》れる
他人の言動をからかったり、野次ることをいう。また、人の話をまぜっ返すこと。⇧「半畳」は、一人分の小さな茣蓙《ござ》。昔、芝居の観客が、役者の演技が気に入らないと、座布団代わりの半畳を舞台に投げこんだことから。
類義 茶々を入れる／半畳を打つ

は

万卒《ばんそつ》は得《え》易《やす》く一将《いっしょう》は得《え》難《がた》し

凡庸な人はどこにでもいるが、人の上に立つすぐれた人物はなかなか見つからないこと。❶「万卒」は多くの兵士、「一将」は将軍。

半面《はんめん》の識《しき》

ちょっと見ただけの顔を、ずっと覚えていること。また、顔見知り程度の間柄。❶「半面」は顔の半分。中国の後漢《ごかん》の人が顔半分を見ただけの人を、数十年後まで覚えていて、声を掛けたという故事から。『後漢書《ごかんじょ》』より。

類義 一面識／半面識

万緑叢中紅一点《ばんりょくそうちゅうこういってん》

多くの中に一つだけすぐれたものがあり、きわだっていることのたとえ。また、男性ばかりの中に、たった一人女性がまじっていること。❶見わたすかぎり緑の草木の中に、一つだけ赤い花が美しく目立っているという意味から。王安石《おうあんせき》の詩「咏柘榴《ざくろをえいず》」より。

用例 男ばかりのラグビー部、紅一点のマネージャーが卒業してしまうので、部員一同たいへん寂しがっている。

類義 鶏群《けいぐん》の一鶴《いっかく》／紅一点《こういってん》／掃き溜めに鶴

贔屓《ひいき》の引《ひ》き倒《たお》し

贔屓をしすぎて、かえってその人を不利にしてしまい、迷惑を掛けることをいう。❶気に入った相手をさらに引き立てようと、無理をして引き倒してしまうの意から。

用例 グラウンドに物を投げこむサポーターが

いるが、あれでは贔屓の引き倒しだ。

類義 勾張《こうば》り強《つよ》うて家倒す／贔屓倒れ／贔屓倒し

非学者論《ひがくしゃろん》に負《ま》けず

学問のない者は道理にかなった議論にも屁理《へり》屈《くつ》を言って、なかなか屈服しない。無学な者に道理を説いてもむだであることをいう。

日陰《ひかげ》の豆《まめ》も時《とき》が来《く》れば爆《は》ぜる

成長の遅れている者でも、一定の年齢がくれば一人前になること。⇧日陰で育った豆も、時期がくれば自然とさやがはじけるの意。

類義 陰裏《かげうら》の豆も弾《はじ》け時／日陰の豆も弾け時

飛蛾《ひが》の火《ひ》に入《い》るが如《ごと》し

⬇飛《と》んで火《ひ》に入《い》る夏《なつ》の虫《むし》

ひ

引《ひ》かれ者《もの》の小唄《こうた》

窮地に陥った者が、平気なふりをして強がりを言うこと。⇧刑場に引かれていく囚人が強がって小唄を口ずさむということから。

用例 彼は入試に落ちてから、別にあんな大学に入りたくはなかったと言っているが、引かれ者の小唄にしか聞こえない。

低《ひく》き所《ところ》に水溜《みずた》まる

水が低い所に流れて行くように、条件がよいところには人が集まってくるということ。転じて、利益のある所には人が集まってくる。また、悪い者のいる所には悪い者が集まりやすいというたとえ。

類義 窪《くぼ》い所に水溜まる／百川《ひゃくせん》海に朝《ちょう》す

日暮《ひく》れて途遠《みちとお》し
年老いて、残り時間が少なくなっても、まだ目的が達せられないこと。また、期限が迫ってても仕事が進まないことをいう。⬆日が暮れてもなお、目的地までの道のりははるかに遠いの意から。『史記』より。

髭《ひげ》の塵《ちり》を払《はら》う
人におべんちゃらを使うこと。目上の人に媚びへつらうこと。⬆中国の宋《そう》の宰相寇準《さいしょうこうじゅん》が食事中自分のひげに汁をつけたとき、そのひげを拭いた副宰相の丁謂《ていい》を「参政は国を治めることが仕事。上役の髭を拭くにはおよぶまい」とたしなめたという故事より。『宋史《そうし》』より。
類義 首を垂れ尾を振る／胡麻《ごま》をする

卑下《ひげ》も自慢《じまん》の中《うち》
表面は謙遜《けんそん》しているように見えるが、実は自慢をしていること。必要以上にへりくだることは一種の自慢であるということ。
類義 過大な謙遜は高慢なり／卑下自慢

庇《ひさし》を貸《か》して母家《おもや》を取《と》られる
一部を貸したためにつけこまれて、結局全部を取られてしまう。また、恩をあだで返されるたとえ。⬆親切心から庇を貸したのがもとで最後は母家まで取られてしまうの意から。
類義 飼い犬に手を噛《か》まれる

膝《ひざ》とも談合《だんごう》
困ったときには、頼りなさそうな相手でも、相談してみればそれなりの成果はあるものだというたとえ。⇧「談合」は相談の意。困ったときには自分の膝を抱いて相談でもするように考える意から。

類義 物は相談

秘事《ひじ》は睫《まつげ》

なかなか悟りにくい秘伝や秘め事は案外手近にあるものだということ。⇧睫は目のすぐ近くにあるが、かえって見えないことから。

類義 近くて見えぬは睫／灯台下《もと》暗し

美人《びじん》は言《い》わねど隠《かく》れなし

本当の美人は、人や自分が吹聴《ふいちょう》しなくても、自然と世間に知られるということ。

類義 紅《くれない》は園生《そのう》に植えても隠れなし

美人薄命《びじんはくめい》

美人は不幸なことが多いという意。また、美人は病弱ゆえ早死にするという意でも使う。蘇軾《そしょく》の詩「薄命佳人《はくめいかじん》」より。

類義 佳人薄命

尾生《びせい》の信《しん》

かたく約束を守ることをいう。また、融通のきかない、ばか正直のたとえ。⇧中国の魯《ろ》の尾生が女性と橋の下で会う約束をして待っていたが、女性は現れず、やがて大雨で川が増水しはじめた。しかし、尾生は約束を守って橋げたに抱きついて待ち続け、ついに水死してしまったという故事から。『史記』より。

類義 抱柱《ほうちゅう》の信《しん》

顰《ひそみ》に倣《なら》う

事の善し悪しを考えず、むやみやたらと他人のまねをすること。また、自分が他人の言動をまねることをへりくだっていう。⇧「顰」は眉をひそめ、顔をしかめること。中国で昔、西施《せいし》という美人が胸を病んで顔をしかめると、その顔がさらに美しく見えるので、村の醜い女がそれをまね、恐ろしい顔になったという故事から。『荘子《そうじ》』より。

用例 早寝早起きをモットーに長生きした祖父の顰に倣って、家族全員早起きです。

尾大《びだい》掉《ふる》わず

立場が上の者より下の者の力の方が強大になると、上からの制御が利きにくくなることをいう。⇧動物の尾があまり大きいと、自分の力で自由に尾を振り動かせないの意から。『春《しゅん》秋《じゅう》左《さ》氏《し》伝《でん》』より。

類義 末《すえ》重き物は必ず折る／末大《まつだい》必ず折る

左団扇《ひだりうちわ》で暮《く》らす

経済的な余裕があり、働かないでらくらくと暮らすことをいう。⇧左手で団扇をもって、ゆっくりあおいでいるというところから。

用例 住宅ローンは残っているし、末娘の嫁入り費用もかかるし。これじゃ老後は左団扇で暮らすなんてわけにはいかんな。

類義 左扇を使う

匹夫《ひっぷ》罪《つみ》なし璧《たま》を懐《いだ》いて罪《つみ》あり

自分の身に不相応な物をもったり、不相応なことをすると、欲が出て災いを招きやすいこと。⬆「匹夫」は取るに足りない男の意。「璧」は財宝の意。匹夫だからといって罪にはならないが、もち慣れない財宝をもったために罪に問われる意。『春秋左氏伝《しゅんじゅうさしでん》』より。

匹夫《ひっぷ》の勇《ゆう》

深い考えもなく、ただ向こう見ずに血気にはやるだけのつまらない勇気をいう。⬆「匹夫」は身分の低い男。また道理に暗く、教養のない男の意。『孟子《もうし》』より。

匹夫《ひっぷ》も志《こころざし》を奪《うば》うべからず

取るに足りない男でも、意志がしっかりしていればだれもそれを曲げることはできない。また、人の意志は尊重すべきだという意。『論語《ろんご》』より。

必要《ひつよう》は発明《はつめい》の母《はは》

発明は、不自由や不便なことを打開する必要に迫られて生まれるものだということ。

類義 窮《きゅう》すれば通《つう》ず

英語 Necessity is the mother of invention. の訳語。

人衆《ひとおお》ければ天《てん》に勝《か》ち天定《てんさだ》まれば人《ひと》に勝《か》つ

人の勢力や運が強いときには、無理を通しても天の理に勝つことができるが、世の中の道が正しく定まれば、たとえ一時邪悪が栄えていても天の正直が勝ち正しき者が栄えるということ。『史記』より。

類義 人盛《ひとさか》んにして神祟《かみたた》らず

人食《ひとく》らい馬《うま》にも合《あ》い口《くち》

手のつけられない乱暴者や嫌われ者にも気の合った者はいるものだというたとえ。噛《か》みつく癖のある馬でも、相性が合い、従順になる乗り手がいることから。⇧人に

類義 蹴《け》る馬も乗り手次第／人噛《か》み馬にも合い口

人《ひと》こそ人《ひと》の鏡《かがみ》

他人の言動は自分の行いを正すための手本であるということ。『書経《しょきょう》』より。

類義 人の振り見て我が振り直せ

人盛《ひとさか》んにして神祟《かみたた》らず

人間運気がよいときには、神の力をもってしてもとどめることができないということ。

類義 凡夫《ぼんぷ》盛んにして祟《たた》りなし

人酒《ひとさけ》を飲《の》む酒《さけ》酒《さけ》を飲《の》む酒《さけ》人《ひと》を飲《の》む

酒を飲むとき、はじめのうちは味わいながら飲んでいるが、やがて惰性で飲み続け、しまいには、酒が人の理性分別をなくしてしまうこと。

類義 一盃《いっぱい》は人酒を飲み二盃は酒酒を飲み三盃は酒人を飲む

一筋縄《ひとすじなわ》ではいかぬ

通常のやり方では思い通りにならないということ。相手が手ごわいことをいう。

用例 一見すると簡単な詰め将棋だが、逆王手の筋もあって、なかなか一筋縄ではいかない問題だ。

類義 四も五も食わぬ／煮ても焼いても食えぬ

一つ《ひと》穴《あな》の狢《むじな》 ⬇ 同《おな》じ穴《あな》の狢《むじな》

人《ひと》と入《い》れ物《もの》は有《あ》り合《あ》わせ

人と器物はその場にあるあり合わせで間に合うということ。人も器物も多ければ多いほどよいが、少なくても何とかなる意。

類義 人と器は有り次第／人と道具は有り次第

人通《ひとどお》りに草《くさ》生《は》えず

にぎわっている場所には草は生えない。

類義 流れる水は腐らず／繁盛《はんじょう》の地に草生えず

人《ひと》と屏風《びょうぶ》は直《す》ぐには立《た》たず

正しい道理ばかりでは世の中を渡ってゆくことはできない、ときには妥協することも必要であるということ。⇧「直ぐに」は、まっすぐにの意。屏風は折り曲げなければ立たないように、ときには自説を曲げることも必要であるということ。

用例 いくら正直が君の信条だといっても、人と屏風は直ぐには立たずといって、商売ではその兼ね合いが大切なのさ。

類義 商人《あきんど》と屏風は曲がらねば世に立たず／曲がらねば世が渡られぬ

対義 正直の頭《こうべ》に神宿る／正直は一生の宝

人《ひと》に七癖《ななくせ》我《わ》が身《み》に八癖《やくせ》

他人の癖は目につきやすいので多いように思えるが、自分の癖はもっと多くあると知るべきであるということ。

類義 人に七癖我が身に十癖《とくせ》

人《ひと》には添《そ》うてみよ馬《うま》には乗《の》ってみよ

経験し実際に試してみなければわからないということ。⇧馬を見ただけでは善し悪しがよくわからないが、乗り回してみればわかるように、相手の人となりは親しくつき合ってみてはじめてわかる。軽々しい判断を戒める教訓。

類義 人と馬には乗ってみよ添ってみよ

人《ひと》の痛《いた》いのは三年《さんねん》でも辛抱《しんぼう》する

他人の苦しみには、平気でいられることをいう。⇧人がどんなに痛がっていても、自分が痛いわけではないから何とも思わないということから。

類義 人の痛いのは百年も堪える

対義 他人の疝気《せんき》を頭痛に病む

人《ひと》の噂《うわさ》も七十五日《しちじゅうごにち》

世間の噂話は一時的なもので、しばらくすれば自然に忘れられていくものだということ。⇧「七十五日」に特に根拠はない。ある一定の期間というほどの意味。

類義 人の上は百日／世の取沙汰《とりざた》も七十五日

人《ひと》の踊《おど》る時《とき》は踊《おど》れ

周囲に逆らったりせず、みんなに合わせて行動せよということ。⇧みんなが盛り上がって踊っているなら、座をしらけさせないためにも、自分も一緒に踊った方がよいという意から。

類義 郷《ごう》に入っては郷《ごう》に従え

人《ひと》の口《くち》に戸《と》は立《た》てられぬ

世間に噂《うわさ》が流れるのを防ぐてだてはないということ。⇧戸を閉めるようには人の口を閉めておくわけにはいかないという意。

類義 世間の口に戸は立てられぬ

人《ひと》の心《こころ》は九分《くぶ》十分《じゅうぶ》

人が考えることは似たり寄ったりで、たいした差はないということ。

類義 人の心は九合《くごう》十合／人の目は九分十分

人《ひと》の牛蒡《ごぼう》で法事《ほうじ》する

他人の物をうまく利用して自分の義務を果たすこと。また、他人にうまく便乗して自分の用事をすますこと。⇧他人がもってきた牛蒡を使って精進料理を作り、法事のもてなしをする意から。

類義 人の褌《ふんどし》で相撲《すもう》を取る

人《ひと》の疝気《せんき》を頭痛《ずつう》に病《や》む

➡ **他人《たにん》の疝気《せんき》を頭痛《ずつう》に病《や》む**

人《ひと》の宝《たから》を数《かぞ》える

自分には何の利益にもならないことをするたとえ。⇧他人の財産を数えるということから。

類義 隣の宝を数える

人《ひと》の頼《たの》まぬ経《きょう》を読《よ》む

頼まれもしない余計なことをするたとえ。おせっかいな行いをたとえる。

人《ひと》の情《なさ》けは世《よ》にある時《とき》

他人が好意を示してくれるのは、自分が社会的に評価されているときだけであり、落ちぶれてしまうと、だれも相手にしてくれなくなることをいう。

用例 倒産したら来客もぱったりなくなり、人の情けは世にある時だと実感しました。

人《ひと》の蝿《はえ》を追《お》うより己《おのれ》の蝿《はえ》を追《お》え

他人の世話を焼くよりも、まずは自分のやるべきことをしっかりやれということ。他人の欠点をあれこれ言う前に、自分の欠点を直すことが先であるという意。

類義 頭の上の蝿を追え／己の頭の蝿を追え／我が頭の蝿を追え／我が蜂払え

人《ひと》の振《ふ》り見《み》て我《わ》が振《ふ》り直《なお》せ

他人の行いの善し悪しを見て、自分の行動を反省し、改める材料にせよということ。⇧「振り」は態度・ふるまいのこと。

用例 交通事故のニュースを見るたび、人の振り見て我が振り直せで、運転には注意するよう自分に言い聞かせている。

類義 他山《たざん》の石《いし》／人こそ人の鏡／人の上見て我が身を思え

人《ひと》の褌《ふんどし》で相撲《すもう》を取《と》る

他人に便乗したり、他人の物を利用して抜け目なく自分の目的を果たし、利益を得ること。⇧自分の褌は使わないで、他人の褌を借りて相撲を取るという意味から。

用例 あの代理店のやり方は、請け負った仕事を外注に丸投げして利ざやをかせぐ、いわば人の褌で相撲を取るってやつだ。

類義 人の牛蒡《ごぼう》で法事する／貰《もら》い物で義理すます

人《ひと》の将《まさ》に死《し》なんとする その言《げん》や善《よ》し

人の死に際の言葉は立派で真情がこもっているものだという意。『論語《ろんご》』より。

人《ひと》は一代《いちだい》名《な》は末代《まつだい》

人間の体は死ねばなくなるが、その名はよいことでも悪いことでも長く後世に残るから、立派な生き方を心がけよという教え。⇧「一代」は一生、「末代」は、後世の意味。

類義 虎《とら》は死して皮を留《とど》め人は死して名を残す

人《ひと》は落《お》ち目《め》が大事《だいじ》

苦境に陥ったときこそ援助や励ましを与えるのが本当の友情だということ。また、逆境に立ったときこそ真価が問われるものだという意味にも用いる。

用例 リストラで解雇されたが、人は落ち目が大事と自分に言い聞かせて、新しい働き口を探しはじめた。

類義 人は落ち目の志《こころざし》

人《ひと》は善悪《ぜんあく》の友《とも》による

人はつき合う友人によって、善くも悪くも感化されるということ。交際する友人の影響力は絶大であるということ。

類義 朱に交われば赤くなる／善悪は友による

人《ひと》は盗人《ぬすびと》火《ひ》は焼亡《じょうもう》

人を見たら盗人と思え、火を見たら火事だと思えということ。何事も用心するに越したことはないという意。

類義 人を見たら泥棒と思え

人《ひと》はパンのみにて生《い》きるにあらず

人間は物質的なものだけで生きているのではなく、精神的な満足を得てこそ充実した人生であるということ。⬆キリストの山上の垂訓の一つ。『新約聖書《しんやくせいしょ》』より。

英語 Man shall not live by bread alone. の訳語。

人《ひと》は人中《ひとなか》田《た》は田中《たなか》

人は世間に出て多くの人にもまれて成長するもので、田は他の田に囲まれた真ん中のものが収穫が多いよい田であるということ。

人《ひと》は見《み》かけによらぬもの

人の能力や性質などは、うわべだけでは判断できないことをいう。中身と外見とは往々にして異なることが多いということ。

用例 人は見かけによらぬもので、あの小柄で細身の彼が柔道四段の猛者《もさ》だという。

類義 あの声で蜥蜴《とかげ》食らうか時鳥《ほととぎす》

人《ひと》は見目《みめ》よりただ心《こころ》

人は顔かたちの美しさよりも、善良な美しい心をもつことが肝要だということ。

注意 「見目」は「眉目」とも書く。

類義 人は心が百貫目／人は心が目抜き

人木石《ひとぼくせき》に非《あら》ず
人には喜怒哀楽の感情があるものだということ。⇧人は木や石とは違うという意より。

一人口《ひとりぐち》は食《く》えぬが二人口《ふたりぐち》は食《く》える
独身生活はむだな金を使って不経済になりがちだが、結婚して夫婦で暮らすと節約するのでかえって経済的に楽になるということ。
類義 二人口は過ごせるが一人口は過ごせぬ

一人娘《ひとりむすめ》と春《はる》の日《ひ》はくれそうでくれぬ
一人娘は親が可愛がっているので、なかなか嫁にやらないこと。⇧春の日は長くてなかなか暮れないことから。「暮れる」と嫁に「くれる」をかけたもの。
類義 春の日と継母《ままはは》はくれるようでくれぬ
対義 秋の日と娘の子はくれぬようでくれる

人《ひと》を射《い》んとせば先《ま》ず馬《うま》を射《い》よ
⇩将《しょう》を射《い》んと欲《ほっ》すれば先ず馬《うま》を射《い》よ

人《ひと》を怨《うら》むより身《み》を怨《うら》め
問題が生じたとき、他人のせいにしてうらむより、まず自分の努力の足りなさ、いたらなさを反省せよという教訓。『淮南子《えなんじ》』より。
類義 人を怨むは自ら怨むに如《し》かず

人《ひと》を使《つか》うは苦《く》を使《つか》う
上に立って人を使うということは、気苦労が多く、決して楽なものではないということ。
類義 使う者は使われる／奉公人に使われる

人《ひと》を呪《のろ》わば穴二《あなふた》つ

人に害を与えようとすれば、自分もまたその報いを受けることになるという意。⬆相手に呪いをかけて殺そうとすれば、自分もその恨みで殺されるから、相手と自分用に墓穴が二つ必要になるということから。

類義 人を呪えば身を呪う

人《ひと》を見《み》たら泥棒《どろぼう》と思《おも》え

他人は信用できないものと考え、皆泥棒だと疑ってかかるくらいに用心した方がよいということ。

用例 海外では引ったくりや置き引きは日常茶飯事だというので、旅行者は、人を見たら泥棒と思うくらいの心構えが必要だ。

類義 明日は雨他人は泥棒／人は盗人《ぬすびと》火は焼亡《じょうもう》

対義 七度探して人を疑え／七度尋ねて人を疑え／渡る世間に鬼はない

人《ひと》を見《み》て法《ほう》を説《と》け

相手の人柄、教養に応じたやり方をすることが大事だということ。⬆「法を説く」は、仏の教えを説くこと。聞く者が納得できるように、相手に合わせた話し方をするべきであるということから。

類義 機に因《よ》りて法を説け／人《にん》を見て法を説け

火《ひ》に油《あぶら》を注《そそ》ぐ

勢いの盛んなものに、さらに勢いをつけさせること。⬆燃えている火に油を注ぐと、火の勢いが強くなることから。

用例 部長の小言にちょっと言い訳したのが火に油を注ぐ結果になって、大目玉を食らってしまった。

類義 駈《か》け馬に鞭《むち》／火事場へ煙硝《えんしょう》／薪《たきぎ》に油を添える／吠《ほ》える犬にけしかける／燃える火に油を注ぐ

微《び》に入《い》り細《さい》を穿《うが》つ

非常に細かい部分にまで気を配ること。また、微細な点にまで探求すること。

用例 先生の微に入り細を穿った説明のおかげで、志望校の様子がよくわかった。

髀肉《ひにく》の嘆《たん》

実力を発揮し功名を立てる機会がなくて残念がること。⇧「髀肉」は、ももの肉。中国の三国時代、蜀《しょく》の劉備《りゅうび》が、長い間戦いがなくて馬に乗らなかったために贅肉《ぜいにく》がつきすぎたももを見て、何の手柄も立てられず、いたずらに月日を過ごしたことを嘆いたという故事から。『三国志《さんごくし》』より。

火《ひ》のない所《ところ》に煙《けむり》は立《た》たぬ

噂《うわさ》になるのは、何らかの根拠があるからだ。まったく根拠のない噂などないということ。

用例 たかが週刊誌の記事といっても、火のないところに煙は立たぬというから、何か記事にするだけの根拠があるのだろう。

類義 影もないのに犬は吠《ほ》えぬ／煙あれば火あり／ない名は呼ばれず

対義 根がなくとも花は咲く

英語 No smoke without fire. の訳語。

ひもじい時《とき》にまずい物《もの》なし

おなかの空いているときには、何を食べてもおいしく感じられるということ。

類義 ひだるい時にまずい物なし

百害《ひゃくがい》あって一利《いちり》なし

悪い面や弊害ばかりがたくさんあって、利益になることがまったくないということ。⇧「百害」は、多くの弊害の意。

用例 健康には悪い、税金はかかる、たばこなど百害あって一利なし、そうはいってもやめられない。

百尺竿頭《ひゃくしゃくかんとう》一歩《いっぽ》を進《すす》む

目的を達してもそれに満足せず、さらに向上を図ること。⇧百尺もある竿《さお》の先端に達したのに、さらにもう一歩登るよう努力するの意から。『伝灯録《でんとうろく》』より。

注意「百尺」は「ひゃくせき」とも読む。

百足《ひゃくそく》の虫《むし》は死《し》して僵《たお》れず

支持する者や助ける者が多いと、なかなか滅びないことのたとえ。⇧「百足」はムカデ。ムカデは足がたくさんあるから、死んでもひっくり返らないということから。曹冏《そうけい》『六代論《ろくだいろん》』より。

類義 百足《むかで》は死に至れども倒れず

百日《ひゃくにち》の説法《せっぽう》屁《へ》一《ひと》つ

長い間積み重ねてきた苦労が、ほんのわずかな失敗ですべて台なしになることのたとえ。

⇧百日間も厳かに説き続けてきた説法のありがたみが、僧の放った屁一つですっかり値打ちが下がってしまうということから。

類義 磯際《いそぎわ》で船を破《やぶ》る／九仞《きゅうじん》の功を一簣《いっき》に虧《か》く／千日の行屁《へ》一つ

百年《ひゃくねん》河清《かせい》を俟《ま》つ

どんなに望んでも叶えられないこと。実現の見込みのないものをむだに待ち続けること。⇧黄土のために濁っている黄河が、清流となるのを百年待ち続けるということから。『春《しゅん》秋左氏伝《じゅうさしでん》』より。

用例 この世の中から犯罪が消えることを期待するなんて、それこそ百年河清を俟つようなものだ。

類義 河清を俟つ

百聞《ひゃくぶん》は一見《いっけん》に如《し》かず

話を何回も聞くより、自分の目で一度実際に見る方が確かだということ。『漢書《かんじょ》』より。

用例 この街の夜景の美しさは有名だが、百聞は一見に如かず、これほど見事とは思わなかった。

類義 聞いた千遍より見た一遍／聞いた百より見た五十／論より証拠

百里《ひゃくり》を行《ゆ》く者《もの》は九十里《くじゅうり》を半《なか》ばとす

物事は終盤にさしかかると、つい油断して失敗を犯しがちなので、まだ半ばと思って気を緩めないようにせよということ。⇧百里の行程は、九十里でやっと半分と考える方がよいということから。『戦国策《せんごくさく》』より。

平仄《ひょうそく》が合《あ》わぬ

話の前後が食い違って、つじつまが合わないこと。筋道が通らないこと。⬆漢詩には、平《ひょう》声《しょう》の字と仄声《そくせい》の字の配置に規則があり、それに合わないと調子が外れることから。

氷炭相愛《ひょうたんあいあい》す

性質のまったく異なる者同士が補い合い助け合うこと。⬆「氷炭」は氷と炭火。はなはだしく違うことや、相容れないもののたとえ。「淮南子《えなんじ》」より。

対義 氷炭相容《ひょうたんあいい》れず

氷炭相容《ひょうたんあいい》れず

互いにまったく違っていて、調和しないこと。⬆まったく性質の異なる氷と炭火とは互いに相手を受けいれないの意から。『楚辞《そじ》』より。

類義 犬と猿《さる》／氷炭器を同じゅうせず／氷炭以て相並ぶべからず／水と油

対義 氷炭相愛《ひょうたんあいあい》す

瓢簞《ひょうたん》から駒《こま》が出《で》る

冗談で言ったことが、本当になること。また、起こるはずがないことが現実に起こることのたとえ。⬆「駒」は馬。瓢簞から中にいるはずもない本物の馬が飛び出してきたという意。

用例 口先だけかと思っていたら、瓢簞から駒が出て、息子が強化選手に選ばれた。

類義 嘘《うそ》から出た実《まこと》／虚は実を引く／冗談から駒が出る／瓢簞から駒

対義 瓢簞から駒も出《い》でず

瓢箪《ひょうたん》で鯰《なまず》を押《お》さえる

のらりくらりととらえどころがなく、少しも要領を得ないことのたとえ。⬆丸くつるつるしている瓢箪で、ぬるぬるした鯰をつかまえようとすることから。

類義 鰻《うなぎ》に荷鞍《にぐら》／提灯《ちょうちん》で鰻を押さえる／瓢箪で膾《なます》を和《あ》える／瓢箪鯰

瓢箪《ひょうたん》に釣《つ》り鐘《がね》

差がありすぎて比較にもならないこと。つり合いが取れないこと。⬆瓢箪と釣り鐘とでは、ぶら下がるという点では同じだが、大きさや重量は比較にならないほど差があることからいう。

類義 駿河《するが》の富士《ふじ》と一里塚／提灯《ちょうちん》に釣り鐘／月と鼈《すっぽん》

瓢箪《ひょうたん》の川流《かわなが》れ

ふわふわと、落ち着きのないさま。また、確たる当てもなくぶらぶらしているさまをいう。⬆瓢箪がぷかりぷかりと浮いて川面を流れていく様子から。

火《ひ》を見《み》るよりも明《あき》らか

極めて明白で、疑う余地が少しもないこと。⬆火を見ればすぐ火とわかるほどに明白であるという意から。『書経《しょきょう》』より。

用例 このままのペースで高齢化と少子化が進んでいくと、わが国の年金制度の崩壊は、火を見るよりも明らかだ。

類義 自明の理／明明白白《めいめいはくはく》

牝鶏晨す《ひんけいあした》
男に代わって女が勢力を振るうの意。また、女性が男性をさしおいて権力をふるうと、わざわいが起こり、家庭や国を滅ぼすというたとえ。⇧おんどりが鳴いて知らせるべき夜明けの時をめんどりが告げるの意から。『書経《しょきょう》』より。
類義 雌鶏《めんどり》歌えば家滅ぶ／雌鶏時を作る

貧者の一灯《ひんじゃ いっとう》 ➡ **長者の万灯より貧者の一灯**《ちょうじゃ まんとう ひんじゃ いっとう》

貧すれば鈍する《ひん どん》
貧乏すると生活に追われ、賢い人でも頭の働きが鈍り、また、性格がいやしくなったり、心がさもしくなったりするということ。
類義 窮《きゅう》すれば濫《らん》す／人貧しければ智短し
対義 貧にして楽しむ

貧にして楽しむ《ひん たの》
貧しければ貧しいなりに、楽しんで生活すること。貧乏しながらも楽しみをもって暮らしていくこと。君子の心境を述べたものである。『論語《ろんご》』より。

貧乏人の子沢山《びんぼうにん こだくさん》
とかく貧乏人には、子どもが多いということ。
⇧一説に、貧乏人は明かりをとる油代も節約するために夜は早く床に入るので、自然夫婦の営みも増え、子どもがたくさん生まれるからだという。
類義 貧乏柿の核《さね》沢山／律義者《りちぎもの》の子沢山

貧乏暇《びんぼうひま》なし

貧乏人は、生活に追われて働くばかりで、娯楽や趣味などに当てる時間がないということ。また、多忙であることの言い訳や、自分の境遇を謙遜《けんそん》したりして用いる。

用例 一度はご挨拶にお伺いせねばと思いつつも、何しろ貧乏暇なしで、本当にご無沙汰致しました。

類義 浪人暇なし

風雲急《ふううんきゅう》を告《つ》げる

何か大事件が起こりそうな気配がすること。

⬆風と雲が急に変化をして、嵐が来ることを予感させるという意から。

用例 官邸に与党の閣僚が続々と集結し、何やら風雲急を告げる情勢であります。

富貴《ふうき》は天《てん》にあり ⬇ 運《うん》は天《てん》にあり

風樹《ふうじゅ》の嘆《たん》 ⬇ 樹静《きしず》かならんと欲《ほっ》すれども風止《かぜや》まず

風前《ふうぜん》の灯火《ともしび》

危険が切迫している状況をいう。また、今にも滅びてしまいそうな様子のたとえ。⬆風が吹き当たり、今にも消えてしまいそうな灯火の様子から。

用例 大手スーパーやコンビニの進出で、地元の小売店の命運は、今や風前の灯といってても過言ではない。

類義 朝日の前の霜／風の前の塵《ちり》

夫婦《ふうふ》喧嘩《げんか》は犬《いぬ》も食《く》わぬ

夫婦喧嘩はたいてい些細なことが原因で、すぐに仲直りするものだから、仲裁などするのはばかばかしいということ。⇧何でも拾って食べてしまう犬でさえ、夫婦喧嘩には見向きもしないという意から。

類義 痴話喧嘩は犬も食わぬ

夫婦《ふうふ》は合《あ》わせ物《もの》離《はな》れ物《もの》

夫婦は、もとは他人同士なのだから、別れることがあっても不思議はないということ。

類義 合わせ物は離れ物／夫婦は他人の集まり

笛《ふえ》吹《ふ》けど踊《おど》らず

さかんに誘っても、相手がいっこうに応じてこないことのたとえ。また、それを嘆く言葉。⇧いくら笛を吹いて誘っても、だれも踊り出さないの意から。『新約聖書《しんやくせいしょ》』より。

用例 銀行や証券会社が、投資信託に力を入れているが、笛吹けど踊らずで、個人客の反応は思わしくないようだ。

英語 We have piped unto you and you have not danced. の訳語。

深《ふか》い川《かわ》は静《しず》かに流《なが》れる

本当に力量のある人や思慮深い人は、決して騒ぎ立てることなく、沈着に行動するというたとえ。

英語 Still waters run deep. の訳語。

覆水盆《ふくすいぼん》に返《かえ》らず

離婚した夫婦がもとに戻ることはないという

たとえ。また、一度やってしまったことは二度と取り返しがつかないということ。⬆中国の周《しゅう》の太公望《たいこうぼう》が出世したとき、かつて自分から去って行った妻が、もう一度やりなおしたいと戻ってきた。太公望は盆の水をこぼし、この水をもとに戻せたら再婚しようと言ったという故事から。『拾遺記《しゅういき》』より。

類義 落花枝に還《かえ》らず／破鏡再び照らさず

英語 It is no use crying over spilt milk.

(こぼれたミルクを嘆いてもむだだ)

河豚《ふぐ》は食《く》いたし命《いのち》は惜《お》しし

楽しみや大きな利益は欲しいが、隣り合わせの危険を考えると、実行がためらわれること。⬆おいしい河豚料理は食べたいが、毒に当たる危険があるのでためらうことから。

類義 蜜《みつ》は甘いが蜜蜂《みつばち》は刺す

巫山《ふざん》の夢《ゆめ》

男女が情交を結ぶことや、男女間の情愛のこまやかなことのたとえ。⬆中国の楚《そ》の懐王《かいおう》が夢の中で巫山の神女と情を通じたが、神女が去りぎわに、「私は巫山の峰に住み、朝には雲となり、夕暮れには雨となります」と言ったという故事から。宋玉《そうぎょく》の詩「高唐賦《こうとうのふ》」より。

類義 雲雨《うんう》の交わり／朝雲暮雨《ちょううんぼう》／巫山の雲雨

武士《ぶし》に二言《にごん》はない

一度言ったことは必ず守るということ。⬆武士は信義と面目を重んじるので、一度口にした言葉は取り消さないことにたとえていう。

類義 君子二言なし／男子の一言金鉄《いちごんきんてつ》の如《ごと》し

ふ

富士《ふじ》の山《やま》を蟻《あり》がせせる
➡**大黒柱《だいこくばしら》を蟻《あり》がせせる**

武士《ぶし》は相身互《あいみたが》い
同じ立場・境遇にある者同士は、互いに思いやりをもって助け合わなくてはいけないというたとえ。また、その好意や援助は受けるべきものだという意。

武士《ぶし》は食《く》わねど高楊枝《たかようじ》
たとえ貧しい境遇にあっても気位を高くもち、卑しいことはしないという心構えをいう。⇧武士は貧しくて食事ができないときでも、食べたふりをして楊枝を使い、空腹の様子を人に見せないということ。
類義 渇《かっ》しても盗泉の水を飲まず／侍《さむらい》食わずに高楊枝／鷹《たか》は飢えても穂を摘まず／虎は飢えても死したる肉を食わず
対義 背に腹は代えられぬ

無精者《ぶしょうもの》の一時働《いっときばたら》き
いつもなまけていて何もしない者が、急に思い立ったように働きはじめても、それは一時のことで長続きするはずがないということ。
類義 怠け者の節供《せっく》働き／無精者の節供働き

符節《ふせつ》を合《がっ》するが如《ごと》し
二つのものが、ぴったりと一致すること。⇧「符節」は割符《わりふ》のこと。木や竹に文字やしるしを書き、二つに割って後日の証拠とするもの。『孟子《もうし》』より。

類義 符節を合わせたよう

布施《ふせ》ない経《きょう》に袈裟《けさ》を落《お》とす

報酬が少なければ人は労力を出し惜しみ、仕事を熱心にしないということのたとえ。⇧布施がないと、僧侶《そうりょ》がお経を読むとき袈裟を着けないところから。

類義 布施だけの経を読む／布施見て経読む／仏事供養も布施次第

豚《ぶた》に真珠《しんじゅ》

値打ちのわからない相手に高価なものを与えてもむだであることのたとえ。⇧高価な真珠を豚に見せても、何の興味も示さないことから。『新約聖書《しんやくせいしょ》』より。

用例 懸賞で特賞の高級車が当たって大喜びしていたが、よくよく考えてみると、私は運転免許証をもっていないのだから、豚に真珠だ。

類義 馬に銭／猫に石仏《いしぼとけ》／猫に小判

英語 Cast not pearls before swine.
（豚の前に真珠を投げるな）

豚《ぶた》を盗《ぬす》んで骨《ほね》を施《ほどこ》す

大きな悪事を犯しておきながら、その償《つぐな》いとして、ほんのわずかな善行をするたとえ。

舟盗人《ふなぬすびと》を徒歩《かち》で追《お》う

やり方が適切ではないこと。むだに苦労することのたとえ。⇧舟を盗んで乗り逃げした者を、陸を走って追いかけるの意。

類義 骨折り損のくたびれ儲け

舟《ふね》に刻《きざ》みて剣《けん》を求《もと》む

時勢の変化に気づかず、古い考えやしきたりをかたく守る愚かさのたとえ。⬆中国の楚《そ》で、舟から川の中に剣を落とした者が、落ちた位置を舟端にしるし、あとでその下の川底を探したが、舟が動いていたので見つからなかったという故事による。『呂氏春秋《りょししゅんじゅう》』より。

類義 株《かぶ》を守りて兎を待つ／刻舟《こくしゅう》／舟を刻んで剣を尋ねる

船《ふね》は帆《ほ》でもつ帆《ほ》は船《ふね》でもつ

世の中はもちつもたれつであり、お互いが助け合って成り立っているものであるという意。⬆帆かけ船は帆がなくては走らず、帆は船がなければ役に立たないの意から。

父母《ふぼ》の恩《おん》は山《やま》よりも高《たか》く海《うみ》よりも深《ふか》し

両親から受けた恩は、何物にも比べることができないほど大きく深いという意。

類義 父の恩は山よりも高く母の恩は海よりも深し／父は天母は地

文《ふみ》は遣《や》りたし書《か》く手《て》は持《も》たず

恋文を書きたいが、文字を知らないのでままならないということ。転じて、相手に気持ちを伝える方法がないことのたとえ。

冬来《ふゆきた》りなば春遠《はるとお》からじ

今がつらい状態でもじっと耐えしのげば、次にはきっと希望が開けるものだというたとえ。

⬆厳しい冬がやってきたときには、暖かな春がついそこまで来ているという意。イギリスの詩人シェリーの「西風に寄する歌」から。

用例 今はどの業界も不景気だが、冬来りなば春遠からじ、きっと景気は回復する。

英語 If winter comes, can spring be far behind? の訳語。

降《ふ》りかかる火《ひ》の粉《こ》は払《はら》わねばならぬ

自分の身に危険が迫ったときには、それを防がざるをえないという意。⬆自分の身に火の粉が飛んできたら、火傷《やけど》をしてしまうので振り払わなければならないことから。

用例 トラブルの責任を追及され、降りかかる火の粉は払わねばならぬので、原因が先方にあることを仔細に説明した。

類義 売られた喧嘩は買わねばならぬ

古川《ふるかわ》に水《みず》絶《た》えず

由緒ある旧家は没落したとはいっても、何かしらその痕跡《こんせき》をとどめているということ。基盤のしっかりしているものは、衰えても簡単には滅亡しないということ。⬆一見して枯れたように思える川も、底の流れは細々とでも続いていることから。

類義 大鍋《おおなべ》の底は撫《な》でても三杯／腐っても鯛《たい》

古傷《ふるきず》は痛《いた》み易《やす》い

過去に犯した悪事や嫌な体験は、事あるごとに思い出されて、いつまでも心が痛むものだということ。⬆古傷は治ったはずなのに、陽気の変わり目などに疼《うず》いて痛むことにたとえた言葉。

故《ふる》きを温《たず》ねて新《あたら》しきを知《し》る

歴史や先人の思想などを学び、それに基づいて新しい知識や考えを見出してゆくこと。『論語《ろんご》』より。

用例 故きを温ねて新しきを知るで、先人の知恵や生き方から得るものは多い。

類義 温故知新《おんこちしん》

付和雷同《ふわらいどう》

自分自身にしっかりした見識がなく、むやみにほかの人の意見や行動に同調すること。⇧「雷同」は雷の音に万物が応じて響くの意。『礼記《らいき》』より。

用例 社長の意見にみんなが付和雷同するだけだから、企画会議なんて時間のむだだ。

刎頸《ふんけい》の交《まじ》わり

相手のためになら首をはねられても悔いはないと互いに思うほどの、親密な間柄。⇧「刎頸」は頸（首）を刎《は》ねること。『史記』より。

類義 管鮑《かんぽう》の交わり／金蘭《きんらん》の契《ちぎ》り／莫逆《ばくぎゃく》の友

分相応《ぶんそうおう》に風《かぜ》が吹《ふ》く

人は社会的な地位や家庭環境に応じた生活をし、所帯の大小に応じた出費や出来事があるということ。⇧「分」は、境遇や身のほどの意。

類義 大きな家には大きな風／分々に風が吹く

踏《ふ》んだり蹴《け》ったり

続けざまに不運や災難に遭うこと。また、遭わせることにもいう。

用例 うっかり一駅乗り過ごし、さらに痴漢と間違われて、踏んだり蹴ったりだった。
類義 泣き面《つら》に蜂《はち》／弱り目に祟《たた》り目

文《ぶん》は人《ひと》なり

文章には、書き手の思想や人柄がすべて表れるということ。⇧一八世紀フランスの博物学者ビュフォンの「文体はその人自身である」という言葉から。
英語 The style is the man himself. の訳語。

文《ぶん》は武《ぶ》に勝《まさ》る

⬇ペンは剣《けん》よりも強《つよ》し

分別過《ふんべつす》ぐれば愚《ぐ》に返《かえ》る

あまりに深く考えすぎると、かえって愚かな考えに陥ってしまうものであるということ。

⇧「分別」は思慮の意。
類義 過ぎたるは猶《なお》及ばざるが如《ごと》し
対義 分別の上の分別

平家《へいけ》を滅《ほろ》ぼすは平家《へいけ》

自分を滅ぼすのは世の中や他人ではなく、自分自身であるということ。⇧平家が源氏によって滅亡したのは、みずからの奢《おご》りと悪業の結果によるということから。
類義 因果応報《いんがおうほう》／自業自得／身から出た錆《さび》

平地《へいち》に波瀾《はらん》を起《お》こす

穏やかに治まっているところに、わざわざもめごとを引き起こすこと。⇧平らかなところに、波を立てるの意。劉禹錫《りゅううしゃく》『竹枝詞《ちくしのし》』より。
類義 寝た子を起こす

兵《へい》は神速《しんそく》を貴《たっと》ぶ

戦いでは、迅速で機敏な作戦・行動が大切であるという意。⬆「兵」は用兵、戦争。「神速」は神業のように速いの意。『三国志《さんごくし》』より。

類義 兵は拙速を尚《たっと》ぶ

臍《へそ》が茶《ちゃ》を沸《わ》かす

あきれるほどにばかばかしく滑稽で、笑わずにはいられないことをいう。

用例 歌手になりたいなんて、本気で言ってるのか。おまえの歌が一種の騒音公害だってことはわかっているんだろうな。おかしくって臍が茶を沸かすぜ。

類義 踵《かかと》が茶を沸かす／臍が西国《さいこく》する／臍が宿替えする／臍が縒《よ》れる

下手《へた》があるので上手《じょうず》が知《し》れる

下手な人がいるからこそ、上手な人が目立つ。比較するものがあるから、その物の良さがわかる。下手な者を弁護して用いる言葉。

類義 下手ありて上手わかる／下手は上手の飾り物／馬鹿があればこそ利口が引き立つ

下手《へた》な鉄砲《てっぽう》も数撃《かずう》ちゃ当《あ》たる

未熟な者でも数多くやれば、まぐれで成功することもあるというたとえ。⬆鉄砲を撃つのが下手な人も、たくさん撃っているうちに、命中することもあるという意味から。

用例 下手な鉄砲も数撃ちゃ当たるで十校以上の大学を受験した。

類義 下手な鍛冶屋《かじや》も一度は名剣

下《へ》手《た》の考《かんが》え休《やす》むに似《に》たり

ろくな考えも出ないくせに、あれこれ思案するのは時間のむだだということ。⬆囲碁や将棋で、下手な者が長考してもただ時間を浪費するばかりで休んでいるようなものだという意から。

用例 こっちは王手なんだぜ。打つ手がないなら、とっとと降参したらどうなんだい。下手の考え休むに似たりって言うだろう。

類義 下手の思案は休むに同じ

下《へ》手《た》の道《どう》具《ぐ》調《しら》べ

下手な人にかぎって、あれこれと道具を選びたがること。

類義 道具立てする者は仕事が鈍い／下手の道具立て／藪《やぶ》医者の薬《や》味《くみ》簞《だん》笥《す》

対義 弘法は筆を選ばず／能書は筆を選ばず

下《へ》手《た》の長《なが》談《だん》義《ぎ》

話の下手な人にかぎってだらだらと話が長く、聞く者をうんざりさせるということ。

類義 下手の長口上

下《へ》手《た》の横《よこ》好《ず》き

下手にもかかわらず、やたらに好きでたいへん熱心だということ。

用例 毎週テニススクールに通っても、技術はまったく上達しないのだが、下手の横好きというのか、レッスンそのものはとても楽しい。

類義 下手の物好き／下手の悪《わる》好き

対義 好きこそ物の上手なれ

糸瓜《へちま》の皮《かわ》とも思《おも》わず

まるで意に介しないこと。少しも気に掛けないこと。⇧糸瓜の実は、水に晒《さら》してたわしなどに使われ、茎から取った水は化粧水として重宝されるが、表面の皮は、捨てられるだけで何の価値もない。その皮ほどにもなんにも思わないの意から。

類義 浮き世は糸瓜の革頭巾《かわずきん》／何の糸瓜／糸瓜の皮のだん袋／糸瓜の皮より竹の皮

へっついより女房《にょうぼう》

生計を立てていく力もないのに、妻を欲しがること。⇧「へっつい」は、かまどのことで、生活や家庭を意味する。

類義 竈《かまど》より先に女房

蛇《へび》に嚙《か》まれて朽《く》ち縄《なわ》に怖《お》じる

一度ひどい目に遭うと、それ以後は必要以上に用心深くなるたとえ。⇧以前に蛇に嚙まれた人は、腐った縄を見ても蛇に見えて、こわがるということから。

用例 一度泥棒に入られてから、蛇に嚙まれて朽ち縄に怖じるではないが、新聞が戸口に入れられる音にもびくっとする。

類義 羹《あつもの》に懲《こ》りて膾《なます》を吹く

蛇《へび》に睨《にら》まれた蛙《かえる》

恐いものや苦手なものの前に出て、身がすくんで動けなくなること。⇧蛙は蛇に睨《にら》まれると動けなくなるといわれていることから。

用例 主人ったら普段は威張っているくせに、

私の父の前だと、まるで蛇に睨まれた蛙で、口答え一つできないのよ。

類義 猫の前の鼠《ねずみ》／蛇に蛙／蛇に見込まれた蛙

屁《へ》を放《ひ》って尻《しり》すぼめる

失敗したあとを慌ててごまかしたり、取り繕ったりすること。⇧おならをしたあとで、慌てて尻の穴をすぼめるということから。

類義 屁放《ひ》って尻すべる／屁を放《ひ》って尻つぼめ

弁慶《べんけい》の立《た》ち往生《おうじょう》

進むことも退くこともできない、動きのとれないことのたとえ。⇧「往生」は死ぬこと。鎌倉《かまくら》時代、衣川《ころもがわ》の合戦で、弁慶《べんけい》が義経《よしつね》を守るために橋の上に立ちはだかり、全身に矢を浴びて、立ったまま死んだという伝説から。

類義 進退これ谷《きわ》まる／進退両難

弁当《べんとう》持《も》ち先《さき》に食《く》わず

物をもっている者は、かえってそれを使わないことのたとえ。⇧弁当を運ぶ役目の人は、他人よりも先に食べるようなことはしないということから。

類義 金持ち金使わず／弁当持ち弁当使わず／槍《やり》持ち槍使わず

ペンは剣《けん》よりも強《つよ》し

言論の力は、武力よりも大きな力をもっているということ。イギリスのリットンの戯曲『リシュリュー』より。

類義 文《ぶん》は武《ぶ》に勝《まさ》る

英語 The pen is mightier than the sword. の訳語。

判官贔屓《ほうがんびいき》

不運な者や弱い者に同情して、肩をもったり応援することをいう。⇧「判官」は鎌倉《かまくら》時代の武将、九郎判官源義経《みなもとのよしつね》のこと。兄の頼朝《よりとも》に追われ、薄幸の生涯を送った義経が世の同情を集めたところから。

注意「判官」は「はんがん」とも読む。

用例 小兵力士の人気のわけは、もちろん彼の強さや相撲っぷりもあるが、大衆の判官贔屓の感情を刺激するせいもあるだろう。

類義 曽我《そが》贔屓

暴虎馮河の勇《ぼうこひょうがのゆう》

血気にはやった無謀で危険をかえりみない勇気のこと。⇧暴れる虎《とら》に素手で立ち向かい、大河を歩いて渡ろうとするような向こう見ずな行動から。『論語《ろんご》』より。

用例 あの国では今、外国人の入国が禁止されているんだ。取材に行きたい君の気持ちもわかるが、国境を越えて潜入するなんて、暴虎馮河の勇には賛成できんな。

傍若無人《ぼうじゃくぶじん》

辺りの人をまったく気にかけず、自分勝手な言動をすること。⇧「傍らに人無きが若《ごと》し」と読み、周囲に人がいないようにふるまうという意味から。『史記』より。

用例 今年の成人の日も、各地の式典会場で暴れまわる若者たちの傍若無人ぶりが、テレビニュースで報道された。

類義 眼中《がんちゅう》人なし

坊主《ぼうず》憎《にく》けりゃ袈裟《けさ》まで憎《にく》い

憎しみのあまり、関係するすべてのものが憎く思えてくるということ。⇧僧侶《そうりょ》を憎むと、その僧侶が着ている袈裟までもが憎く思えてくるという意から。

用例 坊主憎けりゃ袈裟まで憎いじゃないけれど、別れた夫の身の回りの品は、先週すべて廃棄したわ。

坊主《ぼうず》の花簪《はなかんざし》

まったく使い道のないこと。もっていても何の役にも立たないこと。⇧髪のない坊さんは、簪《かんざし》をつけられるはずがないことから。

用例 まあ、新車を買ったばかりで免停だなんて、それじゃ坊主の花簪ね。

類義 按摩《あんま》の眼鏡／僧の櫛《くし》／無用の長物

忙中閑《ぼうちゅうかん》あり

どんなに忙しい中でもちょっとした暇や一息入れる時間はあるものだということ。

用例 いやあ、忙中閑ありでね。今日は午後からフリーなんだ。どうだい、たまには一杯やりにいかないか。

類義 忙中自《おの》ずから閑あり／忙裏《ぼうり》閑を偸《ぬす》む

忘年《ぼうねん》の交《まじ》わり

年齢の違いなどに関係なく、老若が親しく交際すること。また、年齢の離れた友人関係のこと。⇧年の差を忘れた交わりの意。『南史《なんし》』より。

類義 忘形《ぼうけい》の交わり／忘年の友《とも》

ほ

捧腹絶倒《ほうふくぜっとう》
あまりのおかしさに、腹をかかえ、ひっくり返るほど大笑いをすること。🅾「絶倒」は笑いくずれるの意。『艸山集《そうざんしゅう》』より。
注意「捧腹」は「抱腹」とも書く。
用例舞台の中央でかつらが飛んだアクシデントに、観客はまさに捧腹絶倒だった。
類義腹の皮を縒《よ》る／臍が宿替えする

棒《ぼう》ほど願《ねが》って針《はり》ほど叶《かな》う
大望をもってても実現されるのはほんのわずかだという意。理想を成就する困難さをいう。🅾棒ほどの大きな願いも、実際に叶えられるのは針ほどにわずかだという意から。
類義富士の山ほど願うて蟻塚《ありづか》ほど叶う

忘憂《ぼうゆう》の物《もの》
酒の異称。酒は憂いを忘れさせてくれる物という意。🅾陶淵明《とうえんめい》の詩「飲酒《いんしゅ》」より。
類義酒は憂いを払う玉箒《たまははき》

亡羊《ぼうよう》の嘆《たん》 ➡ 多岐亡羊《たきぼうよう》

暴《ぼう》を以《もっ》て暴《ぼう》に易《か》う
暴力を追放するために暴力を使うのでは、結局は、新たな暴力を生み出すことにしかならないということ。また逆に、暴力には暴力で対抗するほかないという意味でも使われる。『史記』より。
用例たしかに暴走族は、治安を乱す存在だが、そんな暴を以て暴に易うような方法では、彼らを根絶することはできないぞ。
類義 血で血を洗う／毒を以《もっ》て毒を制す

吠《ほ》える犬《いぬ》は嚙《か》みつかぬ
やたらと威張って見せる者にかぎって、実力はなく何もできない。また、口出しばかりして実行しない者のたとえ。
類義 鳴く猫は鼠《ねずみ》を捕《と》らぬ
英語 A barking dog seldom bites.
(吠える犬はめったに嚙みつかない)

墓穴《ぼけつ》を掘《ほ》る
自分の言動が原因となって失敗すること。

星《ほし》を戴《いただ》いて出《い》で星《ほし》を戴《いただ》いて帰《かえ》る
早朝から夜遅くまで外で働くこと。⬆星がまだ消えない早朝に出掛け、星が再び現れる夜まで帰らないことから。『呂氏春秋《りょししゅんじゅう》』より。

臍《ほぞ》を嚙《か》む
取り返しのつかぬ失敗をして、ひどく後悔するたとえ。⬆「臍」はへそ。へそを嚙もうとしても口が届かないので、どうにもならないという意から。『春秋左氏伝《しゅんじゅうさしでん》』より。
用例 買い忘れた一枚が万馬券になって、臍を嚙む思いで掲示板を見つめていた。

仏作《ほとけつく》って魂《たましい》入《い》れず
物事の最も大切なところをおろそかにしてしまうこと。⬆立派な仏像を作っても、魂《たましい》が入っていなくては価値がないということから。
類義 画竜点睛《がりょうてんせい》を欠く／仏作って眼《まなこ》入れず

仏《ほとけ》の顔《かお》も三度《さんど》

どんな温厚な人でも、何度も重ねてひどい仕打ちをされては、ついには怒り出すということ。⇧慈悲深い仏でも、三度も顔を撫でまわされれば怒り出すという意。

類義 兎《うさぎ》も七日《なぬか》嬲《なぶ》れば噛《か》み付く

骨《ほね》折《お》り損《ぞん》のくたびれ儲《もう》け

苦労したのに疲れただけで、何の効果もなく利益にもならないこと。

用例 やっと書き上げた原稿なのに、雑誌発売直前に起きた大事件のせいで、記事は差しかえられ、まったく骨折り損のくたびれ儲けだった。

類義 楽屋で声を嗄《か》らす／労多くして功少なし

洞《ほら》ケ峠《とうげ》を決《き》め込《こ》む

形勢の有利な方につこうとしてなりゆきをうかがうこと。また、そのようなずるい態度。⇧明智光秀《あけちみつひで》と豊臣秀吉《とよとみひでよし》が京都の山崎《やまさき》で対戦したとき、大和郡山《やまとこおりやま》の城主筒井順慶《つついじゅんけい》は、京都と大阪の境にある洞ケ峠から形勢をうかがい、有利なほうに荷担しようとした故事による。

類義 日和見《ひよりみ》主義／日和見の順慶／両端を持す

惚《ほ》れた腫《は》れたは当座《とうざ》の内《うち》

惚れた、惚れられたと言っているのは新婚間もない頃だけで、じきに熱がさめて所帯じみてしまい、お互いに相手を気にしなくなること。⇧「腫れた」は「惚れた」を強めて語呂合わせにした語。

惚《ほ》れた病《やまい》に薬《くすり》なし

恋わずらいには、どんな薬でも効果がないことをいう。

類義 恋の山には孔子《くじ》の倒れ／四百四病の外《ほか》

惚《ほ》れた欲目《よくめ》

好きになると、相手が実際以上によく見えて、欠点でさえ長所に見えるということ。

用例 以前は太った人は嫌いだと言っていたのに、惚れた欲目というべきか、彼の体格なら貫禄があって頼もしいのだそうだ。

類義 痘痕《あばた》も靨《えくぼ》

惚《ほ》れて通《かよ》えば千里《せんり》も一里《いちり》

恋しい相手に会いに行く道のりは、どんなに遠くてもいとわないということ。自分が好きですることなら、どんな苦労もいとわぬことをたとえる。⇧あとに「逢《あ》わずに戻ればまた千里」と続く。

盆《ぼん》と正月《しょうがつ》が一緒《いっしょ》に来《き》たよう

うれしいこと、楽しいことがいくつも重なること。また、非常に忙しいことのたとえ。

類義 盆と祭が一緒に来たよう

煩悩《ぼんのう》の犬《いぬ》は追《お》えども去《さ》らず

心を悩ます欲望や迷いは、いくら追い払っても離れないことをいう。⇧「煩悩」は仏教語で、心を乱す妄想や欲望のこと。それをまとわりついて離れない犬にたとえた言葉。

類義 菩提《ぼだい》の鹿《しか》招けども来たらず

枚挙《まいきょ》に遑《いとま》がない

数が多すぎて、いちいち数えきれない様子をいう。⇧「枚挙」は一つ一つ数えあげること。「遑」はひまのこと。数が多すぎて、数えていては時間がなくなってしまうという意から。

用例 クレジットカードの使いすぎから自己破産に追い込まれる例は枚挙に遑がない。

蒔《ま》かぬ種《たね》は生《は》えぬ

原因のない結果はないという意味。また、何もしないでよい結果を得られるはずがないというたとえ。⇧種を蒔かなければ、何も生えてこないという意味から。

類義 打たねば鳴らぬ

対義 果報は寝て待て／棚から牡丹餅《ぼたもち》

英語 No autumn fruit without spring blossoms.（春に花が咲かなければ秋の果実もない）

曲《ま》がらねば世《よ》が渡《わた》られぬ

正直だけでは世の中を渡ってはいけない。ときには自分の主張を曲げて、相手に迎合しなければならない場合もあるということ。

類義 人と屏風《びょうぶ》は直《す》ぐには立たぬ

枕《まくら》を高《たか》くして眠《ねむ》る

何の心配もなく、安心してぐっすりと眠ること。また、心配することが何もないこと。『史記』より。

類義 枕を高くして臥《ふ》す／枕を高くする

負《ま》けるが勝《か》ち

ときには相手に勝ちを譲り、強いて争わない方が、結果的には勝ちに近い結果が得られるということ。敗者を慰めたり、無用な争いを避けるときの言葉としても用いられる。

類義 三十六計《さんじゅうろっけい》逃げるに如《し》かず／征服のための屈服／逃げるが勝ち

孫《まご》飼《か》わんより犬《いぬ》の子《こ》飼《か》え

孫が可愛いといって愛情をかけても、あとで孝行してもらえることは少ないという意で、むしろ三日飼うと一生恩を忘れないという犬を飼った方がましだということ。

注意「犬の子」は「えのこ」「えのころ」ともいう。

類義 外孫飼うより犬の子飼え

馬子《まご》にも衣装《いしょう》

どんな人も身なり次第で立派に見えるという意味。皮肉で使われるが、好意的に言う場合もある。⇧いつも粗末な身なりの馬子も、着飾れば一応立派に見えるという意から。

用例 馬子にも衣装というが、背広姿の息子は、ちょっぴり大人びて見えた。

類義 杭《くい》にも笠《かさ》／木偶《でく》も髪形《かみかたち》／馬子にも衣装髪形

対義 公家にも襤褸《つづれ》／衣ばかりで和尚《おしょう》はできぬ

英語 Fine clothes make the man.
（美しい衣装が立派な人間を作る）

孫《まご》は子《こ》より可愛《かわい》い

孫の可愛さは格別で、苦労して育てたわが子以上であることをいう。

類義 孫の可愛いと向こう脛《ずね》の痛いのは堪《こら》えられぬ／孫は目の中へ入れても痛くない

先ず隗《かい》より始《はじ》めよ　➡隗《かい》より始《はじ》めよ

枡《ます》で量《はか》って箕《み》で零《こぼ》す

長い間苦労してためたものをむだに使ってしまうたとえ。また、収入が少ないのに支払いが極端に多いことにも用いる。⇧「箕」は竹で編んだ穀物をふるう用具。収穫のときに苦労して枡で量って入れたものを、箕で一度にどっとこぼしてしまうことから。

類義 爪《つめ》で拾って箕で零《こぼ》す

待《ま》たるるとも待《ま》つ身《み》になるな

人を待つことのいらだたしさをいう。人を待つような立場にはなるなということ。

類義 待つは憂《う》いもの辛《つら》いもの／待つ身は長い

待《ま》つうちが花《はな》

あれこれ予想したり、期待したりしているうちが楽しみで、現実になってみるとそれほどでもないということ。

用例 ボーナスも待つうちが花で、ローンの支払いが終われば、ほとんど残らない。

類義 成らぬうちが楽しみ／待つのが祭り／待つ間《ま》が花／祭りより前の日／見ぬが花

松《まつ》かさより年《とし》かさ

年長者の経験や知恵はたいへん貴重だということ。⇧「年かさ」と「松かさ」の語呂合わせで面白く言ったもの。

類義 烏賊《いか》の甲より年の劫《こう》／蟹《かに》の甲より年の劫／亀《かめ》の甲より年の劫

睫《まつげ》を読《よ》まれる

だまされること。また、自分では気づいていないで、相手にいいようにあしらわれること。⬆狐《きつね》に睫を数えられると、化かされるという俗信から。また、自分の睫は見えないことから。

待《ま》てば海路《かいろ》の日和《ひより》あり

今は物事がうまく運ばなくても、気長に待っていれば、そのうちよい機会が巡ってくるという意味。⬆「海路の日和」は航海によい穏やかな天候。今は海が荒れていても待っていれば、航海に適した日がくるの意。

用例 この歌手はデビュー当初はさっぱりだったらしいが、待てば海路の日和ありで、有線放送で人気を集めて大ヒットを収めた。

類義 嵐《あらし》の後には凪《なぎ》が来る／果報は寝て待て／待てば甘露《かんろ》の日和あり

俎板《まないた》の鯉《こい》

自分の力ではどうすることもできず、相手のなすがままにするしかない運命のたとえ。⬆俎板の上にのせられた鯉が、じっとしている様子からいう。

類義 俎上《そじょう》の魚／俎板の上の蛸《たこ》

学《まな》びて思《おも》わざれば則《すなわ》ち罔《くら》し

いくら学んでも、自分で考えずに、ただ教えを受けるだけでは本当に理解することができないという教え。このあとに、「思いて学ばざれば則《すなわ》ち殆《あや》うし」と続く。『論語《ろんご》』より。

学《まな》びて時《とき》に之《これ》を習《なら》う　亦説《またよろこ》ばしからずや

学んだことを機会あるごとに練習して、自分のものとすることは、何ともうれしいものであるという意。『論語《ろんご》』より。

学《まな》ぶ門《かど》に書来《ふみきた》る

学問に励む人のもとには、自然と書物が集まるものだという意。好きで取り組んでいれば、自ずと道が開けることのたとえ。

類義 鹿は射手の前に来る

学《まな》ぶに暇《いとま》あらずと謂《い》う者《もの》は暇《いとま》ありと雖《いえど》も亦学《またまな》ぶこと能《あた》わず

学ぶ時間がないと言う者は、時間があっても勉強しないものだということ。時間がないことを不勉強の言い訳にする愚かさをいう言葉。『淮南子《えなんじ》』より。

豆《まめ》を煮《に》るに萁《まめがら》を焚《た》く

仲間同士や肉親が傷つけ合い、争うこと。兄弟の不和のたとえ。⬆「萁」は豆を取ったあとの莢《さや》や枝や茎。豆を煮るとき同じ豆の殻を燃やすという意。中国の三国時代、魏《ぎ》の曹植《そうしょく》は詩文が巧みで、兄の文帝（曹丕《そうひ》）にねたまれ、七歩歩む間に詩を作らねば罰すると言われた。その際に作った兄弟の不和を嘆いた詩の一説からいう。

眉《まゆ》に唾《つば》を付《つ》ける

騙《だま》されないように用心すること。⬆狐《きつね》や狸《たぬき》

に化かされないためには、眉に唾をつけるとよいという俗信から。

用例 一か月に十キロもやせる薬だなんて、そんな話は眉に唾を付けて聞いた方がよい。

類義 睫《まつげ》を濡らす／眉唾物《まゆつばもの》／眉に唾を塗《ぬ》る

丸《まる》い卵《たまご》も切《き》りようで四角《しかく》

物事は言い方、やり方一つで、角が立つこともあり、円くおさまったりもするという教訓。⇧卵は丸いが、切りようによっては四角にもなるというところから。

類義 物も言いようで角が立つ

真綿《まわた》で首《くび》を締《し》める

じわじわといたぶり、責めたてること。⇧やわらかくて切れにくい真綿で首を締めるように、ゆっくりと相手を苦しめる意から。

類義 綿にて首を絞《し》むるが如《ごと》し

真綿《まわた》に針《はり》を包《つつ》む

表面は優しそうに見せながら、内面には悪意を潜ませていることをいう。⇧柔らかい真綿に針を隠して、相手を刺すということから。

類義 笑みの中《うち》に刀を礪《と》ぐ／綿に針を包む

満《まん》を持《じ》す

準備を十分に整えて、機会がくるのを待つこと。⇧「満」は弓をいっぱいに引きしぼること。その状態を維持したままで待ち構えるの意から。『史記』より。

用例 休養十分、満を持して参加した大会で、見事優勝した。

身《み》ありて奉公《ほうこう》

わが身があってこそのお勤めだという意。自分の体が健康であればこそ、主君に奉公できるということ。

類義 命あっての物種

木乃伊《みいら》取《と》りが木乃伊《みいら》になる

人を連れ戻しに行った人が、そのまま帰ってこないこと。また、説得しようとした人が、逆に相手に説得されてしまうこと。⬆死体の防腐剤にも使うミイラ油は、万能薬として珍重された。それを採集しようと出かけた人が、死んでミイラになってしまうの意から。

類義 木菟《ずく》引きが木菟に引かれる／人捕《ひとと》る亀《かめ》が人に捕られる

見栄《みえ》張《は》るより頬張《ほおば》れ

見栄を張るよりも、口に食べ物を頬張れという意。世間体を気にし虚勢を張るよりも、利得を取れという意。

身《み》から出《で》た錆《さび》

自らの悪い行いが原因となって、自分に災難がふりかかること。⬆刀がよそから付いたのでも侵されたのでもない、刀身から生じた錆のためにその価値を下げることから。

用例 息子は首になったが、遅刻や無断欠勤ばかりだったから、身から出た錆でやむを得ないとも思う。

類義 悪事身にとまる／仇《あだ》も情けも我が身より出る／因果応報《いんがおうほう》／自業自得《じごうじとく》

右《みぎ》と言《い》えば左《ひだり》

人の言うことに逆らうこと。⇧人が「右」と言えば逆の「左」と言うところから。

用例 祖母は最近、偏屈になってきて、こちらが右と言えば左で、人の意見を聞こうともしない。

類義 ああ言えばこう言う／白と言えば黒

右《みぎ》の耳《みみ》から左《ひだり》の耳《みみ》

人の話をうわの空で聞いていて、聞いた事が少しも頭に残らないことをいう。くだらない話を聞く際の処世術としても使われる。⇧右の耳から聞いた言葉が、そのまま左の耳から出ていってしまうというところから。

類義 籠耳《かごみみ》／目から入って耳から抜ける

見《み》ざる聞《き》かざる言《い》わざる

他人の欠点やあやまち、また自分に都合の悪いことなどは見ない、聞かない、言わない方がよいということ。⇧目・耳・口を手でふさいでいる三匹の猿を三猿という。猿と、「…ない」の意の「ざる」をかけた言葉。

水清《みずきよ》ければ魚《うお》棲《す》まず

人格や考え方が潔白すぎると、かえって人から敬遠されるということ。⇧あまりきれいで澄みきった水には、隠れる場所がないので魚が棲みつかないことから。『孔子家語《こうしけご》』より。

類義 清水《せいすい》に魚棲まず／人至《ひとい》たりて賢ければ友なし／水清ければ大魚なし

対義 水清ければ月宿る

水《みず》と油《あぶら》

互いに気が合わず打ち解けないことのたとえ。⇧水と油は決して混じり合わないことから。用例紛争の絶えないこの両国はまるで水と油で、和平への対話も遅々として進まない。類義氷炭相容《ひょうたんあいい》れず／水と火

水《みず》は方円《ほうえん》の器《うつわ》に従《したが》う

人は、環境や交友次第でよくも悪くも感化されるということ。⇧「方円」は四角と丸のこと。水は器の形に合わせて四角にも丸にも変化するということから。『韓非子《かんぴし》』より。類義麻《あさ》の中の蓬《よもぎ》／朱に交われば赤くなる／善悪は友による／人は善悪の友による

水《みず》を差《さ》す

物事が調子よく運んでいるときや、話がはずんでいるときに、はたからよけいな邪魔だてをすること。また、仲のよい間柄を気まずくさせるように中傷すること。⇧熱い湯や濃い物を、水でぬるくしたり薄めたりする意から。用例宴もたけなわのところ、いきなり酔って暴れだした者がいて、水を差された。

味噌《みそ》も糞《くそ》も一緒《いっしょ》

きれいな物も汚い物も、よい物も悪い物も一緒にすること。性質の異なる物なのに区別せず、何もかも同じようにひとまとめに扱うこと。⇧ちょっと見た感じが似ている味噌と糞を同じに扱うの意から。

用例 彼女に書類の整理を頼むと、味噌も糞も一緒にされるから閉口するよ。

道《みち》に遺《い》を拾《ひろ》わず

世の中が平和で、国民の生活が安定している様子。また、厳しい刑罰を恐れること。⇧道に落ちている物を拾わないという意。『韓《かん》非《ぴ》子《し》』より。

三日天下《みっかてんか》

ごく短期間の権力や地位。⇧「三日」はごく短い期間の意。明智光秀《あけちみつひで》は京都の本能寺に織《お》田信長《だのぶなが》を討って天下を取ったが、羽柴秀吉《はしばひでよし》に追われ、ほんの数日で滅んだという故事から。

用例 大口契約が取れて営業成績トップとなったが、後が続かず三日天下に終わった。

類義 三日大名《みっかだいみょう》

三日坊主《みっかぼうず》

物事に飽きやすく、長続きしない人を、嘲《あざけ》っていう言葉。⇧一大決心して僧侶《そうりょ》になったものの、戒律や修行の厳しさに耐えきれず、たった三日でやめてしまうことから。

用例 毎年元旦には禁煙を誓うのだが、結局三日坊主で終わってしまう。

三日《みっか》見《み》ぬ間《ま》の桜《さくら》

世の中が、わずかな間にめまぐるしく変化すること。⇧桜の花は咲く期間が短いので、三日もたつとすっかり様子が変わってしまうことから。「世の中は三日見ぬ間に桜かな」という江戸時代の俳人大島蓼太《おおしまりょうた》の句が有名。

三《み》つ子《ご》の魂《たましい》百《ひゃく》まで

幼い頃の性質や性格は、一生変わらないという意味。🅾「三つ子」は三歳の子ども。

類義 雀《すずめ》百まで踊り忘れず／揺《ゆ》り籠《かご》で学んだことは墓場まで忘れない

見《み》ての極楽《ごくらく》住《す》んでの地獄《じごく》

わきから見ているのと実際に体験するのとでは、大きな隔たりがあることのたとえ。🅾見ただけでは極楽のようにすばらしいが、実際に住んでみると地獄のようだということから。

類義 聞いて極楽見て地獄

見《み》ぬ物清《ものきよ》し

事実をよく知らないうちは、何も気にならず、よく見えるものだということ。🅾よく見たら汚くて、とても我慢できないようなことでも、見ないうちは気付かずに平気でいられるという意。

用例 地下の食堂のキッチンなどゴキブリがいっぱいだが、お客は知らないから、見ぬ物清しで結構繁盛している。

類義 知らぬが仏／見ぬこと清し

実《みの》るほど頭《あたま》の下《さ》がる稲穂《いなほ》かな

修養を積んだすぐれた人物ほど、謙虚になるということ。🅾稲穂が実るにつれて重くなり、垂れ下がることにたとえたもの。

注意 「頭」は「こうべ」ともいう。

類義 実の入る稲は穂を垂れる／実る稲田は頭垂る

身《み》は身《み》で通《とお》る裸坊主《はだかぼうず》
人には貧富賢愚などの違いはあるが、身のほどに応じて何とか生きていけるものであるということ。⇧人間、裸で生まれ裸で死んでいくものだという意から。

耳《みみ》に胼胝《たこ》ができる
同じことを繰り返し聞かされ、うんざりすること。⇧「胼胝」は、手足などの皮膚が絶えずこすれて、かたく厚い状態になったもの。

耳《みみ》を掩《おお》うて鐘《かね》を盗《ぬす》む
良心を押し殺して悪事を働くこと。また、隠しおおせたつもりが、実は知れ渡っているような愚かな行いにもいう。⇧中国の春秋時代、鐘を盗もうとした者が、小さく割るつもりで叩いたところ大きな音が鳴ったので、人に聞かれるのを恐れて、自分の耳をおおったという故事から。『呂氏春秋《りょししゅんじゅう》』より。
類義 耳を掩うて鈴を盗む／目を掩うて雀《すずめ》を捕らう

身《み》も蓋《ふた》もない
露骨すぎて、情緒や風情に欠けること。その露骨さに話の続けようもないこと。⇧「身」は「蓋」に対して、物を入れる器の本体をさす。器に入っておらず、被せる蓋もなければむきだしで見苦しいことから。
用例 宝くじを買う前から当たるはずがないなんて言っては身も蓋もない。
対義 花も実もある

見《み》ると聞《き》くとは大違《おおちが》い

話を聞くとよいことばかりだが、実際に見ると大きな相違があること。噂《うわさ》と事実は大きな違いがあるものだということ。

見《み》るは法楽《ほうらく》

様々な物を見ることは楽しみであるということ。また、見るだけなら無料であることにもいう。⇧「法楽」は神仏を供養するための音楽。転じて、慰み、楽しみの意味。

類義 聞くは法楽

見《み》るは目《め》の毒《どく》

見なければ知らずに終わったものが、見てしまったばかりに欲望が生まれて心を悩ますこと。不要な物は見ないに越したことはない、という意。⇧あとに「聞くは気の毒」とも続ける。

類義 見るは目の毒聞けば気の毒

身《み》を捨《す》ててこそ浮《う》かぶ瀬《せ》もあれ

自分の命を犠牲にする覚悟で物事に当たれば、おのずと解決の道が開け、成功にいたるものであるということ。⇧溺《おぼ》れかけたとき、もがかずに水に身を委《ゆだ》ねると浮き上がることから。

類義 死中に活を求める

六日《むいか》の菖蒲《あやめ》十日《とおか》の菊《きく》

⬇十日《とおか》の菊《きく》六日《むいか》の菖蒲《あやめ》

昔《むかし》とった杵柄《きねづか》

若いころ習得した技能は、年をとってからでも十分に通用するというたとえ。⇧「杵柄」は杵の持ち手部分。昔、杵を巧みに使って餅をついた腕前の意。

用例 学生時代は体操部だったので、昔とった杵柄で鉄棒の大車輪くらいは今でもそこそこなせる。

対義 麒麟《きりん》も老いては駑馬《どば》に劣る

昔《むかし》は今《いま》の鏡《かがみ》

歴史を研究することは、現在をよく知り、将来の見通しを立てるための参考になるということ。

対義 昔は昔今は今

昔《むかし》は昔今《むかしいま》は今《いま》

昔はこうだったというように、過去の事例をそのまま現在に当てはめようとしても通用しないということ。

用例 ここは私が不動産業者から購入した土地ですよ。遠い昔の古証文を今さら持ち出して権利を主張されても困るんですよ。昔は昔今は今って言うでしょう。

類義 昨日は昨日今日は今日

対義 昔は今の鏡

無芸大食《むげいたいしょく》

大食らいのほかには、何のとりえもないこと。⇧人を嘲って言う場合と、自分のことを謙遜《けんそん》して使う場合がある。

用例 いやいや、うちの息子なんて、なんのとりえもない、もう無芸大食の見本のようなものでして。

矛盾《むじゅん》
前とあとで、言うことやすることが食い違い、辻褄《つじつま》が合わないこと。論理に一貫性がないこと。⬆中国の楚《そ》の国で、矛《ほこ》（槍に似た武器）と盾《たて》（槍などを防ぐ武器）を売り歩く男が、「この盾はどんな矛でもはね返すし、この矛はどんな盾でも突き通す」と言うので、ある人が「それならその矛でその盾を突いたらどうなるのか」と質問したところ、男は答えられなかったという故事から。『韓非子《かんぴし》』より。
類義 自家撞着《じかどうちゃく》

無常の風は時を選ばず《むじょうのかぜはときをえらばず》
人の死の定めがたいこと。死は年齢や時に関係なく訪れること。⬆死を、花を散らす風にたとえた言葉。
類義 無常の嵐は時を選ばず

娘三人持てば身代潰す《むすめさんにんもてばしんだいつぶす》
娘を育て、結婚させるためには、非常に多くの費用が掛かるということ。⬆娘が三人いると嫁入り支度のために費用がかかり、財産がなくなってしまうということから。
類義 女三人あれば身代が潰れる
対義 娘三人は一身代

胸三寸に納める《むねさんずんにおさめる》
知っていることをだれにも口外しないで、心の中にしまっておくこと。
類義 胸三寸に畳む／胸に納める

胸《むね》に一物《いちもつ》
心の中に不平や不満など、わだかまりがあること。また、よからぬことを企むこと。
類義 一物は腹に荷物は背に／腹に一物

無用《むよう》の用《よう》
役に立たないように見えるものが意外と大切な役割を果たしていたり、活用次第で大いに役立ったりするということ。『荘子《そうじ》』より。
用例 飲み終わった空のペットボトルも無用の用をなし、花壇の周りに並べたら、猫が寄りつかなくなった。

無理《むり》が通《とお》れば道理《どうり》引《ひ》っ込《こ》む
道理に外れたことが平気で通用するようになれば、筋の通った、正しいことが行われなくなるということ。
類義 勝てば官軍負ければ賊軍／力は正義なり／道理そこのけ無理が通る

明鏡止水《めいきょうしすい》
心の中に何のやましさもない澄みきった静かな心のたとえ。⇧一点の曇りもない鏡と静かで澄みきった水の意から。『荘子《そうじ》』より。

名人《めいじん》は人《ひと》を謗《そし》らず
その道の奥義を極めたすぐれた人物は、人の欠点や短所をあげつらっておとしめるような事はしないという意味。
類義 名人は人を叱《しか》らず
対義 口叩《たた》きの仕事下手／未熟の芸誇《げいぼこ》り

名物《めいぶつ》に旨《うま》い物《もの》なし

名物といわれるものに、旨い物は少なく、期待はずれに終わる場合が多いということ。

類義 名所に見所《みどころ》なし

明眸皓歯《めいぼうこうし》

美人をたとえていう。⬆美しく澄んだ瞳とまっ白く整った歯の意。杜甫《とほ》の詩「哀江頭《あいこうとう》」より。

目《め》から鱗《うろこ》が落《お》ちる

何かがきっかけとなって、急に物事がはっきりとわかるようになったり、誤りに気付いて迷いから覚めたりすること。⬆目が見えなかった人が、突然目から鱗のような物が落ちて見えるようになったということから。『新約聖書《しんやくせいしょ》』より。

用例 先生のお話を聞いて、目から鱗が落ちるように哲学というものが理解できました。

英語 Something like scales fell from his eyes. の訳語。

目《め》から鼻《はな》へ抜《ぬ》ける

頭の回転が早くてすばしこく、万事において抜け目のないこと。

類義 一を聞いて十を知る／一を以て万を知る

対義 十を聞いて一を知る

目糞鼻糞《めくそはなくそ》を笑《わら》う

自分の欠点には気付かずに、他人の欠点ばかりをあげつらって笑うこと。また、お互いに欠点のある者同士がけなし合うこと。⬆目脂《めやに》が鼻糞のことを、汚いと嘲《あざ》笑うことから。

類義 五十歩百歩／猿《さる》の尻笑《しりわら》い

英語 The pot calls the kettle black.（鍋《なべ》がやかんを黒いと言う）

目白押《めじろお》し

大勢の人が一か所に集まり、混み合っている様子のたとえ。また、多くの物事が集中して続いている状態。⇧メジロは枝に止まるとき、身を寄せ合うようにして並ぶことから。

類義 目白の押し合い

目《め》と鼻《はな》の間《あいだ》

二つの間の距離が、非常に近いこと。

用例 コンビニが三店も目と鼻の間にあるのは、ちょっと異様な光景だ。

類義 指呼《しこ》の間《かん》／目と鼻／目と鼻の先

目《め》に入《い》れても痛《いた》くない

非常に可愛がる様子。可愛くて可愛くてたまらないこと。

用例 うちの息子が初孫なので、両親は目に入れても痛くないという可愛がりようだ。

類義 目の中に入れても痛くない

目《め》には目《め》を歯《は》には歯《は》を

相手からのひどい仕打ちに、同じ方法で仕返しをすること。⇧目をつぶされたら相手の目をつぶし、歯を折られたら相手の歯を折るという意味から。『ハンムラビ法典《ほうてん》』より。

対義 怨《うら》みに報《むく》ゆるに徳《とく》を以《もっ》てす

英語 An eye for an eye, and a tooth for a tooth. の訳語。

目《め》の上《うえ》の瘤《こぶ》

自分より地位や実力が上であり、自分の活動の邪魔になる人のたとえ。⇧目の上にある瘤は、目障りでうっとうしいことから。

類義 目の上のたん瘤

目《め》の正月《しょうがつ》

珍しいものや美しいものを見て楽しむこと。⇧「正月」は一年中で最も楽しい月なので、目にとって最も楽しいことの意。

類義 目正月／目の薬／目の保養

目《め》の寄《よ》る所《ところ》へは玉《たま》も寄《よ》る

似た物同士は自然に寄り集まるというたとえ。また、何か事件が起こると、続いて同じようなことが起こることにもいう。⇧目が動くと瞳もそれにつれて動くことから。

類義 牛は牛連れ馬は馬連れ／同気相求む／類は友を呼ぶ

目《め》は口程《くちほど》に物《もの》を言《い》う

感情をこめた目の動きは、自分の気持ちを相手に伝えるということ。また、心は目に表れるため、心を偽ることはできないという意味にも使われる。

類義 目が物を言う／目は心の鏡／目は心の窓

目《め》は心《こころ》の鏡《かがみ》

相手の目を見れば、その人の心の正邪、言葉の真偽がすべて判断できるということ。⇧目は人の心を映し出す鏡のようであるという意味。『孟子《もうし》』より。
類義 目は口程《ほど》に物を言う／目は心の窓

目病《めや》み女《おんな》に風邪《かぜ》引《ひ》き男《おとこ》

女が目を患っていると、目つきが潤んだように色っぽく見え、男が風邪をひいて喉に白い布を巻いた様子は小粋に見えるということ。

目《め》を掩《おお》うて雀《すずめ》を捕《と》らう

現実を直視しない愚のたとえ。また、小手先のつまらない策のたとえ。⇧雀から見えないようにと、目隠しを自分の目にして捕まえようとする意。『後漢書《ごかんじょ》』より。
類義 耳を掩うて鐘を盗む

雌鶏歌《めんどりうた》えば家滅《いえほろ》ぶ ➡ **牝鶏晨《ひんけいあした》す**

面壁九年《めんぺきくねん》

長年忍耐強く、一つのことを行うこと。⇧「面壁」は壁に面して座禅を組むこと。達磨《だるま》大師が少林寺で壁に向かって九年間座禅を組み、悟りを開いた故事から。『碧巌録《へきがんろく》』より。
類義 九年面壁

盲亀《もうき》の浮木《ふぼく》

出会うことが非常に難しいこと。また、めったにない幸運に巡り合うことのたとえ。⇧大海に棲《す》み、百年に一度だけ浮かび出る盲目の亀が、海上の浮木の穴に入ろうとして失敗したという仏教の説話から。もとは、仏の教えに会う難しさを説いたもの。『涅槃経《ねはんきょう》』より。
類義 盲亀の浮木優曇華《うどんげ》の花《はな》

も

孟《もう》母《ぼ》三遷《さんせん》の教《おし》え

子どもを教育するには、よい環境を選ぶことが大切であること。⇧孟子母子ははじめ墓地の近くに住んでいたが、孟子が葬式のまねばかりして遊ぶので市中に移り住んだ。すると商人の駆け引きをまねて遊ぶので、学校の近くに転居した。今度は孟子が礼儀作法などの学習のまねをするようになり、母は安心してここに住居を定めたという故事から。『古列女《これつじょ》伝《でん》』より。

類義 三遷の教え／慈母三遷の教え／孟母三遷／孟母の三居

餅《もち》は餅屋《もちや》

物事はそれぞれの道の専門家にまかせるのがいちばん確実であるということ。素人が、いくらうまくやっても、専門家にはかなわないということ。⇧餅屋のついた餅がいちばんうまいという意から。

用例 風呂場の改装を業者に頼んだら、やはり餅は餅屋、半日作業できれいに仕上げてしまった。

類義 海の事は舟子に問え／刀は刀屋／蛇《じゃ》の道は蛇《へび》／商売は道によって賢し／船は船頭に任せよ

沐猴《もっこう》にして冠《かん》す

どんなに着飾っても、内面が充実していなければ不つり合いであること。外見ばかり立派でも、中身は卑しい人間を嘲《あざけ》っていう言葉。⇧「沐猴」は猿《さる》のこと。中国の戦国時代、秦《しん》を滅ぼした楚《そ》の武将項羽《こうう》が故郷に凱旋《がいせん》しようと、都を遷《うつ》すことを決めた。そのため、猿が冠をかぶって気取っているようだと非難されたという故事から。『史記』より。

類義 狼《おおかみ》に衣／鬼に衣／猿に烏帽子《えぼし》／虎《とら》にして冠する者／猟師の身に法衣を服す

持《も》つべきものは子《こ》

何にもましてもっていてありがたいのはわが子であるという意。自分に子どもがいてよかったという場合にいう。

対義 持たない子には苦労しない

本木《もとき》に勝《まさ》る末木《うらき》なし

不満を感じて何度か取り替えてみたが、結局は最初のものがいちばんよかったということ。主に夫婦関係についていうことが多い。

⇧「本木」は幹、「末木」は枝。本木よりすぐれた末木はないの意から。

用例 正直いって前の女房の方が、よっぽどよかったね。まったく、元木に勝る末木なしだよ。

類義 女房は変える程悪くなる

元《もと》の鞘《さや》に収《おさ》まる

喧嘩《けんか》をしていったん別れた者同士が、再び仲のよい関係に戻ること。主に男女関係についていう。⇧鞘から出た抜き身の刀を、再び元の鞘の中に収めることから。

用例 妹夫婦は、別居中は離婚まで考えていたらしいが、結局元の鞘に収まった。

類義 元の鞘へはまる

元《もと》の木《もく》阿弥《あみ》

一度は成功、改善したのに、再び以前の悪い状態に戻ってしまい、それまでの努力がむだになること。⇧戦国時代、大和郡山《やまとこおりやま》の城主筒《つつ》井《い》順昭《じゅんしょう》が病死したとき、子の順慶《じゅんけい》がまだ幼かったので、敵に順昭の死を知られないために、順昭に似た木阿弥という盲人を替え玉にした。やがて順慶が成長し、不要となった木阿弥は、もとの貧しい身分に戻ったという話からいう。このほかにも諸説ある。

類義 元の木庵《もくあん》／元の木椀《もくわん》

求《もと》めよさらば与《あた》えられん

他人から与えられるのをただじっと待つだけではなく、自ら積極的に努力しなければよい結果は得られないという意。『新約聖書《しんやくせいしょ》』より。⇧正しい信仰を得ようとすれば、一心に神に祈りを捧げ、求め続けなくてはならないという、キリストの山上の垂訓《すいくん》の一節。このあとに「叩けよさらば開かれん」と続く。

英語 Ask, and it shall be given you. の訳語。

元《もと》も子《こ》もない

何もかも失うこと。⇧元金も利子もなくすという意。

類義 元子《もとこ》を失う／元も子も失う

物言《ものい》えば唇《くちびる》寒《さむ》し秋《あき》の風《かぜ》

うっかり口を滑らせてよけいなことを言ったために思いがけないわざわいを招くこと。口は慎んだ方がよいということ。⇧元来は、他人の悪口などを言ってしまったあと、何となく不快な、むなしい気持ちになることを詠んだ、松尾芭蕉《まつおばしょう》の俳句より。

類義 口は禍《わざわい》の門／舌は禍の根

物《もの》には時節《じせつ》

物事にはそれに適した時機というものがあり、それをはずしてはなかなか成功できないことをいう。

類義 事は時節／物に時あり

物《もの》は考《かんが》えよう

何事も考え方次第で、よくも悪くも解釈できることをいう。悪い方にとらずに、よい面も見つけ出せるということ。

用例 一年目は受験に失敗したが、物は考えようで、浪人生活の間に自分の将来を真剣に考えることができたと思う。

物《もの》は相談《そうだん》

困ったときには独りで思い悩むよりも、だれかに相談した方がよいということ。また、人に相談する際の前置きとして言う言葉。

類義 膝《ひざ》とも談合／物は談合

物《もの》は試《ため》し

物事は実際にやってみなければ、何もわからない。成功するかどうか思案するより、とにかくやってみることだということ。

用例 勧めをやめて独立しても、うまくいく保証は何もないが、物は試しで、とにかくやれるところまでやってみようと思う。

物《もの》も言《い》いようで角《かど》が立《た》つ

同じことを言うにも、言い方によって相手の感情を害することもあり和やかにもなるから、どのように話すか慎重にならなければいけないという意。

用例 ほめたつもりでしょうが、「ご立派なお召し物で」と言われた彼女、苦笑いしてたわよ。物も言いようで角が立つだわね。

類義 丸い卵も切りようで四角／物は言いよう

桃栗三年柿八年《ももくりさんねんかきはちねん》

何でも成果があがるまでにはそれ相応の年数が必要だということ。⇧芽が出てから実を結ぶまで、桃と栗は三年、柿は八年かかるという意。

注意 この句に続けて「梅は酸いとて十三年」「梅は酸い酸い十八年」「枇杷《びわ》は九年で生《な》りかねる」「柚子《ゆず》は九年の花盛り」「柚子《ゆず》の大馬鹿は十八年」など様々にいう。

諸刃《もろは》の剣《つるぎ》

非常に役に立つのだが、同時に大きな危険を招く恐れもあるたとえ。⇧両側に刃のついている剣は、武器としては強大な威力がある反面、自分を傷つけてしまうことにもなりかねないことから。

注意 「諸刃」は「両刃」とも書き、「りょうば」と読むこともある。

用例 血圧降下剤は、飲むと確かに血圧は安定するが、医者の指示なしにやめるとよけいに悪くなるので、諸刃の剣でもある。

門前市《もんぜんいち》を成《な》す

家への訪問客が多いことや、店が繁盛してたくさんの客で賑わうこと。⇧門の前に、市を催しているかのように大勢の人が集まるということから。

用例 テレビで放映されてからというもの、あの店にはいつも行列ができて、門前市を成すような繁盛ぶりだ。

類義 門前市の如《ごと》し

対義 閑古鳥《かんこどり》が鳴く／門前雀羅《もんぜんじゃくら》を張る

門前雀羅《もんぜんじゃくら》を張《は》る

訪れる人もなく、ひっそり静まりかえっていること。⇧「羅」は網。門の前に網を張っていて雀を捕らえられるほどに閑散としているという意。『史記』より。

類義 閑古鳥《かんこどり》が鳴く／門外雀羅を設くべし／門前雀羅

対義 門前市の如《ごと》し／門前市《いち》を成す

門前《もんぜん》の小僧《こぞう》習《なら》わぬ経《きょう》を読《よ》む

人は日ごろ身近に接して見聞きしているものに自然と感化されるものだということ。⇧寺の門前に住んでいる子どもは、寺から聞こえてくる経をいつも繰り返し聞いているうちに、特に習わなくてもいつの間にか覚えてしまうということから。

注意 良い意味で用いられることが多い。

類義 勧学院《かんがくいん》の雀《すずめ》は蒙求《もうぎゅう》を囀《さえず》る／智者《ちしゃ》の辺《ほと》りの童《わらべ》は習わぬ経を読む／見様見真似《みようみまね》

対義 習わぬ経は読めぬ

八百長《やおちょう》

事前に勝ち負けを打ち合わせ、いかにも真剣《しんけん》勝負のように見せ掛けること。また、結末を密かに打ち合わせ、馴《な》れ合いで事を運ぶこと。⇧明治初期、囲碁の強かった八百屋の長《ちょう》兵衛《べえ》という人が、相撲協会の年寄りと人前で碁を打つ際、相手の機嫌《きげん》を取るためわざと勝ったり負けたりしたことからといわれる。

焼《や》きが回《まわ》る

年をとって腕前が鈍ったり、気力が衰えたりすることをいう。⇧刃物は焼いて鍛《きた》えるが、火が回りすぎると切れ味が悪くなることから。

用例 巨匠と呼ばれたあの監督も、年をとって焼きが回ったのかな、最新作の出来映えは、ひどいもんだぜ。

焼《や》き餅《もち》焼《や》くとて手《て》を焼《や》くな

嫉妬《しっと》は、度がすぎると相手を怒らせ、嫌われるもとになるので、ほどほどにしろという戒め。⇧嫉妬の意の「やきもち」と「焼き餅」を掛け、「焼き餅を焼く」と、てこずる意の「手を焼く」を掛けていったもの。

類義 焼き餅焼くなら狐色《きつねいろ》

役者《やくしゃ》に年《とし》なし

役者というものは、年とった役でも若い役でも、すべてこなしてしまう。また、そういう役者は、年齢を感じさせず、いつまでも若々しいということ。

類義 芸人に年なし／役者は年知らず

薬石効《やくせきこう》なし

どんな薬や治療法も効果がなく、回復の兆しが現れないこと。⇧「薬石」の「石」は昔の中国で使われていた石鍼《いしばり》という治療器具のこと。あらゆる薬や治療器具を用いてもまったく効果を示さないの意から。『唐宣宗』より。

用例 長年病床に伏せっていた祖母が、薬石効なく息を引き取った。

薬籠中《やくろうちゅう》の物《もの》 ⬇ 自家薬籠中《じかやくろうちゅう》の物《もの》

焼《や》け跡《あと》の釘拾《くぎひろ》い ⬇ 火事《かじ》あとの釘拾《くぎひろ》い

焼《や》け石《いし》に水《みず》

少しばかりの援助や努力では、何の効果もないことのたとえ。⇧火に焼けて熱くなった石に、少しばかりの水をかけても蒸発してしまうだけで、冷めないことから。

用例 旧国鉄の借金の額は膨大なので、少々資産を売却して返済に充てる程度では、それこそ焼け石に水だ。

類義 焼け石に雀《すずめ》の涙

焼《や》け野《の》の雉子《きぎす》夜《よる》の鶴《つる》

子を思う親の情愛が深いことをたとえる。⇧「雉子」は雉《きじ》のこと。雉は巣のある野原が火事で焼けると、わが身を危険にさらしても、子を救おうと巣へ戻る。また鶴は、霜の降りる夜には子を羽で覆って温めてやろうとすることから。

類義 子を思う夜の鶴《つる》／焼け野の雉子

焼《や》け木杭《ぼっくい》には火《ひ》が付《つ》き易《やす》い

以前関係があった男女は、いったん縁が切れてもまたもとに戻りやすいということ。⇧生木は燃えにくいが、焼け残った杭は火がつきやすいことから。

類義 燃《も》え杭《ぐい》には火が付き易《やす》い

安《やす》かろう悪《わる》かろう

値段の安いものはそれだけ品質が悪いということ。安いのには理由があるという意味。

類義 銭《ぜに》は銭だけ

対義 高かろう良かろう

安物《やすもの》買《か》いの銭失《ぜにうしな》い

値段の安い物は、質が悪くて長持ちしなかったり使いにくかったりして、買いかえる羽目になり、結局は高くつくということ。

用例 安いので中古のパソコンを買ったら故障ばかりで、結局新品に買いかえ、安物買いの銭失いと家族から笑われた。

類義 一文吝《いちもんおし》みの百知らず／値切りて高買い／安物は高物

痩《や》せ馬《うま》に鞭《むち》を加《くわ》う

弱者や、弱っているものにさらに痛手を加えること。また、痛々しい様子のたとえ。

類義 痩《や》せ馬に針立てる

柳《やなぎ》に風《かぜ》

柳が風の吹くままになびくように、相手に逆らわないで、上手に受け流すこと。また、強く出る相手に反発せず、軽く受け流すこと。

類義 風に柳／馬耳東風《ばじとうふう》

柳《やなぎ》に雪《ゆき》折《お》れなし

しなやかなものは一見弱そうだが、かたいものよりもむしろ強いという意味。また、何事にも柔軟に対応できる人はきつい試練にも耐えるという意味。⬆柳の枝は雪が積もっても曲がるだけで、かたい木のように雪の重さでポキンと折れることがないことから。

類義 かたい木は折れる／柔よく剛を制す／柳に風折れなし

柳《やなぎ》の下《した》にいつも泥鰌《どじょう》はおらぬ

一度うまくいったからといって、同じ手で何度もうまくいくものではないことをいう。⬆柳の下の川べりで、泥鰌を捕まえたことがあるからといって、いつもそこに泥鰌がいるとはかぎらないという意から。

用例 昨日パチンコで大儲けしたので、今日も勇んで出かけたが、残念ながら柳の下にいつも泥鰌はいなかった。

類義 株《かぶ》を守りて兎《うさぎ》を待つ／茸《きのこ》採った山は忘れられない／株《くいぜ》を守る

対義 二度あることは三度ある

柳《やなぎ》は緑《みどり》花《はな》は紅《くれない》

春の景色の美しさをいう。また、人の手の加わらない、あるがままの姿をいう。さらに、ごく当然のこと、自然の理であることにも用いる。

類義 松は緑に藤《ふじ》は紫

やはり野《の》に置《お》け蓮華草《れんげそう》

ものにはふさわしい場所が、人にも適したふさわしい環境があるということ。⬆蓮華草のような野の花は、野にあるからこそ美しく、家の中に飾っても不似合いであるということから。⬆江戸時代、播磨《はりま》の国（兵庫県）の瓢水《ひょうすい》という俳人が、遊女を身請《みう》けしようとする友人をいさめて、「手に取るなやはり野におけ蓮華草」と詠んだとされる句から。

類義手に取るなやはり野に置け蓮華草

藪《やぶ》から棒《ぼう》

話や物事が唐突で思いがけないこと。⬆暗い藪の中から、出し抜けに棒が突き出てくる状況から。

類義青天《せいてん》の霹靂《へきれき》／寝耳に水／窓から鑓《やり》

藪蛇《やぶへび》

⬇藪《やぶ》をついて蛇《へび》を出《だ》す

破《やぶ》れても小袖《こそで》

質のよいものや価値のあるものは、たとえ傷んでいたとしても、値打ちがあるということ。⬆「小袖」は絹の綿入れ。小袖がたとえ破れてしまっても、その絹のよさは変わらないの意から。

類義腐っても鯛《たい》／千切れても錦《にしき》

対義麒麟《きりん》も老いては駑馬《どば》に劣る

藪《やぶ》をついて蛇《へび》を出《だ》す

しなくてもよいよけいなことをして、かえって災難を招いてしまうこと。⬆わざわざ藪をつついて蛇を出してしまうという意から。

類義 草を打って蛇を驚かす／手を出して火傷《やけど》をする／寝た子を起こす／藪蛇《やぶへび》

病《やまい》膏肓《こうこう》に入《い》る

病気が、治る見込みがないほど悪化すること。また、趣味や道楽にのめりこむこと。⇧「膏」は、漢方で心臓の下の部分、「肓」は横隔膜《おうかくまく》の上の部分。ここに病気が入ると治らないとされた。中国の春秋時代、晋《しん》の景公《けいこう》が重病にかかり医者を呼んで待つうちに、病気が二人の子どもの姿となって現れ、膏肓に入る夢を見た。やがて医者が診察すると、夢の通り病気が膏肓に入っていたため治療できなかったという故事から。『春秋左氏伝《しゅんじゅうさしでん》』より。

注意「肓」が「盲」と似ているため、「こうもう」と誤りやすい。

病《やまい》は気《き》から

病気は気持ち一つで、病状がよくも悪くもなるということ。

用例 入院が長引いている友達を見舞いに行き、病は気からというから、落ち込まないようにと励ました。

類義 諸病《しょびょう》は気より／病は気で勝つ

病《やまい》は口《くち》より入《い》り禍《わざわい》は口《くち》より出《い》ず

病気は飲食が原因で起こり、災難は自分の話す言葉が原因で起こるものだということ。飲食と言葉には注意せよという戒め。

類義 口は禍《わざわい》の門／病は口から／禍は口から／禍は口より出で病は口より入る

山高《やまたか》きが故《ゆえ》に貴《たっと》からず

外見が立派でも中身が伴っていなければ真の価値はないことをいう。人間は見かけではなく、人格や知恵を伴ってはじめてすぐれた人物だといえるということ。⇧あとに「樹《き》あるをもって貴しとなす」と続く。『実語教《じつごきょう》』より。

類義 人肥《ひとこ》えたるが故に貴からず

山《やま》に躓《つまず》かずして垤《てつ》に躓《つまず》く

大きな事には用心してかかるから失敗することも少ないが、小さな事はとかく軽視しがちで、かえって思わぬ失敗につながるということ。⇧「垤」は蟻塚《ありづか》。大きな山にはつまずかないで、小さな蟻塚につまずいてしまうの意から。『韓非子《かんぴし》』より。

山《やま》に蛤《はまぐり》を求《もと》む

方法を間違えると、いくら努力しても事は成就しないというたとえ。⇧海でしか採れない蛤を、山で探してもむだであることから。

類義 木に縁《よ》りて魚《うお》を求む／畑《はたけ》に蛤

山《やま》の芋鰻《いもうなぎ》になる

ありえない変化が現実に起きること。また、普通の人が急に出世することのたとえ。⇧細長いところが似ているといっても、鰻が山の芋になることはないから。昔、殺生戒を守るはずの僧侶《そうりょ》が鰻を山の芋と称して密かに食べていたところから出た言葉ともいわれる。

類義 蕪化《かぶらか》して鶉《うずら》となる／鷹《たか》化して鳩《はと》となる

対義 山の芋鰻とならず

闇《やみ》から牛《うし》を引《ひ》き出《だ》す ⬇ **暗《くら》がりから牛《うし》**

闇《やみ》から闇《やみ》に葬《ほうむ》る

人に知られては困ることを、証拠を残さないようにこっそりと始末することをいう。⇧暗闇から暗闇へと移して、人目につかないように隠してしまうの意から。

用例 その事件は、闇から闇に葬られ、真相は今でもわかってはいない。

闇《やみ》に鉄砲《てっぽう》 ⬇ **闇夜《やみよ》に鉄砲《てっぽう》**

闇夜《やみよ》に烏《からすゆき》雪に鷺《さぎ》

明確に判別しにくいもののたとえ。⇧暗闇に黒い烏、雪の中に白い鷺では、背景と同化してしまい、形も色も識別できないことから。

類義 闇の夜の烏月の夜の白鷺／雪に白鷺

対義 闇の白鷺

闇夜《やみよ》に鉄砲《てっぽう》

明確な目標もなく、当てずっぽうですること。⇧暗闇で鉄砲を撃っても、目標が見えず当たるはずはないから。

類義 暗闇の鉄砲／闇に鉄砲／闇夜の礫《つぶて》

闇夜《やみよ》の提灯《ちょうちん》

ほとほと困り果てているときに、頼りになるものに巡り合うことのたとえ。⇧真っ暗な闇夜で提灯の灯りを見つけるの意から。

類義 地獄で仏に会ったよう／闇夜《やみよ》の灯火《ともしび》／渡りに船

闇夜《やみよ》の礫《つぶて》 ➡ **闇夜《やみよ》に鉄砲《てっぽう》**

闇夜《やみよ》の錦《にしき》
無意味なこと。やってもむだなこと。⇧暗い闇夜に美しい錦を着ても、だれからも見えないので、無意味だという意。

矢《や》も楯《たて》もたまらず
欲望にはやる心を抑えられず、じっとしていられない様子をいう。⇧矢でも楯でも、高ぶった気持ちを抑えられないという意味から。

槍玉《やりだま》に上《あ》げる
非難や攻撃をする目標として、数ある中から特に選び出して責め上げること。⇧槍で突き上げるという意味から。
用例 会社側の責任者を槍玉に上げる。

唯我独尊《ゆいがどくそん》
天地の間に自分よりも尊いものはないという意。また、自分だけがすぐれていると思い込む一人よがりをいう。⇧釈迦《しゃか》は生まれるとすぐ、一方の手で天を、もう一方の手で地を指しながら七歩進み、「天上天下唯我独尊《てんじょうてんげゆいがどくそん》」と言って、人格の尊厳を説いたという故事から。
類義 天上天下唯我独尊

有終《ゆうしゅう》の美《び》
最後までやり遂げ、立派な成果を挙げること。見事に締めくくること。
用例 この大会で引退を決めた走者は、最後まで走りぬいたばかりでなく、自己の記録を更新して有終の美を飾った。

勇将《ゆうしょう》の下《もと》に弱卒《じゃくそつ》なし

勇ましい将軍のもとでは、兵士もみな感化されて強くなり、弱い兵士はいないことをいう。上に立つ者の力量が部下などの能力を左右すること。蘇軾《そしょく》の詩「題連公壁《れんこうのへきにだいす》」より。

用例 勇将の下に弱卒なしというが、主力選手の顔ぶれは変わらないのに、監督が代わってからチームは負け知らずになった。

類義 強将の下に弱卒なし

夕立《ゆうだち》は馬《うま》の背《せ》を分《わ》ける

夕立は狭い範囲に降るということ。⇧馬の背の片側が濡れても、もう片側は濡れないほど局地的に降るという意。

類義 夏の雨は馬の背を分ける

雄弁《ゆうべん》は銀《ぎん》沈黙《ちんもく》は金《きん》 ⬇ 沈黙《ちんもく》は金《きん》雄弁《ゆうべん》は銀《ぎん》

幽明境《ゆうめいさかい》を異《こと》にする

死んであの世とこの世に別れる意。死別すること。⇧「幽明」は、あの世とこの世。その境界で、別れ別れになるという意味から。

類義 幽明処《ところ》を隔《へだ》つ

夕焼《ゆうや》けに鎌《かま》を研《と》げ

夕焼けの翌日は晴れるという気象上の予測をいう言葉。⇧明日の晴天に備え、鎌を研いで農作業の準備をするようにという意。

類義 夕焼けは晴れ朝焼けは雨

幽霊《ゆうれい》の正体《しょうたい》見《み》たり枯《か》れ尾花《おばな》

こわがっているときには恐ろしく見えた物事が、実際は何でもないものだったというたとえ。⬆幽霊だと思いこんでいたものを落ち着いてよく見ると、枯れたススキだったということから。

類義 疑心暗鬼《ぎしんあんき》を生ず／杯中《はいちゅう》の蛇影《だえい》／化け物の正体見たり枯れ尾花

行《ゆ》き掛《が》けの駄賃《だちん》

本来の仕事のついでにもう一稼ぎすること。また、事のついでに他人の物をかすめ取る意味もある。⬆馬子《まご》が、荷物を取りに行く空馬《からうま》に別口の荷を乗せて運び、手間賃を稼いだことから。

注意 「行き掛け」は「いきがけ」とも読む。

用例 出張のついでに行き掛けの駄賃で、名所めぐりをして来た。

類義 帰り掛けの駄賃

往《ゆ》き大名《だいみょう》の帰《かえ》り乞食《こじき》

旅行などで、はじめのうちにお金を使いすぎ、あとで足りなくなって惨めな思いをすること。はじめに浪費してあとで窮するような、無計画な金の使い方をいう。

雪《ゆき》と墨《すみ》

真っ白な雪と真っ黒な墨のように、まったく違うこと、正反対であることのたとえ。

類義 雲泥《うんでい》の差／鷺《さぎ》と烏《からす》／提灯《ちょうちん》に釣鐘《つりがね》／月と鼈《すっぽん》／天と地

雪《ゆき》に白鷺《しらさぎ》⬇**闇夜《やみよ》に烏《からす》雪《ゆき》に鷺《さぎ》**

雪《ゆき》の上《うえ》に霜《しも》
余計な努力をするたとえ。すでにある物にそれと同種の物をさらに加えること。⬆積もった雪の上に、霜を置くことから。
類義 屋上屋《おくじょうおく》を架す／雪上《せつじょう》に霜を加う

雪《ゆき》は豊年《ほうねん》の瑞《しるし》
雪の多い年は豊作になるということ。
類義 大雪は豊年の瑞／雪は豊年の貢《みつ》ぎ物
対義 大雪に凶作

油断大敵《ゆだんたいてき》
気のゆるみや不注意は、失敗や災害の原因となるので、どんな相手よりも手ごわい最大の敵と考えよという戒め。
用例 この雲行きなら、今日は傘はいらないだろうと考えたのだが、油断大敵で、帰りは土砂降りに遭い、ずぶ濡れになってしまった。
類義 蟻《あり》の穴から堤も崩れる／まだ早いが遅くなる／油断強敵《ごうてき》／油断は怪我《けが》の元

湯《ゆ》の辞儀《じぎ》は水《みず》になる
遠慮も度がすぎるとかえって失礼になりかねないので、時と場合を考えてしなければならないということ。⬆風呂を勧められたとき、遠慮して譲り合ったりしていると、湯が冷めて水になってしまうことから。
注意「辞儀」は「辞宜」とも書く。

ゆ

弓《ゆみ》折《お》れ矢《や》尽《つ》きる

万策尽きてどうすることもできないさま。また、戦いに惨敗するさま。⇧戦場でさんざん戦った末、ついに弓は折れ、射る矢もなくなり、これ以上戦えなくなることから。

用例 月末の資金繰りのため、心当たりを方々駆けずり回ってはみたが、弓折れ矢尽きて、とうとう不渡りを出し、会社は倒産してしまった。

類義 刀折れ矢尽きる

夢《ゆめ》は五臓《ごぞう》の煩《わずら》い

夢を見るのは内臓が疲れているためだということ。⇧「五臓」は肝臓・心臓・肺臓・脾臓《ひぞう》・腎臓《じんぞう》。

類義 夢は心《しん》の煩い／夢は五臓六腑《ろっぷ》の疲れ

夢《ゆめ》は逆夢《さかゆめ》

夢は事実とは反対に現れるので、たとえ悪い夢を見ても気にする必要はないということ。不吉な夢を見たときに慰めに言う言葉。

類義 八卦《はっけ》の裏返り／夢はうそ／夢は逆実《さかまこと》

対義 夢は正夢

湯《ゆ》を沸《わ》かして水《みず》に入《い》る

せっかくの苦労をむだにしてしまい、努力が何の役にも立たなくなることのたとえ。⇧せっかく沸かした湯を、使わずに水にしてしまう意から。

用例 コンピュータのトラブルで、せっかく作成したデータが保存されず、湯を沸かして水に入るようなことになった。

類義 骨折り損のくたびれ儲け／湯を沸かして水にする

良《よ》いうちから養生《ようじょう》

体は元気なうちから養生するのが、いちばんの健康法であるということ。普段からの心がけが大切であるということ。

類義 転ばぬ先の杖《つえ》／用心は無事なる中／予防は治療に勝る

宵《よい》っ張《ぱ》りの朝寝坊《あさねぼう》

夜遅くまで起きていて、早起きできないこと。また、そのような習慣をもつ人をいう。

類義 朝寝坊の宵っ張り／寝難《がた》きの起き難《がた》き／宵ぼれの朝寝こき

酔《よ》いどれ怪我《けが》せず

執着心やわだかまりがなく、無心な状態のときに大失敗はしないというたとえ。酔っぱらいはふらついて危なげに見えるが、案外、大きなけがをしないことから。

類義 酒の酔い落ちても怪我せず

楊枝《ようじ》で重箱《じゅうばこ》の隅《すみ》をほじくる

➡重箱《じゅうばこ》の隅《すみ》を楊枝《ようじ》でほじくる

用心《ようじん》は臆病《おくびょう》にせよ

用心するのにしすぎるということはない。臆病と思えるほどに用心するぐらいがちょうどいいということ。

類義 用心は深くして川は浅く

羊頭《ようとう》を懸《か》けて狗肉《くにく》を売《う》る
上等なよい品を売ると見せて、実際は粗悪品を売ること。また、外見や見かけばかりで、内容や実質が伴っていないこと。⬆「狗肉」は犬の肉。羊の頭を看板として店先に吊《つ》るしながら、実際に売るのは犬の肉という意。
類義 看板に偽りあり／牛首《ぎゅうしゅ》を懸けて馬肉《ばにく》を売る／玉を衒《てら》いて石を売る／羊頭狗肉《ようとうくにく》
対義 看板に偽りなし

善《よ》く泳《およ》ぐ者《もの》は溺《おぼ》る
自分の得意とする技能を過信し、かえって失敗することが多いという戒め。⬆泳ぎの達人が、自分の力を過信するあまりに溺れてしまうという意。『淮南子《えなんじ》』より。
類義 過ちは好む所にあり／河童《かっぱ》の川流れ／川立ちは川で果てる／才子才に倒る／善く騎《の》る者は堕《お》つ

欲《よく》には目《め》見《み》えず
欲のために理性がなくなり、物事の道理がわからなくなること。
類義 欲に耽《ふけ》る者は目見えず／欲に目が眩《くら》む

欲《よく》の熊鷹《くまたか》股《また》裂《さ》くる
欲が深すぎると、それが原因で自分の身を滅ぼすということ。⬆「熊鷹」は大形の鷹。二頭の猪《いのしし》を両足でつかんだ熊鷹が、猪が左右に逃げようとしたために股が裂けてしまったという昔話から。
類義 貪欲《どんよく》は必ず身を食う

預《よ》言《げん》者《しゃ》郷《きょう》里《り》に容《い》れられず

有能な人物は、郷里の人や身近な人には理解されないものだということ。⇧ここでいう預言者は、神の言葉を預かり人々に広める伝道者のこと。預言者も、その子ども時代をよく知っている人たちにしてみれば、偉い人とは思えないことから。『新約聖書《しんやくせいしょ》』より。

注意「預言者」は「予言者」とも書く。

横紙《よこがみ》破《やぶ》り

筋道を外れた無理なことを強引に押し通すこと。また、そのような無理をする強情者のこと。⇧和紙は、すき目が縦に通っているため横には破りにくいのに、それを無理やり破ろうとすることから。

用例 議会は、知事の提出した改革案があまりにも横紙破りでとても受け入れられないとして、全面対決の姿勢を示した。

類義 横紙を裂く／横車《よこぐるま》を押す

横車《よこぐるま》を押《お》す

道理に合わない無理を、強引に通そうとすること。⇧車輪の回転する方向に車を押すのが普通だが、直角の横方向に無理やり押して動かそうとするという意味から。

類義 横紙破り／横に車を押す

横《よこ》の物《もの》を縦《たて》にもしない

とても簡単なことも、面倒くさがってやろうとしないこと。非常に無精であること。

類義 縦の物を横にもしない

横槍《よこやり》を入《い》れる

関係のない第三者が横から干渉し、口出しすること。⇧戦っている両軍の側面から、別の一隊が来て槍で突き掛かるという意。

用例 営業部としては方針がまとまりかけたのに、総務部が横槍を入れてきたせいで計画は白紙に戻ってしまった。

類義 横矢を入れる

葦《よし》の髄《ずい》から天井《てんじょう》覗《のぞ》く

自分の狭い了見だけをもとに、大きな問題を判断しようとする愚かさをいう。⇧葦の細い茎の穴を通して天井を覗いても、ごく一部しか見えないことから。

類義 鍵の孔《あな》から天を見る／管《かん》を以《もっ》て天を窺《うかが》う／針の穴から天を覗《のぞ》く／葦の管《くだ》から天井を見る

世《よ》は張《は》り物《もの》 ⬇ 世間《せけん》は張《は》り物《もの》

夜道《よみち》に日《ひ》は暮《く》れぬ

遅くなりついでで、今更慌ててもしかたがないから、腰を落ち着け、のんびりとやろうということ。⇧日が暮れて夜になってしまえば、もう急いで帰る理由もないという意。

類義 夜道に急ぎはない／夜道に遅い暗いはない

夜《よ》目《め》遠《とお》目《め》笠《かさ》の内《うち》

暗い夜に見るとき、遠くから眺めるとき、また、笠を被っているときは、はっきりと見えないため、女性は実際以上に美しく見えるということ。

類義 遠目山越し笠の内

寄《よ》らば大樹《たいじゅ》の陰《かげ》

人の力を頼りにするなら、勢力のある者、大きな集団を頼る方が安心で利益も多い、ということ。⇧雨や日差しを凌ぐために木陰に入るなら、大木の方がよいという意味から。

用例 寄らば大樹の陰という観点から就職先を選べば、何といっても親方日の丸、公務員がいちばんだろう。

類義 立ち寄らば大樹の陰／箸《はし》と主とは太いがよい／寄らば大木《おおき》の下

対義 鶏口となるも牛後となる勿《なか》れ

夜《よる》の鶴《つる》 ⬇ **焼《や》け野《の》の雉子《きぎす》夜《よる》の鶴《つる》**

夜《よる》の錦《にしき》 ⬇ **闇夜《やみよ》の錦《にしき》**

世《よ》渡《わた》りの殺生《せっしょう》は釈迦《しゃか》も許《ゆる》す

生きていくためには、多少の無慈悲な行いもやむを得ないということ。⇧お釈迦様も生活のためなら多少の殺生も許すという意。

弱《よわ》り目《め》に祟《たた》り目《め》

不運が重なって起こることのたとえ。⇧苦しい立場にあるときに、神仏の祟りまで重なるという意味から。

用例 贋物《にせもの》をつかまされたうえ、窃盗《せっとう》の容疑までかけられ、まったく弱り目に祟り目だった。

類義 泣き面《つら》に蜂《はち》／踏んだり蹴《け》ったり

来年《らいねん》の事《こと》を言《い》えば鬼《おに》が笑《わら》う

明日のこともわからないのに、一年も先のことを言ってもしかたがない。将来のことは予測不可能だということ。⇧予測できない来年のことを口にすると、人の運命を支配する鬼があざ笑うという意味から。

類義 明日の事を言えば天井で鼠《ねずみ》が笑う

楽《らく》あれば苦《く》あり

今楽な思いをしていると、いずれは苦労することになり、苦楽は相伴うものであるということ。楽しいことばかりの人生も苦しいばかりの人生もないという意。⇧あとに「苦あれば楽あり」と続ける。

類義 楽は苦の種苦は楽の種

楽爪苦髪《らくづめくがみ》 ➡ **苦爪楽髪《くづめらくがみ》**

楽《らく》は苦《く》の種《たね》苦《く》は楽《らく》の種《たね》

楽をしているとやがて苦労をすることになり、苦しいときを過ぎれば楽になるものだということ。楽なときには気を引き締めて油断しないようにと戒め、苦しいときにも希望を捨てないようにと慰める意味合いで使われる。

類義 楽あれば苦あり／苦あれば楽あり

洛陽《らくよう》の紙価《しか》を高《たか》からしむ

出版物の売れ行きがたいへん好調であること。著書の評判が非常によいこと。⇧中国の晋《しん》の時代、左思《さし》という人が『三都賦《さんとのふ》』と題する書物を書いたとき、評判が高く、これを書き写す人が多かったため都の洛陽《らくよう》では紙の値段が上がったという故事から。『晋書《しんじょ》』より。

用例 この小説はヒットした映画の原作ということもあり、久々に洛陽の紙価を高からしめそうだ。

落《らっ》花《か》枝《えだ》に還《かえ》らず破鏡《はきょう》再《ふたた》び照《て》らさず

⬇破鏡《はきょう》再《ふたた》び照《て》らさず

落《らっ》花《か》流水《りゅうすい》の情《じょう》

男女が互いに慕い合い、心が通じ合うこと。相思相愛の情。⬆散った花は水に浮かんで流れたいと思い、水は落ちた花を浮かべて流れたいと思っているという意から。

類義 魚心あれば水心

対義 落花情あれども流水意なし

落《らっ》花《か》狼藉《ろうぜき》

花が散り乱れていること。転じて、ものが散らかっている様子。また、女性に乱暴をはたらくことをいう。⬆「狼藉」は、狼《おおかみ》が草を藉《し》いて寝た跡が乱雑なことから、乱暴なこと、またふとどきなふるまいをいう。「落花」は花びらが落ちて散り乱れていること。

類義 落花狼藉に及ぶ／落花狼藉の宴席

乱世《らんせい》の英雄《えいゆう》

世の乱れに乗じて活躍する英雄。乱世に天下統一を成し遂げるような英雄をいう。⬆中国の後漢末、人間について厳しい批評をする許《きょ》劭《しょう》が、曹操《そうそう》を「治世の姦賊《かんぞく》、乱世の英雄」と評したという故事による。『後漢書《ごかんじょ》』より。

李下《りか》に冠《かんむり》を正《ただ》さず

人から少しでも疑われるような行動は慎めという戒め。⇧「李下」は、スモモの木の下。スモモの木の下で、冠の曲がりを直そうと手を上げると、頭上のスモモを盗むのではないかと疑われるので直してはいけないという意味から。『古楽府《こがふ》』より。

用例 李下に冠を正さずで、痴漢に間違われないように電車の中では女性の横や後ろを避ける男性が増えてきた。

類義 瓜田《かでん》に履《くつ》を納《い》れず／瓜田李下

理屈《りくつ》と膏薬《こうやく》は何処《どこ》へでも付《つ》く

もっともらしい理屈は、どんなことにでもつけられるということ。⇧膏薬は体のどこにでもつくように、理屈などどうにでもつけられるという意。

類義 盗人《ぬすびと》にも三分《さんぶ》の理《り》

律義者《りちぎもの》の子沢山《こだくさん》

品行方正な律儀者は、夫婦仲もよく家庭が円満なので、結果として子供が多く生まれるということ。⇧律儀者は、道楽などせず家族に尽くすことから。

類義 貧乏人の子沢山

立錐《りっすい》の地《ち》なし

人や物がぎっしりと詰まっていて、少しの余裕もないこと。⇧錐《きり》の先を立てるほどの、わずかな余地もないということから。『呂氏春秋《りょししゅんじゅう》』より。

り

用例 ラッシュアワーの地下鉄は立錐の地なしで、汗一つ拭くこともできない。

類義 立錐の余地もない

理《り》詰《づ》めより重《じゅう》詰《づ》め

理屈を言うより、上手に話し合う方が、事はうまくいくというたとえ。⇧「重詰め」はごちそうを詰めた重箱。同じ「詰め」なら「理詰め」より「重詰め」の方がよいと語呂合わせで、おもしろく言ったもの。

理《り》に勝《か》って非《ひ》に落《お》ちる

正しい立場を説明して、理屈の上では相手を打ち負かしても、かえって実利的には損をこうむること。

類義 理に勝って非に負ける

流言《りゅうげん》は知者《ちしゃ》に止《と》まる

根拠のない噂《うわさ》は、愚か者の耳に入れば次々と広がるが、知恵のある者は聞いても真に受けず、だれにも話さないためそこで止まってしまうこと。『荀子《じゅんし》』より。

竜頭《りゅうとう》蛇尾《だび》

はじめは威勢がよいが、終わりはさっぱり振るわないこと。⇧頭は立派な竜のようだが、尻尾は貧弱な蛇のようであるとの意。『五灯《ごとう》会元《えげん》』より。

用例 シーズン当初は初優勝の可能性も囁かれたチームが、けが人続出で結局は竜頭蛇尾に終わった。

類義 頭でっかち尻つぼみ／虎頭《ことう》蛇尾

竜《りゅう》の鬚《ひげ》を撫《な》で虎《とら》の尾《お》を踏《ふ》む

危険極まりないことを冒すことのたとえ。⬆動物の髭や尾は敏感な箇所で、そこを触わったり踏んだりしたら激しく怒らせることになり、たいへん危険であることから。

類義 虎《とら》の尾を踏み春の氷を渡《わた》る／竜の顎《あご》の珠《たま》を取る

粒粒辛苦《りゅうりゅうしんく》

物事の完成をめざし、こつこつと苦労を積み重ねること。⬆米の一粒一粒は農民の辛苦の結晶であるという意から。

用例 先代が粒粒辛苦して、裸一貫から築き上げた会社を、二代目はマネーゲームにうつつを抜かした挙げ句に潰してしまった。

類義 粟《あわ》一粒は汗の一粒

凌雲《りょううん》の志《こころざし》

立身出世の志。また、俗世間を超越する高い志をいう。⬆「凌雲」は、雲を凌《しの》ぐほど高いの意。『漢書《かんじょ》』より。

注意 「凌雲」は「陵雲」とも書く。

類義 青雲の志／超俗の志

燎原《りょうげん》の火《ひ》

物事が、勢いよく広がっていく様子。⬆「燎原」は野原を焼く意。野原を焼く火が、凄まじい勢いで燃え広がっていくことから。『書経《しょきょう》』より。

用例 ワールドカップの自国開催で、サッカー熱はまるで燎原の火のように、日本中に広がった。

類義 火の原を燎《や》くが若《ごと》し／燎原の勢い

梁上《りょうじょう》の君子《くんし》

泥棒。転じて、鼠をいう。🅘中国の後漢《ごかん》時代、陳寔《ちんしょく》が、梁《はり》の上に隠れていた泥棒を見つけ、人間は本来よい性質をもっているのだが、悪い習慣が身につくとあのような悪人になってしまうと、子どもたちを戒めたという故事から。『後漢書《ごかんじょ》』より。

両手《りょうて》に花《はな》

よいものを同時に二つ手に入れること。特に、男性が二人の美しい女性を一人占めにすることをたとえる。🅘美しい花を両方の手にもつことから。

用例 婚約発表をした大関が、優勝して場所後の横綱昇進を確実にし、まさに両手に花でパレードへと向かった。

類義 梅と桜を両手に持つ／両手に旨《うま》い物／両の手に花と紅葉《もみじ》

遼東《りょうとう》の豕《いのこ》

世間知らずがつまらないことを自慢して、自分だけで得意になっていることのたとえ。🅘中国の遼東《りょうとう》地方で頭の白い豚（豕）が生まれ、珍しいので宮廷に献上しようとした男が河東《かとう》の地までくると、そこの豚の頭は皆白かったので恥じて帰ったという故事から。『後《ご》漢書《かんじょ》』より。

両刃《りょうば》の剣《つるぎ》 ➡ 諸刃《もろは》の剣《つるぎ》

両方《りょうほう》聞《き》いて下知《げち》をなせ

争いごとを裁くには双方の言い分をよく聞いた上で裁決を下さなければならないという教訓。⇧「下知」は判決のこと。

注意「下知」は「げじ」とも読む。

類義 片口聞いて公事《くじ》を分くるな

良薬《りょうやく》は口《くち》に苦《にが》し

他人からの忠告は、身のためになるものほど、耳が痛くて聞きづらいことをいう。⇧よく効く薬ほど苦くて飲みにくいことにたとえた言葉。『説苑《ぜいえん》』より。

用例 君に対してこんな厳しいことを言うのは心苦しいのだが、良薬は口に苦しと思って聞いてくれ。

類義 諫言《かんげん》耳《みみ》に逆《さか》らう／金言耳に逆らう／忠言《ちゅうげん》耳に逆らう

両雄並《りょうゆうなら》び立《た》たず

実力に差がない二人の英雄は、どちらかが倒れるまで争うので、共存できないことをいう。『史記』より。

用例 両雄並び立たずというように、あの二人が同じ部署に居ることは会社のためにもよくない。

類義 両雄倶《とも》には立たず／両雄は必ず争う

臨機応変《りんきおうへん》

その場の状況や事態の変化にあわせて、適切に対応すること。『南史《なんし》』より。

用例 役人はとかく規則や前例を盾に取り、臨機応変さに欠けることが多い。

類義 機《き》に臨《のぞ》み変《へん》に応《おう》ず

綸言《りんげん》汗《あせ》の如《ごと》し

君主が一度口に出した言葉は取り消すことができないという意。⇧「綸言」は君主、天子の言葉。詔勅《みことのり》。一度出た汗は二度と体内に戻らないことから。『漢書《かんじょ》』より。

類《るい》は友《とも》を呼《よ》ぶ

気の合う者、趣味の似ている者同士は、自然に寄り集まって仲間を作るというたとえ。

類義 牛は牛連れ馬は馬連れ／同気相求《どうきあいもと》む／目の寄る所へは玉も寄る／類を以《もっ》て集まる

英語 Birds of a feather flock together.
(同じ羽の鳥は一緒に集まる)

累卵《るいらん》の危《あや》うき

非常に危険で不安定な状態のこと。⇧積み上げた卵がいつくずれて壊れるかもわからないということからいう。枚乗《ばいじょう》の文より。

類義 危うきこと累卵の如《ごと》し／重卵より危うし

類《るい》を以《もっ》て集《あつ》まる ⬇ 類《るい》は友《とも》を呼《よ》ぶ

瑠璃《るり》も玻璃《はり》も照《て》らせば光《ひか》る

すぐれた才能や素質のある人物は、機会さえあれば、必ず真価を発揮するものであるということ。また、そのような人物は、どんなところにいても際立つという意。⇧「瑠璃」は青色の宝石、「玻璃」は水晶。光を当てればどちらも美しく輝くの意から。

例外《れいがい》のない規則《きそく》はない

すべてに適用できる規則はなく、必ず当てはまらない例外があるということ。物事は道理だけでは解決できないという意。

英語 There is no general rule without an exception. の訳語。

礼《れい》も過《す》ぎれば無礼《ぶれい》になる

礼儀正しさは大事であるが、度を越したばかり丁寧では、かえって相手に失礼になるということ。

類義 慇懃無礼《いんぎんぶれい》／礼過ぐれば諂《へつらい》となる

歴史《れきし》は繰《く》り返《かえ》す

過去に起こったことは、同じような経過をたどって繰り返し起こるものであるの意。⇧古代ギリシャの歴史家ツキディデスの言葉から。

用例 歴史は繰り返すというが、原爆投下の悲劇だけは、二度と繰り返すことがあってはならない。

英語 History repeats itself. の訳語。

連木《れんぎ》で腹《はら》を切《き》る

やってみても実現できないことのたとえ。⇧「連木」は擂《す》り粉木《こぎ》。連木を刀がわりにして腹を切ることはできないことから。

類義 杓子《しゃくし》で腹を切る／擂り粉木で腹を切る／杵《きね》で頭を剃る

労多《ろうおお》くして功少《こうすく》なし

⬇**骨折《ほねお》り損《ぞん》のくたびれ儲《もう》け**

老少不定《ろうしょうふじょう》

年寄りが必ずしも先に死ぬとはかぎらないし、若者が長生きするともかぎらない。人の寿命は予測できず、はかないものだということ。

用例 老少不定とは言うけれど、親御さんより先に亡くなられるなんてねえ。

蠟燭《ろうそく》は身《み》を減《へ》らして人《ひと》を照《て》らす

人のために身を犠牲にして尽くすこと。

老馬《ろうば》の智《ち》

経験を積んだ熟年者は、確かな知恵を身につけているものだということ。年長者の知恵を尊重する言葉。⇧中国の斉《せい》の桓公《かんこう》が道に迷ったとき、管仲《かんちゅう》が「老馬の知恵を利用しましょう」と進言し、老馬のあとに従っていくと、無事に帰ることができたという故事から。『韓非子《かんぴし》』より。

類義 馬に道まかす／老いたる馬は道を忘れず／老馬道を知る

隴《ろう》を得《え》て蜀《しょく》を望《のぞ》む

望みが一つ叶《かな》うとすぐにその上を望んでしまうように欲望には際限がないこと。⇧中国の三国時代、魏《ぎ》の武将司馬懿《しばい》が隴《ろう》の地を平定し、さらに蜀《しょく》にまで攻め入ろうとしたとき、主君の曹操《そうそう》が、隴を得たというのにその上に蜀を望むとは、人間は満足することがないものだといった故事から。『晋書《しんじょ》』より。

類義 千石取れば万石望む／望蜀《ぼうしょく》の願い／欲に限りなし／欲に底なし

ローマは一日《いちにち》にして成《な》らず

大きな事業は、長い年月と多大の努力なくしては成し遂げられないというたとえ。⬆強大なローマ帝国も一日でできたのではなく、長い年月と多くの人々の努力によって建設されたという意味。

用例 ローマは一日にしてならずと言うように、わが社が業界のトップブランドとしての地位を築くまでの道のりは、長く険しいものだった。

類義 鳥は少しずつその巣を作る

英語 Rome was not built in a day. の訳語。

魯魚《ろぎょ》の誤《あやま》り

似たような形の文字を見誤ったり、書き誤ったりすること。⬆「魯」と「魚」は、似ているので間違いやすいことから。『抱朴子《ほうぼくし》』より。

類義 焉馬《えんば》の誤り／虎虚《こきょ》の誤り／魯魚亥豕《ろぎょがいし》の誤り／魯魚帝虎《ろぎょていこ》の誤り

六十《ろくじゅう》の手習《てなら》い

年をとってから学問や習い事を始めること。⬆「手習い」は、習字のこと。六十歳で習字を始めるという意味から。

用例 インターネットを利用するためか、近頃では六十の手習いでパソコンを始める人も多い。

類義 老《おい》の手習い／七十の手習い

露命《ろめい》を繋《つな》ぐ

細々と生活していることのたとえ。⬆露《つゆ》のようにはかない命を、やっとのことで保つという意味から。

用例 現金収入が年金だけという現状では、露命を繋ぐだけで精一杯。贅沢なんてできるわけがないじゃないですか。

類義 粥《かゆ》をすすって露命を繋ぐ

論語《ろんご》読《よ》みの論語《ろんご》知《し》らず

書物を読んでも、うわべの理解だけでその真髄を把握していないこと。また、せっかく書物から知識を得ても、実際に活用できないこと。⬆「論語」は、中国の思想家孔子《こうし》の言葉や行動を記した儒教の聖典。論語の文章をすらすら読むことはできても、その内容や精神はまるで理解していないという意。

類義 論語読みの論語読まず

論《ろん》より証拠《しょうこ》

物事を明らかにするには、口先だけで論じ合うより、具体的な証拠を示す方が早く、確実であるということ。

用例 かねてから噂《うわさ》のあった二人だが、写真入りでスクープされては、論より証拠で、もう否定のしようがない。

類義 百聞は一見に如《し》かず／論は後証拠は先／論をせんより証拠を出せ

若《わか》い時《とき》の苦労《くろう》は買《こ》うてもせよ

若い時にする苦労は貴い経験で、将来必ず役に立つから、自分から求めてでもした方がよいという教訓。

類義 艱難汝《かんなんなんじ》を玉にす

若木《わかぎ》の下《した》で笠《かさ》を脱《ぬ》げ

若者に対して、敬意をもって接するべきだということ。⇧若者を、将来大木に成長するかもしれない若い木に見立て、かぶっている笠を取って礼儀正しく挨拶せよ、という意。

類義 後生《こうせい》畏《おそ》るべし

我《わ》が心《こころ》石《いし》に非《あら》ず転《てん》ずべからず

心が確固として不動であるたとえ。⇧自分の心は丸い石ではないから、転がすことなどできないという意。『詩経《しきょう》』より。

注意「非ず」は本来「匪ず」と書いた。

我《わ》が事《こと》と下《くだ》り坂《ざか》に走《はし》らぬ者《もの》なし

自分の身に大きくかかわることには、だれでも真剣になり、奔走するということ。

我《わ》が田《た》に水《みず》を引《ひ》く ⬇ **我田引水《がでんいんすい》**

我《わ》が仏《ほとけ》尊《とうと》し

自分のもっているものや大切にしているものは、他人のどんなものよりもよいと思うこと。身びいきのたとえ。

用例 自分の才能を我が仏尊しと思うくらいでなければ、とてもじゃないけど芸術家になんかなれないよ。
類義 我が寺の仏尊し／我が物の身贔屓《みびいき》

我《わ》が身《み》の臭《くさ》さ我《われ》知《し》らず
自分の欠点には、自分で気づかないというたとえ。
類義 息の臭きは主《ぬし》知らず／我が糞《くそ》は臭くなし

我《わ》が身《み》を抓《つね》って人《ひと》の痛《いた》さを知《し》れ
他人の痛みや苦しみを、自分の身に置きかえて考え、思いやるべきだという戒め。
類義 己《おのれ》の欲せざる所は人に施すことなかれ／身を抓《つ》みて人の痛さを知れ

我《わ》が物《もの》と思《おも》えば軽《かる》し笠《かさ》の雪《ゆき》
つらいことや苦しいことも、自分のためになると思えば苦には感じないものだという意。⇧笠に重く降り積もった雪も、自分の物だと思えば軽く感じられるということから。江戸時代の俳人、宝井其角《たからいきかく》の俳句「我が雪と思えば軽《かろ》し笠の上」より。

和光同塵《わこうどうじん》
すぐれた才能や知恵を隠し、俗世間で暮らしていること。⇧「和光」は才知の光を和《やわ》らげる、「同塵」は俗世間（塵）に歩調を合わせるという意。本来は菩薩《ぼさつ》が威光を隠し、衆生を救うために仮の姿で現世に現れるという意の仏教語。『老子《ろうし》』より。

禍《わざわい》は口《くち》から
⬇**病《やまい》は口《くち》より入《い》り禍《わざわい》は口《くち》より出《い》ず**

禍《わざわい》も三年《さんねん》たてば用《よう》に立《た》つ

辛抱が大切であることをいう。また、世の中には不用な物などはないということ。⇧今の災難も、月日を経て、やがて将来の幸せにつながることもある、というところから。

類義 禍三年時の用／禍も三年置けば用に立つ

禍《わざわい》を転《てん》じて福《ふく》と為《な》す

災難をうまく利用して、反対に幸福を得るように工夫すること。『戦国策《せんごくさく》』より。

類義 禍を転じて幸いと為す

和《わ》して同《どう》ぜず

他人との協調に努めることは大切だが、自分の考えや道理に反することまで一緒にはしないということ。むやみに他人の意見に引きずられたり、妥協してはいけないという戒め。『論語《ろんご》』より。

対義 同じて和せず

綿《わた》に針《はり》を包《つつ》む ⬇ **真綿《まわた》に針《はり》を包《つつ》む**

渡《わた》りに船《ふね》

何かをしようとするとき、都合のよいことが思いがけなく起こること。⇧川を渡ろうとしているとき、ちょうどそこへ船がくるという意から。『法華経《ほけきょう》』より。

用例 いずれは家業を継ぐことになるので、希望退職者の募集を渡りに船と、会社を辞めて実家へ戻ることにした。

類義 日照りに雨／闇夜《やみよ》の提灯《ちょうちん》

渡《わた》る世間《せけん》に鬼《おに》はない
世の中は薄情で冷酷な人ばかりではなく、心の温かな人も必ずいるというたとえ。
類義 棄《す》てる神あれば拾う神あり
対義 人を見たら泥棒と思え

笑《わら》いは人《ひと》の薬《くすり》
笑うことは、心身によいということ。
用例 いやな事件ばかり起きると気が滅入って、テレビのお笑い番組がありがたいものに思えるよ。笑いは人の薬というがほんとうだね。

笑《わら》う門《かど》には福来《ふくきた》る
いつも笑いの絶えない楽しげな家庭には、自然と幸福が訪れるということ。
類義 和気財を生ず／笑う所へ福来る

藁《わら》で束《たば》ねても男《おとこ》は男《おとこ》
地位もなく、貧乏な暮らしをしていても、男には男の権威があること。⇧藁で髪の毛を束ねるような地位もなく貧しい男でも、男には男のねうちがあるという意。
類義 箸《はし》に目鼻を付けても男は男／藁で束ねても男一匹

藁《わら》にも縋《すが》る ⬇**溺《おぼ》れる者《もの》は藁《わら》をも摑《つか》む**

悪《わる》い親《おや》も良《よ》い子《こ》を望《のぞ》む
悪人でも、親となれば自分の子どもにはよい人間になってほしいと願うこと。

我思《われおも》う故《ゆえ》に我在《われあ》り

すべての存在を疑うことはできても、その疑っている自分自身の存在を疑うことはできないということ。⬆フランスの哲学者デカルトの言葉。その哲学の出発点となった方法的懐疑の根本原理を表す。ラテン語で「コギト　エルゴ　スム」といい、このままの形でも使われることが多い。『方法序説《ほうほうじょせつ》』より。

英語 I think, therefore I am. の訳語。

割《わ》れ鍋《なべ》に綴《と》じ蓋《ぶた》

どんな人にも、その人にぴったりの配偶者がいるものだということ。また、似た者同士の方がつり合いが取れてうまくいくという意味にも用いる。⬆壊れた鍋でも、それにうまく合うような、修繕した蓋があるということから。

類義 似た者夫婦／割れ鍋に欠け蓋

我《われ》を非《ひ》として当《むか》う者《もの》は吾《わ》が師《し》なり

自分の欠点をきちんと注意してくれる者は、みな自分を教え導いてくれる先生であるという意。『荀子《じゅんし》』より。

和《わ》を以《もっ》て貴《とうと》しと為《な》す

何をするにも、人々が仲よくやって行くのが最も貴く大切だということ。⬆聖徳太子《しょうとくたいし》の「十七条憲法」の第一条に掲げられた句として知られる。

Y

Yielding is sometimes the best way of succeeding.（譲歩することがときには成功するための最良の方法になる）→負けるが勝ち

You cannot make an omelet without breaking eggs.（卵を割らなければオムレツは作れない）→蒔かぬ種は生えぬ

You cannot see the woods for the trees.
➡木を見て森を見ず

You may know the lion by its claw.（爪でライオンを知る）→一斑を見て全豹を卜す

You may take a horse to the water, but you cannot make him drink.（馬を水辺に連れては行けるが、水を飲ませることはできない）→匹夫も志を奪うべからず

You must go into the country to hear what news at London.（ロンドンの情報を聞きに田舎へ行かなくてはならない）→灯台下暗し

You never know what you can do till you try.（やってみるまでは何ができるのかわからない）→物は試し

You never miss the water till the well runs dry.（井戸が涸れるまでは水のありがたさに気付かない）→孝行のしたい時分に親はなし

You should have seen the fish that got away.（逃がした魚を見てほしかった）→逃がした魚は大きい

Your tongue runs nineteen to the dozen.（12語ですむのに19語でしゃべりまくる）→立て板に水

は一般に最も具合の悪いときに最良の人間になる）→人の将に死なんとするその言や善し

We have piped unto you and you have not danced.
➡笛吹けど踊らず

We learn by teaching.（人は教えることで学ぶ）→教うるは学ぶの半ば

Well begun is half done.（始めが好調ならば半ば成し遂げたのに等しい）→始めが大事

What is a pound of butter among a kennel of hounds?（猟犬の群れに一ポンドのバターが何になるであろう）→焼け石に水

What is learned in the cradle is carried to the grave.（揺りかごの中で覚えたことは墓場までもっていかれる）→雀百まで踊り忘れず

When the cat is away, the mice will play.（猫の留守に鼠が遊ぶ）→鬼の居ぬ間に洗濯

When the crow flies her tail follows.（烏が飛べば尾は後ろ）→犬が西向きゃ尾は東

Where there is a will, there is a way.（意志のある所には道がある）→精神一到何事か成らざらん

While the thunder lasted, two bad men were friends.（雷が続いている間、二人の悪党は友人だった）→呉越同舟

Who is to bell the cat?（誰が猫に鈴をつけるか）→猫の首に鈴を付ける

Who likes not his business, his business likes not him.（仕事を好まない者を仕事の方でも好まない）→好きこそ物の上手なれ

Willows are weak, yet they bind other woods.（柳は弱い、だが他の材木を縛る）→柔能く剛を制す

Women are as changeable as the wind.（女性は風のように変わりやすい）→女心と秋の空

Wood half-burnt is easily kindled.（半焼けの木は容易に火がつく）→焼け木杭には火が付き易い

To have an itch that you cannot scratch.（掻けないところがかゆい）→隔靴掻痒

To kill two birds with one stone.（石一つで二羽の鳥を殺す）→一石二鳥

To miss the bus. ➡ バスに乗り遅れる

To see it rain is better than to be in it.（雨が降るのを見るのは雨の中にいるよりもよい）→高みの見物

To whistle psalms to a dead horse.（死んだ馬に賛美歌を聞かせる）→馬の耳に念仏

Too many cooks spoil the broth.（料理人が多いとスープがだめになる）→船頭多くして船山へ上る

Tread on a worm and it will turn.（虫を踏めば虫は向きを変える）→一寸の虫にも五分の魂

Triton among the minnows.（雑魚の中の海神）→鶏群の一鶴

Fact is stranger than fiction. ➡ 事実は小説よりも奇なり

Two dogs strive for a bone, and a third runs away with it.（二匹の犬が骨を奪い合い、三匹目の犬がその骨を持ち逃げする）→漁夫の利

Two heads are better than one.（二つの頭は一つに勝る）→三人寄れば文殊の知恵

V

Venture a small fish to catch a great one.（大魚を捕らえるのに小魚を賭けよ）→蝦で鯛を釣る

W

Wake not a sleeping lion.（眠っているライオンを起こすな）→寝た子を起こす

Walls have ears.（壁に耳あり）→壁に耳あり障子に目あり

We are usually the best men when in the worst health.（人

は良い意図で舗装されている）意図があっても実行しなければだめだという意。

The same knife cuts bread and fingers.（同じナイフがパンも切れば指も切る）同じ人が味方にも敵にもなる意。

The scalded cat fears cold water.（熱湯で火傷した猫は冷たい水を恐れる）→蛇に噛まれて朽ち縄に怖じる

The scholar may be better than the master.（弟子が師よりまさることもある）→青は藍より出でて藍より青し

The style is the man himself.➡文は人なり

The tailor makes the man.（仕立屋は立派な人を作る）→馬子にも衣裳

The third time is lucky.（三度目に芽が出る）→三度目の正直

There is no accounting for tastes.（好みは説明がつかない）→蓼食う虫も好き好き

There is no general rule without an exception.
➡例外のない規則はない

There is no place like home.（わが家のような所はない）→住めば都

There is no pleasure without pain.（苦しみなくて楽しみなし）→苦は楽の種

There is no royal road to learning. ➡学問に王道なし

There is no time like the present.（現在のような時間はない）→思い立ったが吉日

Three women make a market.（女三人寄れば市をなす）→女三人寄れば姦しい

Time and tide wait for no man.（時と潮の流れは人を待たない）→歳月人を待たず

Time flies like an arrow.（時は矢のように飛ぶ）→光陰矢の如し

Time is money.➡時は金なり

To dig a well to put out a house on fire.（燃えている家の火を消すために井戸を掘る）→泥棒を見て縄を綯う

The jay is unmeet for a fiddle.（かけすはバイオリンに似合わない）→鵜の真似する烏水に溺れる
The last straw breaks the camel's back.（最後の藁一本がらくだの背骨を折る）→過ぎたるは猶及ばざるが如し
The life of man is a winter's day and a winter's way.（人の一生は冬の日、冬の道である）人の一生はつらく苦しいことものであるという意。
The like breeds the like.（同類は同類を生ず）→瓜の蔓に茄子はならぬ
The love of the parent is unrecognized by the child.（親の愛は子供には理解されない）→親の心子知らず
The mean is the best.（中庸が最良である）物事は偏りがなく、調和のとれていることがいちばんであるという意。
The more haste, the less speed.（急げば急ぐほどスピードを出すな）→急がば回れ
The more knave the better luck.（悪漢ほど運がよい）→憎まれっ子世に憚る
The more noble the more humble.（高貴な人ほど控えめである）→能ある鷹は爪を隠す
The mountains have brought forth a mouse.
➡大山鳴動して鼠一匹
英
The pen is mightier than the sword.
➡ペンは剣よりも強し
The person who touches pitch shall be defiled.（コールタールに触れる者は汚れる）→朱に交われば赤くなる
The pleasures of the mighty are the tears of the poor.（強者の喜びは貧者の涙）→一将功成りて万骨枯る
The pot calls the kettle black.（鍋がやかんを黒いと言う）→目糞鼻糞を笑う
The proof of the pudding is in the eating.（プディングの吟味は食すことにある）→論より証拠
The road to hell is paved with good intentions.（地獄への道

嘘も方便

The end of mirth is the beginning of sorrow.（楽しみの終わりは悲しみの始まり）→ 大吉は凶に還る

The eye is the mirror of the soul.（目は心の鏡である）→ 目は心の鏡

The fault of another is a good teacher.（他人の欠点はよい教師である）→ 他山の石

The first blow（*or* stroke）is half the battle.（最初の一撃で半ば勝負は決まる）→ 先んずれば人を制す

The fly has her spleen and the ant her gall.（蝿も脾臓があり蟻も胆汁がある）→ 一寸の虫にも五分の魂

The fly that plays too long by the candle singes his wings at last.（ろうそくの周りを長く飛び回る蠅はついには羽を焼いてしまう）→ 飛んで火に入る夏の虫

The folly of one man is the fortune of another.（人の愚かさは他人には幸せ）人の失敗は他人には幸せに感じるの意。

The grass is always greener on the other side of the fence.（垣の向こうの芝生の方がいつも青く見える）→ 隣の花は赤い

The great fish eat the small.（大きい魚が小さい魚を食う）→ 弱肉強食

The greater embraces the less.（大は小を包む）→ 大は小を兼ねる

The greatest hate proceeds from the greatest love.（最大の憎悪は最大の愛から生ずる）→ 可愛さ余って憎さが百倍

The greatest step is that out of doors .（最も大きな一歩は外へ踏み出すことである）最も困難なことは始めの一歩を踏み出すことであるの意。

The greatest wealth is contentment with a little.（最大の富は少しのもので満足することである）→ 足るを知る者は富む

The handsomest flower is not the sweetest.（最も見かけのよい花が甘いとはかぎらない）→ 人は見かけによらぬもの

Tell not all you know, all you have, or all you can do.（知っていること、もっているもの、あるいはできることのすべてをしゃべるな）→能ある鷹は爪を隠す

Temperance is the best physic.（節制は最良の薬である）腹八分目程度に食べるのが体によいの意。

Ten good turns lie dead and one ill deed report abroad does spread.（十の善は忘れられ一つの悪は広く世に伝わる）→悪事千里を走る

The beggar pays a benefit with a louse.（乞食はシラミで返礼する）→恩を仇で返す

The belly has no ears.（胃は耳をもたない）→理詰めより重詰め

The chance of war is uncertain.（戦いに勝つかどうかは不確かなもの）→勝負は時の運

The child is the father of the man.（子どもは大人の父である）→三つ子の魂百まで

The crow thinks her own bird fairest.（烏は自分の子が最も美しいと思っている）親はわが子のことを実際以上に評価しがちである意。

The cunning mason works with any stone.（熟練の石工はどんな石でもこなす）→弘法は筆を選ばず

The darkest place is under the candlestick.（最も暗い場所はろうそく立ての下である）→灯台下暗し

The devil can transform himself into an angel of light.（悪魔は光の天使に変身できる）陰で悪事を働く者も人前では善人らしくしている意。

The die is cast. ➡賽は投げられた

The dog that trots about finds a bone.（歩き回る犬は骨を見つける）→犬も歩けば棒に当たる

The early bird catches the worm.（早く起きる鳥は虫を捕まえる）→早起きは三文の徳

The end justifies the means.（目的は手段を正当化する）→

人十色

Something like scales fell from his eyes.

➡ 目から鼻へ抜ける

Soon hot soon cold.（熱しやすいものは冷めやすい）物事に夢中になりやすい人は飽きるのも早いという意。

Soon said than done.（言うは行うより易しい）→ 言うは易く行うは難し

Spare the rod and spoil the child.（鞭を惜しむと子供はだめになる）→ 可愛い子には旅をさせよ

Speech is silver, silence is golden. ➡ 沈黙は金雄弁は銀

Standing pools gather filth.（よどんだ水たまりには汚物がたまる）物事がとどこおると人心が腐敗するという意。

Still waters run deep. ➡ 深い川は静かに流れる

Storm in a teacup. ➡ コップの中の嵐

Strike while the iron is hot. ➡ 鉄は熱いうちに打て

Sweet meat will (*or* must) have sour sauce.（うまい肉には酸っぱいソースが付く）→ 楽あれば苦あり

T

Take the chestnuts out of the fire with the cat's paw.（猫の足で火の中から栗を出せ）→ 火中の栗を拾う

Take the rough with the smooth.（なめらかなものとざらざらしたものを受け入れよ）→ 清濁併せ呑む

Talk of the devil, and he is sure to appear.（悪魔の話をすると悪魔が必ず現れる）→ 噂をすれば影が差す

Tall trees catch much wind.（高い木は多くの風を受ける）→ 喬木は風に折らる

Teach your grandmother to suck eggs.（おばあさんに卵の吸い方を教える）→ 釈迦に経

Teaching others teaches yourself.（人に教えることは己に教えること）→ 教うるは学ぶの半ば

英

S

Sadness and gladness succeed each other.（悲しみと喜びは交互に来る）→ 禍福は糾える縄の如し

Scratch me and I'll scratch you .（私を掻いてくれればあなたを掻いてあげましょう）→ 魚心あれば水心

Search not too curiously lest you find trouble.（面倒を見つけないようにあまり物好きに探すな）→ 毛を吹いて疵を求む

Security is the greatest enemy.（安心は最大の敵である）→ 油断大敵

See Naples and then die. ➡ ナポリを見てから死ね

Seeing is believing.（見る事は信ずる事なり）→ 百聞は一見に如かず

Set a thief to catch a thief.（泥棒を捕らえるには泥棒を使え）→ 蛇の道は蛇

Show me a liar and I'll show you a thief.（私に嘘つきを見せるならあなたに泥棒を見せましょう）→ 嘘つきは泥棒の始まり

Silence is consent.（無言は同意である）黙っていることは賛成に等しいという意。

Silence is more eloquent than words.（沈黙は言葉より雄弁である）→ 言わぬが花

Slow and steady wins the race.（遅くても確実ならレースに勝つ）→ 急がば回れ

Small sorrows speak, great ones are silent.（小さい悲嘆は語り大きい悲嘆は沈黙する）→ 鳴かぬ蛍が身を焦がす

Smoke, rain, and a very curst wife makes a man weary of house and life.（煙と雨とひどい悪妻は夫を家庭と人生に疲れさせる）→ 悪妻は百年の不作

So many countries, so many customs.（習慣は国の数だけある）→ 所変われば品変わる

So many men, so many minds.（心は人の数だけある）→ 十

People come and people go.（人は来るし、そして去ってしまう）来る人がいれば、去る人もいるという意。

People will talk.（人は話をするもの）→ 人の口に戸は立てられぬ

Perseverance kills the game.（忍耐が獲物を落とす）→ 石の上にも三年

Personal experience is better than book learning.（自分の経験は書物での学問よりもまさる）→ 亀の甲より年の劫

Pitchers have ears.（水差しには取っ手〔耳〕がある）→ 壁に耳あり障子に目あり

Ploughing the field and forgetting the seeds.（耕しておいて種蒔きを忘れる）→ 仏作って魂入れず

Possession is nine points of the law.（占有は九分の所有権）→ 預かり物は半分の主

Pouring water on a duck's back.（アヒルの背中に水をそそぐ）→ 蛙の面に水

Practice makes perfect.（練習は完全を生む）→ 習うより慣れよ

Prevention is better than cure.（予防は治療にまさる）→ 転ばぬ先の杖

Pride goes before destruction.（高慢は破滅に先立つ）→ 驕る平家は久しからず

Profit is better than fame.（利益は名声にまさる）→ 名を棄てて実を取る

Proper praise stinks.（自賛は鼻持ちならぬ臭いがする）→ 自慢高慢馬鹿の内

R

Repentance comes too late.（後悔はあまりにも遅く来る）→ 後悔先に立たず

Rome was not built in a day. ➡ ローマは一日にして成らず

Once a use and ever a custom.（一度癖になるとそのあとは習慣となる）→習い性と成る

Once bit（*or* bitten）, twice shy.（一回噛まれると二回目には用心深くなる）→羹に懲りて膾を吹く

One eyewitness is better than many hearsays.（多くの噂より一人の目撃者の方が確かだ）→百聞は一見に如かず

One hates not the person but the vice.（憎むのはその罪であり、その人ではない）→罪を憎んで人を憎まず

One misfortune comes on the neck of another.（不幸はまた別の不幸の後に続いてやって来る）→泣き面に蜂

One must live long to see（*or* learn）much.（人は多くを見るために長く生きなければならない）長生きすれば思わぬ幸運にめぐり逢えるという意。

One nail（*or* wedge）drives out another.（釘が釘を打ち出す）→毒を以て毒を制す

One ought to make the expense according to the income.（人は収入に従って支出すべきだ）→入るを量りて出ずるを為す

Out of sight, out of mind.（目に見えなくなれば心から消えていく）→去る者は日日に疎し

Out of the mouth comes evil.（口は災いを生じる）→口は禍の門

Overdone is worse than undone.（焼きすぎは生焼きより悪い）→過ぎたるは猶及ばざるが如し

Over shoes over boots.（靴がもぐってしまうところまで行ったのならば、長靴がもぐってしまうところまで行ってしまえ）→毒を食らわば皿まで

P

Penny-wise and pound foolish.（ペニーには賢く、ポンドには愚か）→一文惜しみの百知らず

No cross no crown.（試練なければ栄冠は得られず）→ 艱難汝を玉にす

No gains without pains.（苦しみなくして利益なし）→ 苦は楽の種

No herb will cure love.（恋の病を治す薬草はない）→ 惚れた病に薬なし

No mill, no meal.（碾臼がないと粉はできない）→ 蒔かぬ種は生えぬ

No news is good news.（知らせがないのはよい知らせ）→ 便りのないのは良い便り

No pains, no gains.（苦しみがなければ利益はない）→ 苦は楽の種

No smoke without fire. ➡火のないところに煙は立たぬ

Nobody knows what tomorrow might bring.（明日何が来るかはだれにもわからない）→ 一寸先は闇

None says his garner is full.（自分の穀倉はいっぱいになっていると言う者はいない）→ 商人の元値

Nothing costs so much as what is given us.（もらい物ほど出費が多くなるものはない）→ 只より高い物はない

Nothing more certain than death and nothing more uncertain than the time of its coming.（死は最も確実であり、それがいつ来るかは最も不確実である）→ 無常の風は時を選ばず

Nothing ventured, nothing gained .（冒険しなければ何も得られない）→ 虎穴に入らずんば虎子を得ず

Nurture is above nature.（教育は天性にまさる）→ 氏より育ち／玉磨かざれば光なし

O

Old men are twice children.（老人は二度目の子どもである）年をとると人は子どもに返るという意。

Money gone, friend gone.（金がなくなると友もいなくなる）→ 金の切れ目が縁の切れ目

Money is a great traveler in the world.（金は世界をめぐる大旅行者である）→ 金は天下の回り物

Money will come and go.（金は行ったり来たりする）→金は天下の回り物

Money will do anything.（金に不可能なし）→ 阿弥陀も銭で光る

More haste the less (*or* worse) speed.（急けば急ぐほどうまくいかない）→ 急がば回れ

Muck and money go together.（汚物と金は相伴う）→ 金持ちと灰吹きは溜まるほど汚い

N

Names and natures do often agree.（名前と性質はよく一致する）→ 名は体を表す

Narrow gathered, widely spent.（けちけち蓄えてはなはだしく使う）→ 爪で拾って箕で零す

Necessity is the mother of invention.
➡ 必要は発明の母

Neither heat nor cold abides always in the sky.（暑さも寒さもいつまでも空にありはしない）→ 暑さ寒さも彼岸まで

Never do things by halves.（物事を中途半端にやるな）→ 四角な座敷を丸く掃く

Never take a stone to break an egg, when you can do it with the back of your knife.（卵はナイフの背で割れるのに、石で割ろうとするな）→ 鶏を割くに焉んぞ牛刀を用いん

No advice to the father's.（父の意見にまさるものなし）→ 親の意見と茄子の花は千に一つも仇はない

No autumn fruit without spring blossoms.（春に花が咲かなければ秋の果実もない）→ 蒔かぬ種は生えぬ

Make hay while the sun shines.（日の照っているうちに干し草を作れ）→善は急げ

Man is a wolf to man.（人は人にとって狼である）→人を見たら泥棒と思え

Man shall not live by bread alone.
➡人はパンのみにて生きるにあらず

Many a little makes a mickle.（小さいものもたくさん集まれば大きいものになる）→塵も積もれば山となる

Many a true word spoken in jest.（多くの本音が冗談として語られる）→嘘から出た実

Many dogs may easily worry one.（多くの犬が一匹をいじめるのは簡単だ）→多勢に無勢

Many smalls make a great.（小さいものもたくさん集まれば大きくなる）→塵も積もれば山となる

Many things happen unlooked-for.（思いがけない事がよく起こるもの）→足下から鳥が立つ

Marriages are made in heaven.（結婚は天が決めてくれるもの）→縁は異なもの味なもの

Marry in haste and repent at leisure.（慌てて結婚すると後悔する）→縁と浮き世は末を待て

Meat and cloth makes the man.（食事と衣服は立派な人間を作る）→衣食足りて礼節を知る

Meddle not with another man's matter.（他人の事をいじくるな）→己の頭の蠅を追え

Mend my wages and I'll mend my work.（賃金を上げてくれるなら仕事も改善しよう）→布施ない経に袈裟を落とす

Might is right.（力は正義なり）→勝てば官軍

Miracles are those who believe in them.（奇跡はそれを信じる人に起きるものである）→鰯の頭も信心から

Misery loves company.（苦痛は友を愛す）→同病相憐む

Misfortunes never come singly.（不幸はひとりで来ない）→弱り目に祟り目

Life is full of ups and downs.（人生は浮き沈みで満ちている）
→有為転変は世の習い
Light gains make heavy purses .（軽い儲けが財布を重くする）→塵も積もれば山となる
Like cures like.（同類は同類を治癒する）→毒を以て毒を制す
Like hen, like chicken.（めんどりの子はひよこ）→蛙の子は蛙
Long life has long misery.（長い人生には長い苦痛がある）→命長ければ恥多し
Look at the both sides of the shield.
➡盾の両面を見よ
Look before you leap.（跳ぶ前に見よ）→転ばぬ先の杖
Lookers-on see most of the game.（見物人は試合のほとんどを見る）→岡目八目
Losers are always in the wrong.（敗者は常に悪者にされる）
→勝てば官軍負ければ賊軍
Love covers many infirmities.（愛は多くの欠点を隠す）→痘痕も靨
Love is love's reward.（愛は愛の報い）→思えば思わるる
Love lasts as long as money endures.（金が続くかぎり愛は続くものだ）→金の切れ目が縁の切れ目
Love me love my dog.（私を愛する者は私の犬も愛する）→坊主憎けりゃ袈裟まで憎い
Love your enemies.➡汝の敵を愛せよ
Love your neighbour, yet pull not down your hedge（*or* fence）.（隣人を愛せ、でも垣根は取り払うな）→親しき中にも礼儀あり
Lying and stealing live next door to each other.（嘘と盗みは隣り合わせに暮らしている）→嘘つきは泥棒の始まり

M

Make haste slowly.（ゆっくり急げ）→急がば回れ

Jump out of the frying pan into the fire.（フライパンから飛び出て火に入る）→一難去ってまた一難

K

Keep good men company and you shall be of the number.（良い人と付き合えばその仲間になれる）→麻の中の蓬

Keep something for the sore foot (*or* for a rainy day).（足が痛む時〔雨降り〕のために何か備えおけ）→転ばぬ先の杖

Keep your mouth shut and your eyes open.
➡口は閉じておけ目は開けておけ

Knock, and it shall be opened unto you.
➡叩けよさらば開かれん

L

Laugh and be (*or* grow) fat.（笑って肥えろ）→笑う門には福来る

Learn a trade, for the time will come when you shall need it.（技を覚えよ、それを必要とする時が来るであろうから）→芸は身を助ける

Learn wisdom by the follies of others.（他人の愚行を見て英知を学べ）→人の振り見て我が振り直せ

Learning without thought is labor lost.（自分で考えない学問は徒労である）→学びて思わざれば則ち罔し

Let bygones be bygones.（過去のことは過去のことにしておけ）過去のことを非難するのは無益なことだという意。

Let sleeping dogs lie.（眠っている犬は寝かせておけ）→触らぬ神に祟りなし

Let well alone.（よい事はほうっておけ）→藪をつついて蛇を出す

Life is a span.（人生は短し）→人生朝露の如し

Ill weeds grow apace.（雑草は早く伸びる）→憎まれっ子世に憚る

In for a penny, in for a pound.（ペニーを得るために始めたならばポンドも得なければならない）→毒を食らわば皿まで

In knowing nothing is the sweetest life.（何も知らないのは最良の人生）→知らぬが仏

In the evening the idle man begins to be busy.（怠け者は午後に忙しくなりはじめる）→怠け者の節供働き

It does not become the sparrow to mix in the dance of the cranes.（鶴のダンスに雀が交じるのはふさわしくない）→雑魚の魚交じり

It early pricks that will be a thorn.（茨になるものは早くから刺す）→梅檀は双葉より芳し

It is a good horse that never stumbles.（決してつまづかない馬は良馬である）→弘法にも筆の誤り

It is dogged that (*or* as) does it.（根気強ければ事は成る）→精神一到何事か成らざらん

It is easy to be wise after the event.（事件のあとで利口になるのは簡単である）→下種の後思案

It is good sheltering under an old hedge.（年季の入った垣根の下で雨宿りするのはよい）→寄らば大樹の陰

It is ill to drive black hogs in the dark.（暗がりで黒豚を追ってもうまくいかない）→暗がりから牛

It is no use crying over spilt milk.（こぼれたミルクを嘆いてもむだだ）→覆水盆に返らず

It never rains but it pours.（降れば必ず土砂降りになる）何か事があるときは必ず運がないという意。

J

Jack of all trades is master of none.（何でも屋は何一つ熟達しない）→多芸は無芸

中に焼いたひばりの肉が落ちてくると思っている）→開いた口へ牡丹餅

He turns to his old bias again.（再び元の性癖に戻る）→元の木阿弥

Heaven helps those who help themselves.
➡天は自ら助くる者を助く

Heaven's vengeance is slow but sure.（天罰はゆっくりと、だが確実に来る）→天網恢恢疎にして漏らさず

History repeats itself.➡歴史は繰り返す

Honesty is the best policy.（正直は最良の策である）→正直は一生の宝

Honey is sweet, but the bee stings.（蜜は甘いが蜜蜂は刺す）→河豚は食いたし命は惜しし

Hunger is the best sauce.（空腹は最上のソース）→空き腹にまずい物なし

I

I think, therefore I am.➡我思う故に我在り

I to-day, you to-morrow.（今日は私、明日はあなた）→昨日は人の身今日は我が身

If winter comes, can spring be far behind?
➡冬来たりなば春遠からじ

If you run after two hares, you will catch neither.
➡二兎を追う者は一兎をも得ず

Ignorance is bliss.（知らぬは幸い）→知らぬが仏

Ill got, ill spent.（悪い手段で得たものは、悪く使われる）→悪銭身に付かず

Ill manners produce good laws.（悪い慣習がよい法律を作る）→国乱れて忠臣見る

Ill news travels fast.（悪いニュースは速く伝わる）→悪事千里を走る

Grey and green make the worst medley.（灰色と緑色は最悪の組み合わせ）老人と若者のカップルは見苦しいの意。

H

Half a word is enough for a wise.（賢者には半分の語で十分である）→一を聞いて十を知る

Haste makes waste.（慌てるとむだをする）→急いては事を仕損じる

He cries wine and sells vinegar.（酒だと大声で言って酢を売る）→羊頭を懸けて狗肉を売る

He is at his wits' end.（彼は思案に暮れている）→思案投げ首

He is doubly fond that justifies his fondness.（過ちを正当化する者は二重に過つ）→過ちては改むるに憚ること勿れ

He that falls today may be up again tomorrow.（今日倒れる者でも明日は起き上がっているかもしれない）→沈む瀬あれば浮かぶ瀬あり

He that fights and runs away may live to fight another day.（戦って逃げ去る者は、生きて他日に戦うことができる）→三十六計逃げるに如かず

He that labours and thrives spins gold.（働いて成功する者は金の糸を吐く）→稼ぐに追い付く貧乏なし

He that loses his goods loses his sense.（財産を失った者は判断力も失う）→貧すれば鈍する

He that shoots often at last shall hit the mark.（たびたび射る者はついには的に当たる）→下手な鉄砲も数撃ちゃ当たる

He that will lie will steal.（嘘をつこうとする人は盗みを働こうとする）→嘘つきは泥棒の始まり

He that would know what shall be, must consider what has been.（先のことを知りたければ、過去の経緯を考察せよ）→故きを温ねて新しきを知る

He thinks that roasted larks will fall into his mouth.（口の

→ 来年の事を言えば鬼が笑う

For a lost thing care not.（失いものを気にするな）物事は諦めが肝心の意。

For ill do well, then fear not hell.（悪には善を行え、そして地獄を畏れるな）→ 恨みに報ゆるに徳を以てす

Full ears of corn hang lowest.（よく実った麦の穂はいちばん低く垂れ下がる）→ 実るほど頭の下がる稲穂かな

Full of courtesy, full of craft.（儀礼がいっぱい、悪知恵がいっぱい）→ 巧言令色鮮し仁

G

Give not the wolf the sheep to keep.（狼に羊番をさせるな）→ 猫に鰹節

Gluttony kills more than the sword.（大食は剣よりも多くの人を殺す）暴飲暴食は体に悪いという意。

Go in one ear and out the other.（片方の耳から入ってもう一方の耳から出る）→ 馬耳東風

God's mill grinds slow but sure.（神様のひき臼はゆっくりだが確実に粉をひく）→ 天網恢恢疎にして漏らさず

Good advice is harsh to the ear.（忠告は耳に痛い）→ 忠言耳に逆らう

Good luck comes by cuffing.（幸運はやって来て平手打ちをくれる）→ 好事魔多し

Good medicine is bitter to the mouth.（よく効く薬は口に苦い）→ 良薬は口に苦し

Good swimmers at length are drowned.（水泳の達人も最後には溺れる）→ 川立ちは川で果てる

Good wine engenders good blood.（よい酒はよい血を生ずる）→ 酒は百薬の長

Great bodies move slowly.（体の大きい人は動きがのろい）→ 大男総身に知恵が回りかね

Every man is a king in his own house.（どの男も家庭では王様である）→ 亭主関白

Every miller draws water to his own mill.（どの粉屋も自分の粉ひき場へ水を引く）→ 我田引水

Every potter praises his own pot.（どの焼物師も自分の壺を賞賛する）→ 自画自賛

Every rose has its thorn.➡薔薇に棘あり

Everyone has a fool in his sleeve.（だれの袖の中にも馬鹿がいる）だれでも弱点があるという意。

Everything comes to him who waits.（待つ人のところにはすべてのものが手に入る）→ 待てば海路の日和あり

Everything has its time.（どんなものにもその盛りがある）→ 鬼も十八 番茶も出花

Everything is as it is taken.（物事はみな受け取り方次第）心のもちようで苦にも楽にもなるという意。

F

Fact is stranger than fiction. ➡ 事実は小説よりも奇なり

Failure teaches success.（失敗は成功を教えてくれる）→ 失敗は成功の基

Faith will move mountains.（信念は山を動かす）→ 念力岩をも徹す

Fancy may kill or cure.（幻想で人は死んだり治ったりする）→ 病は気から

Far from Jupiter, far from thunder.（ジュピターから遠くなれば、雷からも遠くなる）→ 触らぬ神に祟りなし

Fine clothes make the man.（美しい衣装が立派な人間を作る）→ 馬子にも衣装

First come first served.（最初に来た者が最初にもてなされる）→ 先んずれば人を制す

Fools set far trysts.（愚か者は遠い将来の会合の約束をする）

Dog does not eat dog.（犬は犬を食べない）悪人にも仁義があるという意。

Doing nothing is doing ill.（何もしないことは不善をなすこと）→小人閑居して不善を為す

Don't count your chickens before they are hatched.（孵らないうちにひよこを数えるな）→捕らぬ狸の皮算用

E

Easier said than done.（言うのは行うよりもやさしい）→言うは易く行うは難し

East is East and West is West.（東は東、西は西である）東洋人と西洋人は考え方や価値観が違う意。

Easter so longed for is gone in a day.（長い間待ちこがれた復活祭も一日で過ぎ去る）→待つうちが花

Easy come, easy go.（安易に来るものは安易に去る）→悪銭身に付かず

Empty vessels make the greatest sound.（空の樽がいちばん大きな音を出す）→空き樽は音が高い

Enter by the narrow gate. ➡ 狭き門より入れ

Even a worm will turn.（ミミズでも向き直ってくる）→一寸の虫にも五分の魂

Even Homer sometimes nods.（ホメロスでさえときには居眠りする）→弘法にも筆の誤り

Even the best horse stumbles.（名馬もこける）→河童の川流れ

Every bean has its black.（どの豆にも黒い部分がある）人間にはみな欠点があるという意。

Every dog has his day.（どの犬にも幸運な時がある）だれにでも幸福な時があるという意。

Every man has his humor.（どの人もそれぞれ気性がある）→十人十色

C

Cast not pearls before swine.（豚の前に真珠を投げるな）→豚に真珠

Chicken gives advice to hen.（ひよこが親鶏に助言する）→負うた子に教えられて浅瀬を渡る

Condemn the crime and not the person.（罪を非難して人を非難するな）→罪を憎んで人を憎まず

Constant dripping wears the stone.（絶えず落ちる滴は石に穴をあける）→雨垂れ石を穿つ

Cracked pots last longest.（ひびの入った壺は最も長持ちする）持病のある人の方が体に気をつかってかえって長生きできる意。

Craft brings nothing home.（ずるがしこさは家に何ももたらさない）→策士策に溺れる

Curses return upon the heads of those that curse.（呪いは呪う者の頭上に戻る）→人を呪わば穴二つ

Custom is a second nature. ➡ 習慣は第二の天性なり

D

Dead men tell no tales.（死人は何も話さない）→死人に口なし

Death keeps (*or* hath) no calendar.（死人は暦をもたない）死はいつ訪れるかわからないという意。

Diamond cuts diamond.（ダイヤモンドはダイヤモンドを切る）→毒を以て毒を制す

Diligence is the mother of success. ➡ 勤勉は成功の母

Do as you would be done to.（自分にしてもらいたいように人にせよ）→己の欲せざる所は人に施すことなかれ

Do in Rome as the Romans do.（ローマにいるときはローマ人のするようにせよ）→郷に入っては郷に従え

は愚かであるという意。

As the old cock crows the young cock learns.（親鶏が時を告げるように、若鶏は時を告げる）子は親を見習って育つという意。

As well be hanged for a sheep as for a lamb.（絞首刑になるなら、子羊より親羊を盗んだ方がまし）→毒を食らわば皿まで

Ask, and it shall be given you. ➡ 求めよさらば与えられん

B

Bad money drives out good.➡ 悪貨は良貨を駆逐する

Bad news travels fast.（悪いニュースは速く伝わる）→ 悪事千里を走る

Better be the head of a dog than the tail of a lion.（ライオンの尾になるよりも犬の頭になる方がよい）→鶏口となるも牛後と為る勿れ

Better bend than break.（折れるよりはたわむがまし）→ 柳に雪折れなし

Between two stools the tail goes to ground.（二つの腰掛けの間で尻もちをつく）→ 虻蜂取らず

Birds of a feather flock together.（同じ羽の鳥は一緒に集まる）→ 類は友を呼ぶ

Black hens lay white eggs.（黒い雌鳥が白い卵を産む）→ 鳶が鷹を生む

Blood is thicker than water. ➡ 血は水より濃し

Boys, be ambitious! ➡ 少年よ大志を抱け

Boys will be boys.（男の子は男の子だ）男の子の腕白はしかたのないことだという意。

Bread is better than the songs of birds.（小鳥の歌よりパンの方がよい）→ 花より団子

By doing nothing we learn to do ill.（何もしないと人は悪いことをする）→ 小人間居して不善を為す

After us the deluge.（わたしたちの死後なら、洪水よ来い）→ 後は野となれ山となれ
Age and experience teach wisdom.（年々経験から知恵を教わる）→ 亀の甲より年の劫
Agree, for the law is costly.（裁判で争うのは金がかかるから、和解せよ）→ 金持ち喧嘩せず
All cry and no wool.（鳴き声だけで一本の毛もなし）→ 大山鳴動して鼠一匹
All is well that ends well.➡ 終わり良ければ総て良し
All meat pleases not all mouths.（あらゆる肉があらゆる口を喜ばせるわけではない）→ 人を見て法を説け
All roads lead to Rome. ➡ すべての道はローマに通ず
All that glitters is not gold.（光るものすべてが金ならず）輝いているからといって必ずしも金のように価値のあるものではないの意。
All things thrive at thrice.（どんなことも三度目には成功する）→ 三度目の正直
All work and no play makes Jack a dull boy.（よく遊び、よく学べ）仕事ばかりしていて遊ばないとダメな人間になるの意。
An agreeable companion on the road is as good as a coach.（よい道連れは馬車も同然）→ 旅は道連れ世は情け
英
An eye for an eye, and a tooth for a tooth.
➡ 目には目を歯には歯を
An idle brain is the devil's shop.（怠けている脳は悪魔の店である）→ 小人閑居して不善を為す
An ill marriage is a spring of ill fortune.（まずい結婚は不幸の泉）→ 悪妻は百年の不作
An old eagle is better than a young crow.（年老いたワシは若いカラスよりよい）→ 腐っても鯛
Art is long, life is short. ➡ 芸術は長く人生は短し
As the fool thinks, so the bell clinks.（馬鹿が思う通りに鈴は鳴る）愚か者の言葉は愚かである、また愚かな言葉を話す者

より近くの他人

A person at five may be a fool at fifteen.（五歳で大人並みの子は十五歳でばかになる）→ 十で神童 十五で才子 二十過ぎれば只の人

A promise is a promise.（約束は約束）→ 武士に二言はない

A rolling stone gathers no moss.
➡ 転がる石には苔が生えぬ

A runaway monk never praises his convent.（逃げた修道士は修道院を褒めることはない）→ 後足で砂をかける

A sound mind dwells in a sound body.
➡ 健全なる精神は健全なる身体に宿る

A stitch in time saves nine.（時を得た一針は、九針の手間を省く）→ 今日の一針明日の十針

A straw shows which way the wind blows.（一本の藁は風の吹く方向を知らせる）→ 一葉落ちて天下の秋を知る

A wise man changes his mind (sometimes), a fool never (will).（賢明な者は時に考えを改めるが愚か者は決して改めない）→ 君子は豹変す

A wise person never courts danger.（賢い人は決して危険を求めない）→ 君子危うきに近寄らず

A wonder lasts but nine days.（驚嘆は九日間しか続かない）→ 人の噂も七十五日

A word once out flies everywhere.（一度出た言葉はどこへでも飛んでいく）→ 吐いた唾は呑めぬ

Adversity makes a man wise.（逆境が人を賢くする）→ 艱難汝を玉にす

Affection blinds reason.（愛は理性を覆い隠す）→ 恋は思案の外

After a calm comes a storm.（凪の後に嵐が来る）→ 嵐の前の静けさ

After a storm comes a calm (*or* fair weather).（嵐のあとに凪が来る）→ 雨降って地固まる

【主要英語ことわざ】

→＝対応する日本のことわざ
➡＝訳語が日本のことわざとなっているもの

A

A bad bush is better than the open field.（悪い藪でも何もない野原よりもまし）→枯れ木も山の賑わい

A bad workman quarrels with his tools.（下手な職人は道具に文句をつける）→下手の道具立て

A baited cat may grow as fierce as a lion.（犬をけしかけられた猫はライオンのようにどう猛になる）→窮鼠猫を噛む

A barking dog seldom bites.（吠える犬はめったに噛みつかない）→吠える犬は噛みつかぬ

A bird in the hand is worth two in the bush.（手中の鳥一羽は藪の中の二羽の値うちがある）→明日の百より今日の五十

A bright rain makes fools fain.（雨空が明るくなると、愚か者は喜ぶ）考え方が単純なこと、浅知恵をいう。

A burnt child dreads the fire.（やけどをした子は火をこわがる）→羹に懲りて膾を吹く

A clear stream is avoided by fish.（魚は澄んだ流れを避ける）→水清ければ魚棲まず

A dog will not whine if you strike him with a bone.（骨で叩けば犬も吠えない）→金で面を張る

A drop in a bucket.（バケツの中の一滴）→九牛の一毛

A drowning man will catch at a straw.
➡溺れる者は藁をも掴む

A fool may give a wise man counsel.（愚者も賢者に助言を与えることがある）→愚者も一得

A fortune teller knows not his own fate.（易者は自分の運命を知らず）→ 易者身の上知らず

A friend in need is a friend indeed.（まさかの友こそ真の友）必要なときに頼れるのが本当の友であるの意。

A friend to all is a friend to none.（すべての人への友はだれの友でもない）→ 八方美人

A gift is valued by the mind of the giver.（贈り物は贈り主の心によって評価される）→ 気は心

A good horse becomes never a jade.（名馬は決して駄馬にはならない）→ 腐っても鯛

A good horse often needs a good spur.（駿馬にもしばしば拍車をかける必要がある）→ 駆け馬に鞭

A jewel in a dunghill.（堆肥の中の宝石）→ 掃き溜めに鶴

A kindness is never lost.（親切はむだにならない）→ 情けは人の為ならず

A little learning is a dangerous thing.（少しばかりの知識は危険である）→ 生兵法は大怪我のもと

A little leak will sink a great ship.（小さな穴が大船を沈める）→ 蟻の穴から堤も崩れる

A maiden with many wooers often chooses the worst.（求婚者の多い娘はしばしば最悪の男を選ぶ）→ 選んで粕を掴む

A man cannot give what he hasn't got.（もっていない物はあげられない）→ ない袖は振れぬ

A man may cause his own dog to bite him.（飼い犬に手を噛まれるのは自分のせい）→ 飼い犬に手を噛まれる

A man must ask excessively to get a little.（人は僅かな物を得るにも過度に要求しなければならない）→ 棒ほど願って針ほど叶う

A miss is as good as a mile.（小さな失敗も大きな失敗も同じことである）→ 五十歩百歩

A near friend is better than a far-dwelling kinsman.（遠くに住んでいる親類より近くに住む友人の方がよい）→ 遠い親戚

●監修者紹介

国松　昭（クニマツ　アキラ）

昭和９年千葉県船橋生まれ。東京大学文学部国文学科から大学院修士過程を修了し、昭和34年から以後33年間、東京外国語大学で教鞭を執る（主に日本文学関係の講義等を担当）。東京外国語大学名誉教授。前杏林大学教授。志賀や太宰などの近代文学を研究。

主な編著書に『例解新国語辞典』（三省堂）、高校用国語教科書『国語表現』（旺文社）など。

自他ともに認める阪神タイガースファンでもある。

大きい活字の故事・ことわざ辞典

監修者　国松　昭
発行者　富永靖弘
印刷所　誠宏印刷株式会社

発行所　株式会社新星出版社
〒110-0016 東京都台東区台東２丁目24
電話(03)3831-0743

ISBN978−4−405−01101−4